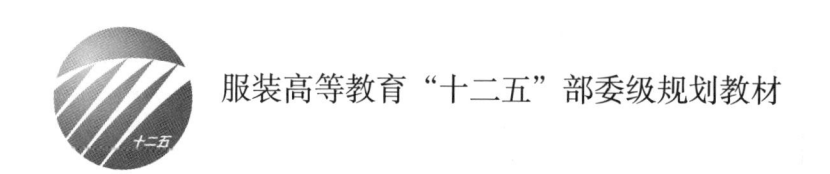

服装高等教育"十二五"部委级规划教材

纺织服装企业生产与经营管理

方　勇　编著

中国纺织出版社

内 容 提 要

本教材针对我国纺织服装企业的实际情况和纺织服装院校的教学要求，以全新的视野并采用大量的纺织服装企业生产管理、经营管理的实例及案例分析，按照项目教学法的模式编写，其结构具有项目引导、任务驱动、实战实现的特点；其内容具有简明性、实用性、操作性的特点。符合"深入浅出，简明扼要，便于操作"的教学要求，其中，理论知识的选取以"必须、够用、适用"为依据。

全书内容分为三大项目，即认识纺织服装企业生产经营管理、扫描纺织服装企业生产管理、扫描纺织服装企业经营管理。

本教材可作为纺织服装相关专业学生的学习用书，也可作为在职人员培训和自学的教材或参考书。

图书在版编目（CIP）数据

纺织服装企业生产与经营管理/方勇编著. -- 北京：中国纺织出版社，2016.6

服装高等教育"十二五"部委级规划教材

ISBN 978-7-5180-2524-4

Ⅰ.①纺… Ⅱ.①方… Ⅲ.①纺织工业企业—工业企业管理—高等学校—教材 ②服装企业—工业企业管理—高等学校—教材 Ⅳ.① F407.8

中国版本图书馆CIP数据核字（2016）第070483号

责任编辑：华长印　特约编辑：马 涟　何丹丹
责任校对：寇晨晨　责任设计：何 建　责任印制：何 建

中国纺织出版社出版发行
地址：北京市朝阳区百子湾东里A407号楼　邮政编码：100124
销售电话：010—67004422　传真：010—87155801
http://www.c-textilep.com
E-mail:faxing@c-textilep.com
中国纺织出版社天猫旗舰店
官方微博http://weibo.com/2119887771
北京通天印刷有限责任公司印刷　各地新华书店经销
2016年6月第1版第1次印刷
开本：787×1092　1/16　印张：20
字数：481千字　定价：49.80元

凡购本书，如有缺页、倒页、脱页，由本社图书营销中心调换

出版者的话

全面推进素质教育，着力培养基础扎实、知识面宽、能力强、素质高的人才，已成为当今教育的主题。教材建设作为教学的重要组成部分，如何适应新形势下我国教学改革要求，与时俱进，编写出高质量的教材，在人才培养中发挥作用，成为院校和出版人共同努力的目标。2011年4月，教育部颁发了教高[2011]5号文件《教育部关于"十二五"普通高等教育本科教材建设的若干意见》（以下简称《意见》），明确指出"十二五"普通高等教育本科教材建设，要以服务人才培养为目标，以提高教材质量为核心，以创新教材建设的体制机制为突破口，以实施教材精品战略、加强教材分类指导、完善教材评价选用制度为着力点，坚持育人为本，充分发挥教材在提高人才培养质量中的基础性作用。《意见》同时指明了"十二五"普通高等教育本科教材建设的四项基本原则，即要以国家、省（区、市）、高等学校三级教材建设为基础，全面推进，提升教材整体质量，同时重点建设主干基础课程教材、专业核心课程教材，加强实验实践类教材建设，推进数字化教材建设；要实行教材编写主编负责制，出版发行单位出版社负责制，主编和其他编者所在单位及出版社上级主管部门承担监督检查责任，确保教材质量；要鼓励编写及时反映人才培养模式和教学改革最新趋势的教材，注重教材内容在传授知识的同时，传授获取知识和创造知识的方法；要根据各类普通高等学校需要，注重满足多样化人才培养需求，教材特色鲜明、品种丰富。避免相同品种且特色不突出的教材重复建设。

随着《意见》出台，教育部正式下发了通知，确定了规划教材书目。我社共有26种教材被纳入"十二五"普通高等教育本科国家级教材规划，其中包括了纺织工程教材12种、轻化工程教材4种、服装设计与工程教材10种。为在"十二五"期间切实做好教材出版工作，我社主动进行了教材创新型模式的深入策划，力求使教材出版与教学改革和课程建设发展相适应，充分体现教材的适用性、科学性、系统性和新颖性，使教材内容具有以下几个特点：

（1）坚持一个目标——服务人才培养。"十二五"职业教育教材建设，要坚持育人为本，充分发挥教材在提高人才培养质量中的基础性作用，充分体现我国改革开放30多年来经济、政治、文化、社会、科技等方面取得的成就，适应不同类型高等学校需要和不同教学对象需要，编写推介一大批符合教育规律和人才成长规律的具有科学性、先进性、适用性的优秀教材，进一步完善具有中国特色的普通高等教育本科教材体系。

（2）围绕一个核心——提高教材质量。根据教育规律和课程设置特点，从提高学生分析问题、解决问题的能力入手，教材附有课程设置指导，并于章首介绍本章知识点、重点、难点及专业技能，增加相关学科的最新研究理论、研究热点或历史背景，章后附形式多样的习题等，提高教材的可读性，增加学生学习兴趣和自学能力，提升学生科技素养和人文素养。

（3）突出一个环节——内容实践环节。教材出版突出应用性学科的特点，注重理论与生产实践的结合，有针对性地设置教材内容，增加实践、实验内容。

（4）实现一个立体——多元化教材建设。鼓励编写、出版适应不同类型高等学校教学需要的不同风格和特色教材；积极推进高等学校与行业合作编写实践教材；鼓励编写、出版不同载体和不同形式的教材，包括纸质教材和数字化教材，授课型教材和辅助型教材；鼓励开发中外文双语教材、汉语与少数民族语言双语教材；探索与国外或境外合作编写或改编优秀教材。

教材出版是教育发展中的重要组成部分，为出版高质量的教材，出版社严格甄选作者，组织专家评审，并对出版全过程进行过程跟踪，及时了解教材编写进度、编写质量，力求做到作者权威，编辑专业，审读严格，精品出版。我们愿与院校一起，共同探讨、完善教材出版，不断推出精品教材，以适应我国职业教育的发展要求。

中国纺织出版社
教材出版中心

前 言

我国纺织服装生产和出口量已雄居全球榜首，成为当之无愧的纺织服装大国。纺织服装行业是我国出口创汇的支柱产业，也是我国外汇收入和资金积累的重要来源。随着经济全球化的进一步发展，特别是我国加入WTO后，国内外纺织服装市场的竞争也日趋激烈，新产品、新技术、新材料、新工艺和新的纺织服装生产与经营观念、方法层出不穷，纺织服装消费者对纺织服装产品的需求也呈现出多样化、个性化、高档化、品牌化等倾向。在这种形势下，纺织服装专业的人才培养目标也必须与之相适应，朝着培养能设计、懂生产、会管理和善经营的复合型、应用型人才方向发展。因此，针对当前我国纺织服装企业的实际状况和纺织服装院校的教学要求，我们根据国家教育部统一教学大纲，编写了这本"十二五"部委级规划教材。

本书在编写过程中，力求符合职业教育强调技能和应用型人才培养特色，按照项目教学法的模式编写，其结构特点是：项目引导，任务驱动，实战实现；其内容特点是：简明性、实用性、实操性。力求符合"深入浅出，简明扼要，便于操作"的教学目标，理论知识的选取以"必须、够用、适用"为尺度。全书内容分为三大项目12个任务，其中三大项目为：认识纺织服装企业生产经营管理、扫描纺织服装企业生产管理、扫描纺织服装企业经营管理；12个任务为：关于纺织服装企业生产经营管理、如何实施纺织服装企业生产计划、如何进行纺织服装企业质量管理、如何管理纺织服装企业供应链、如何控制纺织服装企业生产成本、纺织服装企业如何经营、分析纺织服装企业经营环境、纺织服装企业如何开展市场调研、如何实施纺织服装产品策略、如何实施纺织服装价格策略、如何实施纺织服装渠道策略和如何实施纺织服装促销策略。本书以全新的视野，采用了大量的纺织服装市场营销实例及案例分析，每项任务均由知识目标、能力目标、任务导航、情景导入、核心知识、核心概念、复习思考、案例分析、实战演练等模块组成。

本书由方勇主编，成小先、方兴琦、邓秋兴参加了部分编写。本书在编写过程中，参考了国内外大量的图书、教材等文献资料，在此对其作者表示衷心的感谢。本书由于编写时间仓促，水平有限，书中漏误或不妥之处，恳请有关专家和广大读者批评指正，以便今后完善。

编著者
2016年1月

目录

项目一　认识纺织服装企业生产经营管理 ………………………………………… 1

　任务1　关于纺织服装企业生产经营管理 ………………………………………… 1

　　　知识目标 ………………………………………………………………………… 1
　　　能力目标 ………………………………………………………………………… 1
　　　任务导航 ………………………………………………………………………… 1
　　　情景导入 ………………………………………………………………………… 2
　　　1.1　纺织服装企业生产经营管理学含义 ……………………………………… 3
　　　1.2　了解纺织服装企业生产管理 ……………………………………………… 4
　　　1.3　了解纺织服装企业经营管理 ……………………………………………… 8
　　　核心概念 ………………………………………………………………………… 13
　　　复习思考 ………………………………………………………………………… 14
　　　案例分析 ………………………………………………………………………… 15
　　　实战演练 ………………………………………………………………………… 16

项目二　扫描纺织服装企业生产管理 ……………………………………………… 17

　任务2　如何实施纺织服装企业生产计划 ……………………………………… 17

　　　知识目标 ………………………………………………………………………… 17
　　　能力目标 ………………………………………………………………………… 17
　　　任务导航 ………………………………………………………………………… 17
　　　情景导入 ………………………………………………………………………… 18
　　　2.1　纺织服装企业生产过程组织概述 ………………………………………… 19
　　　2.2　纺织服装企业生产计划与控制 …………………………………………… 26
　　　核心概念 ………………………………………………………………………… 33
　　　复习思考 ………………………………………………………………………… 34
　　　案例分析 ………………………………………………………………………… 35
　　　实战演练 ………………………………………………………………………… 36

　任务3　如何进行纺织服装企业质量管理 ……………………………………… 37

　　　知识目标 ………………………………………………………………………… 37
　　　能力目标 ………………………………………………………………………… 37
　　　任务导航 ………………………………………………………………………… 37
　　　情景导入 ………………………………………………………………………… 38

3.1 纺织服装企业质量管理概述 ························· 39
3.2 纺织服装企业质量检验 ····························· 45
3.3 纺织服装企业质量控制 ····························· 49
核心概念 ··· 55
复习思考 ··· 56
案例分析 ··· 57
实战演练 ··· 58

任务4　如何管理纺织服装企业供应链 ················· 59
知识目标 ··· 59
能力目标 ··· 59
任务导航 ··· 59
情景导入 ··· 60
4.1 纺织服装企业供应链管理概述 ····················· 62
4.2 纺织服装企业物料管理及采购管理 ··············· 63
4.3 纺织服装企业库存管理 ····························· 65
核心概念 ··· 73
复习思考 ··· 74
案例分析 ··· 75
实战演练 ··· 76

任务5　如何控制纺织服装企业生产成本 ··············· 78
知识目标 ··· 78
能力目标 ··· 78
任务导航 ··· 78
情景导入 ··· 79
5.1 纺织服装企业生产成本计算 ······················· 80
5.2 纺织服装企业生产成本控制 ······················· 84
5.3 纺织服装企业财务报表分析 ······················· 89
核心概念 ··· 94
复习思考 ··· 94
案例分析 ··· 96
实战演练 ··· 96

项目三　扫描纺织服装企业经营管理 ······················· 98
任务6　纺织服装企业如何经营 ························· 98
知识目标 ··· 98
能力目标 ··· 98
任务导航 ··· 98
情景导入 ··· 99

6.1 纺织服装企业经营计划	100
6.2 纺织服装企业经营组织	105
6.3 纺织服装企业经营控制	110
核心概念	114
复习思考	115
案例分析	116
实战演练	117

任务7 分析纺织服装企业经营环境 … 118

知识目标	118
能力目标	118
任务导航	118
情景导入	119
7.1 纺织服装企业营销环境概述	121
7.2 纺织服装企业如何适应微观环境	124
7.3 纺织服装企业如何适应宏观环境	127
7.4 纺织服装企业营销环境分析与营销对策	133
核心概念	137
复习思考	137
案例分析	138
实战演练	140

任务8 纺织服装企业如何开展市场调研 … 141

知识目标	141
能力目标	141
任务导航	141
情景导入	142
8.1 如何进行纺织服装市场调查	143
8.2 如何进行纺织服装市场预测	154
核心概念	159
复习思考	160
案例分析	161
实战演练	166

任务9 如何实施纺织服装产品策略 … 167

知识目标	167
能力目标	167
任务导航	167
情景导入	168
9.1 纺织服装产品与产品组合	169
9.2 纺织服装产品生命周期及策略	173

9.3 纺织服装产品品牌及策略 …… 177
9.4 纺织服装新产品开发及策略 …… 183
9.5 纺织服装产品包装及策略 …… 187
核心概念 …… 193
复习思考 …… 193
案例分析 …… 195
实战演练 …… 195

任务10 如何实施纺织服装价格策略 …… 197
知识目标 …… 197
能力目标 …… 197
任务导航 …… 197
情景导入 …… 198
10.1 影响纺织服装价格决策的因素 …… 199
10.2 纺织服装企业定价步骤与方法 …… 204
10.3 纺织服装企业常用的价格策略 …… 209
核心概念 …… 219
复习思考 …… 220
案例分析 …… 221
实战演练 …… 222

任务11 如何实施纺织服装渠道策略 …… 223
知识目标 …… 223
能力目标 …… 223
任务导航 …… 223
情景导入 …… 224
11.1 纺织服装渠道概述 …… 225
11.2 纺织服装渠道成员 …… 228
11.3 纺织服装渠道策略 …… 234
核心概念 …… 243
复习思考 …… 243
案例分析 …… 244
实战演练 …… 245

任务12 如何实施纺织服装促销策略 …… 247
知识目标 …… 247
能力目标 …… 247
任务导航 …… 247
情景导入 …… 248
12.1 纺织服装促销组合策略 …… 249
12.2 纺织服装广告策略 …… 252

12.3 纺织服装营业推广策略 ·· 260
12.4 纺织服装公共关系策略 ·· 268
12.5 纺织服装人员推销策略 ·· 275
核心概念 ··· 281
复习思考 ··· 282
案例分析 ··· 283
实战演练 ··· 285

习题参考答案 ··· 286
参考文献 ··· 308

项目一　认识纺织服装企业生产经营管理

任务1　关于纺织服装企业生产经营管理

知识目标：1．纺织服装企业生产经营管理学概念；
　　　　　2．纺织服装企业生产经营管理特征与关系；
　　　　　3．纺织服装企业生产管理体系与原则；
　　　　　4．纺织服装企业经营管理思想与目标。
能力目标：1．能对纺织服装企业生产经营管理有初步的了解；
　　　　　2．能初步认识纺织服装企业生产管理体系；
　　　　　3．能从纺织服装企业经营与经营管理中了解其经营思想和目标。

任务导航

任务1　关于纺织服装企业生产经营管理
1.1　纺织服装企业生产经营管理学含义
1.1.1　什么是纺织服装企业生产经营管理学
1.1.2　纺织服装市场营销的定义与特征
1.2　了解纺织服装企业生产管理
1.2.1　纺织服装企业生产管理的含义、内容与任务
1.2.2　纺织服装生产管理体系
1.2.3　纺织服装生产管理指导原则
1.3　了解纺织服装企业经营管理
1.3.1　纺织服装企业经营与经营管理的含义
1.3.2　纺织服装企业经营思想
1.3.3　纺织服装企业经营目标

情景导入

出口产品遭遇退货

粤华纺织服装公司接到了一份欧洲客户的纺织服装来样加工大订单,不久,公司很快按时完成了纺织服装产品生产任务,然后报关出货。

最后的装箱抽检是在双方QC见证下进行的,然而,结果却令公司大吃一惊,有五分之一的抽检产品尺寸不合格,对此,客户拒绝收货付款。这是怎么回事呢?在经过多方面的技术调查后发现,是该公司在最近的一次生产工具的采购中出了问题。原来新购买的一批不起眼的小工具卷尺,竟然和标准尺寸有偏差,因此,导致一组工人领用了这批卷尺后,他们生产的纺织服装产品才出了问题。公司领导不禁感叹道:生产中的任何一个环节都不能马虎,标准化生产是多么的重要啊!

后来,公司吸取教训,进一步完善纺织服装企业生产管理,并通过纺织服装企业经营管理解决了公共危机,挽回了信誉,使客户重新认可并接受了该公司的订单和各类纺织服装产品。

想一想

粤华纺织服装公司为什么会遭到退货?公司是如何解决的?为此,我们应该想一想,什么是纺织服装企业生产经营管理?它有何性质?有何特点等,下面我们将一一学习。

1.1 纺织服装企业生产经营管理学含义

1.1.1 什么是纺织服装企业生产经营管理学

（1）概念

纺织服装企业生产经营管理学，是工业企业管理学的一个有机组成部分，是为适应纺织服装社会化大生产发展要求，从长期实践中产生，由现代系统管理的管理理论、原则、制度、技术、方法、手段所组成，用以指导人们科学合理地使用人力、物力、财力，并有效地组织管理纺织服装企业生产经营活动的一门科学。

（2）研究对象

纺织服装企业生产经营管理学的研究对象，是纺织服装企业生产经营活动的客观规律性，即研究如何按照客观规律的要求，来合理组织生产力，不断完善生产关系，适时地调整上层建筑，促进生产力的发展。也就是说，研究纺织服装企业生产经营管理最为理想的客观规律性，要学会按照纺织服装生产经营管理的规律办事，讲究科学管理。

（3）特征

目前，从我国纺织服装工业的现状来看，用高新技术装备改造纺织服装工业的进程正在加快，CIMS工程的建立和应用，标志着我国纺织服装技术开始步入国际先进行列。尽管我国纺织服装工业总体技术水平仍落后于发达国家，但也形成了现代化的生产经营体系。目前，重点纺织服装企业已具备生产国际名牌成衣的技术力量，从而吸引了越来越多的世界著名的纺织服装公司寻求加工合作。经济的发展，必将推动我国纺织服装工业的全面现代化。现代化纺织服装企业生产经营管理的特征就是：科学化的管理方法、电子化的管理手段、高效化的管理组织、专业化的管理人员、数字化的管理技术和民主化的管理方式。

①科学化的管理方法。包括管理最优化、文明化和规律化等。管理最优化，就是以最小的投入，获得最大的产出，在多种方案中，根据客观规律，从中选择最佳方案。管理文明化，是指纺织服装企业的管理者，在建设先进的纺织服装生产厂房、引进技术含量高的纺织服装生产线的同时，应创造良好的工作环境，让员工心情舒畅地进行工作，以提高工作效率，而不应使员工高强度地、长时间地操作单调的机器。管理规律化，就是要根据纺织服装企业的生产特点和纺织服装市场营销等经营规律进行管理。

②电子化的管理手段。纺织服装市场瞬息万变，作为现代化的纺织服装企业，必须要迅速且正确地进行决策，以便及时、合理地组织纺织服装的生产与经营活动，解决生产和经营中的问题，从而保证企业立于不败之地。纺织服装企业的决策是否迅速且正确，很大程度上取决于纺织服装生产经营中所得到信息的综合、分析、储存、传递，以及信息反馈是否齐全、准确、及时等。例如，广州纺织服装有限公司建立顾客档案库，向顾客发送企业报，以获得相关的纺织服装市场信息。这一切，都需要充分利用电子计算机，实现管理电子化。

③高效化的管理组织。根据纺织服装企业先进、合理的定员标准，简化办事手续，建立纺织服装生产流水线、销售渠道管理体制，快速有效地发现和处理问题，最大化地提高工作效率。

④专业化的管理人员。现代化的纺织服装企业，要求更精确细致的社会分工和协作，这就必然要求纺织服装企业管理人员，既要有一定的实践经验，又要具有某一方面的专业

知识，而且随着科学技术的发展和进步，专业知识要不断提高。

⑤数字化的管理技术。纺织服装企业各项生产经营管理工作，大到企业的决策、市场预测和制订计划，小到做一项统计资料，都应力求准确无误，而不能仅凭管理者的主观意志决定。要采用经济数学方法，在纺织服装生产的各项工序流程中，进行记录、统计和定量分析，掌握充分的数据，使主观符合客观，避免盲目。

⑥民主化的管理方式。是指在发挥管理人员自己主观能动性的同时，运用民主的方式，使纺织服装企业的员工加入到民主的管理中来。在纺织服装企业中，特别要注意调动纺织服装设计人员创造的主观能动性和工作积极性，充分利用广大员工的高度智慧和丰富经验，为纺织服装企业创造更大利润。

1.1.2 纺织服装企业生产管理与经营管理的关系

纺织服装企业是一个有机的整体，根据系统论的观点，纺织服装企业管理是一个完整的大系统，它有许多子系统。纺织服装企业生产管理与经营管理，是纺织服装企业管理这个完整的大系统中的子系统。纺织服装企业经营管理，是生产管理的先导，经营管理的核心是经营决策。纺织服装企业生产管理，是根据经营决策所确定的一定时期内的经营意图，即经营方针、目标、战略计划的要求，以及下达的具体的生产任务，组织生产活动，并保证实现。从纺织服装企业管理系统的分层来看，纺织服装企业的经营决策处于上层，即企业领导层；纺织服装企业生产管理则是执行经营意图，处于中层，即管理层。因此，相对于经营决策来说，纺织服装企业生产管理在企业管理中处于执行性的地位，需要决策的问题也多数属于管理决策。纺织服装企业生产管理是企业经营管理的基础，是企业力量的根本所在。同时，纺织服装企业生产管理对经营管理具有更大的从属性和依赖性。故此，纺织服装企业生产管理和经营管理是相互制约、互为依存的关系。纺织服装企业生产管理与经营管理比较如表1-1所示。

表1-1 纺织服装企业生产管理与经营管理比较

类型	内容	性质	目的	职能	执行者
纺织服装企业生产管理	劳动组织、生产组织、生产技术、工艺准备、设备利用与维护、生产进度计划与控制、经济核算、成本控制、质量控制	程序性、执行性、战术性、方法性	实现纺织服装企业预定计划，提高企业生产和工作效率	计划、组织、指挥、控制	中下层管理者
纺织服装企业经营管理	市场调查与预测、经营目标、经营计划的制订、经营战略与策略的制定、投资与财务决策、资源开发、市场开发、技术开发、产品开发	战略性、决策性、目的性	提高纺织服装企业经济效益，实现企业经营目标	选择目标、制订战略、进行决策、平衡与协调纺织服装企业活动以及外部环境	高层管理者

1.2 了解纺织服装企业生产管理

1.2.1 纺织服装企业生产管理的含义、内容与任务

（1）含义

纺织服装企业生产管理是指企业对纺织服装生产活动的管理，也就是指企业对纺织服

装生产活动的计划、组织、分析和控制等工作。按生产活动所指范围不同，纺织服装企业生产管理有广义和狭义之分。

广义的纺织服装企业生产管理，是指对纺织服装企业生产活动的全过程进行综合性的、系统性的管理。它是把纺织服装企业的生产活动全过程作为一个整体系统，包括输入、生产制造、输出和反馈四个环节。

狭义的纺织服装企业生产管理是以纺织服装产品的基本生产过程为对象的管理，是指对纺织服装企业的生产技术设备、原材料投入、工艺加工、生产过程组织直至纺织服装产品完成等具体活动过程的管理。因为纺织服装产品的具体生产活动是生产系统的一部分，所以狭义的纺织服装企业生产管理的内容，是广义的纺织服装企业生产管理的一部分。

（2）*内容*

纺织服装企业生产管理的内容，按其职能可划分为准备、组织、计划、控制等四个方面。

①准备。是指纺织服装企业生产管理准备，主要包括工艺技术的准备、人力资源的准备、物资与能源的准备、设备完好方面的准备等。这些工作是纺织服装生产活动正常进行所必需的基本条件，是实现纺织服装企业生产计划的重要保证，必须先行。

②组织。是指纺织服装企业生产管理组织，是纺织服装生产过程组织和劳动组织的统称。纺织服装生产过程组织，就是合理组织纺织服装产品生产过程的各阶段、各工序在时间和空间之间的衔接协调。与此同时，要处理好员工之间的关系，以及员工与设备、生产对象之间的关系。

③计划。是指纺织服装企业生产管理计划，即生产计划、生产作业计划与各计划任务的分配工作。其中包括：纺织服装企业生产品种、质量、产量计划，纺织服装生产进度计划以及技术组织措施计划，纺织服装生产计划与作业计划的编制与执行，纺织服装企业生产能力的核定，以及物资、能源的综合平衡等，此外，还要充分考虑到客户的需求。

④控制。是指纺织服装企业生产管理控制，是对纺织服装生产全过程实行全面的控制，是围绕着完成纺织服装计划任务所进行的管理工作。其主要包括：纺织服装生产进度的控制、产品质量的控制、消耗控制、生产费用控制、各种定额和非定额资金控制等。

（3）*任务*

在纺织服装生产经营型企业中，纺织服装企业生产管理的任务不仅是要按质、按量、按期完成生产任务，还要通过合理组织劳动力、劳动手段和劳动对象等生产要素，充分发挥纺织服装企业生产力的整体效能，及时地、经济地生产出所需纺织服装产品，使企业获得最佳的经济效益。在现代纺织服装生产企业中，成衣化、工业标准化生产，分工序加工纺织服装，作业分工仔细，生产技术要求复杂，生产社会化程度不断提高。因此，除了要有高水平的技术人员、先进的加工设备和优良的面、辅材料外，还应进行有效的管理，即有效地计划、组织、指挥、协调和控制员工的集体劳动，以便进行正常的生产活动，按时向客户提供价格合适、质量有保证的合格的纺织服装产品。因此，纺织服装生产管理有如下基本任务。

①树立服务思想。即树立"质量第一"、为客户服务的思想。坚持按计划的品种、质量、数量和交货期等组织纺织服装生产，满足客户的需求，生产出适销对路的纺织服装产品。

②合理组织协调。即合理地组织生产力，协调好人、财、物的动态平衡，要把各生产

要素综合组织成一个为实现纺织服装生产企业目标而运转的总体能力，并指挥和推动其进行运转。

③充分利用资源。即充分利用各种资源，提高劳动力和原、辅料及生产设备的利用效果，投入尽可能少的生产要素，产出尽可能多的纺织服装产品，以获得最佳的经济效益。

④全面完成任务。即全面完成纺织服装生产计划规定的任务，包括款式、质量、产量、产值、成本、资金、利润等重要指标，为国家增加积累，为纺织服装企业自身发展提供效益。

1.2.2 纺织服装企业生产管理体系

（1）构成要素

在纺织服装生产企业中，纺织服装生产过程受多方面因素影响：

①资金。是纺织服装企业得以顺利运转的必要条件，包括：生产资金的运用、生产成本及费用等。

②人员。具体包括纺织服装生产管理人员和企业作业人员。纺织服装生产管理人员，不仅是纺织服装生产企业生产管理的直接执行者，同时也是纺织服装生产过程的一个重要组成部分。纺织服装企业的作业人员，除了要达到纺织服装生产数量的要求外，还要考虑其技能程度和工作态度等问题。

③加工技术。即纺织服装加工技术，这是影响纺织服装产品品质的关键性因素，对纺织服装企业的生产效益也起着相当重要的作用。主要包括：加工方法、质量标准、工序编制、工时定额等。

④机器设备。即纺织服装加工设备，它是纺织服装企业固定资产的重要组成部分，主要包括：裁剪设备、缝制设备、整烫设备以及各种纺织服装加工用辅助器具等。

⑤材料。是指构成纺织服装产品的面料、里料、辅料等，除了考虑各种材料本身的物理性能之外，还要考虑其相互的配套性和加工工艺的难易程度等。

⑥市场信息。即消费市场的需求动向信息，这是纺织服装企业制订生产任务的主要依据，也是检验和影响纺织服装企业生产效益的环节。

以上因素在表面上都是相对独立的，但实质上它们都是相互作用的。对一个纺织服装企业来说，企业管理的目标主要是能有效地管理四种基本的资源，这四种资源就是人才（Manpower）、材料（Material）、资金（Money）和机器设备（Machinery）。这四个资源是一个纺织服装企业正常运转的最基本的物质基础，类似于计算机中的硬件。但究竟一个纺织服装企业人员如何才能有效地管理和控制这四种资源呢？我们以纺织服装加工厂为例，当业务人员接了一张订单之后，纺织服装厂本身究竟需要投入多少工人、多少材料、多少资金和多少机器才能完成这张订单呢？纺织服装厂的生产经理就会根据以往的生产数据，凭借他多年从事纺织服装生产的经验，分析这些数据资料，来判断上述问题，在各种资源上建立正确的数据，有效地利用这些资源完成纺织服装企业生产目标。由此可见，加工技术和市场信息则是构成企业管理系统的软件因素。

（2）方法与手段

在纺织服装企业生产管理中，PDCA循环是一种重要的科学管理的工作方法。PDCA是英文Plan（计划）、Do（实施）、Check（检查）、Action（处理）的缩写，它反映了做好一项工作必须经过的四个阶段。

①P阶段。即计划阶段。经过分析研究，确定纺织服装企业生产管理的目标、项目，并拟定相应措施。

②D阶段。即实施阶段。根据拟定的纺织服装企业生产管理计划和措施，分头贯彻执行。

③C阶段。即检查阶段。检查纺织服装企业生产管理计划的执行情况和实施结果，考察取得的效果，并找出存在的问题。

④A阶段。即处理阶段。总结经验，并纳入有关标准、制度或规定；巩固成绩，防止问题再度出现。同时查明本次循环中遗留问题的原因，转入下一循环来解决。

PDCA循环是提高纺织服装产品质量进行质量管理的有效手段，这四个阶段周而复始地循环，问题不断产生，不断被解决，这是质量体系的运转方式。同时，这种管理循环的理论也适用于其他管理活动、生产活动、科学研究，成功的经验保留和积累下来，使之标准化，当下一次计划再进行同样的工作时，不必再进行研究、讨论、请示，可直接按标准进行生产；失败则要总结经验教训，防止再出现类似的问题，同时将这些内容再次反馈到下一次的计划中去。此外，随着科学技术的不断发展，在纺织服装生产管理过程中，应注意利用现代科学技术成果，以计算机为主的现代管理手段，从根本上改变了纺织服装生产管理方法和手段落后的状况。与手工作业方式进行比较，利用计算机的信息系统管理提供信息速度快，精确且简单省力，所以能为纺织服装管理人员的经营决策提供详尽、全面、准确的数据资料，使管理人员能够掌握纺织服装企业运行的全貌，并可以为资源运用、生产库存、订货等各种职能的计划与控制进行定量分析，进一步完善计量、检测手段。

1.2.3 纺织服装企业生产管理指导原则

纺织服装企业生产管理指导原则，是指纺织服装企业进行工作的指导方针，或者准则。要搞好纺织服装企业生产管理，就必须遵守正确的指导原则，纺织服装企业生产管理指导原则具体如下。

（1）坚持以市场为中心

坚持以市场为中心，就是指在市场经济条件下，坚持以市场为中心组织纺织服装生产。要加强对纺织服装生产管理人员的教育，要树立正确的经营思想，正确处理好纺织服装生产与销售的关系，要以销定产，要不断提高纺织服装企业生产管理对市场的适应能力。

（2）注重经济效益

注重经济效益，就是要以最少的劳动消耗和资金占用，生产出尽可能多的符合市场需要的纺织服装产品。随着市场经济的不断完善，纺织服装企业经济效益的高低，直接关系到纺织服装企业是否能很好地生存和发展，因此，提高经济效益就成为纺织服装企业生产管理工作的出发点。在纺织服装企业生产管理中，注重经济效益具体体现在纺织服装企业生产管理的目标上，就是要做到生产的纺织服装产品品种多、质量好、交货及时、成本低等。注重经济效益是要注重综合经济效益，也就是说，要对纺织服装产品的质量、数量、成本、交货期进行综合考虑，在分别确定不同要求的基础上，使经济效益最优化。

（3）组织均衡生产

均衡生产，是指纺织服装产品在生产过程中，按照计划规定的进度，使各个生产环节和各道工序在相等的时间内，完成相等或递增的工作任务，均衡地出产纺织服装产品。组织均衡生产是现代化大生产的客观要求，是科学管理的要求之一。实行均衡生产，有利于充分利用人力和设备，提高劳动生产率和设备利用率；有利于建立正常的纺织服装生产秩序和管理秩序，保证纺织服装产品质量和安全生产；有利于节约物资消耗，减少在制品储备，加速资金周转，降低产品成本。均衡出产纺织服装产品，还可以有计划、及时地满足特殊客户的需要，从而使客户和协作单位更好地完成生产任务，最终实现纺织服装企业的效益目标。

（4）实行科学管理

实行科学管理，是指在纺织服装生产过程中，运用符合社会化大生产要求的一套管理制度和方法。实行科学管理，必须建立一个统一的纺织服装生产指挥系统，统一实行对纺织服装生产过程的组织、计划、控制和协调，保证纺织服装生产过程正常进行。要做好纺织服装企业生产管理的基础工作，包括建立各种定额、标准，加强信息管理和计量工作，做好各种原始记录的整理和分析，健全各种规章制度。同时，要加强员工的技术培训和文化教育，提高纺织服装企业员工的整体水平。

（5）实施可持续发展

实施可持续发展，是指在纺织服装生产过程中，纺织服装企业要采取可持续发展的战略。纺织服装企业生产是转化为有用的纺织服装产品，还是转化为污染源，这是纺织服装企业生产管理中要考虑的一个至关重要的原则。因此，纺织服装企业应该积极贯彻执行"清洁生产""绿色生产"的可持续发展战略。

1.3 了解纺织服装企业经营管理

1.3.1 纺织服装企业经营与经营管理的含义

（1）经营含义

纺织服装企业经营，是指纺织服装商品生产者和经营者为了实现企业目标，以市场为对象，以交换纺织服装商品生产和商品为手段，使纺织服装企业的生产技术经济活动与企业外部环境，达成动态平衡的一系列有组织的活动。

（2）经营管理含义

纺织服装企业经营管理，是在市场经济的条件下，根据纺织服装企业内外环境的变化，对纺织服装企业的供、产、销进行预测和决策，以提高经济效益为中心目标，创造性地组织经营活动。

当前，随着我国加入WTO，实行有中国特色的社会主义市场经济体制，我国的纺织服装业也在进行深层次的改革。在新形势下，纺织服装企业如何挖掘内部潜力，增强适应市场变化的能力，是纺织服装企业目前急需解决和今后需长期研究的问题。故此，经营管理在纺织服装企业管理中占有非常重要的地位。

1.3.2 纺织服装企业经营思想

纺织服装企业经营思想，是贯穿纺织服装企业全过程的指导思想，它是由一系列观念与观点构成的，是对经营过程中发生的各种关系的认识和态度的总和。我国现代纺织服装企业经营思想，应遵照有中国特色社会主义市场经济体制确定，具体如下。

（1）市场观念

市场观念，是指纺织服装企业对市场需求及变化规律的正确认识，它是纺织服装企业经营思想的中心。衡量纺织服装企业有无市场观念，关键是看其纺织服装产品是否符合社会需要，所以市场观念一方面要求纺织服装企业根据市场需求，生产适销对路、满足消费者需求的纺织服装产品；另一方面要求纺织服装企业发挥技术优势和经营特点，开拓新市场。如果纺织服装企业的市场观念淡薄，生产出来的纺织服装产品不能适应市场及满足消费者的需求，则必将被高速发展的市场所淘汰。市场是反映纺织服装产品与消费者关系的一面镜子。消费者的需求包括现实需求和潜在需求。这两种需求互相联系，并在一定条件下相互转化。人们的消费需求决不会因一次满足而终止。当纺织服装产品供求关系平衡时，就意味着潜在需求正在形成，成为新市场诞生的前兆。故此，纺织服装企业不能仅以现有纺织服装产品品种、款式供应市场，还要不断采用新技术、新工艺、新材料，不断生产出新性能、新款式的纺织服装产品，争取顾客，开拓新市场，使自己在市场上永远处于领先的地位。

（2）战略观念

战略观念是纺织服装企业经营思想的核心，既寓于其他观念之中，又居于其他观念之上，处于统帅地位。随着现代科学技术日新月异，加上纺织服装产品生命周期短，更新快，纺织服装企业进行设备、工艺的更新改造，新产品开发，人员培训等措施往往近期难以见效，甚至会影响近期效益。这就使纺织服装企业的当前利益和长远利益发生矛盾。因此，必须立足长远，兼顾当前，提高纺织服装企业的开发创新和适应能力，使纺织服装企业的生产经营能够适应市场需求的变化和不断发展的需要。

（3）客户观念

客户是市场与消费者的具体组成部分，实施购买行为的消费者是纺织服装企业的直接服务对象。纺织服装企业研究市场和消费者需求的目的就是为了赢得客户，客户多少直接决定着纺织服装企业经营的成功与否。面对同一市场，经营得法，客户会不断增加；经营失策，客户会日渐减少。一个没有客户的企业，就会失去生存的空间。客户观念首先要求纺织服装企业学会站在客户的立场想问题，按照客户的标准处理问题；想客户之所想，树立"客户至上"的观点，把客户的需求和利益放在第一位；客户观念要求纺织服装企业树立先客户后利润的思想，只要能赢得客户，即使是暂时亏损的个别服务或订货也可承接；客户观念最直接的体现，就是为客户提供最适宜的纺织服装产品和最佳服务，使客户从纺织服装产品的使用和接受服务的过程中得到直接的经济利益。

（4）竞争观念

竞争，是纺织服装商品经营者在商品生产和商品交换过程中，为争取纺织服装生产和销售的有利地位而进行的斗争。竞争就其本质而言，就是优胜劣汰。在社会主义市场经济条件下，纺织服装企业的全部活动都要置身于市场中进行，这其中，有些纺织服装企业会发展起来，有些纺织服装企业会关停并转，这是一种自然的、长期的现象。竞争一定要以高于自己的对手为方法，以提高市场占有率和开辟新市场为目标。因此，竞争是纺织服装企业素质和经营结构与手段的竞争。纺织服装企业素质集中表现在人才、技术、管理三个方面。有了一流的人才、技术和管理，就能生产出一流的纺织服装产品，创造出一流的经营方式，既能为社会提供更多、更好的纺织服装产品，满足消费者日益增长的物质需要，又能提高纺织服装企业的竞争能力。

（5）人才观念

要搞好纺织服装企业经营管理，必须树立"尊重知识，尊重人才"的观念。这其中关键在于发现人才、培养人才和使用人才。经济体制改革的中心，是要增强纺织服装企业的活力，所以迫切需要纺织服装企业克服陈旧观念，造就纺织服装业宏大的企业家队伍，把懂技术，会管理，具有改革创新精神，勇于开创新局面的中青年干部，大胆选拔到各级领导岗位上去；同时，要培育纺织服装设计师队伍，要培养造就出大批掌握一定科学技术知识的熟练工人和相当数量、不同水平的技术人员，只有这样才能提高纺织服装企业的整体素质。

（6）**信息观念**

信息，是人类共享的，是从客观现象中提炼出来的、有用的消息的总称。纺织服装企业经营管理以正确的决策为前提，而正确的决策又以信息为依据。纺织服装企业经营大量涉及的是经济信息，特别是市场信息。纺织服装企业在经营管理中要树立信息观念，就是要保证所需要的信息准确、迅速、提炼和运作。在搜集、传递、处理信息时，还必须讲求经济核算，力求用较低的费用取得价值较高的信息。

（7）**质量观念**

纺织服装产品完整的质量观念，是既要物美又要价廉。物美，具体包括三个方面：一是具有良好的使用性能，这是纺织服装产品存在的决定性因素，它不仅直接关系到客户的需要，而且还关系到纺织服装企业的信誉；二是纺织服装产品外表美观大方，要给客户以美的感受；三是具有良好的包装。包装虽然不能提高纺织服装产品本身的内在质量，但能够保护纺织服装产品的使用性能，大大增强纺织服装商品的吸引力。价廉，主要指纺织服装产品的价格在适应消费者支付能力的前提下，提供消费者认为质量满意的纺织服装产品。故此，纺织服装企业应该以最低的总费用，保证纺织服装产品的必要功能。纺织服装企业不仅要节约纺织服装产品制造过程的费用，而且还要节约纺织服装产品在储存、运输、保管等方面的费用。总之，只有兼顾物美和价廉两个方面，才能真正树立完整的质量观念。

（8）**开发观念**

开发观念要求纺织服装企业经营者，要善于有效地开发和利用纺织服装企业的各种资源。纺织服装企业的资源，主要包括以下八个方面的内容：资金、物质资源（包括设备与材料）、人力资源、空间资源（主要是市场）、时间资源、技术资源、信息资源和管理资源。资金的开发，表现为扩大资金的来源和科学地进行资本运营；物质资源的开发，表现为对设备的有效利用、设备改造与更新，以及新材料的综合利用；人力资源的开发，表现为对人的智力与能力开发；空间资源的开发，表现为对旧市场的渗透、对新市场的开拓，以及市场占有率的提高；时间资源的开发，表现为对时间的广度利用和强度利用；技术资源的开发，表现为对纺织服装新产品的发展和新技术的应用；信息资源的开发，表现为对市场信息与科学技术信息的收集、加工、筛选与存储；管理资源的开发，表现为对管理专家的训练，以及对管理组织和管理技术的改进等。

（9）**效益观念**

纺织服装企业是自主经营、自负盈亏的纺织服装商品生产者和经营者，所以经济效益反映了纺织服装企业的生产和经营状况。以同量的投入取得最大的产出，或以最小的投入获得同量的产出，获取最佳的经济效益，是纺织服装企业从事纺织服装生产经营活动的基本原则。根据市场需要，采用最有效的技术，生产出受消费者欢迎的纺织服装产品，以较合理的成本取得较满意的利润，在决策过程中寻求最可行的方案，是纺织服装企业经济效益观念的核心所在。因此，纺织服装企业的经营活动必须以提高经济效益为中心，纺织服装企业经营管理的中心任务，就是要保证纺织服装企业生产经营活动能够取得良好的经济效益。

（10）创新观念

纺织服装企业的生命力，在于它的创新能力。创新观念既包括创造新的纺织服装产品，也包括创造新的经营方式。创新要有科学的思想，这个思想就是永不满足于已经取得的成就。创新要有最基本的条件，这个条件就是要有一批勇于探索、富于创造精神的人才。创新要面向广阔的领域，最广阔的领域就是他人尚未涉足的行业。因此，创新一般都是敢为人之不敢为，能为人之不能为。只有思想新，眼界宽，领域广，办法多，信心足，不断改革经营战略和经营方法，不断采用新的科学研究成果和技术，不断开辟新的生产领域和开拓新的市场，不断生产出新结构、新用途、新工艺、新材料、新款式的纺织服装新产品，才能在竞争的环境中处于永远不败之地。

1.3.3 纺织服装企业经营目标

（1）经营目标内容

纺织服装企业经营目标，是指在经济条件下，根据市场需要和自身条件，纺织服装企业生产经营活动在一定时期内最终所要达到的目的，一般用时间、数量、数字或项目表示。纺织服装企业的各项生产经营活动，既有各自独立的系统，又有自身活动的侧重点，它们必须围绕着纺织服装企业总体经营目标进行，才能互相协调，彼此配合，有效地提高纺织服装企业综合经济效益。故此，可以按时间长短把纺织服装企业经营目标划分为：短期目标和长期目标。

①短期目标。为了适应市场的需要，纺织服装企业短期目标主要有四个。一是社会目标，由于企业是社会生产力发展的主要力量，是人民物质和文化生活用品的提供者，所以纺织服装企业应根据自身的特点和优势，为满足社会和人民不断增长的纺织服装需要而做出应有的贡献。二是市场目标，市场是纺织服装企业生存和发展的基本条件。在竞争日益激烈的今天，占领了市场，就相当于拥有了财富。市场目标一方面包括对原有市场的渗透，销售额的扩大和新市场的开拓；另一方面，包括市场占有率的提高和纺织服装企业竞争能力的增强。三是利益目标，这是纺织服装企业经营的内在动力，直接表现为：利润总额、利润率，以及奖励与福利基金的多少等。四是发展目标，具体表现为：人力、物力、财力的增加，人员素质的提高，生产能力的扩大，技术水平和管理水平的提高，专业化协作、经济联合的发展等。

②长期目标。纺织服装企业不能只顾眼前，满足于制订、实现短期经营目标，而应当立足长远，着眼未来，重视长期经营目标的制订和实现，保证纺织服装企业生产经营长期稳定、顺利发展。纺织服装企业长期目标包括以下几个方面。一是提高企业竞争能力和适应能力，纺织服装企业的竞争能力表现在纺织服装产品质量、规格、品种、款式、价格以及售后服务等方面；纺织服装企业适应能力表现在纺织服装品种多、市场面大等方面，在销售上有回旋余地，能够满足不同客户的需要。二是提高企业经营稳定程度，在纺织服装企业外部环境多变的条件下，从计划工作的不稳定因素中找出相对稳定的因素，以小变应大变，以少变应多变，提高稳定程度和应变能力，保证纺织服装企业在不稳定的环境中能够比较稳定地发展。三是提高员工科技水平和改善条件，纺织服装企业要实现科学技术现代化和管理现代化，主要不是依靠员工的体力，而是依靠智力开发。智力开发要依靠教育，教育又要以一定的物质、文化生活条件为保证。四是树立良好企业形象，纺织服装企

业形象是企业非常重要的无形资产，是企业在长期的生产经营活动中日积月累形成的。树立良好的纺织服装企业形象，有利于纺织服装企业的发展，纺织服装产品的销售和新产品开发等工作。

（2）经营目标体系与作用

①体系。纺织服装企业经营目标，是纺织服装企业一切技术经营活动的立足点和出发点，它是通过各部门、各环节的生产经营活动实现的。各部门和各环节都围绕着纺织服装企业经营目标，来制订本单位的目标，最终形成纺织服装企业经营目标体系，如图1-1所示。

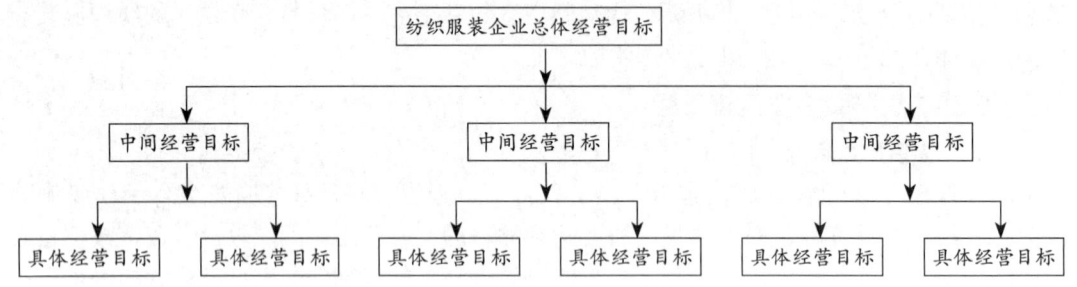

图1-1　纺织服装企业经营目标体系

纺织服装企业总体经营目标的实现，还要建立一个纺织服装企业经营目标的指标体系，这个经营目标的指标体系的结构如图1-2所示。

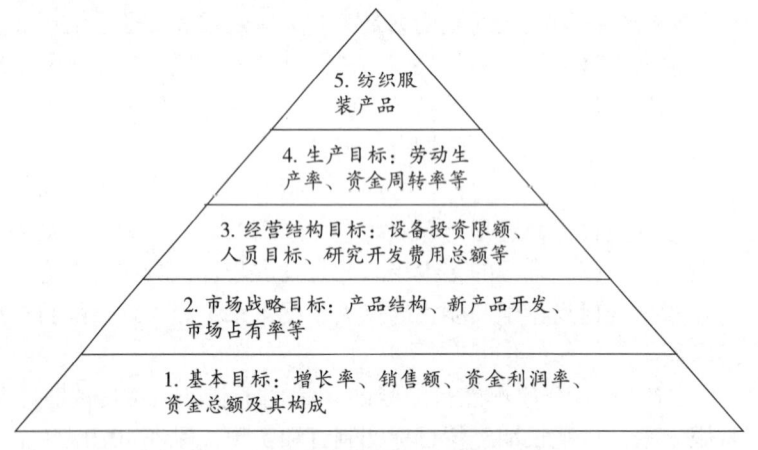

图1-2　纺织服装企业经营目标指标体系

②作用。纺织服装企业经营目标的主要作用：一是指导资源合理配置，纺织服装企业资源，主要包括人力、资金、物质和设备等。二是激发员工的积极性，这样可以调动纺织服装企业员工的积极性和创造性，并有利于组织全体员工为完成共同目标而团结奋斗。三是衡量经营成果，由于经营目标是具体的，且多数是量化的，所以能把每个员工肩负的实际工作和纺织服装企业总体经营目标联系起来，有利于检查、控制和考核评价，以衡量员工工作的努力程度和贡献大小，让每个员工明确自己担负的责任，增强员工的责任感。四是提高经济效益，通过纺织服装企业总体经营目标、中间经营目标和具体经营目标的纵横衔接平衡，以总体经营目标为中心，把纺织服装企业各项成败技术经济活动结成一个有

机整体，使之协调进行，有利于提高管理效率和提高经济效益，创造纺织服装企业的良好声誉。

(3) *经营目标的原则*

要想制订出合理、适宜的纺织服装企业经营目标，使之发挥应有的作用，必须遵循以下原则。

①现实性原则。制订纺织服装企业经营总目标，必须保证能够按期完成。纺织服装企业应在全面地、科学地分析企业外部环境、内部条件的基础上，确定出与市场机制和资源条件相适应、经过主观努力可以达到的目标水平。否则，目标水平定得过高或过低，势必使纺织服装企业承担不必要的风险或丧失有利的销售时机。

②关键性原则。纺织服装企业总体经营目标，一般是多元的。因此，必须突出经营中具有全面性的、主要的问题，以便纺织服装企业集中各部门、各环节的力量，有效地解决主要矛盾，但是不可列出过多目标或主次不分。

③激励性原则。制订纺织服装企业经营目标，应当与员工的社会荣誉和物质利益密切联系，具有鼓舞和动员作用，以激发员工的积极性。使人人关心企业经营目标的实现，人人重视企业经济效益，把纺织服装企业经营成果、员工个人利益，作为激发员工创造性地进行劳动的强大动力。

④一致性原则。纺织服装企业总体经营目标既然是多元的，在某些目标之间，就往往存在着一些矛盾。所以纺织服装企业在确定目标时，要权衡这些目标的利弊得失，使各目标间彼此衔接，步调一致，纺织服装企业经营目标才能发挥应有的作用。

⑤灵活性原则。纺织服装企业经营目标，是在目前确定的某种条件下制定出来的。但是随着时间的推移，纺织服装企业经营的外部环境因素，是经常变化而且不易控制的，同时纺织服装企业内部条件也是不断变化的。故此，纺织服装企业既定的经营目标不是一成不变的，而应当根据变化了的外部条件，及时调整和修订纺织服装企业的经营目标，指导纺织服装企业生产经营活动，以争取实现最大的经济效益。

⑥定量性原则。纺织服装企业经营总目标不仅要定性，而且要定量，要注意用数据表示。既要有时间概念，又要有数量概念。要有利于在管理过程中组织实施和控制，有利于评价实现的程度，否则目标势必成为空洞的口号，丧失指导作用，使纺织服装企业经营活动失去控制，以至于目标无法实现。

核心概念

1. 纺织服装企业生产经营管理学：是工业企业管理学的一个有机组成部分，是为适应纺织服装社会化大生产发展要求，从长期实践中产生，由现代系统管理的管理理论、原则、制度、技术、方法、手段所组成，用以指导人们科学合理地使用人力、物力、财力，并有效地组织管理纺织服装企业生产经营活动的一门科学。

2. 纺织服装企业生产管理：是指企业对纺织服装生产活动的管理，也就是指企业对纺织服装生产活动的计划、组织、分析和控制等工作。按生产活动所指范围不同，纺织服装企业生产管理有广义和狭义之分。

广义的纺织服装企业生产管理，是指对纺织服装企业生产活动的全过程进行综合性的、系统的管理。它是把纺织服装企业的生产活动全过程作为一个整体系统，具体包括输入、生产制造、输出和反馈四个环节。

狭义的纺织服装企业生产管理是以纺织服装产品的基本生产过程为对象的管理，是指对纺织服装企业的生产技术设备、原材料投入、工艺加工、生产过程组织，直至纺织服装产品完成等具体活动过程的管理。

3. 纺织服装企业经营：是指纺织服装商品生产者和经营者为了实现企业目标，以市场为对象，以纺织服装商品生产和商品交换为手段，使纺织服装企业的生产技术经济活动与企业外部环境，达成动态平衡的一系列有组织的活动。

4. 纺织服装企业经营管理：是在市场经济条件下，根据纺织服装企业内外环境的变化，对纺织服装企业的供、产、销进行合理地预测和决策，以提高经济效益为中心目标，创造性地组织经营活动。

5. 纺织服装企业经营思想：是贯穿纺织服装企业全过程的指导思想，它是由一系列观念与观点构成的，是对经营过程中发生的各种关系的认识和态度的总和。

6. 纺织服装企业经营目标：是指在经济条件下，根据市场需要和自身条件，纺织服装企业生产经营活动在一定时期内最终所要达到的目的，一般用时间、数量、数字或项目来表示。

复习思考

1. 单项选择题

（1）纺织服装企业生产经营学是有效地组织管理纺织服装企业（　　）活动的一门科学。

　　A. 生产　　　　B. 经营　　　　C. 管理　　　　D. 生产经营

（2）纺织服装企业生产经营管理学的研究对象，是纺织服装企业生产经营活动的（　　）。

　　A. 客观规律性　　B. 生产性　　C. 主观规律性　　D. 经营性

（3）纺织服装企业经营管理，是生产管理的（　　）。

　　A. 从属　　　　B. 依赖　　　　C. 先导　　　　D. 基础

（4）（　　）是企业对纺织服装生产活动的计划、组织、分析和控制等工作。

　　A. 纺织服装企业生产　　　　B. 纺织服装企业生产管理
　　C. 纺织服装企业经营　　　　D. 纺织服装企业经营管理

（5）（　　）是由一系列观念与观点构成的，是对经营过程中发生的各种关系的认识和态度的总和。

　　A. 纺织服装企业生产思想　　B. 纺织服装企业生产管理
　　C. 纺织服装企业经营思想　　D. 纺织服装企业经营管理

2. 多项选择题

（1）纺织服装企业生产管理和经营管理是（　　）的关系。

　　A. 相互制约　　B. 相互交换　　C. 互为依存　　D. 相互交易

（2）纺织服装企业生产管理的内容，按其职能可划分为（　　）。

　　A. 准备　　　　B. 组织　　　　C. 计划　　　　D. 控制

（3）纺织服装生产管理的基本任务是（　　）。

A. 树立服务思想　　　　　　B. 合理组织协调
C. 充分利用资源　　　　　　D. 全面完成任务

（4）PDCA循环是一种重要的科学管理的工作方法，它反映了做好一项工作必须经过（　　）阶段。

A. 计划　　　　B. 实施　　　　C. 检查　　　　D. 处理

（5）纺织服装企业经营目标按时间长短划分为（　　）。

A. 周期目标　　B. 短期目标　　C. 中期目标　　D. 长期目标

3. 判断题（正确打"√"，错误打"×"）

（1）纺织服装企业生产管理处于上层，即领导层；纺织服装企业经营管理处于中层，即管理层。（　　）

（2）狭义的纺织服装企业生产管理，是指对纺织服装企业生产活动的全过程进行综合性的、系统的管理。（　　）

（3）广义的纺织服装企业生产管理是以纺织服装产品的基本生产过程为对象的管理。（　　）

（4）战略观念是纺织服装企业经营思想的核心，处于统帅地位。（　　）

（5）纺织服装企业总体经营目标可以不分主次。（　　）

4. 简答题

（1）现代化纺织服装企业生产经营管理有哪些特征？

（2）纺织服装企业生产过程的构成要素有哪些？

（3）纺织服装企业生产管理的指导原则是什么？

（4）我国现代纺织服装企业经营思想是什么？

（5）制订纺织服装企业经营目标应遵循哪些原则？

案例分析

Zara纺织服装公司的生产经营

大多数世界著名的纺织服装产品价格都十分昂贵，只有那些富有的人才能够买得起，而这恰恰为那些供应中低档纺织服装的企业打开了一个市场缺口。尽管许多纺织服装公司都一直在尝试以更低的价格供应纺织服装产品，但是它们显然都不如西班牙的制造商Zara（飒拉）纺织服装公司做得成功。

Zara公司给自己的定位就是要成为纺织服装领域低成本和低价格供应商的领头羊，它开发了一套纺织服装信息系统来管理公司的整个设计、生产与经营过程。这种信息系统使公司保持最小的存货，从而节省了大量成本，因为对于纺织服装零售商来说，存货成本是最主要的运营成本。此外，Zara公司的信息系统还能够提供即时反馈，告诉生产经营管理者，哪些纺织服装产品在哪些国家最畅销，这使得Zara公司赢得了差异化的竞争优势。根据反馈信息，Zara公司就能够生产出某种特定的纺织服装产品，来满足纺织服装消费者对这种产品的大量需求；能够确定哪些纺织服装产品，应该在全球迅速扩张的商店中畅销；能够随时改变为消费者提供的纺织服装搭配方法，确保与时尚趋势同步。

在Zara纺织服装公司的生产经营管理中，Zara公司只需五个星期就能设计出一个新的纺织服装系列，然后用一个星期就能够把它们生产出来，而其他的纺织服装公司设计出一个纺织服装系列，一般需要六个星期以上甚至是几个月的时间，而从生产这些产品到在商店中上架销售至少需要三个星期。Zara公司由于拥有这种快速的生产经营管理循环系统，以及紧跟时尚潮流的纺织服装产品，因此，尽管Zara公司以低廉的价格销售纺织服装，由于成本低仍然盈利颇丰，成为纺织服装行业令人眼红的企业。

【分析问题】
1. 什么是纺织服装企业生产经营管理学？
2. 试分析使Zara纺织服装公司生产经营管理成功的原因。

实战演练

活动1-1

活动主题：认知体验纺织服装企业生产经营管理

活动目的：增加感性认识，实地体验纺织服装企业生产经营管理。

活动形式：

1. 人员：将全班分成若干小组，3~5人为一组，以小组为单位开展活动。
2. 时间：与教学时间同步。
3. 方式：就近实地参观一间纺织服装公司的生产经营活动。

活动内容和要求：

1. 活动之前要熟练掌握纺织服装企业生产经营管理概念、特征和纺织服装企业经营思想、经营目标等知识点，做好相应的知识准备。
2. 以小组为单位提交书面调查报告。
3. 调查报告撰写时间为2天。
4. 授课教师可根据每个小组提供的书面调查报告按质量评分，并计入学期总成绩。

项目二　扫描纺织服装企业生产管理

任务2　如何实施纺织服装企业生产计划

知识目标： 1．纺织服装企业生产计划的职能；
　　　　　　2．纺织服装企业生产过程控制的职能；
　　　　　　3．纺织服装企业生产控制的方法和手段。
能力目标： 1．能对纺织服装企业生产过程进行分析；
　　　　　　2．能运用纺织服装企业生产控制的方法和手段。

任务导航

任务2　如何实施纺织服装企业生产计划
2.1　纺织服装企业生产过程组织概述
2.1.1　纺织服装企业生产过程的组成
2.1.2　纺织服装企业生产过程组织的原则
2.1.3　纺织服装企业生产类型
2.1.4　纺织服装企业生产过程组织
2.2　纺织服装企业生产计划与控制
2.2.1　纺织服装企业生产计划
2.2.2　纺织服装企业生产能力核定
2.2.3　纺织服装企业生产计划综合平衡
2.2.4　纺织服装企业生产计划制订
2.2.5　纺织服装企业生产计划控制

 **情景导入**

将时尚深入骨髓的百丽生产模式

对于百丽来说，仅自产自销的鞋子，年销售额就可达30亿多人民币，而代理的知名品牌，年销售额更可达50亿多人民币。在同行的纺织服装企业中，连续六年排名第一，市场占有率连续三年排名第一。百丽将时尚深入骨髓的生产模式，是其成功的秘诀所在。

首先，是他们的广告。一般纺织服装企业的宣传广告是挂在商场里，而百丽的宣传广告首选地是生产工厂。他们每年会把设计出来的最新款式的产品宣传图片挂在工厂里，让工人们了解到，他们在生产产品的同时，也是在创造"美"。其次，是采用小生产流水线混合生产。百丽的工厂，一个订单，尽管产品的款式不同，仍放到一个生产线上混合生产，大大加快了整个速度。销售公司拿到订单，如果要求百丽生产5000件，但百丽只生产其中的50%，其余的一律补货生产。再者，取消成品仓库。一般企业拿货配货是到成品仓库去，而百丽直接取消了成品仓库，车间生产出来的产品直接装箱发货，大大降低了库存成本。第四，采用三天的滚动式计划。车间采取三天内就要把产品生产出来，第四天就可进行补货生产，大大加快了生产速度。此外，百丽拥有众多的时尚设计师。百丽立志要做时尚的追求者，绝不做时尚的抄袭者，所以他们的设计师经常到国外去寻找潮流和时尚灵感。目前，百丽有两百多名设计师，他们分布在法国、意大利的各个工作室，每年都会设计出一定量的时尚设计作品以供工厂生产。因此，百丽在设计方面的能力非常强大，同时也非常时尚。

想一想

百丽为什么会成功？百丽的生产管理有何特色？什么是纺织服装企业生产计划？如何进行纺织服装生产过程组织，以及对生产计划实施与控制等？通过下面的学习，你将找到答案。

2.1 纺织服装企业生产过程组织概述

纺织服装产品生产过程，是指从准备生产该种纺织服装产品开始，经过各种生产形成合格产品的过程。它的基本内容是人的劳动过程，具体到纺织服装生产过程，主要体现在作业人员运用纺织服装机械设备和各种器具，直接或间接作用于纺织服装材料（如纱线、面、辅料等）加工对象，通过纺织、裁剪、缝纫、整烫、包装等一系列劳动加工形成纺织服装产品的全部过程。

2.1.1 纺织服装企业生产过程的组成

由于纺织服装产品结构和工艺特点的不同，不同纺织服装企业生产过程的形式也不尽相同。但不论哪一种生产过程形式，按照纺织服装生产过程各个阶段所起的不同作用，纺织服装生产过程一般可以分为四个阶段：

（1）*准备过程*

准备过程，即生产技术准备过程，是指纺织服装产品投产前所做的各项技术准备工作。例如，纺织服装产品的设计、工艺准备、标准化工作、定额工作、劳动组织调整、设备布置和人员培训等。

（2）*基本过程*

基本过程，即基本生产过程，是指把劳动对象直接进行工艺加工，最后形成纺织服装企业基本产品的过程。例如，纺织服装生产中的织布、排料、裁剪、缝制等。

纺织服装企业的基本生产过程，按照工艺加工的性质，可划分为若干相互联系的生产阶段（即局部生产过程）。例如，服装企业的基本生产过程，一般分为三个工艺阶段：裁剪、缝制、整烫阶段。每个生产阶段又可按劳动分工和使用的设备、工具不同，划分为不同的工种和工序。工序，是组成纺织服装生产阶段的基本生产单位，指在一个工作地上，由一个或一组工人，对一定的劳动对象连续进行的生产活动。工序是构成作业系列（流水线）分工上的单元，通常操作人员个人接受生产的范围，可以作为最小的工序单元。每一工序又由若干操作组成，每项操作又由若干动作组成。工序既是组织纺织服装生产过程的基本环节，又是纺织服装产品质量检验，以及制订工时定额和工艺规则的基本单位。

（3）*辅助过程*

辅助过程，即辅助生产过程，是指为保证纺织服装企业基本生产过程的正常进行，所需的各种纺织服装辅助产品的生产过程及辅助性生产活动。例如，纺织服装设备维修、纺织服装包装材料加工等工作。

（4）*服务过程*

服务过程，即生产服务过程，是指为纺织服装企业基本生产过程和辅助生产过程服务提供的各种生产服务活动。例如，纺织服装企业中的面、辅材料的采购和供应，原材料半成品、生产设备、器具等的保管与收发，纺织服装产品的运输等工作。

总之，纺织服装企业生产过程中的四个阶段既有区别，又相互联系。准备过程是前提，基本过程是主体和核心，辅助过程与服务过程是围绕着基本过程进行的，并且每个纺织服装企业都包括上述生产过程的四个阶段。纺织服装企业的生产过程，如图2-1所示。

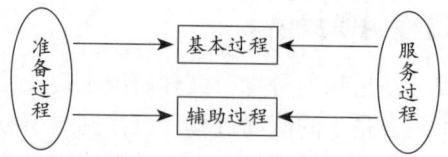

图2-1 纺织服装企业生产过程

2.1.2 纺织服装企业生产过程组织的原则

纺织服装企业生产过程组织，是指将各生产要素以最佳方式结合起来，对纺织服装生产的各个阶段、环节、工序进行合理安排，使其形成一个协调的系统。而合理组织纺织服装产品生产的目的，是要使纺织服装产品在生产过程中，工艺流程最短，时间最省，人力、物力和财力及设备能充分发挥作用，经济效益达到最佳。故此，纺织服装企业生产过程组织，必须遵循以下基本原则：

（1）连续性

连续性，即生产过程的连续性，是指纺织服装产品在生产过程的各个工艺阶段和各个工序的流程中，始终处于运动状态，消除或最大限度地减少不必要的停顿和等待时间，以充分利用纺织服装机器设备和劳动力，缩短生产周期，加速资金运转，减少损耗。采用先进的科学技术、设施布置合理、合理地组织纺织服装生产、制订有效的纺织服装生产计划等，都有助于提高纺织服装生产过程的连续性。

（2）平行性

平行性，是指纺织服装生产过程的各个阶段、各道工序实行平行作业，像纺织服装产品各个零部件的平行生产（如领、袖、口袋等的制作）和各工艺阶段的平行生产（如裁剪、缝制、锁钉、整烫、包装等）。纺织服装生产过程的平行性，是纺织服装生产过程连续性的必要条件，只有组织平行交叉作业，才能真正达到纺织服装生产过程的连续不断。

（3）协调性

协调性，又称比例性，是指纺织服装生产过程各工艺阶段、各工序之间，在生产能力以及各工种工人的配置上，保持一定的比例，以适合纺织服装生产要求，这样可以有效地提高劳动生产率和设备利用率，保证纺织服装生产过程的连续性。

在实际工作中，纺织服装生产过程的比例性并不是一成不变的，随着工艺流程的改进、纺织服装产品结构的变化、外部协作关系的改变（例如自制变为外购），以及员工技术水平的提高等，都会使纺织服装生产能力发生变化，从而使原有的比例关系发生改变，所以要及时采取措施，调整各种不协调的比例，以保障纺织服装生产正常有序的进行。

（4）均衡性

均衡性，又称节奏性，是指纺织服装产品在生产过程中的各个环节都能有节奏地进行生产，保证在相等的一段时间内完成的产量大致相等或稳步增长，避免前松后紧、时松时紧的现象。

均衡地进行纺织服装生产，有利于资源的合理利用，避免纺织服装产品积压和各种浪费损失，提高纺织服装产品质量，减少在制品的占用，并有利于安全生产。要实现纺织服装生产过程的均衡性，必须保持纺织服装生产过程的协调性，加强纺织服装生产计划管理，同时要搞好纺织服装生产技术准备工作。

（5）适应性

适应性，是指纺织服装企业生产过程组织要能适应市场需要的变化，满足消费者的个性化需求。现代纺织服装企业所面临的严重挑战之一，就是纺织服装产品的生命周期越来越短，这就要求纺织服装企业不断地对纺织服装产品进行更新换代，FMS系统及JIT生产方式的出现，使纺织服装产品具有较强的适应性，又使纺织服装生产系统具有较高的机械化、自动化水平，同时也提高了纺织服装企业生产过程的适应性和准时性。

以上五项纺织服装企业生产过程组织的基本原则，既是相互联系的，又是相互制约的。纺织服装企业生产过程组织的协调性、平行性和适应性保证了生产连续性，而过程组织的协调性、平行性和连续性又为实现生产的均衡性提供了基础和前提。

2.1.3 纺织服装企业生产类型

纺织服装企业生产类型，是影响纺织服装企业生产过程组织的主要因素，也是设计纺织服装企业生产系统首先要确定的重要事项。由于各个纺织服装企业的产品结构、生产方法、设备条件、生产规模、专业化程度等方面有所不同，所以生产过程的组织也不相同。纺织服装生产可根据产品种类、批量的大小和产品规格的要求等条件，确定最佳的工序组合、产品流程及机器设备的配置等方法。纺织服装企业生产类型，一般有如下划分。

（1）按接受生产任务的方式分

按纺织服装企业接受生产任务的方式，可以分为订货型生产和预测型生产两种生产类型。

①订货型生产。是指按客户的订单进行纺织服装生产。纺织服装企业生产出的成品在品种规格、数量、质量和交货期等方面是各不相同的，需按合约规定按时、按量、按质交货。客户可能对纺织服装产品提出各种要求，经过协商，以协议或合同的形式确认对产品性能、质量、数量和交货期的要求，然后纺织服装企业组织设计和生产。此类型生产的纺织服装企业在接到订单之前，不储存任何产品。当接到订单后，企业再根据要求，在规定的期限内去采购物料，并完成纺织服装生产。或者由客户提供纺织服装生产所需的全部物料，企业只负责生产。这种纺织服装企业的生产特点是"以销定产"，不会出现产品过剩（产品库存）的现象，但工作量不稳定。其生产管理的重点是"抓交货期"，按"期"组织纺织服装生产过程各环节的衔接平衡，保证如期交货。此种生产类型的优点是：投资少、风险小、适应性强、占用场地少。其缺点是：利润低、竞争能力小、不能承接特殊加急订单。

②预测型生产。也称储备生产，这种生产类型需对市场有深刻的了解和研究，纺织服装的款式、面料、颜色等都应符合市场的要求，由纺织服装生产企业自行决定产品款式、规格、数量的生产。纺织服装企业一般会根据上一年销售情况和市场预测，已经准备好部分原材料，当通过订货会接到订单后，就可以立即组织纺织服装生产。预测型生产的特点是"以产定销"，所以工作量稳定在一定的生产水准，但若预测失误，将会产生库存和资金积压。其生产管理的重点是抓"供""产""销"之间的衔接，按"量"组织纺织服装生产过程各环节之间的平衡，保证全面完成任务。

（2）按生产产品的数量和品种分

按纺织服装企业生产产品的数量和品种数，可分为大批量生产、中批量生产和小批量生产三种生产类型。

①大批量生产。是纺织服装产品的产量大，而品种少（经常是一种或类似的几种），

纺织服装生产条件稳定,每个工作地完成的工作是固定的几道工序,由于纺织服装生产过程使用高效率的专业设备,像电脑开袋机等,容易掌握操作技术,因此,需要员工的专业水平及操作熟练程度高。纺织服装生产车间采用流水线的生产组织形式,生产流程的编制精确、合理。

②中批量生产。是纺织服装品种较多,每种产品有一定的数量,各种纺织服装产品在生产期内成批的轮番生产,大多数工作地要完成多道工序。当款式变换时,各工作地上的设备需随之相应调整,变换越频繁,工作调整的次数就越多,纺织服装生产线适应这种变换就越困难,生产的纺织服装产品品质就越不稳定。

③小批量生产。是纺织服装产品品种较多,每种产品的产量又很少,工作场地专业化程度较低,纺织服装生产不稳定,款式基本不重复,每种纺织服装产品只生产一次就不再生产,或短期内不再生产,所以生产多采用通用的设备和工艺装备。这种生产类型要求员工的技术水平较高,掌握的纺织服装生产知识较广,才能灵活地适应频繁的款式变化。

纺织服装企业不同的生产类型,对纺织服装企业的生产经营管理工作和各项技术经济指标有显著的影响,如表2-1所示。

表2-1 纺织服装企业不同生产类型的特点

项目	生产类型		
	大批量	中批量	小批量
专业化程度	较高	随批量大小而变化	很低
机器配备	高效率的专用设备和专业工艺装备,机械化、自动化水平较高	专用设备占一定比例,机台适用面较广	一般多采用通用的设备和工艺装备
设备布置	按对象原则排列	既可按对象原则,又可按工艺原则排列	基本按工艺原则排列
设备利用率	高	较高	低
应变能力	差	较好	很好
技术要求	易于掌握操作技术,熟练程度较高	技术较全面,有一定的应变能力	要求较高的技术水平和较广的生产知识
计划管理工作	较简单	较复杂	复杂多变
生产品种(举例)	衬衫、西服、裤子等	大衣、工作服等	女装、童装、流行装等
工作地负担的工序数目	很少	较多	很多
生产控制	易	难	较难
经济效益	最好	较好	差

纺织服装企业这三种基本生产类型,与前述两种生产类型的关系,如图2-2所示。

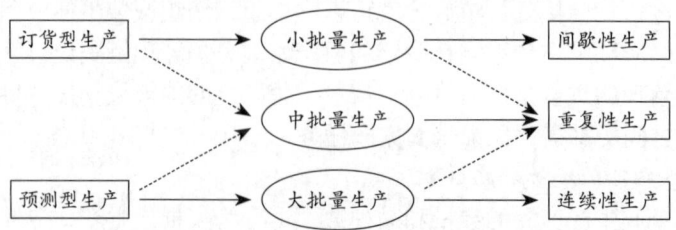

图2-2 纺织服装企业几种生产类型之间的关系

2.1.4 纺织服装企业生产过程组织

纺织服装企业生产过程组织的基本内容，是空间组织和时间组织，任何生产过程必须占有一定空间，在空间上需要哪些生产环节，这些环节之间如何配合，才能实现纺织服装企业生产过程的目的，这就是生产过程的空间组织。同时，任何生产过程也必须占有一定时间，在时间上需要这些环节之间如何密切配合、相互衔接，才能尽快生产出纺织服装产品，这就是生产过程的时间组织。这两者是相互联系、相互作用的。

（1）空间组织

纺织服装生产的空间组织，主要是要正确确定纺织服装产品生产过程在空间的运动形式，即纺织服装企业生产过程的各阶段、各工序在空间的分布和原材料、半成品的运输路线，并根据纺织服装企业生产和管理的需要，研究纺织服装企业内部必须设置的生产单位，以及按什么布置形式来组织纺织服装生产的问题。

①总体布局。即工厂的总体布局，要根据厂址和厂区的环境，把纺织服装工厂的各个部门、单位进行合理配置，使之成为一个符合纺织服装生产和管理要求的有机整体。这里不仅要确定各生产车间、管理部门、服务部门的位置，还要考虑各种通道和管线的布局，同时要留出必要的场地，以满足消防、绿化及生产发展的需要。

由于工厂的总体布局将长期影响纺织服装企业生产的效果，所以在设计时要注意下列原则：一是合理划分厂区，按不同功用和性质，把同类生产车间和建筑物布置在一个区域内。例如，统一供汽的缝制、整烫车间应在离锅炉房较近的地方，满足用汽需要。二是纺织服装工厂的厂房、设施和其他建筑物，应根据纺织服装生产需要合理安排，使原材料、半成品和成品的运输路线尽可能缩短，避免和减少交叉和往返运输，以缩短生产周期，节约生产费用。三是布置应尽可能紧凑，以减少工厂占地面积，节约投资和生产费用。四是考虑纺织服装企业未来发展，工厂总平面布置应有预留地，并尽可能缩小一期建厂用地范围和缩短生产路线长度，以减少用地开拓费用和生产费用。五是充分利用城市现有的运输条件，包括铁路、公路、水路等。纺织服装生产过程的流向和运输系统的配置，应满足货物运输路线的要求，保证物料输入和产品输出的方便。六是考虑员工的生活设施与环境的协调。注意厂区的绿化、美化，为员工创造一个良好、舒适的工作环境，同时为员工留出面积不低于最低限度的生活设施范围，例如，厕所、更衣室、食堂等。

②组织形式。即纺织服装企业生产单位的组织形式，是指确定各项基本工作、辅助工段、生产服务部门及工作地（设备）之间的相互位置及运输路线，它决定着纺织服装企业内部的生产分工和协作关系，决定着工艺过程的流向以及原材料、在制品在厂内的运输路线等。它对于工厂总平面布置有着直接的影响，对于纺织服装企业管理工作和经济效益也有影响。

纺织服装企业内部生产单位的设置，可按三条原则来组织。一是按工艺原则设置。车间是完成纺织服装生产过程中工艺的一部分，或者只承担一定相同工艺的一种专业化组织。例如，纺织服装厂按裁剪、缝纫、锁钉、整烫、包装等工艺种类，来划分生产区域，通常称之为专业化车间生产。按工艺原则组织车间的优点是：相同或相似的设备集中在一起，能充分利用设备能力和场地；工艺上专业化程度高，便于管理；组织灵活，对产品变化的适应性强。其缺点是：产品加工线路较长、运输点多，物品搬运的辅助劳动量大；生产过程中停留、等待时间多，在制品多，生产周期长，占用资金多；各生产单位之间协作关系较多，管理工作量较大。二是按对象原则设置。即按纺织服装产品品种划分生产区域，也就是一个产品的全部或绝大部分工艺过程，集中在一个生产区域内进行，通常称之为封闭式车间生产。按对象原则组织车间的优点是：可缩短加工路线，减少物品搬运的辅助劳动；可减少生产过程中的中断时间，提高劳动生产率；可简化各专业车间之间的协作，便于生产管理。其缺点是：设备布局相对比较固定，对产品变化的适应性较差；在生产任务不饱和时，不能充分利用设备和工作场地。三是按综合原则设置。综合运用工艺专业化和对象专业化原则来建立生产系统，根据纺织服装企业工艺的需要，按提高经济效益的要求，在一个纺织服装企业内部或在车间内部，合理运用上述两种布置原则，综合两者优点，充分利用和发挥纺织服装企业的生产能力。

③生产线及配置。纺织服装企业成衣化生产采用分工序流水作业的形式，它能起到合理组织生产，提高生产效率的目的。流水线（或流水生产），是指在纺织服装生产过程中，按照规定的生产路线和速度，像流水一样均匀不断地进行生产，直到生产出纺织服装成品的生产组织形式。流水生产线的基本特点是：工作地有较高的专业化水平；工作地按工序先后排列，生产连续性较高；产品按一定节拍投入和产出，生产均衡；流水线上各工序生产能力均衡而且成比例；在制品在工序间单向流动，能节约大量运输工作和费用。

纺织服装产品多种多样，纺织服装生产线的组织也是灵活多变的，但其基本形式是不变的，一般有两种形式：一是模块式流水线，也称为小组式流水线。即按纺织服装的各部件（像领、袖、兜、大身等）将缝纫操作人员分成小组，衣片采用手递手的传输方式，组与组之间没有联系，各模块完成各自相应的组件。模块式流水线的优点：一方面机台组织灵活，可根据纺织服装生产款式的要求，很方便地变换模块结构与模块的机台组合；另一方面在各模块中采用多工序操作，操作员工在第一工序接取缝活后，直到最后一个工序完成，大大缩短了在制品的传递路线和时间，也省去了其间取活、放活的辅助时间；此外系统工时平衡简单、容易，有关工序可穿插安排，工位时间利用率高，生产调度较方便等。其缺点是：车间的整体布局略显零乱。二是课桌式流水线。它是一种较传统的生产组合方式，即按制作纺织服装的工序流程顺序排列工位和设备，每个工位完成一道工序，各工位顺序协作完成整件纺织服装产品。与模块式流水线相比较，课桌式流水线的特点是：一方面机台设置较为固定，适合于款式变化较小、工艺较为简单、工序少、批量较大纺织服装的生产；另一方面机工、辅工原则上安排在流水台两侧，各工位协作生产，可能产生在制品在相同工位上重复传递或倒流现象，生产周期加长；此外就是机台排列整齐，空间利用率高。

以上是生产线组合的最基本形式，但并不是绝对相互独立的，随着纺织服装科技的发展，为满足低成本、高效率的要求，现在的纺织服装企业更多的是将上述两种形式灵活地结合在一起，形成一种更为先进的生产系统。

纺织服装企业在配置机器设备时，应考虑的问题：一是要明确划分生产线的主流和支流，人、物、生产信息的移动应取最短的距离，尽量避免交叉、倒流现象；二是机台配置应具有较大的灵活适应性，不应因产品款式、工艺的变化，而发生设备配置混乱及需要再次调整设备位置；三是合理留放空间，以保证物料堆放、作业人员操作动作为最佳，同时保证运输通道的畅通；四是便于管理和产品检验。

机器设备的布局从理论上讲，希望采用没有传递距离的配置方法，然而在实际生产中，即便是很小一个细节上的变化都可能使整个布局发生变化，从而使传递距离和时间大幅度增加，生产效率下降。故此，纺织服装企业生产部门应明确自己的生产结构，确定相对稳定的基本配置，结合有融通性的其他配置，使纺织服装生产顺畅。

（2）时间组织

纺织服装企业生产过程的时间组织，是要使员工在各车间之间、工段之间、工作地之间的工作在时间上相互配合和衔接，最大限度地提高纺织服装生产过程的连续性和节奏性，以达到提高生产率和设备利用率、缩短生产周期、增加产量、加快资金周转、降低纺织服装产品成本的目的。任何纺织服装产品的生产，在制品的移动方式因其产量及生产工艺的不同而不同，从而导致其生产周期的不同。一般批量生产产品的移动方式有三种：

①顺序移动方式。是指纺织服装产品在各道工序之间是整批移动，即一批在制品在前道工序全部加工完成之后，才整批转送到下道工序加工。这种移动方式的优点是：一批纺织服装产品集中连续加工，集中运输，成批顺序移动，有利于减少设备的调整时间，便于组织。缺点是：生产过程的时间最长，而在产品变化中易产生停顿、待工及在制品待加工、待运输现象。

在顺序移动方式下，每批纺织服装产品的生产周期，同本批产品的数量和每道工序的生产时间成正比。一批纺织服装产品在顺序移动方式下的生产周期计算公式如下：

$$T_s = T_m = n\sum_{i=1}^{m} t_i \qquad (2\text{-}1)$$

式中：T_s——顺序移动方式下的一批纺织服装产品的生产周期；

T_m——m道工序的生产时间之和；

n——产品的批量；

t_i——第i道工序的生产时间；

m——工序的总数。

例1 京华纺织服装公司有一批纺织服装产品的件数$n=10$，该产品在各道工序上生产的时间为$t_1=10\text{min}$，$t_2=6\text{min}$，$t_3=12\text{min}$，$t_4=4\text{min}$。问：这批纺织服装产品在顺序移动方式下的生产周期是多少？

解：根据公式（2-1）得：

$$T_s = T_m = 10 \times (10+6+12+4) = 320 \ (\text{min})$$

因此，这批纺织服装产品在顺序移动方式下的生产周期是320min。

②平行移动方式。是指每件纺织服装产品在前道工序生产完毕后，立即转移到下道工序继续生产，在制品在各道工序之间是逐个运输的，一批纺织服装产品在各道工序上的生产时间是平行的。

平行移动方式生产周期短，生产过程中不存在待运输情况，有利于减少设备调整，但当各道工序的单件作业时间不同时，设备有零散的等待生产现象，且运输频繁，不利于提高功效，组织较为复杂，适用于批量较小，工序单件作业时间较长的纺织服装产品生产。

在平行移动方式下，一批纺织服装产品的生产周期计算公式如下：

$$T_b = \sum_{i=1}^{m} t_i + (n-1)t_c \qquad (2\text{-}2)$$

式中：T_b——平行移动方式下的一批纺织服装产品的生产周期；

t_c——纺织服装产品生产工序中最长的工序时间。

例2 按上例的已知条件，问：在平行移动方式下，这批纺织服装产品的生产周期是多少？

解：根据公式（2-2）得：

$$Tb = (10+6+12+4) + (10-1) \times 12 = 140 \text{（min）}$$

故此，在平行移动方式下，这批纺织服装产品的生产周期是140min。

③平行顺序移动方式。是指在纺织服装产品生产的各道工序中，采取不同的移动方式，有些工序必须各自单独移动，有些工序则整批移动，以保证下道工序对该批产品连续不断地进行生产。这种移动方式是前两种移动方式的结合。

平行顺序移动方式既考虑了相邻工序的生产时间尽量重合，以缩短生产周期，又保持了该纺织服装产品在各道工序的顺序连续生产。当前道工序工时小于或等于后道工序时，则生产按平行移动方式进行；当前道工序工时大于后道工序工时时，则应使前道工序生产的零部件数能保证后道工序连续生产时，再将这些完成的零部件一起转入后道工序。

在平行顺序移动方式下，一批纺织服装产品的生产周期计算公式如下：

$$Tbc = n\sum_{i=1}^{m} ti - (n-1)\sum tw \tag{2-3}$$

式中：Tbc ——平行顺序移动方式下的一批纺织服装产品的生产周期；

tw ——每相邻两工序间较短的工序时间。

例3 按上例的已知条件，问：在平行顺序移动方式下，这批纺织服装产品的生产周期是多少？

解：根据公式（2-3）得：

$$Tbc = 10 \times (10+6+12+4) - (10-1) \times (6+6+4) = 176 \text{（min）}$$

所以在平行顺序移动方式下，这批纺织服装产品的生产周期是176min。

综上所述，在以上三种不同的纺织服装企业生产过程的时间组织形式中，就纺织服装产品生产周期的长短来说，顺序移动方式最长，平行顺序移动方式次之，平行移动方式最短；就生产的连续性来说，顺序移动方式和平行顺序移动方式都能保证生产的连续性，而在平行移动方式下会出现生产工作的间断。通常平行顺序移动方式是一种较好的纺织服装生产组织形式，但也不能一概而论。在选择纺织服装生产过程的时间组织形式时，要综合考虑生产周期、零部件的搬运量、生产的连续性、生产单位的专业化形式、生产任务的紧急程度等多种因素。

2.2 纺织服装企业生产计划与控制

2.2.1 纺织服装企业生产计划

纺织服装企业生产计划，是指纺织服装企业在一定时期内（一般指年度、季度、月份），从市场需求出发，根据对纺织服装产品、产量、质量的要求，以及对应投入产出的时间、生产规模、水平、速度等事先的设想。它是纺织服装企业生产经营计划的重要组成部分，又是编制其他计划的主要依据，是纺织服装企业在计划期内实现经营指标的行动纲领。故此，编好生产计划是纺织服装企业生产管理的一项重要工作。

纺织服装企业生产计划工作，是指纺织服装企业生产计划的编制、实施与考核等各项工作的总和。其基本内容包括：生产能力的核算与平衡，生产计划指标的确定与计划的编制，产品投入产出的安排，生产计划的考核、检查、监督、调整与完成情况的分析等。

（1）计划系统的层次

①长期计划。是指纺织服装企业制订的长期计划，它应反映纺织服装企业的基本目标和组织方针，主要制订纺织服装企业的产品战略、生产战略、综合投资战略、销售和市场份额增长战略等。长期计划的制订要应用财务、生产和销售的宏观模型。

②中期计划。又称生产计划大纲或年度生产计划，是指纺织服装企业制订的中期生产计划，它多根据纺织服装产品市场预测和客户订货合同信息制定，同时要进行生产能力的核定，以及生产能力与生产任务的平衡。

③短期计划。是指纺织服装企业制订的短期生产计划，它主要包括：生产作业计划、材料计划、能力计划、生产控制与反馈等与具体生产过程相关的内容。

一般来说，纺织服装企业的生产计划，主要以中、短期计划为主。

（2）计划的主要指标

确定纺织服装企业生产指标，是编制纺织服装企业生产计划的主要内容。这些指标都具有一定的经济内容，它们从不同的角度反映了纺织服装企业技术与经济管理的水平。

①产品质量指标。是指纺织服装企业在计划期内各种纺织服装产品应达到的质量标准，是纺织服装产品的使用价值满足市场需要的程度。它是反映纺织服装企业产品能否适合市场的一个重要指标，也是反映纺织服装企业生技术和管理水平的重要指标。在我国质量标准分为：国际标准、国家标准、行业标准和企业标准等几个层次。

②产品品种指标。是指纺织服装企业在计划期内应生产的纺织服装产品种类和品种数量，它在一定程度上反映纺织服装企业适应市场的能力。通常品种越多，越能满足不同的需求，但过多的品种会分散纺织服装企业的生产能力，难以形成规模优势。所以纺织服装企业应综合考虑，合理确定纺织服装产品品种，加快产品的更新换代。

③产品产量指标。是指纺织服装企业在计划期内应当出产的合格产品的实物数量。这个指标反映了纺织服装企业生产成果，是纺织服装企业组织产、供、销平衡，经济效益核算，组织计划与生产活动的依据，也是纺织服装企业的主要任务。

④产值指标。是用货币量来表示的产品产量的指标。它反映纺织服装企业在一定时期内的生产规模、水平，并作为计算发展速度的依据，是综合反映纺织服装企业生产成果的价值指标，主要有以下三种。

一是工业总产值。它是指用货币形态表示纺织服装企业在计划期内生产的工作总量或工业劳动总量。一般以不变价格计算，内容包括：商品的产值，在制品、半成品、自制工具、模具等在计划期末、期初差额的价值及订货者来料加工价值。

二是商品产值。它是指在一定时期内，用货币形态表示的纺织服装企业商品产量，是反映纺织服装企业生产成果的重要指标，是纺织服装企业在计划期内可供出售产品的价值。商品产值用现行价格表示，它还包括自制材料生产的成品价值，已销或准备销售的半成品价值，订货者来料制成品的加工价值与对外工业性作业价值。

三是工业净产值。它是指工业生产活动中新创造的价值。一般以现价计算，它避免转移价值的影响，正确地反映了纺织服装企业的生产劳动成果。净产值的计算方法有：

A.生产法：从工业总产值中扣除物质消耗价值，其计算公式为：

$$工业净产值 = 工业总产值 - 工业总值中物质转移价值$$

B.分配法：从国民收入初次分配的角度出发，将各种构成要素相加，其计算公式为：

工业净产值 = 税金 + 利润 + 工资及工资附加费 + 其他费用项目

2.2.2 纺织服装企业生产能力核定

纺织服装企业生产能力，是指在一定的纺织服装企业生产组织和技术水平下，直接参与生产的固定资产在一定时期内，所能生产的纺织服装产品总量或能加工的原材料总量。它是一个动态指标，随着纺织服装企业生产组织状况、产品品种结构、原材料质量等因素的变化而变化。纺织服装企业生产能力的大小，受多种因素的影响，由于纺织服装企业生产类型、产品结构、生产状况多种多样，因此，纺织服装企业生产能力的核定方法也不尽相同，但可从以下几方面分析：

（1）人员能力分析

纺织服装企业根据销售计划制订的预期生产计划，针对各种纺织服装产品的数量、标准时间，计算出生产该纺织服装产品所需的人力。

例4 南方纺织服装公司计划生产的纺织服装产品，其标准工时、计划产量及需要工时，如表2-2所示。求计算出生产该纺织服装产品所需的人力。

表2-2 南方纺织服装公司计划生产的产品标准工时、计划产量及需要工时

项目	A	B	C	D	E	F	G	H	I	合计
单件标准工时/min	6.5	11.3	4.9	10.4	8.6	9.8	7.7	8.4	12.9	
计划产量/件	12000	3300	13000	2600	4700	3700	3500	16000	3100	61900
需要工时/min	78000	37290	63700	27040	40420	36260	26950	134400	39990	484050

解：设月工作天数为23天，每天工作8小时（不含加班时间），则人员需求计算如下：

$$人员需求数 = \frac{计划生产总标准时间}{每人每天工作时间 \times 工作日数} \times (1+宽裕率)$$

设宽裕率为15%，则：

$$人员需求数 = \frac{484050}{60 \times 8 \times 23} \times (1+15\%) = 50.4（人）\approx 50人$$

因此，公司应根据生产能力（人力情况），同需要完成的作业量进行比较，核算是否存在能力不足的情况，努力使生产得到平衡，并向标准作业时间靠拢。

（2）设备能力分析

纺织服装公司常用的设备，一般有平缝机、特种缝纫机、整烫机等，可根据纺织服装生产所需加以分类。

例5 分析北方纺织服装公司设备能力。

解：如果公司平缝机每分钟可出纺织服装产品12件，则：

$$实际时间 = 60s/12件 = 5s/件$$

如果标准宽裕率为20%，则：

$$标准作业时间 = 5 \times (1+20\%) = 6（s）$$

$$生产能力 = \frac{作业时间}{单件标准作业时间}$$

如果计划作业时间为490min，则：

$$生产能力 = 490 \times 60 / 6 = 4900（件）$$

公司拥有平缝机50台，则平缝机的总生产能力为：

$$总生产能力 = \frac{作业时间}{单件标准作业时间} \times 台数 \times 开机率$$

如果公司开机率为80%，则50台平缝机8小时的生产能力为：

$$总生产能力 = \frac{8 \times 60 \times 60}{6} \times 50 \times 80\% = 192000（件）$$

总之，机器设备的增补不像人员增补那样方便，它牵涉到资金的筹措。纺织服装企业一般会根据纺织服装产品总计划和年销售计划，来制订机器设备的购置计划。

（3）短期生产能力的调整

在纺织服装企业的人力和机器设备负荷与需求发生不平衡时，就要进行短期生产能力的调整，常用的几种短期生产能力调整方法，如表2-3所示。

表2-3　常用的短期生产能力调整方法

调整方法	需求状况	
	低于需求	高于需求
外包	部分工作外包	外包收回
临时工	增加临时工	减少临时工
机器设备	增加开机时间	减少开机台数
使用工时	加班或轮班	减少加班
人员技能	训练新的操作人员	使用具有多种专长的作业人员，减少作业人数

2.2.3 纺织服装企业生产计划综合平衡

综合平衡，是指正确处理纺织服装企业生产活动中各种生产要素、各项专业计划与各生产环节之间的关系，使它们互相衔接、互相协调、互相促进，最经济地实现预定的纺织服装企业生产计划目标。综合平衡和确定生产计划指标，是编制纺织服装企业生产计划的重要步骤。这一步骤将需要和可能结合起来，将提出的初步生产计划指标和各方面的条件进行平衡，使生产指标得到落实。

（1）原则

纺织服装企业生产计划的综合平衡原则，主要有预见性、经济性和积极性。

①预见性。是指对纺织服装企业生产活动中可能发生的情况有预先的准备措施，不应当出现了不平衡以后再去做平衡工作。例如，在纺织服装厂中，纺织服装产品的款式变化、面、辅料的替换，新技术的应用，人员和环境的变化，这些都是可以预先了解的情况，所以可预先采取措施，做好各项平衡工作。

②经济性。是指纺织服装企业在进行综合平衡时，要注意经济效果，既做到计划的平衡，又能提高经济效益。

③积极性。是指纺织服装企业要积极采取平衡工作，加强薄弱环节的管理，不留缺口。

（2）内容

纺织服装企业生产计划的综合平衡内容，有如下几个方面。

①产销平衡。是指纺织服装企业生产与市场消费的平衡。例如，纺织服装企业的加工不能简单地用以产定销或以销定产来概括，而是应根据市场需求的变化对生产进行调整和控制，做到产销平衡。

②生产环节平衡。是指纺织服装企业生产环节之间的平衡。例如，生产任务与生产资金之间的平衡，测算流动资金对生产任务的保证程度；生产任务与劳动力之间的平衡，测算劳动力的工种、数量，并检查劳动生产率水平对生产任务的保证程度；生产任务和生产能力之间的平衡，测算人员、设备等能否符合生产任务的要求；生产车间之间及工序之间的平衡等。

③供产平衡。是指纺织服装企业供应与生产的平衡。例如，纺织服装企业的生产任务与面、辅料供应之间的平衡。纺织服装企业在确定生产任务的同时，要考虑面、辅料供应情况，保证按时、按质、按量、按品种规格供应纺织服装生产所需的各种面、辅料，而又不占压过多的资金。在纺织服装生产任务进行必要调整时，生产任务和原料供应又能始终保持平衡状态。

④各项指标平衡。是指纺织服装企业生产的各项指标之间的平衡。例如，劳动组织与定员定额之间的平衡；库存物资与修旧利废之间的平衡；纺织服装产品的品种与产量之间的平衡；纺织服装产品质量与面、辅料消耗之间的平衡；纺织服装产品销售与贷款回收之间的平衡等。

2.2.4 纺织服装企业生产计划制订

（1）生产前准备

根据纺织服装产品的款式、订货要求和批量，制订生产流程、作业方法和所需生产设备，编写生产任务单和生产工艺说明，注明生产批号。

（2）生产日程

日程计划是根据纺织服装企业的生产任务，对各种作业和有关业务的时间做预先的计划安排。不仅要制订从原材料入库检验到完成纺织服装产品的各个作业细节的计划，还要安排与生产直接有关的业务计划，最终要对交货期和生产作出保证。

①大日程计划。是指纺织服装企业按月或按季度进行的大致的纺织服装产品生产日程计划。目的是根据纺织服装生产任务的先后顺序，合理安排各部门、各车间的工时，保证交货期，对必要的材料和在制品以及时间延误，考虑一定的保险系数。纺织服装产品出产计划，如表2-4所示。

表2-4 纺织服装产品出产计划　　　　　　　　　　　　　　　　　　　　　　单位：件

产品编号	月份					
	1	2	3	4	5	6
A001	—	—	200	—	—	—
A002	—	—	—	300	—	—
A003	—	—	—	100	360	—
A132	—	—	—	—	40	400

②小日程计划。是指纺织服装企业按日或小时进行具体工作内容的安排，明确各项工作的进行时间，全面掌握纺织服装生产。

③材料计划。一方面是根据纺织服装企业生产日程计划，预测所需原材料的种类、数量及周期等，另一方面还要进行材料计划的一些日常业务工作。例如，确认原材料的库存量与账面相符；确定里料、辅料的最低库存量，既能保证生产加工的顺利进行，又不至于占用过多资金、产生大量库存。

④工时计划。是指纺织服装企业根据纺织服装生产任务决定具体的作业量，并与现有纺织服装生产能力相对照，进行调整。工时数是作业量的静态时间单位，通常一个人完成一小时的作业量，称为一个作业时间单位（一个工时）。在纺织服装企业中，每个工位或工序的作业内容，通常用分钟或秒计算。

（3）**安排方法**

纺织服装企业生产日程的安排方法，一般采用以下两种方法：

①前推排程法。是指以规划当日为起算日期，依据各作业所需的时间，逐步由前向后排定日程的方法。此方法适用于：在纺织服装产品所含零件不复杂的情况下可采用。

②后溯排程法。是指以最后需要日期（交货期）为起算日期，依据各作业所需时间，由最终逐步推算各作业开始时间的方法。这是通常采用的一种方法。

（4）**安排原则**

纺织服装企业生产计划与管理要做到：产品如期交货；掌握生产进度；有效利用人员与机器产能；在制品停滞等待时间短且生产期间短等，所以在安排工作时，要按照下列优先原则：

①工艺流程原则。是指工序越多的纺织服装产品，出现问题变数越大，越应优先安排。

②产能平衡原则。是指考虑机器负荷，尽量避免出现停工待料的现象。

③交货期先后原则。是指交货时间越紧急的，越应安排在最早时间生产。

④重点客户原则。是指越是重点客户，其订单安排应越受到重视。

2.2.5 纺织服装企业生产计划控制

纺织服装企业生产控制，是指在纺织服装企业生产计划执行过程中，对有关纺织服装产品生产的数量、品质和进度的控制，其目的是保证完成纺织服装企业生产计划所确定的各项指标。纺织服装企业生产控制主要有以下两种。

（1）**纺织服装生产作业控制**

①作业指导。在纺织服装生产中，对具体的作业方法和动作进行指导时，一般由经验丰富的班长或者组长来担任。在进行多品种、小批量的纺织服装生产时，因款式变换较频繁，经常出现作业内容的变化，有时是纺织服装产品整体的变化，有时甚至连纺织服装生产线、班组的编制也要调整，所以要对作业人员进行必要的调整和技术指导，以保证纺织服装生产的顺利进行，同时这也是保证纺织服装产品质量的先决条件。

②作业安排。是指对现场发布制造指令，是一项将日程计划已经确立的内容给作业人员作具体指示的业务。主要内容有：准备所需材料、确认纺织服装产品规格、安排上线生产顺序、给作业人员分配工作、供给必要的材料、准备作业所需的机械设备及器具。

③浮余管理。余力，是指某一工序（或工作地）的纺织服装生产能力与分配在该工

序（或工作地）的工时负荷（工作量）之间的差。正确掌握车间、工序、作业人员等的纺织服装生产能力，了解工作量分配情况及完成情况，保证加工任务在规定时间内完成，没有游闲时间以及不做过分的工作量，是浮余管理的目的。有空闲时间时，可提前安排预定的作业或支援其他班组。若负荷过重，会引起进度的延迟，这时就应该对作业重新安排和调整。

④质量检验。在纺织服装生产过程中，出现问题时往往可以拆开重做，这一点有别于其他制造业。如果纺织服装产品出了疵品又不能修复时，就形成了废品，这种损失将关系到纺织服装企业和全体员工的直接或间接的经济利益，同时返工将影响纺织服装生产效率，所以必须采取措施，控制纺织服装生产过程少出错甚至不出差错，以保证纺织服装产品质量。通常在纺织服装生产过程中，需进行三道检验过程：一是原材料检验，是指在生产前对原材料的检验。例如，对原材料的疵点、纹理图案、色差、门幅、数量等进行检查，同时对缝制、烫缩等功能进行测定。二是中间检验，是指在纺织服装产品生产过程中，对半成品进行检验。如果出现误差，要及时返修。三是终点检验，是指对纺织服装成品的检验。例如，对纺织服装成品的做工、规格尺寸、色差、整烫质量等进行检验。

（2）纺织服装生产进度控制

纺织服装生产进度控制，是指对纺织服装原材料投入生产到成品入库为止的全过程的控制，是纺织服装生产控制的关键。例如，对投入进度的控制、出产进度的控制和工序进度的控制等。纺织服装生产进度控制的主要的目的，是保证交货日期。在纺织服装生产加工过程中，要随时掌握作业进程是否与日程计划相吻合，如有差异应尽快进行调整。

①生产调度。是指对执行纺织服装生产作业计划过程中可能出现的偏差及时了解、掌握、预防和处理，保证整个纺织服装生产活动协调进行。对于纺织服装生产管理人员，应该清楚每批纺织服装产品的投放日期、数量、出产日期、交货日期等，同时要加强进度检查，掌握纺织服装产品加工生产到何道工序，有多少在制品，有多少成品等，以全面控制生产，均衡生产进程，顺利完成纺织服装生产任务。

②生产记录。纺织服装生产控制的手段和工具很多，例如，甘特图、平衡线图、在制品曲线图、生产报表、看板等，在纺织服装生产企业中，一般采用报表这种简单工具。生产记录也是全面掌握纺织服装生产进程的最有效方法，主要有如下几种。

一是个人生产记录，这是作业人员对个人完成工序内容及加工数量情况的记录，个人生产记录一般以日为单位，如表2-5所示。

表2-5　个人作业日报表

产品批号：	班组：	姓名：		月　　日
工序名称	生产时间	工序时间/min	生产数量	备注
合袖缝	8:30—11:30	2	100	
绱袖	12:30—17:30	10	25	

二是班组生产记录。在某一天的纺织服装生产中，不同的时间的产量有一定的差异，班组长应该对实际生产情况加以记录，对纺织服装生产进行控制调整。班组生产记录表，如表2-6所示。

表2-6　班组生产记录表

班组：　　　班长：　　　　　　　　　　　　　　　　　　　　月　　　日

款号	实裁数	投产日期	未开始数	前期半成品数	中期半成品数	后期半成品数	当日成品数	成品累计数	备注

三是车间生产记录，这是根据车间生产的生产任务，对单位时间（日、周等）内各批纺织服装产品的完成情况进行记录，以便协调全面生产。车间生产日报表，如表2-7所示。

表2-7　车间生产日报表

车间：　　　制表人：　　　　　　　　　　　　　　　　　　　月　　　日

款号	实裁数	组别	生产进度			投产日期	当日成品数	成品累计数	备注
			前期	中期	后期				

③加班。是纺织服装生产企业中常见的日程计划延迟的应急措施，但长时间的体力劳动会使作业人员身心疲劳，影响正常上班的工作效率，作为管理者应尽量设法减少加班时间。

核心概念

1. 纺织服装产品生产过程：是指从准备生产该种纺织服装产品开始，经过各种生产形成合格产品的过程。

2. 纺织服装企业生产过程组织：是指将各生产要素以最佳方式结合起来，对纺织服装生产的各个阶段、环节、工序进行合理安排，使其形成一个协调的系统。

3. 纺织服装企业生产计划：是指纺织服装企业在一定时期内（一般指年度、季度、月份），从市场需求出发，根据对纺织服装产品、产量、质量的要求，以及对应投入产出的时间、生产规模、水平、速度等事先的设想。

4. 纺织服装企业生产能力：是指在一定的纺织服装企业生产组织和技术水平下，直接参与生产的固定资产在一定时期内，所能生产的纺织服装产品总量或能加工的原材料总量。

5. 纺织服装企业生产控制：是指在纺织服装企业生产计划执行过程中，对有关纺织服装产品生产的数量、品质和进度的控制。

复习思考

1. 单项选择题

   （1）纺织服装产品生产过程是指从（　　）生产该种纺织服装产品开始，经过各种生产形成合格产品的过程。

   　　A. 管理　　　　B. 经营　　　　C. 准备　　　　D. 经营管理

   （2）工序是组成纺织服装生产阶段的（　　）生产单位。

   　　A. 重要　　　　B. 核心　　　　C. 主要　　　　D. 基本

   （3）（　　）是一种较传统的生产组合方式，即按制作纺织服装的工序流程顺序排列工位和设备，每个工位完成一道工序，各工位顺序协作完成整件纺织服装产品。

   　　A. 模块式流水线　　　　　　　B. 手工式流水线
   　　C. 课桌式流水线　　　　　　　D. 机械式流水线

   （4）（　　）是指纺织服装产品在各道工序之间是整批移动。

   　　A. 平行移动方式　　　　　　　B. 顺序移动方式
   　　C. 平衡移动方式　　　　　　　D. 平行顺序移动方式

   （5）（　　）是指在纺织服装企业生产计划执行过程中，对有关纺织服装产品生产的数量、品质和进度的控制。

   　　A. 纺织服装企业生产控制　　　B. 纺织服装企业生产能力
   　　C. 纺织服装企业生产计划　　　D. 纺织服装企业生产过程

2. 多项选择题

   （1）纺织服装生产过程一般可以分为（　　）几个阶段。

   　　A. 准备过程　　B. 基本过程　　C. 辅助过程　　D. 服务过程

   （2）纺织服装企业生产过程组织必须遵循（　　）适应性原则。

   　　A. 连续性　　　B. 平行性　　　C. 协调性　　　D. 均衡性

   （3）按纺织服装企业生产产品的数量和品种数可分为（　　）几种生产类型。

   　　A. 成批量生产　　B. 大批量生产
   　　C. 中批量生产　　D. 小批量生产

   （4）纺织服装企业的生产计划通常有（　　）。

   　　A. 长期计划　　B. 中期计划
   　　C. 短期计划　　D. 延期计划

   （5）纺织服装企业生产作业控制主要有（　　）。

   　　A. 作业指导　　B. 作业安排
   　　C. 浮余管理　　D. 质量检验

3. 判断题（正确打"√"，错误打"×"）

   （1）纺织服装企业生产过程中的四个阶段既有区别，又互不联系。（　　）

   （2）纺织服装企业生产过程组织原则中的协调性又称比例性，均衡性又称节奏性。（　　）

   （3）纺织服装企业生产过程组织的基本内容是空间组织和时间组织。（　　）

   （4）预测型生产的特点是"以销定产"。（　　）

   （5）加班是纺织服装生产企业中常见的日程计划延迟的应急措施。（　　）

4. 简答题

（1）按纺织服装企业接受生产任务的方式可以分为哪两种生产类型，其特点是什么？

（2）纺织服装企业生产过程组织的基本内容是什么？

（3）纺织服装企业生产计划的主要指标有哪些？

（4）纺织服装企业生产计划制订要做好哪些工作？

（5）什么是纺织服装生产进度控制？具体如何控制？

案例分析

纺织服装生产QR模式悄然兴起

随着社会经济的发展，现代纺织服装除了它的最基础功能外，还被赋予了时尚潮流的新概念，由此国际纺织服装生产出现了一系列新变化和新的生产模式。其中一些国家的企业采用的QR纺织服装生产模式就最具有代表性。

所谓纺织服装生产的QR（Quick Response，即快速反应）模式，就是根据市场和消费者的变化、不同消费群体、不同消费层次的需求变化，及时、尽快地调整企业的纺织服装生产数量、花色品种、款式，是一种应对市场需求变化的"快速反应"生产模式。

在意大利、法国、日本和韩国，一些纺织服装生产企业都在大力推行QR生产模式，过去传统的纺织服装生产制作方式是大批量生产，投放市场后长期流通销售。而现今纺织服装市场上，不同性别、年龄、职业、民族、国家的消费群体，纺织服装消费的层次越来越细化，消费者的个性化消费倾向更加凸显。在这样的市场条件下，如果纺织服装企业仍固守昔日大批量生产、长期投放市场的经营模式，必然会使自己的产品积压在柜台上，烂在仓库里。

意法日韩纺织服装企业现在推行的QR生产模式的主要特征有以下几方面：一是新开发设计的纺织服装小批量制作投放市场，一般不超过500件，投放市场后跟踪销售状况决定下一步的生产量。如果一个月后销售量达到30%左右，再生产第二批，仍不超过500件；两个月后销售率如能达到70%~80%，第三批生产1000件以内，这样最终的销售率能达到95%左右，此后这批纺织服装就撤离市场。如果市场销售状况不理想，及时停止生产。二是在设计方面有前瞻预测性地先行，保证任何时候都有新款式上市。三是纺织服装生产企业与销售流通始终保持紧密的网上信息沟通，销售流通环节上的任何信息都能立即反馈到纺织服装生产企业的管理层和设计开发部门，为快速应对市场变化掌握第一手信息资料，及时作出正确的决策。

纺织服装的QR生产制作模式为纺织服装生产企业带来了高收益，使库存量大幅下降，高附加值的订单量也逐渐扩大。韩国纺织服装企业学习西方国家企业的经验，是QR生产模式的后来者。统计资料显示，韩国纺织服装企业推行QR生产模式后，库存率由过去的30%下降为5%左右；低附加值的订单比例由过去的70%~80%下降为55%~60%；高附加值产品的生产量由16%~20%上升为25%~35%。据LG纺织服装公司有关人士说，销量好的纺织服装立即追加生产，销量不畅的纺织服装或减产、停产，仅此一项，LG纺织服装公司一年间有望节省压库费用1250万~2000万美元。

【分析问题】
1. 什么是纺织服装企业生产计划和生产控制？
2. 试分析QR生产制作模式的特点以及为纺织服装生产企业带来的收益。

实战演练

活动主题： 认知体验纺织服装企业生产计划与控制

活动目的： 增加感性认识，实地体验纺织服装企业生产计划与控制。

活动形式：

1. 人员：将全班分成若干小组，3~5人为一组，以小组为单位开展活动。
2. 时间：与教学时间同步。
3. 方式：就近实地参观一间纺织服装公司生产计划的实施与控制。

活动内容和要求：

1. 活动之前要熟练掌握纺织服装企业生产计划职能、生产过程控制职能、生产控制的方法和手段等知识点，做好相应的知识准备。
2. 以小组为单位提交书面调查报告。
3. 调查报告撰写时间为2天。
4. 授课教师可根据每个小组提供的书面调查报告按质量评分，并计入学期总成绩。

任务3　如何进行纺织服装企业质量管理

知识目标：1．纺织服装企业质量管理概念、特点；
　　　　　2．纺织服装企业质量检验分类和措施；
　　　　　3．纺织服装企业质量控制方法和手段。
能力目标：1．能对纺织服装企业产品质量进行检验分析；
　　　　　2．能运用纺织服装企业质量管理方法进行质量控制。

任务导航

任务3　如何进行纺织服装企业质量管理
3.1　纺织服装企业质量管理概述
3.1.1　纺织服装质量与质量管理概念
3.1.2　纺织服装质量管理的发展
3.1.3　纺织服装质量管理特点
3.1.4　纺织服装质量管理基础工作
3.2　纺织服装企业质量检验
3.2.1　纺织服装质量检验含义与职能
3.2.2　纺织服装质量检验项目与分类
3.2.3　纺织服装质量检验机构、人员与设施
3.2.4　纺织服装生产过程中质量管理的内容和方法
3.3　纺织服装企业质量控制
3.3.1　纺织服装质量数据与抽样
3.3.2　纺织服装质量管理常用方法

情景导入

JW的质量管理

JW纺织服装集团公司简称"JW公司"认为：保证产品质量是提高企业竞争力、赢得客户信任的重要因素，并且产品质量越高，技术支持费用就越小，所以质量管理也是获取利润的手段之一。JW公司对待质量管理的一个原则是：质量要设计进每个产品。故公司已树立起这样一种风尚：产品质量与每一个员工都有关系，而不只是与质量保证部门有关。因此，公司在市场上树立了良好的产品形象，形成了自己的竞争优势。

在纺织服装机械设备研究设计阶段，设计人员会用先进的仪器对所选用的器件、集成电路和插件进行百分之百的测试。他们对失效的器件进行仔细分析，精确地指出器件供应商在工艺和测试方面所存在的问题，以帮助他们提高器件质量。例如，JW公司在研制设计阶段和生产阶段，广泛采用的可靠性试验方法是应力试验。有关人员把极限温度、极限湿度、极限振动和其他参数极限加在产品上，有意地使产品发生故障。通过分析随时间和应力而变化的失效机理，就可以获得重要的线索，来了解问题的相对严重性，以及最经济的解决途径。这些应力试验再加上随后的纠正措施，有利于保证产品在正常工作条件下的长期质量。

此外，在试生产阶段，每个产品分部的质量保证部门，还要站在客户的立场上对产品进行抽样检查，而不重复生产线测试人员已做过的试验。在正式生产阶段，每个产品分部的质量管理人员密切配合，审查已经发现的故障和问题。他们画出生产故障的几率曲线，以便使产品分部所有的人都了解潜在的问题，从而采取对策，不让产品带着潜在的故障出厂。在市场营销服务中，JW公司会认真听取客户对产品质量的反馈，销售服务办事处每个月向产品分部提出一次质量分析报告，供改进产品质量使用。

想一想

JW纺织服装集团公司为什么注重质量管理？采取了哪些做法？为此，我们应该思考一下，什么是纺织服装企业质量管理？它有何特点？有哪些方法？等等，下面我们将一一学习。

3.1 纺织服装企业质量管理概述

纺织服装质量，是市场竞争中的重要因素，它的好坏决定着纺织服装企业是否可以生存和发展。故此，纺织服装质量管理作为一项合理的管理工作，已逐渐上升为纺织服装企业管理中的主要内容之一。

3.1.1 纺织服装质量与质量管理概念

（1）质量含义

质量，是指产品或服务满足规定或潜在需要的特征和特性的总和。由质量的这一定义可以看出，纺织服装行业的质量包括：纺织服装产品质量、纺织服装产品赖以生存的工作质量和服务质量。

（2）纺织服装产品质量

根据纺织服装质量定义，纺织服装产品质量可理解为，纺织服装产品满足规定需要或潜在需要的特征和特性的总和。通常纺织服装产品的特征和特性，是帮助识别或区分纺织服装产品的一种属性。例如，纺织服装的质量特性指标有：寿命、性能、经济性、可靠性、美学特性和安全性等。

①寿命。是指纺织服装产品在规定的使用条件下，完成规定功能的工作总时间，即纺织服装产品正常发挥功能的持续时间，也称为使用寿命。例如，黏合衬的耐洗性能。

②性能。是指纺织服装产品满足一定用途（使用目的）所具备的功能等技术性质。例如，衬衫黏合衬的缩水率、渗胶性能等。

③经济性。是指纺织服装产品寿命周期总费用的大小。通常由制造成本和使用成本构成，例如，材料节约、工艺简单、生产成本低、售价廉、耐穿实用、保养（洗、烫、收藏）方便、费用少等。

④可靠性。是指纺织服装产品在规定的条件下和规定的时间期限内，完成规定功能的能力。可靠性反映着纺织服装产品性能的持久性、精度的稳定性等，是在使用过程中逐渐表现出来的时间质量特性。例如，色牢度、纽扣脱线或纽扣破碎、缝口滑脱的情况等。

⑤美学特性。是指纺织服装产品的造型、图案、款式、色调、表面装饰和产品包装、装潢等符合美学要求的程度和保护纺织服装商品的作用程度。

⑥安全性。是指对伤害或损坏的风险，按可接受的水平加以限制的状态，也就是纺织服装产品在制造、流通与使用过程中，保证人身安全与环境免遭危害的程度。

满足上述六项质量特性的最佳组合，就意味着供方向客户提供价廉物美的纺织服装产品。它们都是直接反映客户的需要，并同客户见面的质量特性，即目的质量特性，也称为真正质量特性。真正质量特性体现为纺织服装产品整体质量特性，但不能完全体现在纺织服装产品制造规范上，有的还难以直接定量表现。所以应结合纺织服装产品特点、工艺条件，把真正质量特性转化为制造过程中可见的一些规范要求与技术参数，以便间接反映真正质量特性。在纺织服装产品中，规定尺寸、规格、强度等都是为了实现纺织服装产品的真正的质量特性。例如，使用寿命、可缝性等是真正的质量特性，而规定的缩水率、色牢度等是代用质量特性。

（3）工作质量

工作质量，是指在与纺织服装产品质量有关的各项工作中，对纺织服装产品质量的保证程度。或者说，在与纺织服装产品质量有关的工作中，在保证纺织服装产品质量上满足需要的程度。工作质量涉及人员、销售、情报、工序、部门系统、纺织服装企业方针，以及经营等工作的有效性。工作质量决定纺织服装产品质量，是纺织服装产品质量的保证，离开工作质量的改善，要提高纺织服装产品质量是不可能的。故此，纺织服装企业必须确保各项工作的质量，才能保证最终产品质量。

工作质量不像纺织服装产品质量那样具体直观地表现，也难以定量地描述和衡量，但工作质量客观地存在于一切纺织服装生产、技术、经营管理、服务等项活动中，最终通过纺织服装产品质量与经济效益（或社会效益）综合体现出来。工作质量的衡量，可以通过工作标准，把"需要"给予规定，然后通过质量责任制度等进行评价与考核，对不同的部门，应有所不同。例如，对于纺织服装基本生产部门来说，质量改进系数、产品不合格品率、废品率、返修率、面料消耗指标等都是反映工作质量的指标。因此，工作质量是纺织服装产品质量的保证和基础，纺织服装产品质量是纺织服装企业各方面、各环节工作质量的综合反映。

（4）*纺织服装质量管理*

纺织服装质量管理，是指为确定和达到质量要求所必需的职能和活动的管理，是全部管理职能的一个方面，该管理职能负责质量方针的制定与实施。纺织服装质量管理作为一项专业管理活动，是纺织服装企业全部管理职能的一个重要方面。纺织服装质量管理的发展，同生产力的发展和科学技术的进步是密不可分的。

纺织服装质量管理，是纺织服装企业全部管理职能的一部分，质量管理职能负责质量方针的制订和实施。质量方针，是由单位的最高管理者（经理、厂长）正式颁布的总质量宗旨和目标。质量方针是纺织服装企业总方针的重要组成部分，是纺织服装企业质量工作的纲领和指南。为实现纺织服装企业的方针，取得事业上的成功，纺织服装企业领导应研究和制订质量方针，该方针应与纺织服装企业的其他方针相协调，并采取必要的措施，以保证质量方针能被全体员工掌握并贯彻执行。纺织服装企业为了实现质量方针和目标，必须建立完善的质量体系，以对影响纺织服装产品质量的各种活动进行控制，并开展质量保证活动。从总体上来说，纺织服装质量管理工作包括：纺织服装企业质量战略规划、资源分配和其他系统性活动。

3.1.2 纺织服装质量管理的发展

纺织服装质量管理是随着现代化纺织服装业生产的发展，而逐步发展和完善的，它大体上经历了三个发展阶段。

（1）*纺织服装质量检验阶段*

纺织服装质量检验阶段，出现于20世纪20年代到40年代初，是纺织服装质量管理的最初阶段。这一阶段质量管理的基本特征：一是纺织服装质量检验工作作为一种专门工序，专业检验是这个阶段质量管理的主职能；二是检验方法以对纺织服装产品实行全数检验及筛选为主。这种质量管理方法是"事后检验"，只能"把关"，不能预防残次品的产生，因此，它是事后检验的质量管理方法。这种事后检验，对于保证纺织服装产品质量，防止残次品混入和出厂能起很大的作用，当前它仍然是纺织服装质量管理中最基本的内容。

（2）*纺织服装统计质量控制阶段*

纺织服装统计质量控制阶段，出现于20世纪40年代初到50年代末。"事后检验"存在的不足，促使人们进一步研究。西方一些发达国家，把纺织服装质量管理从单纯的"事后检验",转移到纺织服装产品加工制造过程的管理上来,用数理统计的方法,把制造过程中可能影响纺织服装产品质量的各种因素控制起来。这一阶段的纺织服装质量管理主要特征是:从单纯依靠检验把关逐步进入检验把关和工序管理预防相结合,并在工序管理中应用了数理统计方法。然而,片面强调数理统计方法的应用,则忽视了组织管理和生产者的能动性,这在一定程度上限制了纺织服装质量管理统计方法的普及与推广。

(3) *纺织服装全面质量管理阶段*

纺织服装全面质量管理阶段,出现于20世纪60年代初至今。第二次世界大战结束后,随着生产力的迅速发展,加上电子工业的发展,纺织服装企业对质量管理提出了更高的要求,所以从60年代初就出现了"全面质量管理"的概念,即对纺织服装产品设计、试制、成批投产、销售和售后服务等所有环节都进行质量控制。从单纯的纺织服装质量检验,发展到纺织服装全面质量管理,不仅仅是量的变化,而是从量到质的飞跃。与纺织服装质量检验比较,纺织服装全面质量管理的工作范围和职能范围都扩大了。同时,每一阶段的发展,在思想和方法上并不是对前一阶段的否定,而是在前一阶段的基础上进一步丰富和发展,使纺织服装质量管理更趋完善,成为一种新的科学管理技术。

3.1.3 纺织服装全面质量管理特点

纺织服装全面质量管理,是指在全社会的推动下,纺织服装企业的所有组织、部门和员工都以纺织服装产品质量为核心,把管理技术、专业技术和数理统计结合起来,建立起一套科学、严密、高效的纺织服装质量管理体系,控制纺织服装生产全过程影响质量的因素,以优质的工作、最经济的方法,提供满足客户需要的纺织服装产品或服务的全部活动。

纺织服装企业全面质量管理的特点,可以概括为"三全一多",即全面的管理、全过程的管理、全员参加和多种管理方法并用。

(1) *全面的管理*

纺织服装企业全面质量管理中的"质量",既包括纺织服装产品质量,也包括纺织服装产品质量赖以形成的工作质量。就其工作构成来看,纺织服装企业的生产经营过程可以由四个部分组成:一是指挥机构,这个机构根据不同的指挥职能分部门、分层次地设置各个管理部门,并划分各自的管理权限,用以有效地指挥基本生产和辅助部门各项工作地顺利进行。二是基本生产过程,纺织服装产品主要是通过基本生产过程来完成,现场生产管理是纺织服装企业管理工作的重要组成部分,是企业管理的中心环节,在各项管理工作中占有突出重要的地位。例如,纺织服装基本生产过程,通过对面料、里料、辅料等进行选料、排样、裁剪、缝制、整烫包装、入库形成纺织服装成品。纺织服装产品生产有严格的工艺要求和科学定量的技术标准,并且可以依据工艺要求和技术标准来考核产品质量和各环节的工作质量,建立相应的纺织服装质量管理体系、质量监督体系、信息反馈体系和质量评估体系。三是供、销部门,这是保证纺织服装生产过程顺利进行的重要部门,应实行承包制或内部核算制,以加强管理,并能调动其积极性。四是人力、物力、财力、信息、技术后勤和生活后勤等辅助部门,这些部门的工作质量都直接或间接地影响最终纺织服装产品的质量,因此,这些工作的管理同样要纳入全面质量管理工作中。纺织服装全面质量管理要以改进工作质量为重要内容,通过提高工作质量,不仅可以保证提高纺织服装产品质量,预防和减少不合格产品,而且还有利于达到成本降低、供货及时、服务周到,更好地满足客户各方面使用要求的目的。

（2）全过程的管理

全过程的管理，是指纺织服装管理范围的全过程。在纺织服装质量管理领域中，纺织服装产品质量有产生、形成和实现的过程。这个过程是从市场的调查研究开始，经过纺织服装产品的设计、制造、销售直到为客户服务为止。质量管理专家J.M朱兰率先采用一条螺旋式上升的曲线来表达这一过程，这条曲线被称为"朱兰螺旋曲线"，如图3-1所示。这条曲线反映了纺织服装产品质量产生、形成和发展的客观规律。纺织服装全面质量管理要求把不合格的纺织服装产品，消灭在它的形成过程中，做到防检结合预防在先，并从全过程各环节致力于纺织服装质量的提高。

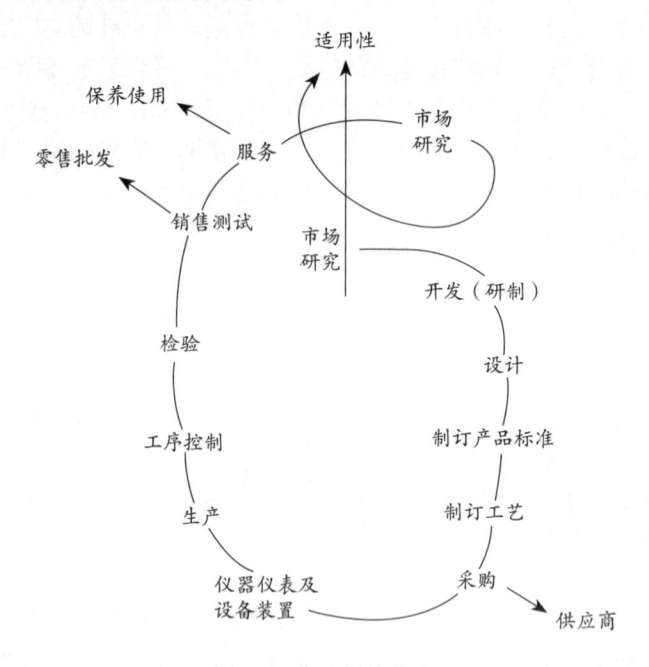

图3-1 朱兰螺旋曲线

实行纺织服装全过程管理，体现了系统控制质量的三方面要求：一是要求把纺织服装质量管理工作的重点，从事后检验把关转到事先控制工序、控制生产过程上来，从管结果转到管原因、管工序、管设计生产全过程。二是纺织服装企业各环节、各工序都必须树立"下道工序即客户""为下道工序服务"的整体观念，保证每道工序、每个岗位的工作质量，使下道工序满意。三是要求纺织服装企业不仅要管好产品设计开发和生产制造的质量，还要把质量管理工作延伸、扩大到纺织服装产品流通、销售领域、服务到客户，保证使用质量。

（3）全员参加

全员参加，是指参加管理的全员性。纺织服装产品质量是纺织服装企业各方面工作的综合反映，质量的优劣涉及纺织服装企业的各个部门及每个员工。保证和提高纺织服装产品质量，必须依靠纺织服装企业全体员工的同心协力，这就要求从纺织服装企业领导、技术人员和管理人员甚至到每个操作者，都要学习、运用纺织服装全面质量管理的思想和方法，积极参与纺织服装质量管理活动，做好自己的本职工作。只有人人关心质量，人人参与管理，纺织服装企业的质量管理工作才有坚实的基础，生产优质纺织服装产品才有可靠的保证。

（4）多种管理方法并用

多种管理方法并用，是指在纺织服装全面质量管理上运用全面、多样的方法和手段。纺织服装全面质量管理，采取的管理手段不是单一的，而是综合运用质量管理的管理技术和科学方法，组成多样化的、复合的质量管理方法体系。

上述纺织服装全面质量管理的四个特点都围绕着一个中心目的，就是以科学的办法研制和生产出客户满意的纺织服装产品，并在客户使用和消费过程中提供各种便利，使客户的需求得到最大限度的满足。

3.1.4 纺织服装质量管理基础工作

纺织服装企业开展全面质量管理，必须做好相关系列基础工作，其中关系最直接的包括信息工作、计量工作、标准化工作、教育工作、质量小组工作及质量责任制工作等，这些工作以纺织服装产品质量为中心，互相联系、互相制约，并且互相促进，形成全面质量管理的基础工作体系。

（1）信息工作

信息，即质量信息，是指纺织服装产品产生、形成和实现的过程，以及质量管理中的各种资料、数据、消息、情报等。影响纺织服装产品质量的因素是多方面的、错综复杂的。要想做好纺织服装质量管理，提高纺织服装产品质量，关键要对来自各方面的影响因素有个清楚的认识。故此，纺织服装质量信息是质量管理不可缺少的重要依据，是改进纺织服装产品质量，组织厂内外两个反馈，改善各个环节工作质量的最直接的原始资料和依据，是正确认识影响纺织服装产品质量诸多因素变化和产品质量波动的内在联系，是掌握提高纺织服装产品质量规律性的基本依据。

为了充分发挥纺织服装质量信息的作用，纺织服装企业对质量信息的基本要求是：质量信息必须做到准确、及时、全面、系统。根据这些要求，一方面纺织服装质量信息工作必须保持高度的灵敏性；另一方面对于从多方面收集的大量情报，必须立即做好整理、分类、分析、反馈、建档等工作，实行严格的科学管理。

（2）计量工作

在纺织服装企业中，计量的含义是运用技术和法制手段，实现单位统一、量值准确一致的测量。具体来说，就是采用计量器具对物料、生产过程中的各种特性和参数进行测量。计量是纺织服装企业生产的基础，所以企业应加强计量工作。企业对计量工作的基本要求是准确、可靠。要想做好计量工作，必须设置管理机构，进行计量管理，一般应抓好以下几项工作：一是贯彻和实施有关的计量法律、法规；二是正确合理地使用计量器具；三是定期对计量器具进行检定；四是做好保管、修理和报废工作；五是建立计量技术档案和计量工作记录；六是培训计量人员，做好计量工作资格认证工作，保证计量人员的素质达到必备的水准。

为了做好计量工作，充分发挥计量在纺织服装生产和质量管理中的作用，纺织服装企业必须设置专门的计量管理机构和理化实验室，负责组织对全企业的计量和理化试验工作。

（3）标准化工作

标准，是指为取得全局的最佳效果，依据科学技术和实践经验的综合成果，在充分协商的基础上，对经济、技术和管理等活动中具有多样性、相关性特征的重复事物，以特定的程序和形式颁布的统一规定。标准包括：技术标准和管理标准两类。技术标准，是指对技术活动中需要统一协调的事物制定的技术准则。管理标准，是指为合理组织、利用和发展生产力，正确处理生产、交换、分配和消费中的相互关系，以及行政和经济管理机构行使其计划、监督、指挥、控制等管理职能而制定的准则。例如，各项管理活动的工作程序、办事守则、工作规程、业务要领，以及各项职责条例、规章制度等。它是组织和管理纺织服装企业生产经营活动的依据和手段。而所谓标准化就是以国家利益为目标，以重复性特征的事物和概念为对象，以管理、技术和科学产验（或经验）为依据，以制定和贯彻标准为主要内容的一种有组织的活动过程。

（4）教育工作

教育工作，指质量教育工作，它包括三个方面的内容，即质量意识教育、质量管理知识教育和专业技术与技能教育。

①质量意识教育。是指人的意识在质量这一特定领域中的反映，具体来说，它是人们在经济活动和社会服务中，对完善纺织服装产品质量和服务质量的认识和态度，即人们通常所说的对纺织服装质量的认识程度和重视程度，它支配着人们在纺织服装质量形成过程中的行动，它是提高纺织服装质量、加强质量管理的基础和前提。质量意识的强弱直接关系到纺织服装产品质量的优劣和质量管理的成败。故此，质量意识教育被视为质量教育的重要内容。纺织服装企业必须提高员工的质量意识，增强员工关心质量和改善质量的自觉性和紧迫性。

②质量管理知识教育。推行全面质量管理，首先要使员工对全面质量管理的基本思想和方法有所了解，增强质量意识，牢固树立"质量第一、用户第一、预防第一"的思想。同时，要使员工在工作过程中结合本职工作，能够全面运用质量管理的方法，所以就必须开展质量管理知识的宣传和教育。质量管理知识教育应该根据不同对象，分层次进行，并纳入员工的教育计划。

③专业技术与技能教育。技术培训和技能学习是要求员工结合工作需要，进行技术基础教育和操作技能的训练，使企业员工掌握和了解纺织服装产品性能、用途、工艺流程、岗位操作技能和检验方法等。

纺织服装企业应根据自身的特点，对不同层次的人员进行不同的教育和培训。一是对各级领导干部及质量管理人员的培训，要使他们了解并掌握在质量管理中应具备的管理技术和管理方法。二是重视对检验人员和试验人员的培训和考核。纺织服装企业生产过程中的检验工序，是保证产品质量的重要手段。由于纺织服装产品检验的方式和手段又是比较原始和落后的，主要的检测手段仍停留在目测、手摸、尺量的水平上，所以检验工作质量的好坏与检验人员的技术水平、工作经验、操作的熟练程度有直接的关系。故必须加强对检验和试验人员的培训和考核，必要时授以正式的资格证书。三是对操作工的培训要针对当前的实际情况进行。目前操作工年龄小、文化程度较高，大约80%以上的员工工序操作能力已达到会一道懂两道的水平。在纺织服装生产进入小批量、多品种生产方式后，员工对品种变换的适应能力，是影响产品质量的重要因素。因此，对员工技术培训的重点应由过去以技术熟练程度为主，转到以技术应变能力为主。同时，还要在技术培训中进行现代化管理的教育，把质量管理教育也纳入员工的教育计划，把员工学习成绩作为提职、奖励的重要依据，从而彻底改变纺织服装企业传统管理的落后面貌。

（5）质量小组

质量小组是指凡在纺织服装生产岗位上或工作岗位上，从事各种劳动的员工，围绕纺织服装企业的方针、目标，以改进、提高纺织服装产品质量、工作质量和经济效益为目的，运用全面质量管理的理论和方法开展活动的小组，即QC小组。

建立质量小组，积极开展群众性的质量管理活动，是科学质量管理的客观要求。只有广泛调动员工积极参与质量管理，提高纺织服装产品质量才有可靠保证。而建立质量小组，正是吸收广大员工参与质量管理的最好形式。它既是推行全面质量管理的出发点，又是搞好全面质量管理的落脚点。由于一方面质量管理所需要的第一手数据资料、原始记录大都来自班组及工人；另一方面有关纺织服装产品质量的方针政策，提高质量的目标、措施，企业各项质量管理活动、规章制度等，都必须得到员工的理解和配合，通过他们贯彻执行。所以广泛建立质量小组，是推行全面质量管理的基础。

（6）质量责任制

为了使企业上下都明确自身的质量职责，拥有高度的责任感和高质量的工作来保证纺织服装产品质量，所以必须建立健全质量考核、奖惩和评比制度。结合贯彻落实经济责任制，制定质量责任制和重点环节的管理办法，做到各部门、各类人员都有职责分明的条例、管理制度、工作标准和工作程序，将质量责任体系按一定方式转变为经济责任体系。具体做法有以下几条：一是将目标分成两个档次，实行全面承包，分别同各级人员的结构工资（或分别同浮动工资，奖金和晋级）挂钩；二是突出质量目标和安全目标，实行质量体系和安全系数计奖法，对四大质量考核指标（合格率、返修率、漏验率、准确率）实行否决权。对纺织服装成品的物理规格不达标率，实行质量系数加减否决法；三是对管理部门实行百分制考核。使纺织服装企业建立和健全各级行政领导人员、职能部门和每个员工的质量责任制，并严格按此执行，以使各部门、各类人员都能保证本岗位的工作质量。

3.2 纺织服装企业质量检验

3.2.1 纺织服装质量检验含义与职能

（1）纺织服装质量检验含义

纺织服装质量检验，是指用一定的方法和手段测定纺织服装原材料、半成品、成品等的质量特性，并将测得的结果同该特性的规定标准相比较，从而判断其合格与否的过程。

根据上述含义，纺织服装质量检验包括以下工作内容：一是定标，即明确技术要求，制定质量标准，掌握检验方法；二是抽样，即随机抽取样本；三是测定，即采用试验、测量、化验、分析与感官检查的方法，测定产品质量特性；四是比较，即将测定的结果与质量标准进行比较；五是判定，即根据比较结果，判定产品检验项目是否符合质量标准，进行所谓的合格性判定；六是处理，即对不合格产品作出处理，其中包括适用性判定；七是记录和反馈，即记录数据，以反馈信息评价产品、改进工作。

（2）纺织服装质量检验职能

纺织服装质量检验的职能，可以概括为以下三个方面：一是把关职能，即根据技术标准和规范要求，对原、辅材料（包括面料、里料、衬、缝纫线、扣、拉链、商标、包装材料等）、在制品、半成品、产成品和设备、工装等进行多层次的检验和试验，以免将不合格品投入生产或转入下道工序或出厂，从而保证质量，起到"把关"的作用；二是预防职能，即预防和减少不符合质量标准的纺织服装产品；三是报告职能，即通过对检验原始数据的记录、分析、掌握，评价纺织服装产品的实际质量水平，为培养质量意识、改进设计、加强管理、提高质量提供必要的信息。

纺织服装质量检验的把关、预防和报告职能是不可分割的统一体，只有充分发挥检验的这三项职能，才能有效地保证纺织服装产品质量。

3.2.2 纺织服装质量检验项目与分类

（1）纺织服装质量检验项目

纺织服装企业质量检验的项目，可以概括为以下十一个方面：一是原辅材料入库前的质量检验；二是库存原材料保管状况的质量检验；三是领用原辅料的质量检验；四是设备采购保管、使用检查和检验；五是生产环境检查；六是裁剪过程中的质量检验；七是缝制过程中的质量检验；八是熨烫质量检验；九是外加工和联办企业的质量检验；十是成品检验；十一是出厂检验。

（2）纺织服装质量检验分类

纺织服装企业质量检验的分类方法很多，通常按以下标志和要求对质量检验进行分类。

①按目的分类。即按纺织服装检验的目的分类，主要有两个方面：一是接收检验，即对确定交验的纺织服装产品或外购货品是否合格、能否接收所进行的检验；二是控制检验，即为了实施工序质量控制，而进行的检验。

②按方法分类。即按纺织服装检验的方法分类，主要有两个方面：一是感官检验，也称官感检验、官能检验，是指依靠人的感觉器官的功能（视觉、听觉、触觉、嗅觉）进行的检验。它以官能量作为质量判断的依据，常用于检验纺织服装及面辅料的颜色、手感和外观等项目；二是理化检验，即指使用某种设备、量具、仪器、仪表等技术装备，采用物理或化学的方法，对纺织服装成品及面、辅料进行的检验。它以物理量、化学量或几何量作为质量判断的依据，常用于检验纺织服装产品的有规格、性能、成分、寿命等项目。

③按人员方式分类。即按纺织服装检验人员和方式分类，主要有三个方面：一是专检，即由专职检验人员进行的检验；二是自检，即由操作者对自己生产的纺织服装产品进行的自我检验；三是互检，即在操作者之间，或由班组长、班组质量员对本班组纺织服装产品进行的检验。

④按数量分类。即按检验纺织服装产品的数量进行分类，主要有三个方面：一是全数检验，即对产品批中全部单位产品逐一进行检验；二是抽样检验，即从产品批中抽取部分单位产品（样本）进行检验，然后对产品批作出合格与否的判定；三是审核检验，即随机抽取极少数单位产品，通过检验判断其质量水平有无变化的一种复核性检验；四是免验，即根据生产工序或企业的质量保证能力和经济的原则，对产品不作任何检验，即予以接收。

⑤按场所分类。即按纺织服装检验场所分类，主要有两个方面：一是巡回检验，即检验人员定时或随机巡回于纺织服装生产现场，对工序产品所进行的检验；二是集中检验，即把受检的纺织服装产品集中到一个固定场所进行检验。

⑥按生产流程分类。即按纺织服装产品的生产流程分类，主要有三个方面：一是进

货检验，即对外购原材料等外购货品所进行的检验；二是工序检验，即在工艺流程中设置的，对工序在制品、半成品进行的检验；三是成品检验，也称最终检验，是产品制造完成后进行的全面检验。

⑦按预防作用分类。即按对纺织服装质量的预防作用分类，主要有四个方面：一是首件检验，即在每班生产开始前或工序条件改变后，对首件或最初若干件纺织服装产品进行的检验；二是中间检验，即在重要的中间工序或加工过程中，对工序在制品、半成品所进行的检验；三是完工检验，即对零部件或半成品加工完成后，所进行的全面检验；四是尾件检验，即为了判断某种工艺装备或设备的完好性，而对成批生产完成后的最后一件或若干件制成品，所进行的检验。

3.2.3 纺织服装质量检验机构、人员与设施

（1）设置检验机构

为了保证纺织服装产品质量，对纺织服装生产全过程实行有效的质量监督和检验，组织和指导检验人员、操作者做好检验工作，纺织服装企业必须设置质量检验部门。

（2）配备检验人员

纺织服装企业检验人员，是纺织服装生产现场的质量"卫士"，是纺织服装企业质量信息的重要提供者，对保证纺织服装产品质量肩负着特殊使命。所以要求检验人员必须具有高度的事业心、责任心和一定的技术素质。对检验人员，特别是负责检验特殊工序的人员，应实行资格考核认证制度。检验人在工作中要当好"三员"：即产品质量检验员；"质量第一"的宣传员；生产技术的辅导员。坚持做到"三满意"：即为生产服务的态度使有关科室和员工满意；检验过的产品使下道工序满意；出厂的产品质量为收购单位和消费者满意。

（3）检验设施

检验设施，是保证质量检验工作的物质基础。检验设施包括：检验场所、试验室、精密测量室，以及各种检测手段等。这些设施是否符合要求，对质量检验结果的有效性和经济性十分重要。

进货检验、工序检验和成品检验都需要有一定的检验场所。对不同纺织服装产品，往往需要进行各种各样的专业技术试验，例如，化学、物理学、力学、光学、声学、电学、生物学、电子学试验等。这些专业技术试验都需要配置专门的设备、仪器和装置，并对环境条件有一定的要求。检测手段包括长、热、力、电、光、磁、声等各类计量器具、仪器、仪表等。纺织服装企业应根据产品工艺技术要求和检验、试验工作的需要，配齐并用好、管好各类检测手段，包括计量基准器具和生产、检验用计量器具，并保持检测手段的精度。

（4）测量和测试设备的控制

纺织服装企业应对产品的开发、制造、安装和维修中的全部测量系统进行必要的控制，以保证根据测量数据所作出的决策或活动的正确性。对计量器具、仪器、探测设备、专门的试验设备以及有关计算机软件都应进行控制。并且应制定并贯彻监督程序，并使测量过程（其中包括设备、程序和操作者的技能）处于统计控制状态下。还应将测量误差与要求进行比较，当达不到准确度要求时，应采取必要的措施。

3.2.4 纺织服装生产过程中质量管理的内容和方法

纺织服装生产过程的质量管理工作重点和活动场所，主要在生产车间进行。它的任务是建立能够稳定生产合格品的生产系统，抓好每个环节上的质量管理，做好预防工作，控制纺织服装产品质量，并严格把关。纺织服装生产过程中的质量管理具体要抓好以下几个方面的工作：

（1）样板质量管理

在纺织服装生产工艺中，样板具有特殊重要的地位。它既是图纸实样，又是进行裁剪、缝制的技术依据，还是复核检查裁片、部件规格的实际样模。样板管理工作要切实抓好以下三个环节。

①设计。即样板的结构设计要准确。样板的结构设计，一定要根据确认样的款式、合同要求、技术标准、工艺规定等技术文件提供的型号、规格、标准及有关规格尺寸进行，确保不走样。剪样板的刀口要齐直、圆顺，搭门、缝头计算要准确，标志记号要明确，大小样板块数应齐全，自然收缩率应放够。

②制作。即样板制作要精细。一是样板必须根据设计要求和技术要求的规定进行制作；二是根据生产序号和生产技术通知单，安排制作各种产品样板顺序（如有特殊情况可按需要安排），做到按时、按质、按数完成；三是制作样板时一定要做到毛、净样板规格换算正确，组合部位准确合理，面、里、衬规格配合恰当；四是样板丝缕、贴边、缝头、锁眼、钉扣位置符合技术要求；五是样板要有统一编号。凡出口产品应注上合同号、款式号，内销产品要注上型号、批号、品名，同时应写上打样板日期。

③复核。即样板复核要严格。要重点进行"五查对"：即查对毛净样板规格换算是否正确；查对自然收缩率是否放够；查对组合部位是否合理；查对里、面、衬规格配合是否对应；查对大小样板块数是否齐全。复核样板要检验款式、规格、收缩率、丝缕、拼接范围、锁钉等是否符合技术要求。经过复核验证，做到制作的样板规格，刀口齐直、圆顺，然后沿边口加盖审核章，并登记发放使用。

（2）工序质量管理

纺织服装产品与其他产品一样，是经过一道道工序生产出来的。每道工序都应有质量标准，并且一定要严格按照本工序标准进行生产。

①裁剪工序质量管理。裁剪工序在投产前要实行"五核对"和"八不裁"的制度，首先要把好裁片质量关。"五核对"内容包括核对合同编号、款式、规格、型号、批号、数量和工艺单；核对原辅料等级、花型、倒顺、正反、数量、门幅；核对样板数量是否齐全；核对原、辅料定额和排样图是否齐全；核对铺料层数和要求是否符合技术文件等。"八不裁"内容有：原、辅料没有缩率试验数据的不裁；原、辅料等级档次不符合要求的不裁；原辅料纬斜超过规定要求的不裁；样板规格不准确或组合部位不合理的不裁；色差、疵点、污、残超过规定的不裁；样板不齐的不裁；定额不明确、门幅不符或超定额的不裁；技术要求和工艺规定没有交代清楚的不裁。

②缝纫工序质量管理。缝纫工序在投产前要执行"三核对"和"四不投产"制度。"三核对"制度，即领取衣片时，要将批号、型号、款式和生产通知单中的规定核对；要认真核对裁片数；要认真核对规格。"四不投产"制度：即无工艺单和标样的不投产；裁片组合部位不标准的不投产；衬、辅料与面料不相称的不投产；操作要求没有吃透的不

投产。

③锁眼、钉扣工序质量。纺织服装上锁眼、钉扣过程的质量管理，也是纺织服装生产现场质量管理中不可忽视的环节。锁眼、钉扣工序的技术、工艺要求是：锁眼、钉扣线的性能要与面料相适应；纽扣和锁眼线的颜色应与面料的颜色相称，如确实配不到一致的颜色，可以配稍深一些的颜色，但差异不要太大，要基本相称，不宜配用比衣料浅的颜色（但属装饰性产品例外）；扣眼与扣眼间的距离要一致，或按工艺规定，扣眼与止口的距离要一致；针距密度要严格按要求执行。机器锁眼除衬衫以外，都应先开后锁，钉扣要牢固，纽扣位置与扣眼的高低要一致。

④整烫工序质量管理。整烫工序要严格执行操作规程和安全规定，做到"三好"和"七防"。"三好"的内容是熨斗温度要掌握好；平挺质量要好；外观要折叠好。"七防"的内容是防烫黄、防烫焦、防变色、防变硬、防水花、防亮光和防渗胶。

⑤辅助部门质量管理。辅助部门在生产过程中，一方面要按质、按量、按时地为纺织服装生产提供优良的材料和生产条件，并要保证规格、质量达标；保证供应适时；保证满足合理需要；保证领用、发放方便。另一方面要提高辅助部门的服务质量。对服务质量的要求是：要主动送货到生产第一线；机器设备维修要及时、认真，并有备用设备以供急需。辅助部门服务质量的优良与否，对纺织服装企业质量管理工作关系极大，所以要加以重视。

3.3 纺织服装企业质量控制

3.3.1 纺织服装质量数据、抽样与成本

（1）*纺织服装质量数据*

任何纺织服装质量都是通过一定的数量界限表现出来的，数据是纺织服装企业质量管理的基础，它是描述纺织服装企业工作质量和产品质量特征的语言。通过收集、整理数据，可以找出影响纺织服装产品质量及工作质量的因素，以便分析原因，采取措施，从而达到改善管理，保证和提高纺织服装产品质量的目的。

①数据的种类。任何一种纺织服装产品为满足人们的需要，都必须具备许多方面的特性，这些反映质量特性的数值，称为质量特性值。根据纺织服装产品质量特性值的特点，可分为两类：一是计量值，它是指可以用量仪加以测定的并具有连续性质的数值，例如，长度、时间等；二是计数值，它是指用"个数"来表示的，具有离散性质的数据。对于计数值尺可以分为两类：只能用件数表示合格或不合格的，称为计件值；只能用点数表示的质量特性，称为计点值。例如，疵点数。

计量值和计数值两类数据，实际上是从数量属性和性质属性分别来描述纺织服装产品质量特性的。不管是哪种属性的数据，在纺织服装企业质量管理中，所应用的数理统计的基本原理是相同的，只是采用的处理方法有所不同而已。

②质量波动性及其原因。纺织服装企业的生产实践证明，任何一道工序，无论其设备及工艺装备的精度有多高，操作者技术多熟练，材料、加工、测量方法、测试手段以及环境的变化有多小，它所加工出来的纺织服装产品质量特性值总是存在着差异。这种客观存在的纺织服装产品质量特性值的差异，称为纺织服装产品质量的变异性，或称波动性。造成纺织服装产品质量波动性的原因有：人（人的技术素质和思想素质）、机器（如平缝

机及各种特种机械）、材料（包括材料成分、物理性能和化学性能等）、方法（如加工工艺、操作规程等）、测量（如测量设备、测试手段、测试方法等因素）、环境（如工作现场的温度、湿度、照明、噪声和清洁条件等），通常称为六大影响因素。

这六大因素的影响，导致纺织服装产品质量产生波动。通常根据波动的程度，可以把波动分为两类：一是正常波动，它是由偶然性因素、不可避免的因素造成的波动，这种偶然性因素是经常对纺织服装产品质量起作用，且自然产生自然消失的因素，例如，零部件的正常磨损，原材料的微小差异，操作中的微小变化等，一般来说，经常起作用的因素多，但它们对质量波动的影响小，不易避免，也难以消除，所以由于这种因素作用而产生的质量波动称为正常波动；二是异常波动（非正常波动），是由系统性因素造成的质量波动，这种系统性因素是纺织服装生产过程中使工序质量发生显著变化的因素，例如，零部件的严重磨损，工人违反操作规程，原材料中混进了不同成分等，这种系统性因素对质量波动影响大，容易识别，也能避免，并且数值的大小和方向，在特定时间和范围内都是一定的或呈周期性的变化。如果纺织服装生产中出现这种波动，可认为生产过程处于不稳定状态，把这种波动视为异常波动或非正常波动。

随着科学技术的进步，偶然性因素可以转化为系统性因素，原来认为是正常的波动，可能变为不正常或称为异常波动。纺织服装质量管理的主要任务就是通过收集、处理数据，找出质量波动的规律性，把正常波动控制在最低限度，消除系统性因素造成的非正常波动。

（2）数据抽样

收集数据，一般是从一批纺织服装产品或者一道生产工序中，随机地抽取部分样品，经过检测，取得数据。这里的抽取工作就是抽样，抽取出的样品即是子样。抽取子样进行检测，获得子样的数据不是目的，而是达到研究母体状况的一种手段。

运用纺织服装数据进行统计判断，有两种情况：一是以判断和预测一道纺织服装生产工序的质量是否处于正常稳定状态，从而对纺织服装生产工序进行预防性控制；二是用以判断一批纺织服装产品质量的好坏，即对一批纺织服装产品的质量作出评价和进行验收。

（3）纺织服装质量成本

纺织服装质量成本，也称质量费用，是指为了确保和保证满意的纺织服装质量而发生的费用，以及没有达到满意的质量而造成的损失，它是纺织服装企业生产总成本的一个组成部分。纺织服装质量成本，由两部分构成：一是运行质量成本，它包括预防成本、鉴定成本、内部故障成本和外部故障成本；二是外部质量保证成本，它是指在合同环境条件下，根据客户提出的要求，为提供客观证据所支付的费用。

纺织服装质量总成本各部分费用之间存在着一定的比例关系，例如，四大项质量成本费用的比例关系一般是：预防成本约占质量总成本的0.5%~5%；鉴定成本约占质量总成本的10%~50%；内部故障成本约占质量总成本的25%~40%；外部故障成本约占质量总成本的20%~40%。当然，这四大项质量成本之间并不是相互独立、毫无联系的，而是相互影响、相互制约的。不同的纺织服装企业，甚至同一纺织服装企业在不同的时期，其各项质量成本的构成比例都会有所不同。

3.3.2 纺织服装质量管理常用方法

（1）分类法

分类法，也称分层法或分组法，就是把收集来的原始质量数据，按照一定的目的和要求加以分类整理，以便分析质量问题及其影响因素的一种方法。分类法，是纺织服装质量管理中整理数据的重要方法之一。

分类时，不能随意地分，而是根据分类的目的，按照一定的标志加以区分，把性质相同、在同一条件下收集的数据归在一起。分类时，应使同一类内的数据波动幅度尽可能小，而不同类间的差别尽可能大，这是搞好分类的关键所在。在实际工作中，一般是从设备方面、操作者方面、操作方法方面、材料方面、时间方面、测量方面、其他方面等的质量波动原因来进行分析的。分类法表式，例如，女上衣质量缺陷分类表，如表3-1所示。

表3-1　女上衣质量缺陷分类表

序号	缺陷项目	缺陷数/件	缺陷比例/%	累计缺陷比例/%
1	装袖成型不良	40	33.3	33.3
2	腋下起皱	25	20.8	54.1
3	衣领对格对条不良	20	16.7	70.8
4	肩线起吊	12	10.0	80.8
5	肩部归拢不良	8	6.6	87.4
6	背叉手工针不良	5	4.2	91.6
7	前肩起壳	3	2.5	94.1
8	其他	7	5.9	100
9	合计	120	100	—

（2）帕罗托图法

帕罗托（Pareto）图法也称排列图法或主次因素排列图，是用以找出影响纺织服装产品质量主要问题的一种有效方法。例如，根据女上衣质量缺陷分类表3-1所示，可以画出其主次因素排列图，如图3-2所示。

从图中可以看出前三项是主要疵点，如果解决了这些质量问题，就可以使不合格品率降低70.8%。

（3）因果图法

因果图法，也叫特性因素图法，又因其形状关系而称为树枝图法或鱼刺图法，是用于分析纺织服装质量问题产生原因的一种图表方法。为了寻找产生某种质量问题的原因，采取集思广益的办法，同时将大家的意见反映在这张图面上。探讨一个问题的产生原因时，要从大到小，从粗到细，寻根究底直至能具体采取措施为止。因果图由特性、原因和枝干构成，其形状如图3-3所示。

（4）检验明细表法

检验明细表法，是指将索赔件数、疵点数等内容，按不同部门、不同车间及不同原因分类进行检验的表格方法。例如，进行全数检验用的上装最终检验明细表，如表3-2所示，这是记录纺织服装公司日常生产数据的一种方法。该表中上半部分记录了疵点数和疵点种类，下半部分是尺寸和重量等的测量值。如果明细表设计合理，则负责人一见该表就能够知道哪里出了问题。

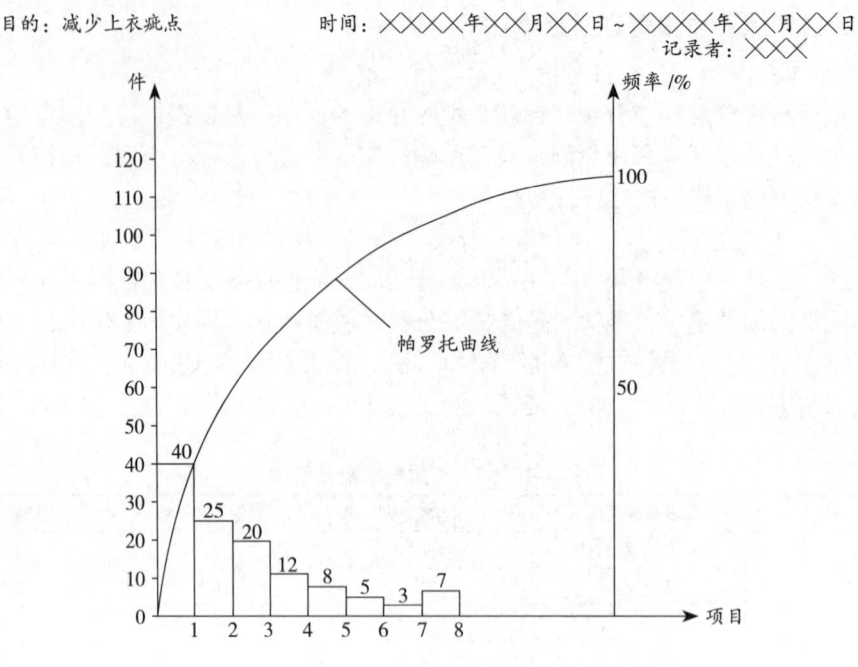

目的：减少上衣疵点　　　　时间：××××年××月××日~××××年××月××日
　　　　　　　　　　　　　　　　　　　　　　记录者：×××

图3-2　主次因素排列图

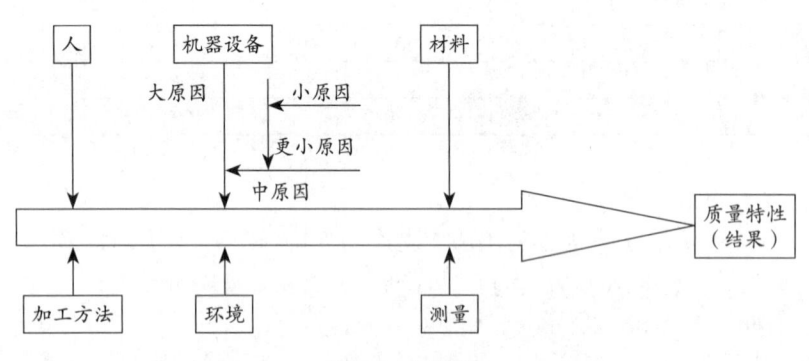

图3-3　因果图

表3-2　上装最终检验明细表

检验数：	合格数：	疵点数：	全数检验：	检验者姓名：	
项目	疵点种类	疵点数	项目	疵点种类	疵点数
①前身	前身起壳 前身凹凸不匀 前肩起翘 门襟挂面止口逆露		⑤袖	装袖过直 衣袖不对称 衣袖起皱 里袖吊线	
②肩	肩线起皱 肩线歪斜 里肩吊线		⑥领	串口成形不良 衣领手工针法不良 领背对格、对条不良	
③背	背缝线起皱 下摆成形不良				
④侧缝	侧缝起皱 侧缝里料吊线				

续表

检验数：		合格数：		疵点数：		全数检验：		检验者姓名：	
项目	疵点种类			疵点数	项目	疵点种类			疵点数
⑦手工针	侧片（里）手工针不良 上袖窿（里）手工针不良 后背衩（里）手工针不良 下摆手工针不良 内拱针不良 缉止口拱针不良 衣领（里）手工针不良				⑧其他	纽孔豁口 油渍 标牌错钉			
项目	误差（+）/cm				误差（-）/cm				合计
	0.5	1.0	1.5	2.0	0.5	1.0	1.5	2.0	
衣长									
肩宽									
袖长									
腰身									
合计									

（5）直方图法

在纺织服装企业全面质量管理中，我们收集到的各种数据都具有两个特点：一是波动性，二是统计规律性。直方图法，是指通过观察纺织服装质量数据波动的规律，来了解纺织服装产品总体质量波动情况的一种图表方法。作直方图时，是将全部数据分为若干组，画出以组距为底边，以频数为高度的许多个直方形连起来的矩形图，如图3-4所示。

直方图直观地表达了长度、质量、时间、硬挺度等测量数据的分布规律，通过绘制直方图，能使难以理解的数据变成简明易懂的整体概貌，而且可以知道大体的平均值及数值分布不匀的程度。

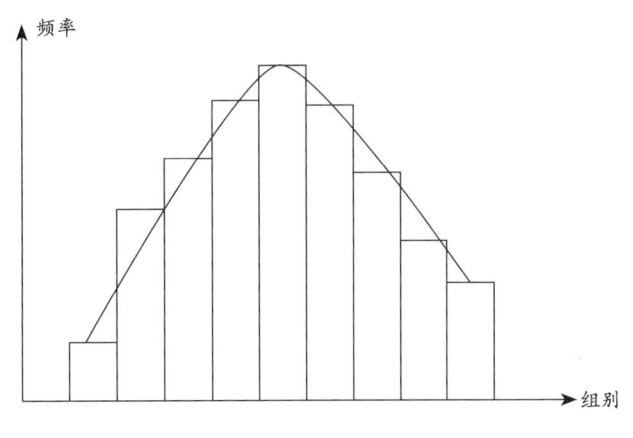

图3-4 直方图

（6）控制图法

控制图法，也称管理图法，是画有控制界限的一种图表方法。其基本功能是反映纺织服装质量的稳定性；察觉纺织服装质量的缓慢变迁和进行质量评比。控制图法是用来区分纺织服装质量波动的性质，以判断纺织服装生产过程是否处于控制状态的一种工具。例如，单控制图，如图3-5所示；缕合机温度双控制图，如图3-6所示。

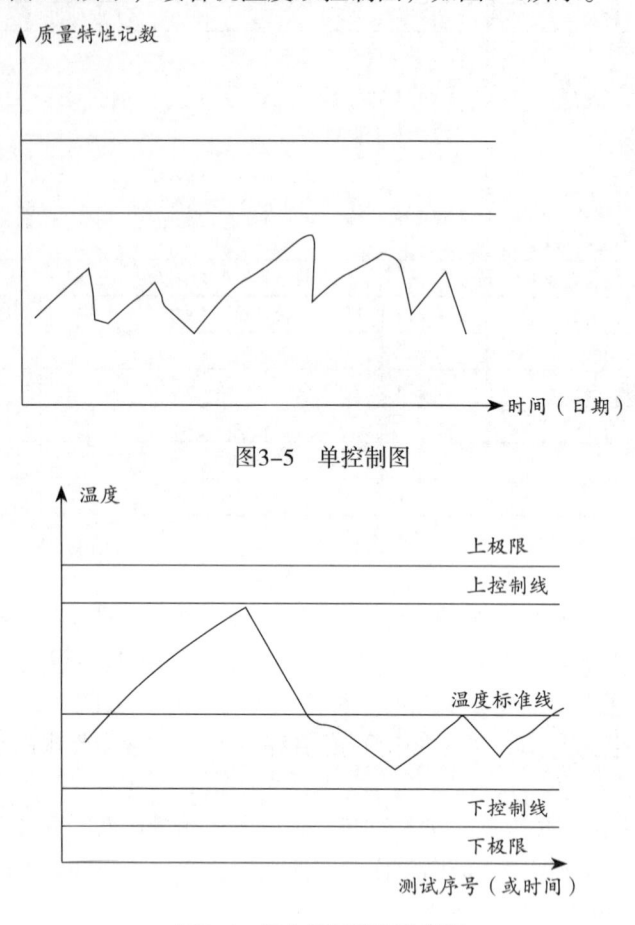

图3-5　单控制图

图3-6　缕合机温度双控制图

（7）相关图法

相关图法，也称相关分析图法或散布图法，是指收集有对应关系的两种变量数据，将两种数据分别按横坐标与纵坐标的对应关系标出，根据作点的图表观察特性与要因之间是否存在相关关系的一种图表方法。其基本功能是：反映纺织服装质量的稳定性；察觉纺织服装质量的缓慢变迁和进行质量评比。相关图的形式，如图3-7所示。

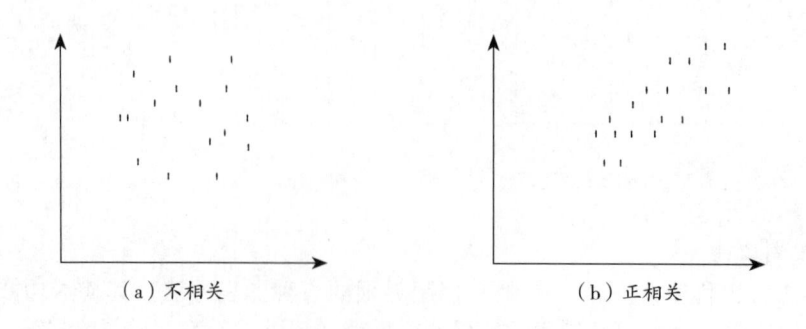

（a）不相关　　　　　　　　　　　　（b）正相关

（c）负相关　　　　　　　　　　　　（d）非线性相关

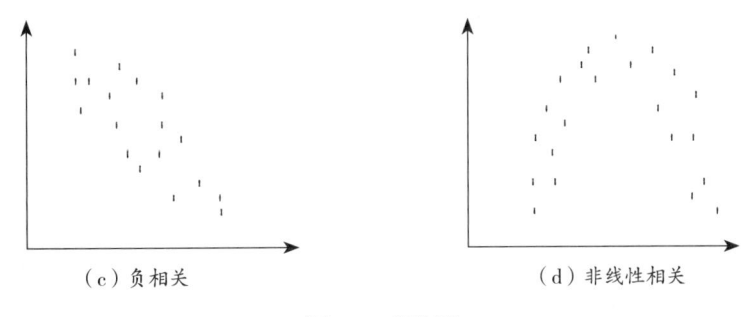

图3-7　相关图

核心概念

1．纺织服装产品质量：是指纺织服装产品满足规定需要或潜在需要的特征和特性的总和。

2．纺织服装质量管理：是指为确定和达到质量要求所必需的职能和活动的管理，是全部管理职能的一个方面，该管理职能负责质量方针的制定与实施。

3．纺织服装质量检验：是指用一定的方法和手段测定纺织服装原材料、半成品、成品等的质量特性，并将测得的结果同该特性的规定标准相比较，从而判断其合格与否的过程。

4．纺织服装质量成本：也称质量费用，是指为了确保和保证满意的纺织服装质量而发生的费用，以及没有达到满意的质量而造成的损失，它是纺织服装企业生产总成本的一个组成部分。

5．分类法：也称分层法或分组法，就是把收集来的原始质量数据，按照一定的目的和要求加以分类整理，以便分析质量问题及其影响因素的一种方法。

6．帕罗托（Pareto）图法：也称排列图法或主次因素排列图，是用以找出影响纺织服装产品质量主要问题的一种有效方法。

7．因果图法：也叫特性因素图法，又因其形状关系而称为树枝图法或鱼刺图法，是用于分析纺织服装质量问题产生原因的一种图表方法。

8．检验明细表法：是指将索赔件数、疵点数等内容，按不同部门、不同车间及不同原因分类进行检验的表格方法。

9．直方图法：就是指通过观察纺织服装质量数据波动的规律，来了解纺织服装产品总体质量波动情况的一种图表方法。

10．控制图法：也称管理图法，是画有控制界限的一种图表方法。

11．相关图法：也称相关分析图法或散布图法，是指收集有对应关系的两种变量数据，将两种数据分别按横坐标与纵坐标的对应关系标出，根据作点的图表观察特性与要因之间是否存在相关关系的一种图表方法。

复习思考

1. 单项选择题

    （1）纺织服装产品（　　）可理解为纺织服装产品满足规定需要或潜在需要的特征和特性的总和。

        A．品牌　　　　　B．质量　　　　　C．价格　　　　　D．包装

    （2）（　　）是为确定和达到质量要求所必需的职能和活动的管理，是全部管理职能的一个方面，该管理职能负责质量方针的制定与实施。

        A．纺织服装质量检验　　　　　B．纺织服装质量控制
        C．纺织服装质量管理　　　　　D．纺织服装质量监督

    （3）纺织服装全面质量管理的（　　）特点都围绕着一个中心目的，就是以科学的办法研制和生产出客户满意的纺织服装产品。

        A．四个　　　　　B．三个　　　　　C．五个　　　　　D．六个

    （4）纺织服装企业（　　），是纺织服装生产现场的质量"卫士"。

        A．检验机构　　　B．检验设施　　　C．检验手段　　　D．检验人员

    （5）（　　）是纺织服装企业质量管理的基础，它是描述纺织服装企业工作质量和产品质量特征的语言。

        A．数据　　　　　B．抽样　　　　　C．成本　　　　　D．费用

2. 多项选择题

    （1）纺织服装的质量特性指标有：（　　）美学特性和安全性等。

        A．寿命　　　　　B．性能　　　　　C．经济性　　　　D．可靠性

    （2）纺织服装质量管理是随着现代化纺织服装业生产的发展，而逐步发展和完善的，它大体上经历了（　　）发展阶段。

        A．质量检验阶段　　　　　B．质量监督阶段
        C．质量控制阶段　　　　　D．全面质量管理阶段

    （3）纺织服装企业全面质量管理的特点是（　　）。

        A．全面的管理　　　　　　B．全过程的管理
        C．全员参加　　　　　　　D．多种管理方法并用

    （4）样板质量管理工作要切实抓好（　　）环节。

        A．设计　　　　　B．制作　　　　　C．复核　　　　　D．评估

    （5）纺织服装质量管理常用方法（　　）等。

        A．分层法　　　　　　　　B．主次因素排列图
        C．鱼刺图法　　　　　　　D．检验明细表法

3. 判断题（正确打"√"，错误打"×"）

    （1）纺织服装质量决定着纺织服装企业的生存和发展。（　　）

    （2）纺织服装质量检验的把关、预防和报告职能是可分割的统一体。（　　）

    （3）纺织服装质量检验设施是保证质量检验工作的物质基础。（　　）

    （4）计数值是可以用量仪加以测定的并具有连续性质的数值，例如，长度、时间等。（　　）

    （5）纺织服装质量总成本各部分费用之间存在着一定的比例关系。（　　）

4. 简答题
　　（1）纺织服装企业全面质量管理的主要特点有哪些？
　　（2）纺织服装质量管理有哪些基础工作？
　　（3）纺织服装企业质量检验项目有哪些？
　　（4）造成纺织服装产品质量波动性的原因是什么？
　　（5）纺织服装质量管理有哪些常用方法？

案例分析

波司登勇夺质量大奖

　　在"全国追求卓越大会"上，波司登荣获我国质量领域的最高奖——"全国质量奖"，这是波司登继获得"世界名牌"荣誉之后，攀登的又一新的里程碑式的高峰，成为继海尔、格力、钱潮之后，国内同时获得"世界名牌"和"全国质量奖"的少数几家企业之一。

　　波司登股份有限公司多年来始终坚持推行卓越绩效管理模式，秉承"追求卓越、永不满足"的核心价值观，在企业经营、管理等方面取得了优异的成绩。波司登连续13年全国销量遥遥领先，在争创全国质量奖过程中，公司经历了一个从单纯的产品质量管理，到产品、服务、过程、资源、战略、企业文化及相关方面管理的重大转变。全国质量奖评审组专家对公司的领导、战略、顾客与市场、资源、过程管理、测量、分析和改进、经营结果等方面，进行了全面评审之后，对波司登的工作给予了一致的好评，"世界名牌"波司登摘得"全国质量奖"桂冠，实属实至名归。

　　在质量管理方面，波司登始终坚持把质量看成是企业的立身之本，全面推行ISO 9001质量管理体系。公司还建立了羽绒服行业首家原辅料检测中心——波司登测试中心，并通过了国家实验室认可委员会的认可。在品牌建设方面，波司登坚持不懈创名牌，走出了一条民营企业实施名牌战略的成功之路。自从"波司登"羽绒服被国家工商总局认定为中国驰名商标后，又连续两次被国家质检总局认定为中国名牌产品、国家出口免验商品。现在公司拥有1个世界名牌产品，1个出口免验产品，4个中国名牌产品，5个中国驰名商标；在售后服务方面，"最大可能地满足消费者的需求"是波司登的服务宗旨，"宁可自己吃亏，也不让消费者受损"的服务理念，是波司登羽绒服"世界名牌"的信誉所在。

　　波司登股份有限公司董事长高德康表示，参与全国质量奖的评审，既帮助波司登系统的总结提炼了许多行之有效的好经验、好做法，也指出了工作中存在的问题和不足，提出了许多好的建设性意见，明确了下一步改进的方向。在获得"全国质量奖"后，波司登将以此为契机，在新的起点上，深入推行卓越绩效模式，全面提升公司经营管理质量，在改进中提高，在创奖中升华，以综合管理水平的提高来促进企业的健康可持续发展。（本文据有关资料改写）

　　【分析问题】
　　1. 什么是纺织服装产品质量和质量管理？
　　2. 试分析波司登股份有限公司质量管理成功的原因。

实战演练

活动3-1

活动主题：认知体验纺织服装企业质量管理

活动目的：增加感性认识，实地体验纺织企业质量管理。

活动形式：

1. 人员：将全班分成若干小组，3~5人为一组，以小组为单位开展活动。

2. 时间：与教学时间同步。

3. 方式：就近实地参观一次纺织服装企业质量管理活动。

活动内容和要求：

1. 活动之前要熟练掌握纺织服装产品质量和质量管理概念、纺织服装企业质量检验和控制等知识点，做好相应的知识准备。

2. 以小组为单位提交书面调查报告。

3. 调查报告撰写时间为2天。

4. 授课教师可根据每个小组提供的书面调查报告按质量评分，并计入学期总成绩。

任务4　如何管理纺织服装企业供应链

> 知识目标：1．纺织服装企业供应链与供应链管理概念；
> 　　　　　2．纺织服装企业物料和采购管理；
> 　　　　　3．纺织服装企业库存管理的方法和手段。
> 能力目标：1．能对纺织服装企业进行供应链管理；
> 　　　　　2．懂得能运用纺织服装供应商管理用户库存（VMI）。

任务导航

> 任务4　如何管理纺织服装企业供应链
> 4.1　纺织服装企业供应链管理概述
> 4.1.1　纺织服装企业供应链概念
> 4.1.2　纺织服装企业供应链管理概念
> 4.2　纺织服装企业物料管理及采购管理
> 4.2.1　纺织服装物料和物料管理
> 4.2.2　纺织服装采购管理
> 4.3　纺织服装企业库存管理
> 4.3.1　纺织服装库存概念
> 4.3.2　纺织服装ABC分类法
> 4.3.3　纺织服装库存控制系统
> 4.3.4　纺织服装经济订货批量模型
> 4.3.5　纺织服装供应商管理用户库存（VMI）
> 4.3.6　纺织服装企业仓库管理

情景导入

达可海德（DH）服装公司的VMI系统

美国达可海德（DH）服装公司把供应商管理的库存（VMI）看作增加销售量、提高服务水平、减少成本、保持竞争力和加强与客户联系的战略性措施。在实施VMI的过程中，DH公司发现有些客户希望采用电子数据交换（EDI）先进技术并形成一个紧密的、双方互惠、互相信任和信息共享的关系。

为对其客户实施VMI，DH公司选择了STS公司的供应商管理（MMS）系统，以及基于客户机/服务器的VMI管理软件。在起步阶段，DH公司选择了分销链上的几家主要客户，作为试点单位。分销商的参数、配置、交货周期、运输计划、销售历史数据，以及其他方面的数据，被统一录入了计算机系统。经过一段时间的运行，根据DH公司信息系统部副总裁的统计，分销商的库存减少了50%，销售额增加了23%，取得了较大的成效。接着，DH公司将VMI系统进行了扩展，并且根据新增客户的特点，又采取了多种措施，在原有VMI管理软件上增加了许多新的功能：一是某些客户也许只能提供总存储量的EDI数据，而不是当前现有库存数。因此，DH公司增加了一个简单的EDI／VMI接口程序，计算出客户需要的现有库存数；二是有些客户没有足够的销售历史数据用来进行销售预测，为解决这个问题，DH公司用VMI软件中一种预设的库存模块让这些客户先运行起来，直到积累起足够的销售数据后，再切换到正式的系统中去；三是有些分销商要求提供一个最低的用于展示商品的数量，DH公司便与这些客户一起工作，一起确定他们所需要的商品和数量，然后用VMI中的工具设置好，以备今后使用。VMI系统建立起来后，客户每周将销售和库存数据传送到DH公司，然后由主机系统和VMI接口系统进行处理。DH公司还用VMI系统，根据销售的历史数据、季节款式、颜色等不同因素，为每一个客户预测一年的销售和库存需要量。

为把工作做好，DH公司应用了多种不同的预测工具进行比较，选择出其中最好的方法用于实际管理工作。在库存需求管理中，他们主要做的工作是：计算可供销售的数量和安全库存、安排货物运输计划、确定交货周期、计算补库订货量等。所有计划好的补充库存的数据，都要复核一遍，然后根据下一周（或后一天）的业务，输入主机进行配送优化，最后确定出各配送中心装载／运输的数量。DH公司将送货单，提前通知各个客户。通常情况下，VMI系统需要的数据通过ERP系统获得，但是DH公司没有ERP。为了满足需要，同时能够兼顾VMI客户和非VMI客户，DH公司选用了最好的预测软件，并建立了另外的VMI系统数据库。公司每周更新数据库中的订货和运输数据，并且用这些数据进行总的销售预测。结果表明，DH公司和其客户都取得了预期的经济效益。

想一想

美国达可海德（DH）服装公司为什么要建立VMI系统？有何成效？为此，我们会提出：什么是纺织服装企业供应链？什么是纺织服装企业库存管理？什么是供应商管理用户库存（VMI）？等等，下面我们将一一解答。

4.1 纺织服装企业供应链管理概述

4.1.1 纺织服装企业供应链概念

（1）供应链

供应链（Supply Chain，SC）是指由原材料零部件供应商、生产商、批发经销商、零售商、运输商等一系列企业所组成。原材料零部件依次通过"链"中的每个企业，逐步变成产品，产品再通过一系列流通配送环节，最后交到最终用户手中，这一系列的活动就构成了一个完整供应链的全部活动。

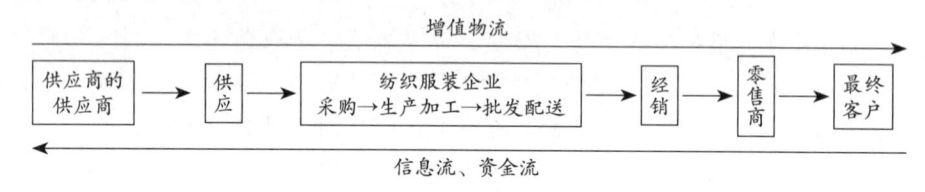

（2）纺织服装企业供应链

纺织服装企业供应链，是指围绕纺织服装企业，通过对物流、信息流、资金流的控制，从采购原材料（包括主、辅料）开始，制成中间产品以及最终产品，最后由销售网络把产品送到消费者手中的将供应商、制造商、分销商、零售商和最终客户连成一个整体的功能网链结构模式。纺织服装企业供应链，如图4-1所示。

图4-1　纺织服装企业供应链图

4.1.2 纺织服装企业供应链管理概念

（1）纺织服装企业供应链管理

纺织服装企业供应链管理（Supply Chain Management，SCM），是指对整个供应链系统进行计划、协调、操作、控制和优化的各种活动和过程，其目标是将客户所需的正确的产品（Right Product），能够在正确的时间（Right Time）按照正确的数量（Right Quantity）、正确的质量（Right Quality）和正确的状态（Right Status），送到正确的地点（Right Place），交给正确的客户（Right Customer），即"7R"，在此管理中使总成本最小。

从图4-1中可以看出，供应链中的"三种流"即物流、信息流、资金流是供应链管理的主要对象。物流涉及从供应商到客户的物料流以及产品返回、服务、再循环和最后处理的反向流；信息流涉及需求预测、订单传送和交货状态报告；资金流包括链上各个企业之间的款项结算以及资金的相互渗透，涉及信用卡信息、信用期限、支付日期安排、发货和产品名称拥有权等。

纺织服装企业供应链管理是一种集成的管理思想和方法，其本质就是合作，它使供应商、制造商、分销商和客户多方受益。供应链合作关系旨在实现物流、信息流、资金流的集成，它改变了企业间的合作模式，与传统的企业合作关系模式有着很大的区别。纺织服装企业供应链管理把供应链中的所有节点企业看作一个整体，如图4-2所示，是一个涵盖整个物流的、从供应商到最终客户的采购、制造、分销、零售等职能领域过程。

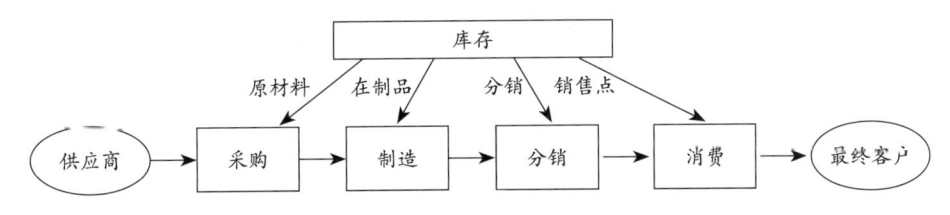

图4-2 纺织服装企业供应链管理的范畴

(2) 纺织服装企业供应链管理层次

由于纺织服装企业供应链牵涉多方，所以掌握好对供应链的管理能力就可以构成纺织服装企业的核心竞争力。这便形成了纺织服装企业供应链管理的三个层次：即战略层、战术层、作业层。

①战略层。是指上、下游厂商的选择与谈判，工厂、仓库及销售中心的数量、布局和能力，供应链协同的管理。

②战术层。是指配额的分配，采购和生产决策、库存策略和运输策略。

③作业层。是指具体的生产计划、运输路线安排等。

纺织服装企业要对供应链不同的层面，实施协调统一的策略，才能充分发挥供应链管理的作用。

4.2 纺织服装企业物料管理及采购管理

纺织服装生产企业运营的核心环节，就是通过一系列的活动，从外部供应商那里购买原材料（如布料、拉链、纽扣、线等），按照一定的规则将这些主、辅料等物料转化为纺织服装成品，而这些物料占总成本的绝大部分，所以就需要发挥物料管理和采购管理的重要作用，进而加以控制成本。

4.2.1 纺织服装物料和物料管理

(1) 纺织服装物料

纺织服装物料，主要是指纺织服装企业生产经营活动中所消耗的各种生产资料。包括以下几个方面：

①主要原材料。是指经加工后构成纺织服装产品主要实体的材料。例如，服装生产企业的主要原材料有面料和里料。虽然只有面料和里料两类，但其品种繁多，各有不同功能和特点，且新材料和其技术含量发展迅速，为其管理增加了难度。为了便于编制计划、采购订货和加强管理，应对面料和里料进一步进行分类。又如面料，可按其材质分为棉、毛、麻、丝、混纺、化纤等；按颜色分为红色系、绿色系、黄色系、蓝色系、黑色系、白色系等或深色系、浅色系等；此外，还可以按照花色分类。

②辅助材料。是指用于生产过程，有助于纺织服装产品的形成，但不构成产品主要实体的材料。例如，服装生产企业的辅助材料，主要包括：线、扣子、拉链以及各种衬布、装饰配件、花边等。

③间接材料或工具。是指纺织服装生产中消耗的，不在纺织服装产品中体现出来的材料。例如，服装生产企业的间接材料，如打板纸、划粉等。

④在制品或半成品。是指未完成的纺织服装产品，需进行进一步的加工的产品。例如，服装生产企业的在制品，如领、袖、前片等。

⑤成品。是指加工完成可以交付的纺织服装产品。例如，服装生产企业的成品，如衬衫、西裤等。

（2）纺织服装物料管理

纺织服装物料管理，是指对纺织服装企业生产经营活动所需各种物料的采购、验收、供应、保管、发放、合理使用、节约和综合利用等一系列计划、组织、控制等管理活动的总称。纺织服装物料管理，是供应链的中间部分物流和信息流。搞好纺织服装物料管理，对于保证和促进纺织服装生产，节约物料消耗，加速资金周转，降低纺织服装产品成本，提高经济效益等有着非常重要的意义。

纺织服装物料管理所涉及的职能包括：物料的计划和控制、生产计划、物料采购、收货、仓储、厂区内物料的移动、到货运输、到货质量控制、库存控制、呆废料的处理等。在纺织服装生产企业，物料成本占总成本的大部分，所以采用科学合理的物料管理，对纺织服装企业成功经营影响非常大。

在供应链中，纺织服装物料管理要实现的目标包括：

①低价格。即以低价格来采购物料，以降低纺织服装产品成本，提高利润。

②高存货周转率。存货周转率的计算方法是用销货成本除以平均存货。存货周转率越高，表示销售量越大，而且存货越少，因此，积压在存货上的资金就少，资金的使用率就高。

③低物料保管成本。即在物料验收、搬运及存储方面，能有效率的运作，以减低保管及取得成本。

4.2.2 纺织服装采购管理

在纺织服装企业的经营中，纺织服装物料采购成本占很大比重，所以通过纺织服装物料采购管理降低物料成本，是纺织服装企业增加利润的一个有效途径。

（1）采购需求

①采购要求的接受。采购要求的内容包括：需要采购物料的品种、数量、质量要求，以及到货期限。纺织服装采购部门需从生产计划部门、各职能部门、以及库存管理部门，获得它们对各种物料的需求情况，并进行汇总，做出相应的纺织服装采购计划。在纺织服装制造企业中，纺织服装物料采购计划，往往是根据纺织服装生产日程计划来安排的。

②自制还是外购的决定。纺织服装企业在很多种情况下，所需要的某些物料是自己能够加工生产的零部件或半成品，纺织服装企业这时就需要对自制还是外购做出决策。由于它会直接影响到纺织服装产品的质量和成本，所以纺织服装企业在进行自制和外购分析时，主要考虑以下几个问题：一是零部件成本。当自制的零部件成本比外购的成本低时，选择自制，否则外购；二是零部件的质量。当供应方提供的零部件质量不能得到保证时，选择自制；三是零部件的可获性。当所需的零部件无处采购时，只能选择自制；四是技术保密性。当这种零部件的生产涉及保密技术时，应当自制，防止技术扩散。

（2）供应商管理

①选择供应商。纺织服装供应商的是否优质，是确保供应纺织服装物料的质量、价格和交货期的关键，所以如何选择和保持与供应商的良好关系，是采购管理的一个主要问题。在选择供应商时，可对多个候选供应商进行综合评价，然后确定合适的供应商。通常需要考虑这几个方面的问题：一是财务状况。通过调查纺织服装供应商的财务状况，了解

供应商承担市场风险的能力。对于财务状况不佳的纺织服装企业，一旦发生财务危机导致生产中断，则会对本企业的物料供应造成不良影响。这时不仅会产生短货风险，而且还会由于需要重新选择供应商而产生额外的成本。二是质量保证。通过了解供应商是否建立质量管理体系或是否通过质量认证，对纺织服装供应商提供的产品的质量进行确保，以保证纺织服装企业原材料的质量。三是供应商的管理水平。纺织服装供应商管理水平的高低，会影响到双方合作的程度。好的供应商应该有科学的管理方法和较高的办事效率，其成本结构合理，供货稳定，从而会降低纺织服装企业的采购成本。四是生产能力。即了解纺织服装供应商的生产能力，是否能满足本企业的物料需求。五是设备能力。即了解纺织服装供应商的设备，能否加工所需要的物料并保证质量。六是合同执行情况。通过对过去的合同执行情况，可以反映纺织服装供应商的信誉。七是供应商发展的潜力。纺织服装企业都希望能够有一个长期合作的供应商，所以纺织服装企业需要对供应商的发展潜力进行分析。

②供应商管理模式。传统的纺织服装企业与供应商的关系是一种短期的、松散的，相互间作为交易对手、竞争对手的关系。在这种关系下，纺织服装企业与供应商是一种"0—1"博弈，一方所赢则是另一方所失。现在越来越多的纺织服装企业认识到，他们与供应商的这种以竞争为主的关系模式，已经不适应现代企业的可持续发展。一种新型模式——"合作模式"已成为纺织服装企业供应商管理的一个核心，在这种模式下，纺织服装企业（买方）和供应商（卖方）互相视对方为"伙伴"，建立起战略合作关系，实现"双赢"局面。纺织服装企业应选择有发展潜力的供应商，并在技术或管理上对其实施一定的支持，这样在提高供应商的竞争力的同时，也提高了供应商对本企业的供货能力。

（3）订货

订货过程有时会很复杂，比如昂贵的一次性订货物品，或专门的定做大量货物，需要双方不断地对各种情况进行商榷；也可以很简单，例如，长期合作的情况下，固定量、固定时间的订货，可能一个电话就可以完成。如果一个纺织服装企业的采购品种非常多，采购频率也很高，日常的订货管理工作量就非常大，发生大量的管理成本，还有可能带来很高的差错率，从而进一步增加了成本。

在供应链当中，如果纺织服装企业与供应商建立了良好的合作伙伴关系，并充分利用现代信息技术来进行管理，就可以通过网络与供应商进行业务往来，不需要通过任何纸质的媒介，并且能够简洁、迅速地完成订货手续，节省大量的管理成本，对于订单的变更手续也可以简化许多。当然，订单发出后，还要进行订货跟踪。

4.3 纺织服装企业库存管理

4.3.1 纺织服装库存概念

（1）纺织服装库存

纺织服装库存，是指纺织服装企业用于今后销售或使用的储备物料（包括原材料、半成品、成品等不同形态）。例如，服装企业布仓里的布匹、辅料仓里的辅料、成品仓里的成衣都属于库存。

库存的作用主要在于：能防止物料短缺、有效地缓解供需矛盾，使生产尽可能均衡地进行；另一方面库存占用了大量的资金，发生库存成本，减少了纺织服装企业利润，甚至导致企业亏损。但一定量的库存有利于调节供需之间的不平衡，保证纺织服装企业按时、快速交货，可以尽快地满足顾客需求，缩短订货周期。

（2）**库存类型**

①按状态分类。即按在生产过程和配送过程中所处的状态分，库存可分为：原材料库存、在制品库存和成品库存。三种库存可以放在一条供应链的不同位置。原材料库存可以放在两个位置：供应商和生产商。原材料进入纺织服装生产企业后，依次通过不同的工序，每经过一道工序，附加价值都有所增加，从而成为不同水准的在制品库存。当在制品库存在最后一道工序被加工完后，即变成完成品，形成成品库存。例如，服装厂供应链上的库存及其位置，如图4-3所示。

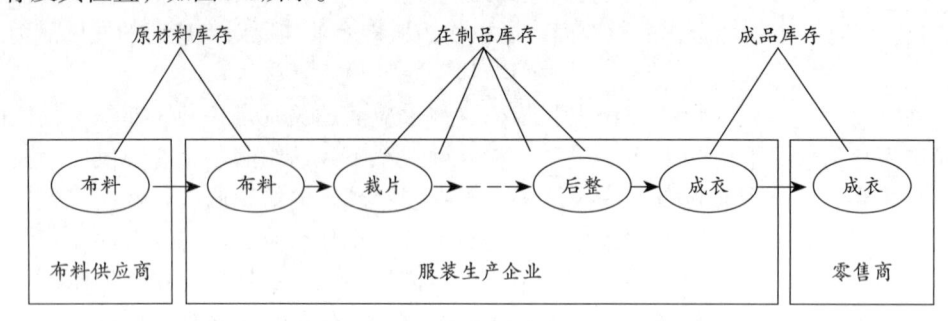

图4-3 服装厂供应链上的库存及其位置

②按作用分类。即按照库存的作用分，可分为：一是安全库存，是指为了应付需求、生产周期等可能发生的不测变化，而设置的一定数量的库存；二是周转库存，是指由批量周期形成的库存。采购批量或生产批量越大，单位采购成本或生产成本就越低，从而每次批量购入或批量生产，则会产生周转库存；三是在途库存，是指正处于运输以及停放在相邻两个工作地点之间或相邻两个组织之间的库存，这种库存是一种客观存在，而不是有意设置的。在途库存取决于运输时间以及该期间内的平均需求。四是调节库存，是指为了调节需求或供应的不均衡、生产速度与供应速度不均衡、各个生产阶段的产出不均衡而设置的库存。

③按需求特性分类。即按客户对库存的需求特性分，可分为：一是独立需求库存，是指客户对某种库存物品的需求与其他种类的库存无关，表现出对这种库存需求的独立性。独立需求库存是指那些随机的、纺织服装企业自身不能控制而是由市场所决定的需求，这种需求与纺织服装企业对其他库存产品所做的生产决策没有关系。二是相关需求库存，是指与其他需求有关的库存，根据这种相关性，纺织服装企业可以精确的计算出它的需求量和需求时间。

4.3.2 纺织服装ABC分类法

（1）**帕累托原理**

帕累托原理指出：20%的人口控制了80%的财富。在库存系统中，帕累托原理同样适用，即少数的库存占用了大量资金。纺织服装ABC分类法的基本思想，就是基于帕累托原理。纺织服装企业按照所控制对象价值的不同或重要程度的不同将其分类，以找出占用大量资金的少数物料，并加强对它们的管理；对那些占少量资金的大多数物料，则实以较松的控制。例如，可用纺织服装ABC分类法，把库存分成三类：A金额大的物料，B中等金额的物料，C金额较小的物料。A类物品应尽可能从严控制，保持完整和精确的库存记录，给予最高的处理优先权等，而对于C类物品，则可以尽可能简单地控制，如表4-1所示。

表4-1 纺织服装ABC分类法

种类	所占品种比例 / %	所占金额比例 / %	控制程度	安全库存量
A	~20	~80	严格控制	低
B	~30	~15	一般控制	较大
C	~50	~5	简单控制	大量

（2）纺织服装ABC分类法应用

纺织服装ABC分类的结果并不唯一，其分类的目标，是把重要的库存与不重要的库存分离开来。具体的划分，取决于具体的库存问题，以及纺织服装企业相关人员有多少时间可以用来对库存进行管理。

将纺织服装库存进行A、B、C分类，其目的在于，根据分类结果对每类物料采取适宜的控制措施。例如，从订货周期来考虑，A类物料可以控制得紧一些，每周订购一次；B类物料可以两周订购一次；C类物料则可以每月或每两周订购一次。值得注意的是，ABC分类与物料单价无关。A类物料的耗用金额很高，可能是单价不高但耗用量极大的组合，也可能是单价很高但耗用量不大的组合。与此相类似，C类物料可能价格很低，也可能是用量很少。有时某物料的短缺会给系统造成重大损失。在这种情况下，不管该物料属于哪一类，均应保持较大的储备量以防短缺。为了保证对该物料进行比较严格的控制，可以强迫将其归为A类或B类，而不管它是否有资格归属为这两类。

4.3.3 纺织服装库存控制系统

纺织服装库存控制系统，是指通过控制订货点和订货量来满足外界需求，并使总库存费用最低的控制系统。它通常要解决隔多长时间检查一次库存量，何时提出补充订货，每次订多少货等问题。当订单发出后，要经过一段时间，所发出的订货才能够到达，库存量增加Q，我们称这段时间为提前期（Lead Time，LT）。订货提前期是从发出订货至到货的时间间隔，其中包括订货准备时间、发出订单、供方接受订单、供方生产、产品发运、产品到达、提货、验收、入库等过程。显然，提前期一般为随机变量。

（1）固定量控制系统

固定量控制系统，是指订货点和订货量都为固定量的库存控制系统。其工作原理是：连续不断地监测库存水平的变化，当库存水平降到订货点（Reorder Point，RP）时，就按照一个固定的量Q向供应商发出订货，经过一段时间LT（提前期），订货到达，库存得到补充，如图4-4所示。

固定量控制系统需要随时检查库存水平，并随时发出订货，虽增加了管理工作量，但它使库存量得到了严密的控制。故此，固定量系统，适用于重要物品的库存控制。

（2）固定间隔期控制系统

固定间隔期控制系统，是指每经过一个相同的时间间隔，发出一次订货，订货量为将现有库存补充到一个最高水平S。在这种系统中，库存水平被周期性的，而不是连续性的观测，每两次观测之间的时间间隔是固定的。如图4-5所示，当经过固定间隔时间 t 之后，库存量降到L_1，发出订货，订货量Q_1为$S-L_1$，经过一段时间（LT）到货，库存量增加$S-L_1$；再经过固定间隔时间 t 之后，库存量降到L_2，又发出订货，订货量Q_2为$S-L_2$；经过一段时间（LT）到货，库存量增加$S-L_2$。可以看出来，由于需求是一个随机变量，虽然订货间隔时间相同，但两次观测之间的需求量是变化的，从而每次的订货量也是变化的。

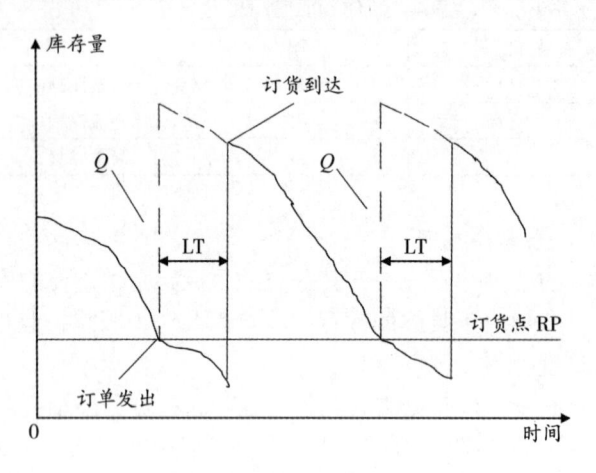

图4-4　固定量控制系统图

固定间隔期控制系统不需要随时检查库存量，到了固定的时间，各种不同货物可以同时订货补充，这样简化了管理，也节省了订货费用。不同货物的最高水平S可以不同。但是，其缺点是不论库存水平L降得多还是少，都要按期发出订货，当L很高时，订货量很少。

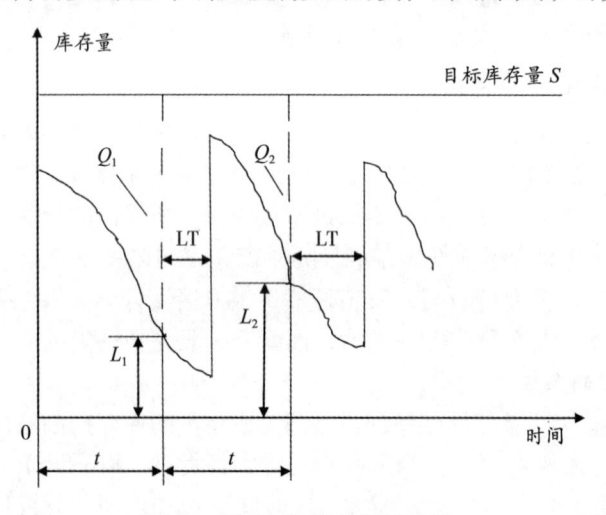

图4-5　固定间隔期控制系统图

（3）最大最小控制系统

最大最小控制系统，是指对固定间隔期系统变化，加入了一个订货点s。当经过时间间隔t时，如果库存量降到s及以下，则发出订货；否则，再经过时间t时再考虑是否发出订货。如图4-6所示，当经过固定间隔时间t时，库存量降到了L_1，L_1小于s，发出订货，订货量Q_1为$S-L_1$，经过一段时间（LT）到货，库存量增加$S-L_1$；再经过固定间隔时间 t 之后，库存量降到L_2，L_2大于s，不发出订货，则Q_2为零；再经过固定间隔时间t时，库存量降到了L_3，L_3小于s，发出订货，订货量Q_3为$S-L_3$，经过一段时间（LT）到货，库存量增加$S-L_3$，如此循环，补充库存。

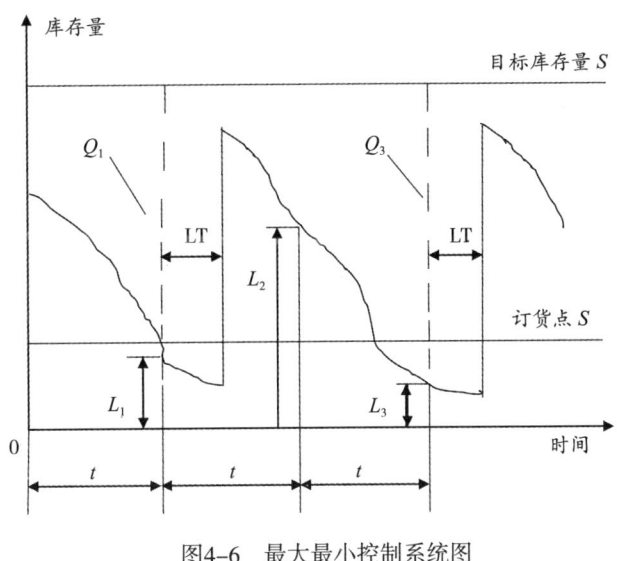

图4-6 最大最小控制系统图

4.3.4 纺织服装经济订货批量模型

（1）库存总成本

计算库存总成本一般以年为单位，年库存总成本主要包括以下几个内容：

①年缺货损失成本。是指由于缺货所引起的失去销售机会带来的损失、影响生产造成的损失、信誉损失等，它与缺货多少和缺货次数有关。

②年购买成本。年购买成本与价格和订货数量有关。

③年订货成本。年订货成本与全年发生的订货次数有关，而与每次订购的批量无关。

④年维持库存成本。是指维持库存所必需消耗的费用。它包括：资金成本、仓库租金、仓库及设备折旧、税收、保险等，它与物品价值和平均库存量有关。

（2）经济订货批量模型

库存管理中的一个重要问题是确定每次订货的批量，什么样的订货批量是最优的，经济订货批量（Economic Order Quantity，EOQ）模型，是通过平衡总库存成本中的各项成本，确定一个使总成本最低的订货数量模型。该模型基于以下的假设条件：一是订货量的大小无限制；二是订货成本与订货批量无关；三是产品整批到货，而不是陆续入库；四是采购、运输均无价格折扣；五是订货提前期已知，且为常量；六是外部对库存系统的需求率已知，整个周期内的需求率是均衡的；七是采用固定量控制系统；八是维持库存成本是库存量的线性函数；九是不允许缺货。

基于上述假设条件，现有库存量的变化，如图4-7所示。系统的最大库存量为Q，最小库存量为0，不允许缺货。库存以固定的需求率呈直线下降状态，平均库存量为$Q/2$。当库存量降到订货点RP时，就按固定量Q发出订货。经过固定的提前期LT，订货到达（刚好在库存变为0时到达），库存量立即达到Q。

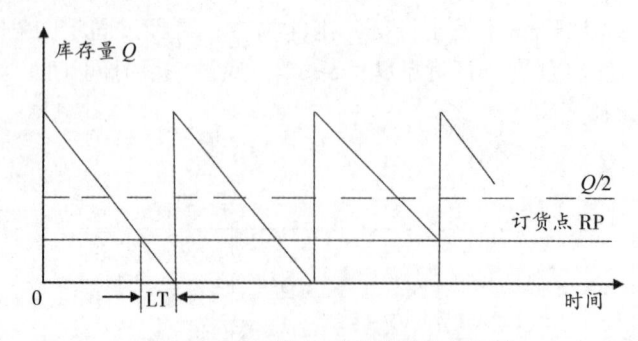

图4-7　EOQ条件下库存量的变化图

在EOQ模型的假设条件下，年缺货损失成本为0，年购买成本与订货批量大小无关，为常量。故此，每次订购Q个产品的年库存总成本是：

年库存总成本＝年维持库存成本＋年订货成本＋年购买成本

即：
$$C = H \times (Q/2) + S \times (D/Q) + PD$$

式中：C——年库存总成本；

H——单位产品的年维持库存成本；

D——年需求量；

S——每次的订货成本；

Q——批量；

P——单价。

由上式可知，年维持库存成本，随Q的增加而成线性递增；年订货成本是每年订购次数乘以每次订购的成本，而每年的订购次数等于年需求量除以Q，所以这一项随Q的增加而减少，如图4-8所示。

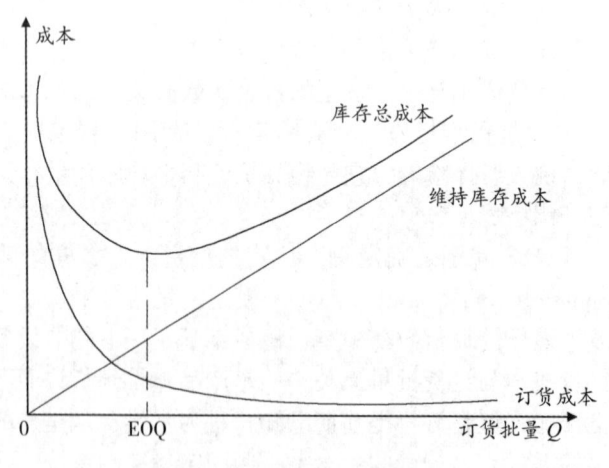

图4-8　年库存成本曲线图

从图中可以看出，存在一个订货批量，使用该订货批量，可以使总成本最小。这个批量就是经济订货批量EOQ。为使年库存总成本最小，将上式对Q进行求导，并令一阶导数为0，可得到经济订货批量如下：

$$EOQ = \sqrt{\frac{2DS}{H}}$$

订货点RP为：

$$RP = D \times LT$$

例1 粤华公司每年需要购入纺织服装产品16000件，单价20元。每次订货费用60元，单位维持库存成本为库存货物价值的15%。若每次订货的提前期为3周，则粤华公司的经济订货批量是多少？并求最低年库存总成本、年订购次数以及订货点分别是多少？

解：由粤华公司的情况，可知：纺织服装产品价格$P = 20$元/件，需求量$D = 16000$件/年，订货成本$S = 60$元/次，订货提前期$LT = 3$周。单位维持库存成本$H = 20 \times 15\% = 3$元/（件·年）。

所以，经济订货批量为：

$$EOQ = \sqrt{\frac{2DS}{H}} = \sqrt{\frac{2 \times 16000 \times 60}{3}} = 800（件）$$

最低年库存总成本为：

$$C = P \times D + (D/EOQ) \times S + (EOQ/2) \times H$$
$$= 16000 \times 20 + (16000/800) \times 60 + (800/2) \times 3 = 322400（元）$$

年订购次数为：

$$n = D/EOQ = 16000/800 = 20$$

一年为52周，则订货点为：

$$RP = (D/52) \times LT = 16000/52 \times 3 = 923.1（件）\approx 923（件）$$

4.3.5 纺织服装供应商管理用户库存（VMI）

（1）概述

库存以原材料、在制品、半成品、成品的形式存于供应链的各个环节，前面的内容已经介绍了库存管理中一些传统的理论和方法。供应链的库存管理不是简单的求预测与补给，而是要通过库存管理获得客户服务与利润的优化。主要内容包括：采用先进的商业建模技术来评价库存策略、提前期和运输变化的准确效果；决定经济订货批量时考虑供应链企业各方面的影响；在充分了解库存状态的前提下确定适当的服务水平等。所以供应链库存的管理难度很大，难度通常来自信息精度、供应链管理、运作问题、战略与设计问题等。

如图4-2所示，物料流通的各个环节都有库存，且长期以来这种库存都是各个部门各自为政，分别管理自己的库存。在纺织服装流通渠道中，零售商、批发商、供应商都有自己的库存，都有自己的库存控制策略，这样就会造成供应链上的需求产生扭曲现象，无法使供应商快速地响应客户的需求。新的供应链库存管理方法——供应商管理用户库存（Vendor Managed Inventory，VMI），则打破了传统的、各自为政的库存管理模式，体现了供应链的集成化管理思想，适应了市场快速变化的要求。VMI的主要思想是供应商在客户的允许下设立库存，确定库存水平和补给策略，拥有库存控制权。因此，供应商管理用户库存（VMI），是供应链环境下的有效库存管理策略之一。

（2）原则

实施VMI策略的关键措施，主要体现在以下几个原则中：

①目标一致原则。即双方都明白各自的责任，在观念上达成一致的目标。例如，库存

放在哪里，什么时候支付，是否要管理费，以及要花费多少等问题，都要明确回答。

②合作原则。即供应商和客户（零售商）都要有良好的合作精神，才能够相互保持较好的合作，要相互信任，保持信息透明度。

③持续改进原则。即使供需双方能共享利益和消除浪费，获得业绩上的不断改进。

④互惠原则。即要实现双赢，使双方的成本都获得减少。

实施VMI策略，需要供应商和客户一起，确定供应商的订单业务处理过程所需要的信息和库存参数，然后建立一种订单的处理标准模式，最后把订货、交货和票据处理各个业务功能集成在供应商一边。库存状态要透明，供应商才能够随时跟踪和检查到销售商的库存状态，从而快速地响应市场的需求变化，对纺织服装企业的生产（供应）状态做出相应的调整。故此，需要建立一种能够使供应商和客户（销售商）的库存信息系统透明连接的方法，这可以通过建立顾客情报信息系统和销售网络管理系统来实现。例如，美国达可海德（DH）服装公司的VMI系统，公司每周更新数据库中的订货和运输数据，并且用这些数据进行总的销售预测，最终使得DH公司和其客户都取得了预期的经济效益。通常在以下的情况下，适合实施VMI策略：零售商或批发商没有IT系统或基础设施来有效管理他们的库存；制造商实力雄厚并且比零售商市场信息量大；有较高的直接存储缴获水平，因而制造商能够有效地规划运输。

4.3.6 纺织服装企业仓库管理

纺织服装企业的仓库，是储存物料的主要场所，它起着蓄水池的作用，是各种材料存放和供应的中心。搞好仓库管理工作，对于确保纺织服装生产，加强经济核算，加速资金周转，提高经济效益，都具有重要的意义。仓库管理主要包括：物料入库前的准备、验收、保管、发货、清仓盘点等工作。

（1）入库前的准备

各种物料在验收入库之前，都需要提前做一些准备工作，以提高效率。通常准备工作有：一是仓位准备，在货物入库前，应该根据其性能、数量、体积、质量等因素，确定货物存放的位置，提前做好清扫和整理工作；二是收货人员、件备需提前确认；三是作业操作顺序的安排，根据货物入库的数量、时间、品种做好接货、验收、搬运、堆码等各环节的协调配合。

（2）验收

货物的验收入库，是指对进厂的货物在入库前要按照验收程序和手续，进行凭证核对、数量验收和质量检查等工作。货物可以到供货单位或车站、码头去提，也可以直运到纺织服装企业的仓库中。货物点收是收货的第一道工序，是由仓库收货人员与运输人员或运输部门，进行货物的交接工作，检查货物的数量是否准确。收货人员要对货物名称、数量、尺寸、标志、包装等内容进行检查，以确保合格。只有当单据、数量和质量验收无误后，才能办理入库、登账、立卡等手续。如果发现品种、规格、数量、质量、单据有不符合规定的，应立即查明原因，报告主管部门，及时处理。

（3）保管

货物入库后，要根据不同的物理、化学成分，以及体积大小、包装情况等，予以妥善保管，以保持好货物原有的质量水平和使用价值，防止由于不合理保管，所引起的物品磨损和变质或者流失现象。物料保管要做到不缺、不损、不变质、不混号，以及账、卡、实物和资金四部分相符。物料保管工作主要包括合理存放和科学保养两个方面。

①合理存放。是指实行分区、分类和编号存放管理。分区，是指存放性质类似货物的一组仓库建筑物或设备。例如，纺织服装生产企业的布仓和辅料仓分开，则是分区管理的一种应用模式。分类和编号，是根据仓库的场所划分为若干个货位，按其地点和位置的顺序排列，采用统一规定的顺序编号。这样可以做到库容整洁、标志明显、材质不混，便于取送、发放、检查和盘点。

②科学保养。物料的保养工作，应防患于未然，要建立合理科学的制度，并认真执行。科学的保养，是根据物料的性能，采用必要的防潮、防锈、防腐、防霉等措施，使物料在一定时期内和一定条件下，不变质、不变形、不损坏，以保证纺织服装企业生产技术上的要求。在物料的保管过程中，还必须建立健全的账、卡档案，及时掌握和反映物料库存、需求及供应等情况，发挥仓库的作用。

（4）发货

发货，是指纺织服装生产部门或物料需求单位提出要求，由仓库管理员根据领料凭证，对相应的货物进行清点、搬运，然后发货。它是保证纺织服装企业生产顺利进行的重要环节，所以仓库的物料发放一律要有凭证。做好仓库的物料发放工作，应注意抓好以下几点：

①实行补料审核制度。即凡工废、料废、超定额等要求补领材料时，必须经过审核批准，才予以补料。

②严格核对领料凭证。即确认发货的品种，例如，规格、颜色等，仔细核对，防止出错；确保发货的数量准确无误，既不多发，也不少发。

③实行退货和核销制度。退货的范围通常包括：生产任务完成或工程竣工节余下来的材料；计划调整、技术改造剩余或不需要使用的物料；发出的材料规格、质量不符或错发的材料；边角余料中可以继续利用的材料等。退料方式一般有实物退料和转账退料两种。同时，仓管部门要汇同车间对本月所消耗的原材料、按计划完成程度和消耗定额进行核销，以避免生产资料的浪费和物料消耗情况失真。

④实行送料制。即由仓库供应人员按计划实行定期、定量、定点送货上门。实行送料制，既能节省生产工人的领料时间，使生产工人有更多的时间用于制造产品，又便于仓库管理人员掌握生产现场材料消耗情况，及时调剂余缺，防止物料的积压和浪费；还可以及时回收用料单位现场的废旧物料。

（5）清仓盘点

根据管理的需要和物料的性质，清仓盘点通常采取定期检查、不定期检查和永续盘点三种方法。盘点主要包括：检查账面数与实存数是否相符；及时掌握库存的变动情况；检查各类货物有无超储、变质和损坏；检查库容是否整齐；检查仓库设备和安全设施有无损坏等。如果发现问题要查明原因和责任，对于超储积压的货物要做出处理。

核心概念

1. 纺织服装企业供应链：是指围绕纺织服装企业，通过对物流、信息流、资金流的控制，从采购原材料（包括主、辅料）开始，制成中间产品以及最终产品，最后由销售网络把产品送到消费者手中的将供应商、制造商、分销商、零售商和最终客户连成一个整体的功能网链结构模式。

2. 纺织服装企业供应链管理（SCM）：是指对整个供应链系统进行计划、协调、操作、控制和优化的各种活动和过程，其目标是将客户所需的正确的产品（RightProduct），能够在正确的时间（Right Time）按照正确的数量（Right Quantity）、正确的质量（Right Quality）和正确的状态（Right Status），送到正确的地点（Right Place），交给正确的客户（Right Customer），即"7R"，并使总成本最小。

3. 纺织服装物料：主要是指纺织服装企业生产经营活动中所消耗的各种生产资料。

4. 纺织服装物料管理：是指对纺织服装企业生产经营活动所需各种物料的采购、验收、供应、保管、发放、合理使用、节约和综合利用等一系列计划、组织、控制等管理活动的总称。

5. 纺织服装库存：是指纺织服装企业用于今后销售或使用的储备物料（包括原材料、半成品、成品等不同形态）。

6. 纺织服装ABC分类法：其基本思想就是基于帕累托原理，按照所控制对象价值的不同或重要程度的不同将其分类，以找出占用大量资金的少数物料，并加强对它们的管理；对那些占少量资金的大多数物料，则实以较松的控制。

7. 织服装库存控制系统：是指通过控制订货点和订货量来满足外界需求，并使总库存费用最低的控制系统。

8. 经济订货批量模型：是通过平衡总库存成本中的各项成本，确定一个使总成本最低的订货数量模型。

复习思考

1. 单项选择题

（1）（　　）是指围绕纺织服装企业，通过对物流、信息流、资金流的控制，从采购原材料（包括主、辅料）开始，制成中间产品以及最终产品，最后由销售网络把产品送到消费者手中的将供应商、制造商、分销商、零售商和最终客户连成一个整体的功能网链结构模式。

A. 纺织服装企业物料　　　　　B. 纺织服装企业采购管理
C. 纺织服装企业供应链　　　　D. 纺织服装企业库存管理

（2）供应链中的"三种流"即物流、信息流、资金流是（　　）的主要对象。

A. 物料管理　　　　　　　　　B. 供应链管理
C. 采购管理　　　　　　　　　D. 库存管理

（3）（　　）主要是指纺织服装企业生产经营活动中所消耗的各种生产资料。

A. 纺织服装物料　　　　　　　B. 纺织服装供应链
C. 纺织服装采购　　　　　　　D. 纺织服装库存

（4）（　　）是通过控制订货点和订货量来满足外界需求，并使总库存费用最低的控制系统。

A. 纺织服装ABC分类法　　　　B. 供应商管理用户库存
C. 纺织服装库存控制系统　　　D. 经济订货批量模型

（5）纺织服装企业供应链管理（SCM）是指对整个供应链系统进行计划、协调、操作、控制和优化的各种活动和过程，其目标是（　　），并使总成本最小。

A. 4R　　　　B. 5R　　　　C. 6R　　　　D. 7R

2. 多项选择题

（1）供应链中的"三种流"即（　　）是供应链管理的主要对象。
　　A. 物流　　　B. 客流　　　C. 信息流　　　D. 资金流

（2）纺织服装企业供应链管理的三个层次：即（　　）。
　　A. 产品层　　B. 战略层　　C. 战术层　　　D. 作业层

（3）按照库存的作用分，可分为（　　）。
　　A. 安全库存　B. 周转库存　C. 在途库存　　D. 调节库存

（4）实施VMI策略的关键措施，主要体现在（　　）原则中。
　　A. 目标一致　B. 合作　　　C. 持续改进　　D. 互惠

（5）仓库管理主要包括（　　）发货等工作。
　　A. 物料入库前的准备　　　　B. 验收
　　C. 清仓盘点　　　　　　　　D. 保管

3. 判断题（正确打"√"，错误打"×"）

（1）纺织服装企业供应链管理是一种集成的管理思想和方法，其实质就是合作。（　　）

（2）纺织服装物料管理，是供应链的中间部分物流和信息流。（　　）

（3）固定间隔期控制系统是订货点和订货量都为固定量的库存控制系统。（　　）

（4）在纺织服装企业的经营中，纺织服装物料采购成本占很小比重。（　　）

（5）纺织服装企业的仓库是储存物料的主要场所，它起着蓄水池的作用，是各种材料存放和供应的中心。（　　）

4. 简答题

（1）纺织服装企业供应链管理有哪些层次？
（2）纺织服装物料有哪些？
（3）在供应链中纺织服装物料管理要实现哪些目标？
（4）什么是纺织服装库存？它有什么作用？
（5）清仓盘点有哪些方法？它包括哪些内容？

5. 计算题

京纶公司每年需要购入纺织服装产品8000件，单价10元。每次订货费用30元，单位维持库存成本为库存货物价值的30%。若每次订货的提前期为2周，则京纶公司的经济订货批量是多少？并求最低年总费用、年订购次数和订货点分别是多少？

案例分析

李宁公司打造供应链管理

李宁公司从2000年引入ERP系统开始，就进行了供应链管理的探索。经过几年建设，现在已经打破了原先那种生产总监只负责生产，物流总监只负责物流的条块分割状态，而将仓储、生产、物流、销售等环节都整合在一起，从整条供应链的角度进行管理。

李宁公司是国内第一家采用SAP的R/3系统，并附加AFS服装与鞋业行业解决方案企业。李宁公司实行的是OEM生产，产供销各个部门的能力相差较大，在企业信息系统的建设过程中，公司逐渐了解到，评估标准的量化，可以有效地提高供应链的管理效率。根据销售回款的历史记录，公司评定经销商信用级别，通过SAP系统对经销商进行严格的信用管理。一方面达到了及时收回资金，降低周转成本，减少利润损失风险的目的；另一方面，经过一段时间的磨合后，经销商和公司之间的合作关系轻松了很多，销售经理已经可以专心开拓市场，而不再像以前那样担心对经销商是否存在厚此薄彼的问题。

李宁公司在还没有引入供应商评估制度之前，运营情况的好坏由公司这边的管理人员说了算，供应商心里没底，这一状况的改进始于后来建立的供应商评估制度。公司对技术、开发、材料、业务、QC（品质控制）、质量管理六个部门各建立了一个表格进行打分，对供应商的良品率、返工率、成本结构等环节定期进行评估，供应商的表现有了量化的分析，业绩好坏一目了然，对方心里也有了谱，知道该从哪个环节进行改进。此外，李宁公司实施的还有供应商的退出机制，以形成供应商系统的优胜劣汰和良性循环。退出机制仍是依据数据分析进行的，将交货率、良品率、品质稳定性、未来可发展性以及李宁在客户中的排名等各项指标的KPI都摆出来，与供应商进行协商对比，达成共识后就启动退出程序。第一步退出开发人员，第二步退出技术，第三步退出QC，最后结账。因此，公司已经找到了适合的模式，退出的工厂仍能跟李宁保持比较好的关系。公司良好的退出机制，与合作伙伴做好了充分的沟通，评估标准的量化，可以为公司和合作伙伴夯实轻松关系，一切靠数据说话，节省了很多人为因素产生的成本，更重要的是，轻松的合作关系为双方提高并行的合作效率提供了可能。在此基础上，公司还很看重合作伙伴对李宁公司及其产品的认识，以及将来的发展方向是否和公司一致。公司希望它的合作伙伴都能够把李宁公司排在前三位，最好是第一位。因为只有这样，李宁公司才有可能在最短时间内整合整个行业最好的资源，同时通过资源整合发挥整条供应链的最大效率。

李宁公司现在有一百多个供应商，为了实现品牌专业化的发展目标，公司很重视供应商的研发方向是否和自己一致，公司会给供应商灌输专业的市场化需求趋势的知识，以保证产品在研发和制造环节的专业化。打造世界顶级体育运动品牌形象，是公司一直以来的努力方向。在中国目前极富潜力的体育用品行业，公司的目标是保持每年35%的增长速度。公司清醒的认识到：锻造好这条供应链，则一切皆有可能。（据有关资料改写）

【分析问题】
1. 什么是纺织服装企业供应链和供应链管理？
2. 试分析李宁公司的供应链管理的成功做法。

实战演练

活动4-1

活动主题：认知体验纺织服装企业供应链管理
活动目的：增加感性认识，实地体验纺织企业供应链管理。
活动形式：
1. 人员：将全班分成若干小组，3~5人为一组，以小组为单位开展活动。
2. 时间：与教学时间同步。
3. 方式：就近实地参观一次纺织服装企业供应链管理活动。

活动内容和要求：

1. 活动之前要熟练掌握纺织服装企业供应链和供应链管理概念、纺织服装企业物料、采购管理和库存管理等知识点，做好相应的知识准备。
2. 以小组为单位提交书面调查报告。
3. 调查报告撰写时间为2天。
4. 授课教师可根据每个小组提供的书面调查报告按质量评分，并计入学期总成绩。

任务5　如何控制纺织服装企业生产成本

知识目标： 1．纺织服装企业生产特点与成本算法；
　　　　　　2．纺织服装企业成本控制原则和内容；
　　　　　　3．纺织服装企业财务报表分析的方法和手段。
能力目标： 1．能对纺织服装企业进行生产成本控制；
　　　　　　2．懂得运用纺织服装企业生产成本计算方法和财务报表分析方法。

任务导航

任务5　如何控制纺织服装企业生产成本
5.1　纺织服装企业生产成本计算
5.1.1　纺织服装企业生产特点与成本算法
5.1.2　纺织服装企业最常用成本算法
5.2　纺织服装企业生产成本控制
5.2.1　纺织服装企业成本控制的意义和原则
5.2.2　纺织服装企业成本控制的主要内容
5.3　纺织服装企业财务报表分析
5.3.1　纺织服装企业财务报表分析基本概念
5.3.2　纺织服装企业财务报表分析根据与方法
5.3.3　纺织服装企业财务报表的财务比率分析

情景导入

逆市中强劲增长的七匹狼

福建泉州多家上市公司公布了自己2008年业绩的快报,由于受累于全球性的金融风暴,较之于2007年,多数企业的营业总收入鲜有增长,且利润额都大幅下跌,甚至下跌超60%。在分析利润指标同比下降的原因时,几家上市公司均把源头指向了2008年跌宕起伏的国内外经济形势,以及原材料价格上涨等原因。例如,2008年人民币对美元、欧元、英镑的年升值幅度,分别达到6.43%、9.45%和32.24%,从而导致企业的出口业务受到较大冲击。同时,由于主要原材料、燃料采购成本,以及财务费用大幅度上升,导致营业利润下降。

但是,七匹狼却表现出强劲的增长势头,2008年公司营业总收入达165269.35万元,较2007会计年度,增幅达88.56%;营业利润19741.26万元,较2007年增长61.32%;实现净利润14174.79万元,较2007年同期的8869.65元,增长59.81%。对于业绩呈现的强劲增长势头,七匹狼认为,公司强化品牌及渠道建设,深化产品设计研发,销售网络升级和供应链管理等方面均取得了良好成绩,特别是降低成本措施的执行,保证了成本目标和成本预算任务的实施,使公司生产规模进一步扩大,业绩相应增长。

想一想

七匹狼公司为什么能在逆市中强劲增长?由此,我们会提出:什么是纺织服装企业生产成本?如何计算?为什么要进行纺织服装企业财务报表分析?如何进行财务报表分析?等等,下面我们将一一解答。

5.1 纺织服装企业生产成本计算

5.1.1 纺织服装企业生产特点与成本算法

（1）生产特点

产品的生产成本是在企业生产中形成的。计算产品成本的目的，是为了满足加强成本管理和计算损益的要求。每个企业生产特点及管理要求的不同，对企业产品成本计算方法有着重要的影响。工业企业的生产，按其工艺技术的特点可分为：简单生产和复杂生产两大类。

①简单生产。是指生产工艺上不能间断，或者由于工作地的限制不便分散在不同的地点进行单步骤生产。其特点是：各个中间生产步骤所生产的半成品，必须全部转移到下一个生产步骤，即各个中间步骤在会计期末不存在半成品。故此，可以看作为单步骤的简单生产。例如，发电和采掘工业等，都属于这种类型。

②复杂生产。是指工艺上可以间断，生产活动由多步骤来完成的。其特点是：除了最后一个生产步骤完工的产成品外，其他各个中间生产步骤生产完成的都是半成品，而且在会计期末，这些中间生产步骤有本步骤的库存半成品。例如，纺织服装企业的生产就是如此，属于这种类型。

纺织服装企业的生产，按照生产的组织特点可分为：大量生产、成批生产和单件生产三种类型。大量生产，是指纺织服装企业不断重复生产相同的纺织服装产品，品种少且生产比较稳定；成批生产，是指纺织服装企业按照事先产品的批别和数量进行生产，根据批量的大小可分为大批生产和小批生产；单件生产，是指纺织服装企业根据购货方的要求，生产个别的、款式特殊的纺织服装产品。

（2）成本算法

纺织服装企业的生产特点和成本管理的要求不同，决定了三种不同的成本计算对象，以这三种成本计算对象为标志，产生了三种基本成本计算方法：

①品种法。是指以纺织服装产品品种为成本计算对象的一种方法。品种法一般适用于单步骤的大量生产，也可用于不需要分步骤计算成本的大量、大批生产。例如，由于纺织服装企业的生产模式大多属于小批量、多批次的生产模式，所以采用品种法计算产品成本的企业不是很多。

②分批法。是指以纺织服装产品生产批别为成本计算对象的一种方法。分批法通常适用于小批、单件，在管理上不要求分步骤计算成本的多步骤纺织服装企业的生产。例如，大多数服装企业，一般都采用这种方法计算产品成本。

③分步法。是指以纺织服装产品及其生产步骤为成本计算对象的一种方法。分步法一般适用于大量、大批的多步骤生产。例如，一些大规模的纺织服装企业，通常都采用这种方法计算产品成本。

纺织服装企业生产特点与成本算法的关系，如表5-1所示。

5.1.2 纺织服装企业最常用成本算法

（1）分批法

①分批法特点。分批法计算的特点主要有：

一是成本计算对象。成本计算的对象是纺织服装产品的批别，在小批量多步骤的纺织服装生产中，产品的种类和每批产品的批量大多是根据购买单位的订单来确定。如果一张订单上有几种纺织服装产品或者只有一种纺织服装产品，但批量较大且分批交货时，这时按订货单位的订单组织生产，就不利于按纺织服装产品的品种进行考核、分析成本计划的完成情况，从生产管理上来看，不利于纺织服装企业一次性投料或满足不了分批交货的要求。针对这种情况，纺织服装企业计划部门可将上述订单按照产品的品种划分批别进行生产。如果纺织服装企业在同一时期接到不同单位的同一产品的订单，成本计算对象就不是订货单位的订货单，纺织服装企业的计划部门安排生产任务时，通知单内应对该批生产任务进行编号。会计部门将根据产品批号设立产品明细账，生产费用发生以后，就按产品的批别进行分类，直接费用直接计入，间接费用要选取合理的标准和采用适当的方法，在各种产品间进行适当的分配，然后计入各产品的明细账。

表5-1　纺织服装企业生产特点与成本算法关系

工艺技术	生产组织	成本算法	备注
简单生产	大量生产	品种法	—
复杂生产	大量生产	分步法	连续式
	成批生产	分步法	装配式，大批生产
		分批法	装配式，小批生产
	单件生产	分批法	装配式

二是成本计算期。为了保证各批产品成本计算的正确性，纺织服装企业的产品成本计算期与会计核算期可能不一致。各批产品成本明细账的设立和结算，应与生产任务通知单的签发和结束密切配合，各批订单产品的总成本，在该批产品全部完工所在月的月末进行核算。

三是分配问题，即费用在完工产品和未完工产品之间的分配问题。对于绝大多数纺织服装企业来说，因为纺织服装这种产品的特性，在月末计算成本时，要么所有的产品已经完工，要么所有的产品未完工，因此，就不存在完工产品和未完工产品之间的分配问题。对于有些纺织服装企业的拳头产品，需要大批量跨月陆续投放市场，这时就必须计算完工产品和月末在产品之间的费用分配问题，以便计算先交货产品的成本。一般的做法是，对先完工部分按计划单位成本或定额单位成本、或最近一期相同产品的实际单位成本计价，从该批产品成本计算单中转出，剩下的即为该批产品在产品的成本。在该批产品全部完工时，另行计算该批产品的实际总成本和单位成本，但对原来计算出的产品成本，不作账面上的调整。如果批内产品跨月完工的数量较多，则费用应采用适当的方法在完工产品与在产品之间进行分配。

②分批法应用。纺织服装产品变动成本的三要素：一是直接材料，例如，面料费、里料费、衬料费、缝线费、附属品费等；二是直接人工，例如，工人的计件工资等；三是制造费用，例如，车间管理人员工资福利费、生产用固定资产折旧、机物料消耗、低值易耗品、修理费、保险费、水电动力费、车间办公费和差旅费、取暖费等。

例1　华南纺织服装公司按客户要求的产品品种、规格、数量和交货期分批组织生产。该公司采取公司一级核算形式，不要求计算各步骤生产成本，所以采用分批法计算成本。

该公司2015年9月份有关的生产记录，如表5-2所示。

表5-2　华南纺织服装公司生产记录表

批号	产品名称	批量/件	投产期	完工期
901	休闲衫	1000	9月3日	9月25日
902	职业女装	400	9月15日	尚未完工

本月发生费用如下：

①根据发料凭证汇总表，901批产品直接消耗材料费400000元，902批产品直接消耗材费200000元。

②根据工资费用分配表，901批产品应分配生产工人工资及各种工资性津贴、补贴180000元，902批产品应分配生产工人工资及各种工资性津贴、补贴80000元。

③根据制造费用分配表，901批产品应负担制造费用100000元，902批产品负担制造费40000元。

④根据上述资料，分别在901批和902批生产成本明细账中进行登记，如表5-3、表5-4所示，然后计算并结转完工产品成本。

表5-3　901　生产成本明细表

产品批号：901　　投产日期：3/9　　交货批量：1000件
产品名称：休闲衫　　完工日期：25/9　　完工批量：1000件

单位：元

月	日	凭证号数	摘要	直接材料	直接工资	制造费用	合计
9	30	略	分配材料费用	400000			400000
	30	略	分配工资费用		180000		180000
	30	略	分配制造费用			100000	100000
	30		合计				
	30		结转完工产品的单位成本	400	180	100	680

表5-4　902　生产成本明细表

产品批号：902　　投产日期：15/9　　交货批量：400件
产品名称：职业女装　　完工日期：××××年××月××日　　完工批量：××××

单位：元

月	日	凭证号数	摘要	直接材料	直接工资	制造费用	合计
9	30	略	分配材料费用	200000			200000
	30	略	分配工资费用		80000		80000
	30	略	分配制造费用			40000	40000
	30		月末在产品成本	200000	80000	40000	320000

首先，根据批号建立成本计算单，按成本项目将企业范围的生产费用汇集在各批产品的成本计算单上，月末结算各批产品发生的生产费用。

将完工产品的实际成本转入产成品账户，尚未完工产品生产成本明细账中所记费用全部为在产品成本。

（2）分步法

一般纺织服装企业分为裁剪、缝纫及整烫等多步骤生产。对于那些品种较多、批量不大，月末有完工产品和在产品的纺织服装企业，可采用平行结转分步法，按产品的产量来分配纺织服装产品的成本。

例2 北华纺织服装公司生产全毛西服套装，分为男装和女装两个系列，归为一类计算产品的成本。该公司设有裁剪、缝纫、整烫三个基本生产车间，采用平行结转分步法计算产品的成本。2015年10月份西服产品的生产情况，如表5-5所示。

表5-5 北华纺织服装公司生产情况表

产品：帝豪牌西服　　日期：2015年10月

单位：套

项目	裁剪车间	缝纫车间	整烫车间
期初在产品	300	400	200
本月投产量	2000	2200	2400
本月完工产量	2200	2400	2500
期末在产品	100	200	100

分步法计算成本，如表5-6、表5-7、表5-8所示。

表5-6 北华纺织服装公司裁剪车间成本计算单

车间：裁剪　　日期：2015年10月　产量：本车间2200套
产品：帝豪牌西服　　　　产成品2500套

单位：元

成本项目	期初在产品成本	本期发生费用	合计	完工产品成本 分配率/%	完工产品成本 应转产成品负担份额	期末在产品成本
直接材料	90000	600000	690000	237.93	594825	95175
直接人工	1200	10000	11200	3.86	9650	1550
制造费用	900	8000	8900	3.06	7650	1250
合计	92100	618000	710100	—	612125	97975

表5-7 北华纺织服装公司缝纫车间成本计算单

车间：缝纫　　日期：2015年10月　产量：本车间2400套
产品：帝豪牌西服　　　　产成品2500套

单位：元

成本项目	期初在产品成本	本期发生费用	合计	完工产品成本 分配率/%	完工产品成本 应转产成品负担份额	期末在产品成本
直接材料	—	6600	6600	—	6600	—
直接人工	12000	88000	100000	34.48	86207	13793
制造费用	1480	9900	11380	3.92	9810	1570
合计	13480	104500	117980	—	102617	15363

表5-8　北华纺织服装公司整烫车间成本计算单

车间：整烫　　　　　　日期：2015年10月　　　　　　产量：本车间2500套
产品：帝豪牌西服　　　产成品2500套

单位：元

成本项目	期初在产品成本	本期发生费用	合计	完工产品成本 分配率/%	完工产品成本 应转产成品负担份额	期末在产品成本
直接材料	—	5000	5000	—	5000	—
直接人工	600	12000	12600	4.34	10862	1738
制造费用	400	7200	7600	2.62	6551	1049
合计	1000	24200	25200	—	22413	2787

说明：各车间直接材料、直接人工和制造费用分配率的计算如下。

裁剪车间：

直接材料分配率 = 690000 ÷（2500 + 100 + 200 + 100）× 100% = 237.93

直接人工分配率 = 11200 ÷（2500 + 100 + 200 + 100）× 100% = 3.86

制造费用分配率 = 8900 ÷（2500 + 100 + 200 + 100）× 100% = 3.06

其他车间分配率计算方法类同。

本月生产男装西服1500套，女装西服1000套。女装用料是男装的0.8倍，消耗工时与男装相同。帝豪牌西服本月成本汇总，如表5-9所示。

表5-9　北华纺织服装公司成本计算单

产品：帝豪牌西服　　　日期：2015年10月　　　　　　完工产品：2500套

单位：元

成本项目	裁剪车间	缝纫车间	整烫车间	合计	男装西服 总成本	男装西服 单位成本	女装西服 总成本	女装西服 单位成本
直接材料	594825	6600	5000	606425	395490	263.66	210935	210.93
直接人工	9650	86207	10862	106719	64035	42.69	42684	42.69
制造费用	7650	9810	6551	24011	14411	9.60	9600	9.60
合计	612125	102617	22413	737155	473925	315.95	263219	263.22

5.2 纺织服装企业生产成本控制

5.2.1 纺织服装企业成本控制的意义和原则

（1）成本控制意义

纺织服装企业生产成本控制，是指纺织服装企业运用以成本会计为主的各种方法，预定成本限额，按限额开支成本和费用，以实际成本和成本限额进行比较，衡量企业经营活动的成绩和效果，并以例外管理原则纠正不利差异，以提高工作效率。纺织服装企业生产成本控制，是纺织服装企业现代化成本管理的核心环节。在纺织服装企业发展战略中，成本控制处于极其重要的地位。因此，对纺织服装企业进行成本控制，有着其重要意义，具体如下。

①企业发展基础。进行成本控制，是纺织服装企业发展的基础。只有把成本控制在同

类纺织服装企业的先进水平上，才有迅速发展的基础。纺织服装企业成本降低了，就可以削减售价以扩大销售，销售扩大后经营基础稳固了，才有力量去提高纺织服装产品质量，创新产品设计，寻求新的发展。

②企业增加盈利途径。进行成本控制，是纺织服装企业增加盈利的根本途径，并直接服务于企业的目的。增加利润是纺织服装企业的目的之一，也是社会经济发展的动力。无论在什么情况下，降低成本都对纺织服装企业有利。即使不完全以盈利为目的的国有纺织服装企业，如果成本很高，不断亏损，其生存将受到威胁，也难以在调控经济、扩大就业和改善公用事业等方面发挥作用，同时还会影响政府财政，加重纳税人负担对国计民生不利，失去存在价值。

③企业生存保障。进行成本控制，是纺织服装企业抵抗内外压力、求得生存的主要保障。纺织服装企业在经营过程中，外有同业竞争、经济环境逆转等不利因素，内有职工改善待遇和股东要求分红的压力。纺织服装企业用以抵御内外压力的武器，主要是降低成本、提高产品质量、创新产品设计和增加产品销量。其中，降低成本是最主要的方式之一。降低成本可以提高纺织服装企业价格竞争能力，使企业在经济萎缩时也能继续生存下去；提高售价会引发经销商和供应商相应的提价要求和增加流转税负担，而降低成本方可避免这类外在压力。只有成本降低了，才有力量去提高质量、创新设计，或者提高职工待遇和增加福利。

（2）成本控制原则

①目标管理原则。是指纺织服装企业管理部门把既定的目标和任务具体化，并对纺织服装企业的人力、物力、财力，以及纺织服装生产经营工作的各个方面，所进行的一种民主的、科学的管理方法。纺织服装企业成本控制，是目标管理的一项重要内容。在制定纺织服装企业的目标成本时，既要考虑到本企业的内部条件，例如，生产能力、技术水平、设备情况等，又要考虑到企业所处的外部环境，例如，市场供求情况、竞争对手的实力等。由于目标成本是指一个总的奋斗目标，所以目标成本制定出来后，还要按照责任会计的要求，把目标成本层层分解为各个责任中心的责任成本，并形成责任预算，落实到各有关成本中心，分级归口管理，形成一个多层次的成本控制网络。

②例外管理原则。是指在纺织服装企业经营管理上，要求人们把注意力放到不正常的、关键性问题上的一种管理方法。每个纺织服装企业在生产实践中，成本的差异是普遍存在的，并且相当复杂、管不胜管。为了提高成本管理的工作效率，按照例外原则，要求纺织服装企业管理人员，不要把精力和时间分散在全部成本的差异上，而应把精力集中用在那些属于不正常的、不符合常规的关键性的成本差异上，同时要找出原因，及时反馈到责任中心，采取有力的措施，把成本控制在合理的范围之内。

③责、权、利相结合原则。要使纺织服装企业成本控制发挥效益，必须责、权、利相结合，任何一个成本中心在计划期开始以前，都要根据全面预算的综合指标层层分解，编制出本中心的责任成本预算。同时，给予各成本中心在规定范围内有权决定是否支出某项成本的权利，但如果没有这种权利，就更谈不上什么成本控制了。另外，为了充分调动各个成本中心的积极性和创造性，还必须对它们的工作业绩进行考核和评价，并且与员工的切身利益联系起来。

④全面性原则。在现代经济社会中，成本控制应贯穿成本形成的全过程，绝不能只限于纺织服装企业生产过程的制造成本，必须扩大到产品寿命周期成本的全部内容，即包

括产品在纺织服装企业内部所发生的设计成本、研制成本、工艺成本、采购成本、制造成本、销售成本、管理成本以及所发生的运输费用和维修费用等。纺织服装企业必须充分调动每个部门、每个职工关心成本、控制成本的主动性和积极性，同时，不能因眼前的利益而忽略了对纺织服装产品品种的开发和质量的提高。这就是全方位和全员的成本控制。

5.2.2 纺织服装企业成本控制的主要内容

（1）成本控制类型

按照控制时期的不同，通常纺织服装企业成本控制可分为：事前成本控制和日常成本控制。

①事前成本控制。是指在纺织服装产品投产以前，对产品的设计成本、新产品试制成本，新材料、新工艺的成本，以及产品的质量成本等所进行的成本控制。事前成本控制，又可分为以下两种类型。

一是预防性成本控制，是指在纺织服装产品投产前的设计、研制阶段，对影响成本各有关因素进行分析研究，并制定出一套能适应本纺织服装企业具体情况的各种成本控制制度。对成本进行预防性的成本控制，必须首先根据成本习性把纺织服装企业的全部成本，分为变动成本和固定成本两大类，然后根据不同类型的成本，采取不同的成本控制方法进行监督和指导。凡成本总额与业务量总数成正比例增减变动关系的，称为变动成本。但若就单位产品中的变动成本而言，则是不变的。变动成本一般包括：直接材料、直接人工和变动的制造费用。对这类成本，应当通过制定标准和编制弹性预算来进行控制。对于直接材料和直接人工主要是采取制定标准成本进行控制，变动制造费用通过弹性预算来限制。企业利用制定标准成本进行管理，首先要由每一责任单位制定标准成本，将成本标准与实绩相对比，通过成本计算，就能有效地掌握成本并进行合理的应用，而标准成本系统能促使产品规格和操作工序处于比较稳定的状态。例如，在服装生产中，有男式西装、学生服、运动服等种类，这时的管理对象以分类产品的标准成本为目标，同时根据各因素条件，按部门设定标准。此外，在管理时应注意直接面向操作现场的管理者和每个具体的操作工人，并且可将各责任区的工序细分。但特别注意的是，若服装生产的方式为少批量多品种、工厂规模小、服装结构复杂时，要是将标准成本详细分解需在设定过程中花费许多时间，实施起来也相对困难。这时降低成本的主要方法是不断地进行标准的检查、修订，以便制定出更为合理的标准。凡成本总额在一定时期和一定业务量范围内，不受业务量增减变动影响而固定不变的，称为固定成本。固定成本，在实际工作中可按酌量性固定成本和约束性固定成本，分别进行事前控制。酌量性固定成本，是指纺织服装企业根据不同时期的财力负担来确立其开支总金额的大小，其伸缩性较大。约束性固定成本，通常是由于长期投资决策而引起的，其数额不能轻易改变，例如，纺织服装企业在第一季度要购置一台新设备，那么就相应地按项目分别编制与此有关的固定费用预算，如保险费、折旧费、水电费等。

二是前馈性成本控制，是指在纺织服装产品投产前通过开展价值工程活动，选择最优方案制定目标成本，作为事前成本控制的主要依据。价值工程，是以功能分析为核心，使纺织服装产品或作业能达到适当的价值，即用最低的成本来实现它所具备的必要功能的一项有组织的活动。其实，在这里反映了成本、功能和价值三者之间的关系，即价值＝功能／成本，也就是说，在纺织服装产品设计和研制时，要把重点从传统的对产品结构的分析研究，转移到对产品的功能分析研究。通过开展价值工程活动，可以发现更好的产品设计，并对它们的制造方法、工艺流程、应用材料等作出正确的决策，从而在充分利用现有设备和人力资源的基础上，降低成本，提高质量，增加盈利。

②日常成本控制。是指纺织服装企业内部各级对成本负有经营责任的单位，在成本的形成过程中，根据事先制定的成本目标，按照一定的原则，对纺织服装企业各个责任中心日常发生的各项成本和费用的实际数，进行严格的计算、监督、制定和调节，本着厉行节约、杜绝浪费、追求经济效益的宗旨，力求使各个生产环节的生产耗费不超过预定的标准，若发生偏差，应及时分析差异的原因，并采取有效的措施，达到预定的目标。

日常成本控制内容，主要有以下几方面：一是事前制定产品的标准，并为每个对成本负有经营责任的单位编制责任预算，作为日常成本控制的依据；二是各个成本责任单位结合具体情况，针对实绩报告中产生的成本差异，进行原因分析，并提出相应的改进措施，从而来指导、限制、调节当前的生产经营活动，或据之以修订原来的标准成本或责任预算；三是各个成本责任单位根据实际需要，定期编制实绩报告，将各自责任成本发生的实际数与预算数或标准成本进行对比，并计算出成本差异；四是由各个对成本负有经营责任的单位，遵照日常成本控制的原则，对实际发生的情况进行计量、限制、指导和监督。

纺织服装企业管理部门，要根据各责任单位实绩报告中计算出来的成本差异，实事求是地对他们的业绩进行评价与考核，以保证责、权、利相结合经济责任制的贯彻执行。

（2）*成本控制方法*

企业成本控制的方法有很多，主要有：标准成本控制、目标成本控制、质量成本控制、使用寿命周期成本控制等，一般来说，纺织服装企业常用的方法是标准成本控制和目标成本控制，下面重点介绍这两种成本系统。

①标准成本系统。是为了克服实际成本计算系统的缺陷，尤其是不能提供有助于成本控制的确切信息的缺点，而研究出来的一种成本计算系统。标准成本系统是由六个要素组成的一个有机整体：制定单位产品标准成本；根据单位产品的实际产量和成本标准计算产品的标准成本；汇总计算实际成本；比较实际成本和标准成本，计算标准成本差异额；分析标准成本差异的发生原因；向成本负责人提供成本控制报告，负责人采取管理行动。

标准成本，是指通过精确的调查、分析与技术测定而制定的，用以评价实际成本、衡量工作效率的一种预计成本。"标准成本"准确地讲有两种含义：一种是指"单位产品的标准成本"，它是根据单位产品的标准消耗量和标准单价计算出来的，即单位产品标准成本 = 单位产品标准消耗量×标准单价；另一种是指"实际产量"的标准成本，它是根据实际产品产量和成本标准计算出来的，即实际产量标准成本 = 实际产量×单位产品标准成本。

标准成本的作用：一是作为经营决策的成本信息，可以作为计价的依据，并可作为本、量、利分析的原始数据资料，以及估算产品未来成本的依据；二是作为登记账簿的计价标准，可以简化日常的账务处理和期末报表的编制工作；三是代替实际成本作为计价的依据，可使存货计价建立在更加健全的基础上；四是作为成本控制的依据，标准成本是比历史成本水平更优越的控制依据。

标准成本差异，简称"成本差异"或"差异"，是指纺织服装产品实际成本和标准成本的差额，即成本差异 = 实际成本 – 标准成本。当实际成本大于标准成本，称为"不利差异"；当实际成本小于标准成本，称为"有利差异"。成本差异是实际成本脱离预定标准的信号，是需要人们亟待解决的问题，它反映出了成本控制的业绩。在标准成本系统的实施中，最重要的环节是成本差异分析。只有通过成本差异分析，才能为实现成本控制开辟道路。成本差异分析要经过三个步骤：查明产生差异的项目，并找出其数额有多大；弄清成本差异的产生原因；采取措施加以纠正。通常的成本差异项目有：原材料消耗量差异、原材料价格差异、人工工时差异、人工工资率差异、制造费用耗费差异、制造费用效率差异等。产生成本差异的原因是多种多样的，有的是可以控制的，有的是无法控制的。为了进一步弄清发生成本差异的原因，在分析成本差异项目的基础上，还要分析其明细的项目，例如，原材料消耗量差异的产生原因就有许多种类：改变加工方法、原材料的替代、余料滞留现场、工人作业安排不当、检查过严、设备和工具不适用或丢失、监督不善、工人作业不精心等。

对于产品成本实际发生额高于预先的标准时，要找出原因，并采取具体措施。至于如何改进，主要从降低成本的方法入手。降低成本的方法：一是降低直接材料成本，例如，利用纺织服装CAD改善样板，提高排料的效率；防止裁剪和缝纫加工时出废品；减少辅料失误、布料卷边和布料门幅布局，同时尽量利用剩余材料，提高布料的利用率；降低购买价格，开发新型纺织服装材料。二是降低直接人工成本，例如，加强工作地的现场管理；设定作业标准，进行定员管理，控制工资总额；训练工人的操作技能，培养多面手，提高工时的利用率。三是降低制造费用的方法，例如，充分利用设备和建筑物，提高利用效率；设法节约动力，降低燃料费。纺织服装企业降低成本的方法有很多种，但作为管理者要意识到质量的提高，是纺织服装企业产品成本下降的另一重要因素。故此，在降低成本时，必须保证工作质量。

②目标成本法。是指纺织服装企业在预期的利润水平下，预测目标成本水平，然后一步步分解下去，使纺织服装企业每个环节、每个流程都有自己的目标成本，进而以此为目标实施控制。目标成本法，使纺织服装企业更专注于企业内部的管理与控制，从内部降低成本，以取得在市场上的竞争地位与获取更大利润。目标成本法理念简单，然而成功与否主要看两个方面：一是如何制定合理的目标成本；二是如何进行控制，以保证目标成本贯彻执行。

目标成本，是指根据预计可实现的销售收入扣除目标利润计算出来的成本，即目标成本＝目标市场价格－目标利润，显然，目标成本的确定是通过反推计算出来的，是解一个方程式的问题。然而在市场瞬息万变的今天，如何准确预测需要，确定纺织服装企业的产量，制定合理的目标成本，是一件非常困难的事情。这就需要纺织服装企业各个管理阶层进行细致的市场调查工作，进行准确预算。制定合理的目标虽然困难，却不是目标成本实施的主要障碍。管理者如何转变纺织服装企业内部员工的思想观念，采取有效的控制手段以保证目标成本的贯彻执行，是目标成本法实施的关键所在。

目标成本法的实施步骤：一是设置目标成本。根据总目标成本，由各级管理者将合理的目标成本层层分解，成为可操作的具体的目标。目标成本的设置要得到各级员工的认可，目标的设置要客观、公平，且应该是量化了的；二是按照目标成本实施和控制。管理者要善于运用手中的权力，制定监督和奖惩措施，同时，为员工提供必要的支持，以保证目标成本的实现。同时也可在企业内部实行"成本否决制"，将目标与员工的收入直接联系起来，使成本成为与他生活质量相关的重要因素，增加员工的参与积极性；三是目标成本法实施后的效果评价。成本控制的效果需要经过时间和实践的检验，经过一个周期的实施，管理者要组织员工对实施效果进行评价；四是目标成本的调整。当原有目标成本实现后，根据外部市场环境变化和纺织服装企业内部环境变化，进一步调整目标成本，使之更加公平合理。

5.3 纺织服装企业财务报表分析

5.3.1 纺织服装企业财务报表分析基本概念

（1）主体

针对不同的主体，对纺织服装企业财务报表分析的目的也不同，所以分析的侧重点也会有所差异。纺织服装企业财务报表分析的主体，可以是投资者、管理者、债权人和政府机构等各方面。

①投资者。是指纺织服装企业的普通股股东，他们更希望从财务报表分析中，获取纺织服装企业的未来收益状况和经营风险大小的信息，为进一步的投资决策提供依据。

②管理者。是指直接进行纺织服装企业管理的人员，他们将分析财务报表，作为管理和控制纺织服装企业的一个重要手段。纺织服装企业财务报表分析，为制定管理决策提供了重要的依据。

③债权人。是指借款给纺织服装企业的人，他们更关注纺织服装企业的赢利能力和信用。

④政府机关。也会对纺织服装企业财务报表进行分析，例如，税务部门、证券管理机构、会计监管部门和社会保障部门等，他们是为了履行自己的监管职责。

（2）对象

纺织服装企业财务报表分析，是指对纺织服装企业财务报表的有关数据进行汇总、计算、对比，以综合的分析和评价纺织服装企业的财务状况和经营成果。其目的是为了了解纺织服装企业财务状况和经营成果的形成原因，评价现在和预测未来，以帮助管理者进行科学的决策。纺织服装企业财务报表分析的对象，是纺织服装企业的基本活动，主要包括：纺织服装企业的筹资活动、投资活动和经营活动。

①筹资活动。是指纺织服装企业筹集投资或经营所需要的资金，包括：发行股票和债券、借款、贷款，以及利用内部积累资金等。

②投资活动。是指纺织服装企业将资金分配于不包括现金等价物的资产项目，以及对其的处置活动，例如，购建长期资产和购置流动资产。

③经营活动。是指在必要的筹资和投资前提下，运用资产赚取收益的活动，它包括纺织服装企业的采购、生产、销售、后勤等过程。

5.3.2 纺织服装企业财务报表分析根据与方法

（1）分析根据

纺织服装企业财务报表分析的根据，是指能够反映纺织服装企业真实状况的各种财务报表，以及其他相关信息、资料，也是纺织服装企业财务报表分析的主要数据来源。

①资产负债表。是反映纺织服装企业某一特定日期财务状况的会计报表，为财务报表分析提供基本财务数据。通过资产负债表，可以反映某一日期的资产总额、负债总额及其结构，表明纺织服装企业拥有和控制的经济资源，以及未来需要用多少资产或劳务清偿债务。还可以反映所有者权益的情况，表明投资者在纺织服装企业资产中所占的份额，了解

所有者权益的构成情况。资产负债表与纺织服装企业的基本活动之间的关系，如表5-10所示。

表5-10 资产负债表和纺织服装企业基本活动

资产		负债及所有者权益	
项目类别	投资经营活动结果	项目类别	筹资活动结果
货币资金	投资剩余（应对经营以外支付）	短期借款	银行信用筹资
应收账款	应收账款投资（促进销售）	应付账款	商业信用筹资
存货	存货投资（保证销售和生产）	长期负债	长期负债筹资
长期股权投资	对外长期投资（控制子公司经营）	资本	权益筹资
固定资产	对内长期投资（经营的基本条件）	留存利润	内部筹资

②利润表。是指反映纺织服装企业在一定期间生产经营成果的会计报表。在对利润表进行分析时，应着重分析其中反映纺织服装企业经营活动的项目。经营活动的损益，与纺织服装企业管理水平密切相关。利润表各项目与纺织服装企业基本活动的关系，如表5-11所示。

表5-11 利润表和纺织服装企业基本活动

项目类别	纺织服装企业基本活动
一、营业收入	经营活动收入
减：营业成本	经营活动费用
营业税金及附加	经营活动费用
销售费用	经营活动费用
管理费用	经营活动费用
财务费用	筹资活动费用（债权人所得）
资产减值损失	非经营活动损失
加：公允价值变动收益	非经营活动损失
投资收益	投资活动收益
二、营业利润	全部经营活动利润（已扣债权人利息）
加：营业外收入	非经营活动收益
减：营业外支出	非经营活动损失
其中：非流动资产处置损失	非经营活动损失
三、利润总额	全部活动净利润（未扣除政府所得）
减：所得税费用	全部活动费用（政府所得）
四、净利润	全部活动净利润（所有者所得）
五、每股收益	
（一）基本每股收益	按每股收益准则规定计量的全部活动净利润
（二）稀释每股收益	

③现金流量表。是指反映纺织服装企业一定会计期间内有关现金和现金等价物的流入与流出的会计报表。对于经营活动的业绩，利润表以权责发生制为基础进行反映，而现金流量表以收付实现制为基础进行反映。对于筹资和投资活动，资产负债表反映其在会计期末的存量，现金流量表则反映其整个会计期间的流量。现金流量表与纺织服装企业基本活

动的关系，如表5-12所示。

表5-12 现金流量表和纺织服装企业基本活动

项目类别	纺织服装企业基本活动
经营现金流入	经营活动：会计期间经营活动现金流动量
经营现金流出	
经营现金流量净额	
投资现金流入	投资活动：会计期间投资活动现金流动量
投资现金流出	
投资现金流量净额	
筹资现金流入	筹资活动：会计期间筹资活动现金流动量
筹资现金流出	
筹资现金流量净额	

④所有者权益变动表。是指对资产负债表中"所有者权益"项目的进一步说明，反映了构成所有者权益的各组成部分当期的增减变动数额以及原因。

⑤财务报表附注。是指对资产负债表、利润表、现金流量表、所有者权益变动表等报表中所列是项目的进一步说明，是纺织服装企业财务报表不可或缺的重要组成部分。

（2）*分析方法*

纺织服装企业常用的财务报表分析法方法，主要有：综合评分法、指标分解法、比较分析法和趋势分析法等。

①综合评分法。是指将纺织服装企业财务指标的效用值（x_1, x_2, $\cdots$, x_n）代入函数 $P = F(x_1, x_2, \cdots, x_n)$ 中，从而得出各财务指标的综合评价得分 P，来体现纺织服装企业的生产经营和财务状况的方法。这里的函数的形式，可以用相加评分法，即 P 的结果为各个财务指标效用值的加和；或者可以相乘评分法，即 P 的结果为各个财务指标效用值的乘积。但是由于各财务指标所反映问题的重要性和程度不同，也可用加权相加法来计算 P 值，即根据重要性不同，赋予各个财务指标不同的权重，再进行相加计算。财务指标的效用值，通常根据财务报表中的数据获得。综合评分法，是一种定量分析法，可以将反映纺织服装企业的不同方面的财务指标予以综合评价，以反映纺织服装企业综合的财务和经营情况。

②指标分解法。是指将一定的财务指标分解为各分项指标，然后再层层划分，直到找到影响该指标值的最底层因素为止的方法。财务指标分解最常用的是杜邦分解法，也叫净资产收益率杜邦分析法，即以综合性最强的财务指标净资产收益率为中心指标，围绕纺织服装企业生产、管理和销售各个环节，将其分解成若干相应的财务指标，而各个指标综合起来，又可以揭示纺织服装企业获得收益的内在因素。

③比较分析法。是指将纺织服装企业财务报表中的主要项目或财务指标，与选定的基准相比较，确定其差异，从而衡量纺织服装企业的财务状况和经营状况的方法。比较分析法根据选择的基准不同，而有所不同。纺织服装企业既可以将自身本期的财务数据和指标，与前期的相比较，从而评价企业的财务状况和经营成果的变化规律；也可以将本期的数据和指标，与期初计划值相比较，以反映计划的执行情况；还可以将本纺织服装企业与同行业其他企业的财务数据和指标相比较，以评价自身在行业中的地位和竞争力。

④趋势分析法。是指通过纺织服装企业的财务报表的各类数据，按照时间序列进行分析比较，尤其是对该分析期间内财务报表中体现的某些项目，进行重点研究，从而正确判断纺织服装企业的财务状况与经营成果的演变与发展趋势的方法。

5.3.3 纺织服装企业财务报表的财务比率分析

根据纺织服装企业财务报表数据，通过对财务比率的分析，可以从多个方面量化反映纺织服装企业的财务与经营状况。

（1）发展能力分析

发展能力分析，是指对纺织服装企业经营规模、资本增值、生产经营成果、财务成果的变动趋势进行分析，综合评价纺织服装企业未来的营运能力及获利能力。主要分析指标有：利润增长率、营运资金增长率、营业收入增长率、资本积累率、总资产增长率等。

①利润增长率。反映了纺织服装企业利润的增长情况，计算公式为：利润增长率 =（本期利润总额 – 上期利润总额）/ 上期利润总额 × 100%。

②营运资金增长率。是反映纺织服装企业营运能力和支付能力的加强程度的指标，计算公式为：营运资金增长率 = 营运资金增长额 / 年初营运资金 × 100%，营运资金，是纺织服装企业的流动资产与流动负债之差。

③营业收入增长率。是反映纺织服装企业产品所处的市场寿命周期阶段，即产品的市场竞争能力的指标，计算公式为：营业收入增长率 = 本期营业收入增长额 / 上期营业收入额 × 100%。

④资本积累率。反映了纺织服装企业当年资本的积累能力，是评价纺织服装企业发展潜力的重要指标，计算公式为：资本积累率 = 本年度所有者权益增长额 / 年初所有者权益 × 100%。

⑤总资产增长率。是反映纺织服装企业总资产规模在一定时期内增长情况的指标，计算公式为：总资产增长率 =（期末资产总额 – 期初资产总额）/ 期初资产总额 × 100%。

（2）营运能力分析

营运能力，是指通过纺织服装企业生产经营资金周转速度的有关指标，反映出来的纺织服装企业资金利用的效率，表明了纺织服装企业管理人员经营管理运用资金的能力。主要指标包括：固定资产周转率、流动资产周转率、营运资金周转率、应收账款周转率、存货周转率、总资产周转率等。

①固定资产周转率。衡量固定资产周转情况、评价固定资产利用效率的指标，计算公式为：固定资产周转率 = 营业收入 / 平均固定资产净值 × 100%。固定资产周转率越高，说明纺织服装企业固定资产利用的越充分；反之，说明固定资产运用效率低，浪费严重。

②流动资产周转率。是指纺织服装企业一定时期内流动资产周转的速度，有流动资产周转次数和流动资产周转天数两种表示方法，计算公式为：流动资产周转次数 = 营业收入 / 流动资产平均占用额；流动资产周转天数 = 计算期天数 / 流动资产周转次数 = 流动资产平均占用额 × 计算期天数 / 营业收入。流动资产周转次数，是指在一定时期内流动资产完成了几次周转，次数越多，说明流动资产周转速度越快，资金利用效果就越好。流动资产周转天数，是指流动资产完成一次周转需要多少天，天数越少，说明流动资产周转速度越快。

③营运资金周转率。是指纺织服装企业营运资本的运用效率，计算公式为：营运资金

周转率 = 营业收入 / 平均营运资金 × 100%，营运资金，是纺织服装企业流动资产减去流动负债后的余额。周转率越高，说明纺织服装企业的资金运用效率就越高。

④应收账款周转率。是指纺织服装企业一定时期内应收账款的周转速度，有应收账款周转次数和应收账款周转天数两种表示方法，计算公式为：应收账款周转次数 = 赊销收入净额 / 应收账款平均余额；应收账款周转天数 = 计算期天数 / 应收账款周转次数 = 应收账款平均额 × 计算期天数 / 赊销收入净额。纺织服装企业一定时期内应收账款的周转次数越多，或一次应收账款的周转天数越少，说明纺织服装企业的应收账款回收速度快，纺织服装企业的坏账风险就越小。

⑤存货周转率。是指纺织服装企业一定时期内存货的周转速度，有存货周转次数和存货周转天数两种表示方法，计算公式为：存货周转次数 = 销售成本 / 存货平均余额；存货周转天数 = 计算期天数 / 存货周转次数 = 存货平均占用额 × 计算期天数 / 营业成本。纺织服装企业在一定时期内的存货周转次数多、存货周转天数少，则说明纺织服装企业的存货周转速度快，生产和销售均正常顺利。

⑥总资产周转率。是反映纺织服装企业总资产周转速度的指标，计算公式为：总资产周转率 = 营业收入 / 资产平均余额 × 100%。总资产周转率越高，说明纺织服装企业全部资产运用的效率越好，取得的销售收入多；反之，说明纺织服装企业对各项资产的利用能力较差，资产结构不合理。

（3）*获利能力分析*

纺织服装企业获利能力的衡量指标，主要包括：成本费用利润率、净资产收益率、营业利润率、总资产报酬率等。

①成本费用利润率。是用以反映纺织服装企业在生产经营活动过程中费用与收益之间关系，计算公式为：成本费用利润率 = 利润总额 / 成本费用总额 × 100%，其中，成本费用总额 = 营业成本 + 营业税金及附加 + 销售费用 + 管理费用 + 财务费用。成本费用利润率越高，说明纺织服装企业的耗费所取得的收益就越高，增收节支的工作做得越好。

②净资产收益率。也叫股东权益报酬率，是衡量股东权益所获得报酬的指标，计算公式为：净资产收益率 = 净利润 / 股东权益总额 × 100%。净资产收益率越高，说明纺织服装企业有较强的获利能力；反之，说明纺织服装企业的营运能力较差。

③营业利润率。是用来衡量纺织服装企业营业收入的收益水平的指标，计算公式为：营业利润率 = 营业利润 / 营业收入 × 100%。营业利润率越高，说明纺织服装企业获利能力越强，营业收入水平就越高；反之，则越低。

④总资产报酬率。是反映纺织服装企业资产综合利用效率的指标，计算公式为：总资产报酬率 = 投资报酬额 / 资产平均总额 × 100%。总资产报酬率越高，说明纺织服装企业资产利用的效益越好，获利能力越强。

（4）*偿债能力分析*

偿债能力，是指纺织服装企业对所承担的债务的偿还能力。偿债能力分析，主要包括：短期偿债能力分析和长期偿债能力分析。

①短期偿债能力分析。是指纺织服装企业用流动资金偿还流动负债的现金保障制度，它反映纺织服装企业偿付日常到期债务的实力。如果短期偿债能力不足，纺织服装企业则无法偿付到期债务及各种应付账款，短期偿债能力是反映纺织服装企业财务状况的一个重要标志。短期偿债能力通常用流动比率来反映，计算公式为：流动比率 = 流动资产 / 流动

负债×100%。流动比率反映了流动资产抵偿流动负债的程度，其内涵是每一元流动负债中有多少元流动资产做保障。流动比率越高，说明流动资产抵偿流动负债的程度越高，短期债权人的风险越小，但过高的流动比率，则往往意味着纺织服装企业有大量的存货积压或现金利用不足，降低了资金使用效率。

②长期偿债能力分析。是指纺织服装企业支付长期债务的能力。纺织服装企业的长期负债，主要包括：长期借款、长期债券、长期应付款等。反映长期偿债能力的指标，主要是资产负债率。资产负债率，是纺织服装企业负债总额与资产总额的比率，计算公式为：资产负债率＝负债总额／资产总额×100%。资产负债率过高，说明纺织服装企业负债过多，偿还能力弱，如果大于1，则说明纺织服装企业资不抵债，面临破产的威胁。资产负债率过低，说明纺织服装企业在筹资上比较保守，没有很好地借助财务杠杆的作用为企业赢利。

核心概念

1. 品种法：是指以纺织服装产品品种为成本计算对象的一种方法。品种法，一般适用于单步骤的大量生产，也可用于不需要分步骤计算成本的大量、大批生产。

2. 分批法：是指以纺织服装产品生产批别为成本计算对象的一种方法。分批法，通常适用于小批、单件，在管理上不要求分步骤计算成本的多步骤纺织服装企业的生产。

3. 分步法：是指以纺织服装产品及其生产步骤为成本计算对象的一种方法。分步法，一般适用于大量、大批的多步骤生产。

4. 纺织服装企业生产成本控制：是指纺织服装企业运用以成本会计为主的各种方法，预定成本限额，按限额开支成本和费用，以实际成本和成本限额比较，衡量企业经营活动的成绩和效果，并以例外管理原则纠正不利差异，以提高工作效率。

5. 纺织服装企业财务报表分析：是指对纺织服装企业财务报表的有关数据进行汇总、计算、对比，以综合的分析和评价纺织服装企业的财务状况和经营成果。

复习思考

1. 单项选择题

（1）计算产品成本的目的，是为了满足加强（　　）和计算损益的要求。
  A. 供应链管理　　　　　　　B. 质量管理
  C. 价格管理　　　　　　　　D. 成本管理

（2）（　　）是指生产工艺上不能间断，或者由于工作地的限制不便分散在不同的地点进行单步骤生产。
  A. 复杂生产　　　　　　　　B. 产品生产
  C. 简单生产　　　　　　　　D. 企业生产

（3）（　　）一般适用于单步骤的大量生产，也可用于不需要分步骤计算成本的大量、大批生产。
  A. 分批法　　　　　　　　　B. 品种法
  C. 分步法　　　　　　　　　D. 分手法

（4）纺织服装企业（　　）控制，是指纺织服装企业运用以成本会计为主的各种方法，预定成本限额，按限额开支成本和费用，以实际成本和成本限额比较，衡量企业经营活动的成绩和效果，并以例外管理原则纠正不利差异，以提高工作效率。

　　A. 生产成本　　　　　　　　B. 产品成本
　　C. 生产质量　　　　　　　　D. 产品质量

（5）纺织服装企业财务报表分析，是指对纺织服装企业（　　）的有关数据进行汇总、计算、对比，以综合的分析和评价纺织服装企业的财务状况和经营成果。

　　A. 资产负债表　　　　　　　B. 生产报表
　　C. 现金流量表　　　　　　　D. 财务报表

2. 多项选择题

（1）纺织服装企业的生产特点和成本管理的要求，产生的基本成本计算方法是（　　）。

　　A. 品种法　　　　　　　　　B. 分批法
　　C. 分步法　　　　　　　　　D. 分手法

（2）按照控制时期的不同，通常纺织服装企业成本控制可分为（　　）。

　　A. 预防性成本控制　　　　　B. 事前成本控制
　　C. 前馈性成本控制　　　　　D. 日常成本控制。

（3）企业成本控制的方法有很多，主要有（　　）。

　　A. 标准成本控制　　　　　　B. 目标成本控制
　　C. 质量成本控制　　　　　　D. 使用寿命周期成本控制

（4）纺织服装企业财务报表分析的主体，可以是（　　）等各方面。

　　A. 投资者　　　　　　　　　B. 管理者
　　C. 债权人　　　　　　　　　D. 政府机构

（5）纺织服装企业财务报表分析的对象，是纺织服装企业的基本活动，主要包括（　　）。

　　A. 宣传活动　　　　　　　　B. 筹资活动
　　C. 投资活动　　　　　　　　D. 经营活动

3. 判断题（正确打"√"，错误打"×"）

（1）简单生产是指工艺上可以间断，生产活动由多步骤来完成。（　　）

（2）分步法通常适用于小批、单件，在管理上不要求分步骤计算成本的多步骤纺织服装企业的生产。（　　）

（3）纺织服装企业生产成本控制，是纺织服装企业现代化成本管理的核心环节。（　　）

（4）纺织服装企业财务报表分析的根据，是能够反映纺织服装企业真实状况的各种财务报表以及其他相关信息、资料。（　　）

（5）通过对财务比率的分析，可以从多个方面量化反映纺织服装企业的财务与经营状况。（　　）

4. 简答题

（1）纺织服装企业生产特点与成本算法有何关系？

（2）纺织服装企业成本控制的意义与原则如何？
（3）纺织服装企业成本控制的类型和方法有哪些？
（4）纺织服装企业财务报表分析根据与方法是什么？
（5）如何进行纺织服装企业财务报表的财务比率分析？

案例分析

安踏公司的强势增长

纵观福建泉州多家上市公司2008年全年的业绩，拖后腿的大多都是第四季度的业绩。据专业人士介绍说，第四季度的业绩是临近全年业绩的"收官之作"，往往关系到全年经营计划能否完成，或者决定是否符合投资者的相关预期，因此，第四季度业绩往往在全年业绩中所占的比重最大。由于全球金融危机的影响在2008年第四季度集中爆发，一些公司即使想在第四季度业绩上做文章，面对糟糕的经济形势，也只能束手无策。

在香港上市的安踏公司，2008年全年营业额46.26亿人民币，较上年增长约55％，毛利率则增长6.5％，达40.0％，经营溢利增长94.2％，达到9.3亿人民币，净利率较上年上升1.3％~19.3％，纯利润高达8.94亿元。安踏体育执行董事、首席执行官赖世贤表示，安踏自2007年登陆香港资本市场后，公司业绩已经连续两年取得了飞速增长，但安踏的增长是很健康的，比较实在，没有泡沫。这主要是受益于强大的品牌影响力、有效的网络扩展和成本控制，从而带动产品销量及平均售价上升。

对于2009年的增长预期，赖世贤给出了5％~20％的预计。他认为，2009年安踏的利润仍有上升的空间，"随着安踏品牌效应的日渐成熟，产品定价会有上升空间，给予分销商的折扣会继续下调，同时生产成本也有下降趋势，故2009年毛利率仍有上升空间。"据介绍，对于2008年第四季度刚刚推出的儿童用品系列和时尚系列，2009年安踏将继续重点投入，"2009年的目标是儿童用品系列和时尚系列都做到1个亿。"不过，手握约34.9亿元现金和银行存款的安踏，并非没有对目前的金融风暴产生顾虑，赖世贤表示，目前安踏已经暂缓了海外市场的拓展计划。至于此前就有收购国际品牌的意向，赖世贤表示，仍在进行当中，两个要求：一是要高端品牌，二是要与安踏形成优势互补。"但目前并没有明确意向，也没有时间表。"（据有关资料改写）

【分析问题】
1. 什么是纺织服装企业生产成本控制和财务报表分析？
2. 试分析安踏公司取得的业绩与做法。

实战演练

活动5-1
活动主题：认知体验纺织服装企业生产成本控制
活动目的：增加感性认识，实地体验纺织企业生产成本控制。
活动形式：
1. 人员：将全班分成若干小组，3~5人为一组，以小组为单位开展活动。

2. 时间：与教学时间同步。

3. 方式：就近实地参观一次纺织服装企业生产成本控制活动。

活动内容和要求：

1. 活动之前要熟练掌握纺织服装企业生产特点、成本控制原则和内容、成本算法、财务报表分析方法等知识点，做好相应的知识准备。

2. 以小组为单位提交书面调查报告。

3. 调查报告撰写时间为2天。

4. 授课教师可根据每个小组提供的书面调查报告按质量评分，并计入学期总成绩。

项目三　扫描纺织服装企业经营管理

任务6　纺织服装企业如何经营

知识目标： 1. 纺织服装企业经营计划的步骤；
2. 纺织服装企业营销组织的类型；
3. 纺织服装企业经营控制的方式。

能力目标： 1. 能对纺织服装企业经营计划与营销组织的类型有初步的了解；
2. 能以纺织服装企业经营控制的方式，使纺织服装营销朝着预期目标方向前进及高效完成。

任务导航

任务6　纺织服装企业如何经营
6.1　纺织服装企业经营计划
6.1.1　纺织服装企业经营计划定义与作用
6.1.2　纺织服装企业经营计划类型、特点与步骤
6.2　纺织服装企业经营组织
6.2.1　纺织服装企业经营组织演变与设置
6.2.2　纺织服装企业经营组织类型
6.3　纺织服装企业经营控制
6.3.1　纺织服装企业经营控制必要性
6.3.2　纺织服装企业经营控制方式

情景导入

金纬纺织服装集团开发自动化评估程序

金纬纺织服装集团公司每年在国内外参加的纺织服装博览会或举办的营销活动有近300个,因为每个博览会或营销活动都要花费相当一笔资金,所以集团公司要求对活动的投入和营销效果,进行详细的评估。以金纬纺织服装集团公司开发和运用的一套自动化参展评估体系为例,讲述参展商评估参展效果的常用方法。该自动化评估程序,分为七个步骤,如图6-1所示。

在全面采用自动化评估程序后,金纬纺织服装集团公司的营销活动经理们,每年都会上报一批纺织服装博览会、展览会和营销活动的清单,希望能被许可执行新的评估体系,而管理部门也会批准其中的一些项目。在得到集团公司许可后,各项纺织服装博览会、展览会和营销活动的经理,便可以实施新的评估方案了。

第一步:
每次参展前,展览、活动经理通过自动化系统把数据输入网上的表格中

第二步:
在展会现场,工作人员收集各类信息,并将它们分成A、B、C、D四等

第三步:
展会后,展览、活动经理把分好等级的信息收集归类并寄送到调研公司

第四步:
调研公司处理这些分等信息,并通过电子邮件给潜在客户寄发调查问卷。这些调查问卷,则是由第一步输入的数据生成的

第五步:
系统自动产生分等信息和问卷结果的报告

第六步:
调研公司评估上述报告,并写出关于展会、营销活动的价值,以及成功之处的结论和评价

第七步:
展会、营销活动经理只要在网上填写一份自己想要获得的信息的清单,诸如生成的成分等信息,以及每份信息的成本等,如此就可在任何时候生成一份常规报告

图6-1 金纬公司参展评估程序的步骤

想一想

金纬公司是如何开展纺织服装经营管理的?我们应该如何编制纺织服装企业经营计划呢?对纺织服装企业经营如何监控与调整?下面我们将一一学习。

6.1 纺织服装企业经营计划

6.1.1 纺织服装企业经营计划定义与作用

（1）定义

纺织服装企业经营计划，是指纺织服装企业为实现预定的纺织服装市场经营目标，为未来纺织服装市场经营活动进行规划和安排的详细说明。它是从满足消费者需求出发制定的，关于纺织服装企业产品定价、分销、促销或品牌等经营方面的，对未来一定时期纺织服装市场经营活动的规划和策略。如果说纺织服装企业经营战略是"做正确的事"，那么纺织服装企业经营计划则是如何"正确地做事"。纺织服装企业经营计划的制订，因纺织服装经营环境的变化、纺织服装企业的资源与实力、纺织服装目标客户的需求、纺织服装竞争状况等的不同而有所不同。一般而言，纺织服装企业经营计划包含：纺织服装产品与服务计划、纺织服装销售结构计划、纺织服装招商计划、纺织服装宣传与推广计划、纺织服装营销成本计划、纺织服装营销队伍计划、纺织服装营销预算编制等较为重要的内容。

（2）作用

纺织服装市场千变万化，纺织服装企业经营计划的特殊地位，决定了它在营销管理中的特殊作用。纺织服装企业经营计划的重要作用如下。

①规定目标。是指纺织服装企业经营计划规定了预期的纺织服装经营目标和需要解决的主要问题。通过制订纺织服装企业经营计划，可以使纺织服装企业明确前进的方向，使纺织服装企业的各种经营活动都指向纺织服装经营目标，从而减少盲目性，提高预见性，增强应变能力，使纺织服装企业各部门之间保持协调一致，促使纺织服装经营目标的实现。

②明确策略和方案。是指纺织服装企业经营计划明确了为达到纺织服装经营目标，而采取的纺织服装经营策略和行动方案。这样便于纺织服装经营人员进行任务分工，明确各自的职责、工作步骤，从而积极主动地去完成具体任务。

③有了依据。是指纺织服装企业经营计划是纺织服装经营组织实施、控制、监督的依据。纺织服装企业经营计划为纺织服装企业经营控制提供了标准和依据，使纺织服装企业管理者能有效地控制、监督、评价各种纺织服装经营活动的进行和效果，保证纺织服装企业经营任务和目标的实现。

④降低费用。是指纺织服装企业经营计划使纺织服装企业的经营活动变得经济合理。由于纺织服装企业经营计划是用明确的目标和努力来代替不协调、分散的活动，因此，可以使纺织服装企业预先测知各种资源的需要量，并进行合理的分配，使纺织服装经营费用降低到最低限度，使纺织服装经营活动变得经济合理。

⑤减少风险。是指纺织服装企业经营计划可使纺织服装企业进一步明确纺织服装经营环境的影响，从而最大限度地减少风险。纺织服装企业经营计划是在纺织服装市场调研、分析和预测的基础上制订的，可使纺织服装企业明确纺织服装经营环境的影响，识别不利的纺织服装市场趋势和有利的经营机会，利用环境提供机会的同时，最大限度地降低风险，做到有备无患。

6.1.2 纺织服装企业经营计划类型、特点与步骤

（1）类型

纺织服装企业制订纺织服装经营计划，可以从不同的角度出发。纺织服装企业经营计

划的主要类型包括：

①按计划时期的长短分类。纺织服装企业经营计划可分为：纺织服装经营长期计划、纺织服装经营中期计划和纺织服装经营短期计划。

纺织服装经营长期计划的期限一般为5年以上，有的长达20年，甚至更长的时期。它是纺织服装企业对未来较长时期内的经营活动进行战略部署和安排的计划，是纺织服装企业编制中期计划的依据。例如，在后经济危机时代，欧盟提出要对产品征收"碳足迹税"，丹麦、荷兰、芬兰、瑞典、挪威5个北欧国家已经实施碳税或者能源税政策，法国也计划开征碳关税。我国以出口为主的纺织服装企业，就必须制订长期的纺织服装"低碳"计划。纺织服装经营中期计划，介于长期计划和短期计划之间，期限为1~5年，它根据长期计划的任务要求，确定分年度的实施步骤及具体目标。纺织服装经营短期计划，期限通常为1年，例如：纺织服装经营年度计划。纺织服装企业因季节影响因素较大，流行和时尚的变幻较快，通常的短期计划以季度为主，而其适时性较强。纺织服装经营短期计划，是纺织服装企业经营的具体行动计划，其主要内容是分析目前的经营形势、威胁和机会，年度的经营目标、经营策略、行动方案和预算等，即把中长期计划规定的任务详细进行分解，予以落实。

②按计划涉及的范围分类。纺织服装企业经营计划可分为：纺织服装总体经营计划和纺织服装专项经营计划。

纺织服装总体经营计划，是纺织服装企业经营活动的全面、综合性计划，它反映纺织服装企业的总体经营目标，以及实现总体目标所必须采取的策略和主要的行动方案，是制订各种纺织服装专项经营计划的依据。纺织服装专项经营计划，是为解决某一纺织服装特殊问题或销售某一纺织服装产品，而制订的纺织服装经营计划，例如，纺织服装市场调研和预测计划、纺织服装产品计划、纺织服装渠道计划、纺织服装定价计划、纺织服装促销计划、纺织服装储运计划等。纺织服装专项经营计划通常比较单一，涉及的面较窄，较容易制订，但在制订时，要特别注意与纺织服装总体经营计划相衔接，否则，会出现各单项计划彼此之间发生冲撞，并与纺织服装总体经营计划相抵触的现象。

③按计划的程度分类。纺织服装企业经营计划可分为：纺织服装经营战略计划、纺织服装经营策略计划和纺织服装经营作业计划。

纺织服装经营战略计划，应用于组织整体，是为纺织服装企业在未来较长时期（通常为5年以上）而设立的纺织服装总体经营目标，是有关纺织服装企业经营活动全局和长远的谋划，影响面较广，是纺织服装企业其他各种经营计划的总纲。纺织服装经营策略计划，是对纺织服装经营活动某一方面所做的策划。纺织服装经营作业计划，是纺织服装企业各项经营活动的执行性计划，其特点是非常细致和具体，例如，某一次具体的纺织服装促销活动计划，对活动的内容、时间、地点、活动方式、参加人等，均做详细的规定和说明。

④按计划的作用分类。纺织服装企业经营计划可分为：纺织服装经营进入计划、纺织服装经营撤退计划和纺织服装经营应急计划。

纺织服装经营进入计划，是纺织服装企业准备开拓一个新的项目计划。纺织服装的季节性很强，新款纺织服装都是在每一季初，就已明确了进入纺织服装市场的时间、价格、铺货的店面等计划。纺织服装经营撤退计划，是纺织服装企业根据纺织服装市场经营环境和内部条件的变化，准备从原来纺织服装项目中撤出的计划。纺织服装经营应急计划，是纺织服装企业针对纺织服装市场可能发生的重大变化，而适时地作出反应的经营计划。

（2）特点

纺织服装企业经营计划的特点，主要有以下几个方面。

①整体性。是指纺织服装企业是一个由生产、经营、财务、人事等众多部门构成的，各部门之间相互联系、相互影响、相互制约的一个整体。因此，纺织服装企业在制订纺织服装经营计划时，必须统筹经营活动的各个方面，全盘考虑，整体安排，使纺织服装经营计划与其他各部门的计划协调一致，并且相互配合。

②灵活性。是指纺织服装企业经营计划是关于未来纺织服装经营活动的行动方案，纺织服装市场变幻莫测，所以在编制纺织服装企业经营计划时一定要留有余地，一旦环境因素发生变化，能对原定计划加以修订或调整。例如，国外的纺织服装大公司坚持每季或每半年对中、长期计划修订一次，有的甚至每月检查一次。另外，有的纺织服装企业会对未来预测和判断，针对可能出现的几种主要情况制定几套计划和方案，以保持计划的灵活性。

③连续性。是指纺织服装企业经营计划要前后衔接，相互配套。因此，纺织服装经营中期计划的制订，必须以纺织服装经营长期计划为指导，与长期计划相衔接；纺织服装经营短期计划的制订，必须以纺织服装经营中、长期计划为指导，与中、长期计划相衔接。

④经济性。是指纺织服装企业制订的纺织服装经营计划，必须遵循经济效益原则，以较少的费用支出，实现较大的纺织服装经营效果。

⑤可行性。是指纺织服装企业经营计划所规定的任务、目标，作出的各项决策，且必须是可行的，即纺织服装企业的主客观条件所能达到的。

以上几个方面相辅相成，它们不但是纺织服装企业经营计划的特点，同时也是制订纺织服装企业经营计划必须遵循的原则。

（3）步骤

纺织服装企业在编制纺织服装经营计划时，一般按照以下步骤和内容进行。纺织服装企业经营计划的步骤，如图6-2所示。

①内容提要。纺织服装企业经营计划首先要有一个内容提要，即对本纺织服装企业经营计划的主要目标及执行方法和措施作一个概括的说明，目的是让高层管理者了解掌握计划的要点，并以此检查研究和初步评定计划的优劣。

②经营状况分析。在内容提要之后，纺织服装企业经营计划的第一个主要内容，是提供该纺织服装产品目前经营状况的简要而明确的分析，主要包括以下几方面的内容：一是市场状况分析，它包含：纺织服装市场范围的大小，有哪些纺织服装细分市场，近几年纺织服装细分市场的营业额有多少，纺织服装市场的增长率、利润率，纺织服装市场竞争的激烈程度，消费者的需求状况，以及影响消费者行为的各种环境因素等。二是产品状况分析，它包含：纺织服装产品的质量、档次、知名度，纺织服装产品组合中每个品种的价格、销售额、市场占有率、利润率，纺织服装产品的生命周期，需求弹性等。三是竞争状况分析，它包含：主要竞争者都是谁，竞争对手产品的销量和市场占有率，竞争品牌的优缺点、市场区隔及市场定位，各个竞争者在产品质量、定价、分销、促销等方面都采取哪些策略等。四是分销渠道状况分析，它包含：各种纺织服装产品的主要分销渠道，各分销渠道近期销售额，以及各分销渠道的相对重要性变化等。五是宏观环境状况分析，它包

含：政治形势、经济政策、营销法规、人口数量、人口结构、家庭状况、消费者收入与支出、消费习俗等。例如，我国进行出口贸易的纺织服装，就要考虑进口国的纺织服装安全方面的法规，要考虑进口国的民俗及信仰，例如，不得在纺织服装上印有一些国家禁忌的图案等。

```
第一步：    内容提要
              ↓
第二步：    经营状况分析
              ↓
第三步：    SWOT 分析
              ↓
第四步：    市场调查与预测
              ↓
第五步：    确定经营目标
              ↓
第六步：    制定经营策略
              ↓
第七步：    筹划行动方案
              ↓
第八步：    编制经营预算
              ↓
第九步：    经营计划控制
```

图6-2　纺织服装企业经营计划的步骤

③SWOT分析。在纺织服装经营状况分析的基础上，纺织服装经营人员还应进行SWOT分析，即对纺织服装市场经营中，所面临的优势和劣势、机会和威胁进行分析。所谓优势，是指纺织服装企业所拥有的特长和各种有利条件；所谓劣势，是指纺织服装企业所拥有的不足之处和各种不利条件；所谓机会，是指纺织服装经营环境中，对纺织服装企业经营的有利因素，也是给纺织服装企业的发展提供有利条件；所谓威胁，就是有碍纺织服装企业开展经营活动的各种不利因素，使纺织服装企业的优势难以发挥。因此，要求纺织服装经营人员，应设法找出纺织服装企业面临的优势和劣势、机会和威胁，并对它们加以分析，目的是使纺织服装企业能充分利用优势和机会，同时预见到那些将影响自身兴衰的重大事态的发展变化，以便采取相应的纺织服装经营决策和手段，趋利避害，保证纺织服装企业的顺利发展。

④市场调查与预测。为了确定纺织服装企业的经营目标，在纺织服装市场经营状况和SWOT分析的基础上，根据纺织服装市场调查，运用科学的方法对纺织服装市场的规模和

发展前景、供需变化规律和发展趋势进行预测。纺织服装市场预测的内容包括：纺织服装市场需求预测、纺织服装市场供给预测、纺织服装商品价格预测、竞争形势预测等。纺织服装市场预测是制订纺织服装企业经营目标和计划的前提和依据，一方面需要以纺织服装市场调查为基础，另一方面需要采用科学的方法，只有对纺织服装市场需求状况和发展前景有了正确的认识，才能对各种纺织服装市场机会作出合理地选择。

⑤确定经营目标。纺织服装经营目标，是纺织服装企业经营计划的核心部分，是在纺织服装经营现状、SWOT分析，以及纺织服装市场预测的基础上，结合自身的条件和实力制定的。纺织服装企业制订或调整纺织服装经营计划时，应阐明纺织服装企业的总体目标和一些具体目标，具体如下。一是总目标，它是指纺织服装企业打算经营何种纺织服装产品，争取进入何种市场。计划中，其他各项内容都得围绕这一总体目标。编制计划还应扼要说明选择该纺织服装产品和该市场的理由，市场潜力的过去、现在和将来的发展趋势，竞争形势、消费者情况及纺织服装产品类型、品种、规格、质量、包装、价格等要求。例如，美特斯邦威的总体目标，就是要做国内休闲纺织服装品牌的龙头，是具备国际化特征的纺织服装企业。二是财务目标，根据以提高经济效益为中心的要求，利润目标是财务目标的核心。财务目标包括：利润额、投资收率、销售利润率等。三是市场目标，它包括：纺织服装市场占有率、销售额、消费者知晓度、分销覆盖面、广告覆盖率等。例如，一家大的知名西装生产企业，其在2017年的计划是市场占有率提高到30%。

⑥制定经营策略。纺织服装经营策略是实现纺织服装经营目标的途径或手段，它包括：纺织服装目标市场的选择和市场定位策略、竞争策略，以及纺织服装产品、定价、渠道、促销等经营组合策略。实现某种纺织服装经营目标，有时有多种策略可供选择。例如，增加纺织服装销售收入的目标，可通过增加销售量或提高纺织服装产品销售价格来实现，也可两种手段同时采用。故此，纺织服装经营人员面对多种选择应权衡利弊，作出明智的选择。同时，还要说明采取各种不同纺织服装策略的原因和理由，以及所必需的经营费用。

⑦筹划行动方案。是指依据纺织服装预期目标和纺织服装经营策略，制定具体行动方案。行动方案包括：纺织服装经营活动的具体分工，纺织服装经营人员的组成，行动的时间和地点，以及行动的路线等。例如，如果想把加强促销行动作为提高纺织服装市场占有率的主要策略，那么就要制订相应的促销活动计划，列出许多具体行动方案，包括：广告公司的选择、广告题材的决定等。

⑧编制经营预算。在纺织服装经营行动方案的基础上，进行纺织服装经营费用的预算，确定达到预期目标所需的费用。纺织服装经营预算最简便的一种方法，是纺织服装目标利润计划法，就是在确保纺织服装目标利润的前提下，根据预计的毛利润的多少，来决定各项经营支出费用数额的一种方法。纺织服装经营预算，表明了纺织服装经营计划在经济上是否可行，如果预算过高，超过了纺织服装企业财务承受能力，则应考虑加以修改和调整。预算一经纺织服装企业高层主管审查、批准，便成为纺织服装原料采购、生产安排、人员计划和市场经营业务活动的依据。

⑨经营计划控制。纺织服装企业经营计划的最后一部分，是对计划执行过程的控制。一般是将纺织服装企业经营计划规定的目标和预算，按月份或按季分解，并规定计划执行、控制方法。例如，开展纺织服装目标管理、推行经济责任制、奖惩办法，以便于纺织服装企业上层管理部门进行有效的监督与检查，确保纺织服装企业经营计划的顺利完成。

纺织服装企业经营计划就是由以上九个步骤构成的，纺织服装企业的经营计划制订并经审核批准后，就成为纺织服装企业经营部门一定时期内的行动纲领，成为各项纺织服装经营活动的主要依据。

6.2 纺织服装企业经营组织

6.2.1 纺织服装企业经营组织演变与设置

（1）*演变*

纺织服装企业经营部门，是帮助纺织服装企业实现经营目标、实施经营计划、面向市场、面向消费者的重要职能部门，也是纺织服装企业联结各个职能部门，以使纺织服装企业经营一体化的核心部门。它受客观环境和客观经济体制的制约，受各个纺织服装企业的经营观念控制，更受到纺织服装企业自身发展阶段、经营范围、业务特点等内在因素的影响，纺织服装企业的经营组织经历了一系列的发展演变。从纺织服装企业的发展历程来看，大体上经历了以下五个显著的阶段。

①单纯的推销部门阶段。早期以生产观念为指导思想的纺织服装企业，大都采用这种形式。一般来说，所有纺织服装企业都是从财务、生产、推销和会计这四个基本职能部门开始发展的。纺织服装推销部门通常由一位副总经理负责管理推销人员，并兼管若干纺织服装市场调研和广告宣传工作。在这个阶段，纺织服装推销部门的职能仅是推销生产部门生产出来的纺织服装，生产什么，销售什么；生产多少，销售多少。纺织服装产品生产、库存管理等，完全由生产部门决定，推销部门对纺织服装产品种类、规格、数量等问题不予过问。

②具有辅助功能的推销部门阶段。随着纺织服装市场竞争日渐激烈，纺织服装企业大多以推销观念作为营销出发点，开始进行经常性的纺织服装营销调研、纺织服装广告宣传，以及其他纺织服装促销活动，并逐渐加强纺织服装营销方面的职能，进而发展到设立纺织服装营销经理。

③独立的营销部门阶段。随着纺织服装企业规模和业务范围的进一步扩大，原来作为辅助性工作的纺织服装营销调研、纺织服装新产品开发、广告、促销，以及为消费者服务等纺织服装营销职能日益增强。因此，纺织服装营销部门便发展成为一个相对独立的机构，与推销成为平行的职能部门。

④现代营销部门阶段。纺织服装营销部门的形成，显然胜过了以往的纺织服装推销部门，虽然在短时期内不可能缺少推销部门，但纺织服装营销部门能够从安排适当的纺织服装产品计划，并制定相应的纺织服装营销战略出发，能从更高更远的方向着手，以满足纺织服装市场的后期需求。纺织服装企业的未来发展，更需要纺织服装营销总经理的准确预测和周密计划。随之纺织服装市场总经理，便全面担任起整个纺织服装企业的营销工作，也奠定了现代纺织服装企业市场营销组织的基础。

⑤现代营销企业阶段。一个纺织服装企业，仅仅有了上述的现代纺织服装营销部门，还不能算是合格的现代纺织服装营销企业。现代纺织服装营销企业，应牢固树立"一切服从顾客需要"的概念。纺织服装企业一切部门的工作，都是为顾客服务。"营销"不仅是一个部门的名称，更应该是一个纺织服装企业的经营哲学，此时这个纺织服装企业，才能真正算得上是一个以顾客为中心的现代纺织服装营销企业。例如，生产规模较大的杉杉、

雅戈尔等纺织服装企业，就是根据纺织服装市场的变化，组建了纺织服装营销组织。

（2）设置

纺织服装营销组织，是设立在纺织服装企业内部，专门从事纺织服装营销管理工作的职能部门，其组织形式受纺织服装经营环境、纺织服装经营管理理念，以及纺织服装企业自身所处的发展阶段、经营范围、业务特点等因素的影响。一般来说，纺织服装企业的经营规模、经营状况、所经营的纺织服装产品和服务，决定着纺织服装营销部门的组织结构、岗位设置和营销人员配备。

①企业规模。是指纺织服装企业的规模。一般情况下，纺织服装企业的规模越大，其纺织服装营销组织的结构就越复杂，职能划分越细，部门专业设立越多，组织层次划分也越多，营销事务越复杂，管理幅度也越小；反之，则其纺织服装营销组织就相对简单。

②市场状况。纺织服装市场状况，决定着纺织服装营销人员的分工，其分工依据，既可以按纺织服装行业类型来分，也可以按照纺织服装所处的地理位置和市场阶段来分。例如，创业阶段的纺织服装营销组织，一般集权程度比较高，而进入规范化后，则多采用分权制的营销组织形式。

③产品与服务特点。是指纺织服装产品与服务特点。纺织服装营销部门内的岗位设置，往往与纺织服装企业所经营的纺织服装产品，以及服务的种类、特色等方面有关。例如，产业用品倾向于人员推销的营销组织；对于消费品，营销组织形式则重视广告、分销部门等。

6.2.2 纺织服装企业经营组织类型

纺织服装营销部门的基本职能有：广告、促销、区域销售及客户服务、市场研究等。理想的纺织服装企业经营组织，应与纺织服装营销活动的各个领域相适应，并能根据纺织服装企业内外部环境的变化，而相应地高效运作。故此，纺织服装企业在构建纺织服装经营组织时，必须坚持：以纺织服装市场为导向、符合纺织服装企业战略要求、反应快速、责权利分明等原则。常见的纺织服装企业经营组织，有以下几种具体类型：

（1）职能型营销组织

职能型营销组织，是最常见的纺织服装营销组织形式，它强调的是纺织服装营销工作中各职能的重要性，通常是按照要完成的纺织服装营销职能来设立不同的部门，各部门由纺织服装营销专家担任经理，执行某一方面的营销职能，这些部门经理向纺织服装营销副总经理负责，营销副总经理发展协调各职能部门的关系，以及各项纺织服装营销活动。职能型营销组织，如图6-3所示。

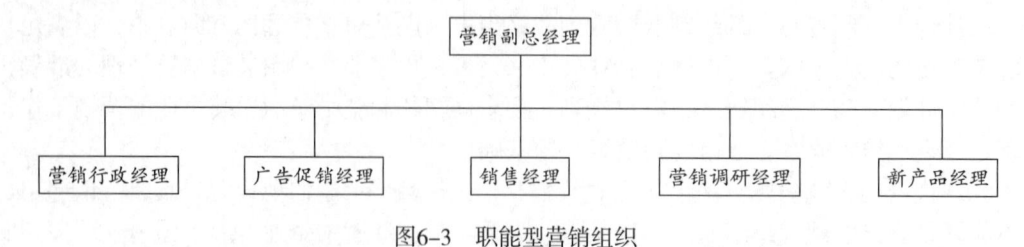

```
                    营销副总经理
    ┌─────────┬─────────┬─────────┬─────────┐
 营销行政经理 广告促销经理  销售经理  营销调研经理 新产品经理
```

图6-3　职能型营销组织

①优点。职能型营销组织的优点是：机构简单、分工明确、管理集权，便于发挥不同部门的专业知识与专门技能，有利于在人力使用上提高效率。同时，各专业职能部门的数

量比较容易随纺织服装营销活动的需要，而增减变化，避免部门重叠。

②缺点。职能型营销组织的缺点是：缺乏按产品或市场制定的完整计划，分立门户过多，易使各单位只顾本身工作，并为了获得更多的预算和较其他部门更高的地位，而相互竞争，给经理的协调带来难度。如果是纺织服装产品种类增加、纺织服装市场扩大，这种组织很难发挥集体效应，协同开拓市场。

③适用。职能型营销组织最适宜于纺织服装产品种类不多，市场规模较小，市场集中，对于有关纺织服装产品的专门知识要求不高，或纺织服装企业经营地区情况差别不大的一些纺织服装企业。

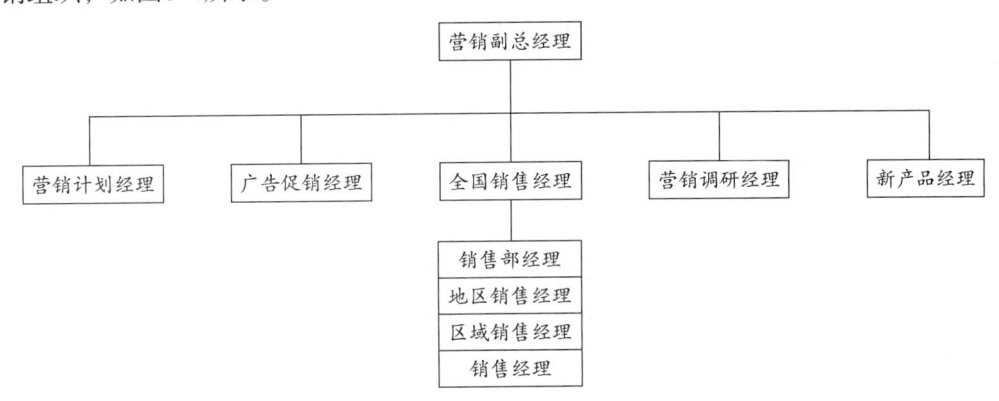

（2）地区型营销组织

地区型营销组织，是指根据地理区域的划分，来组织纺织服装企业营销活动的形式。具体做法是：纺织服装企业按地区设立管理部门，负责每个地区的推销、产销计划与产品服务。在这种组织体内，为避免一些不必要的职能重复，调研、广告、行政管理等仍归原职能部门，且与各地区部门并列。地区化，可以与品牌专营店一起进行。品牌专营，意味着授权公司的地区或当地商店像特许经营一样经营。它不是由总部严格规定品牌的活动，而是给了当地管理部门更大范围的业务经营权。故此，这些部门类似于利润中心，当地的经理有更多的战略自由度。这些经理有权利用他们经营上的能力去积累知识、交往，以及运用经营管理专业知识。许多国际纺织服装企业的经营实践表明，地理细分并不受国家的限制。它的分类标准扩展到正在发展的营销地区计划。地区化甚至可扩展到欧洲来划分，例如，亚洲、南美和欧洲市场。大的跨国公司常常从全球更有效的角度，来安排销售和营销组织。例如，阿迪达斯的销售机构，就分为亚太公司、欧洲公司、美洲公司等。地区型营销组织，如图6-4所示。

图6-4　地区型营销组织

①优点。地区型营销组织的优点是：能充分发挥每个地区部门熟悉该地区情况的优势，使各地区经理能结合本地区消费者需求的实际情况，制定切实可行的推销政策，有利于满足本地区消费者的需要，提高纺织服装企业产品的竞争能力。

②缺点。地区型营销组织的缺点是：由于各地区都需要相同的专业人员，因而纺织服装企业专业人员有时会出现重复。其次每一个地区组织是相对独立的，都是一个独立的利润中心，容易使地区经理从本地区利益出发，使各地区的活动协调比较困难。例如，一些大牌纺织服装公司，像阿迪达斯、耐克等需要跨国经营的纺织服装企业，实行这种组

织形式需要大量具有国际经验,且能在异国文化、政治和经济系统内生活和工作的经理人员,故需要增加大量的销售成本。

③适用。地区型营销组织,一般适用于地理位置比较分散、销售区域大,而且经营的纺织服装品种单一的纺织服装企业。例如,业务范围涉及全国甚至更大范围的一些纺织服装企业,一般都采用地区型营销组织。

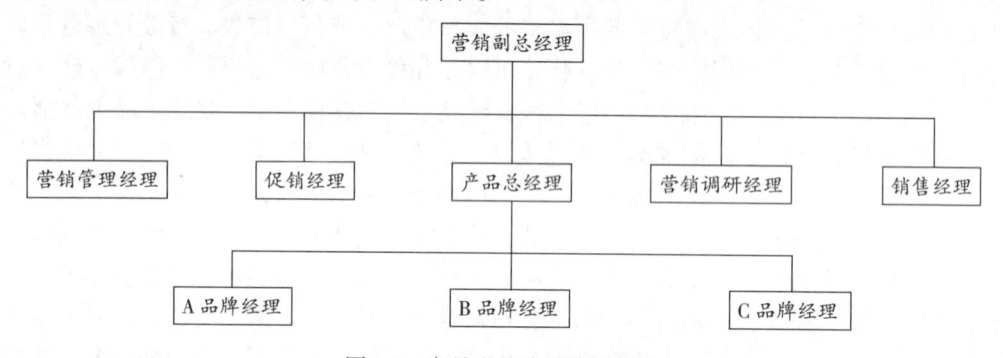

（3）产品和品牌型营销组织

产品和品牌型营销组织,是指根据纺织服装产品和品牌的类别,来组织纺织服装企业营销活动的形式。具体做法是:在一名纺织服装总产品经理领导下,按纺织服装产品和品牌类别,分别设立一名产品线经理,再按每个具体不同品种设立品牌经理,实行分层管理。例如,森马纺织服装集团公司就设置有森马休闲装品牌经理、巴拉巴拉童装品牌经理等。产品和品牌型营销组织,如图6-5所示。

图6-5 产品和品牌型营销组织

①优点。产品和品牌型营销组织的优点是:产品经理为纺织服装产品设计了富有成效的纺织服装营销组合策略,对所管产品在纺织服装市场上出现的问题,能及时作出反应,对自己所管理的纺织服装产品,即使一些名气较小的产品,也不会被忽视。另外,由于产品管理涉及纺织服装企业经营的方方面面,所以也为培训年轻营销管理人员提供了最佳机会。

②缺点。产品和品牌型营销组织的缺点:一是由于产品经理权力有限,不得不与其他部门合作,这样容易造成产品经理与其他职能部门之间的矛盾冲突。二是产品经理较易于成为他所负责的产品方面的专家,但却对其他方面的业务比较生疏。三是由于产品管理人员的增加,会导致人工成本的增加,结果使纺织服装企业承担了巨额的管理费用,致使纺织服装产品管理系统的成本往往比预期的要高。

③适用。产品和品牌型营销组织适合于一些生产经营产品和品牌的种类多、产品和品牌之间差别大的纺织服装企业,这些企业要突出产品部门的地位,一般是一些有声誉的大型纺织服装公司采用此种营销组织。

（4）市场管理型营销组织

市场管理型营销组织,也称客户式营销组织,是指根据不同的纺织服装细分市场来组织纺织服装企业营销活动的形式。具体做法是:纺织服装企业通过开展市场研究、用户研究,根据消费者需求和消费者特性的不同,将消费者划分为不同的纺织服装细分市场,并相应设市场经理进行管理。通常由一个总市场经理管辖若干个细分市场经理,从而建立相应的纺织服装市场管理型营销组织。市场管理型营销组织,如图6-6所示。

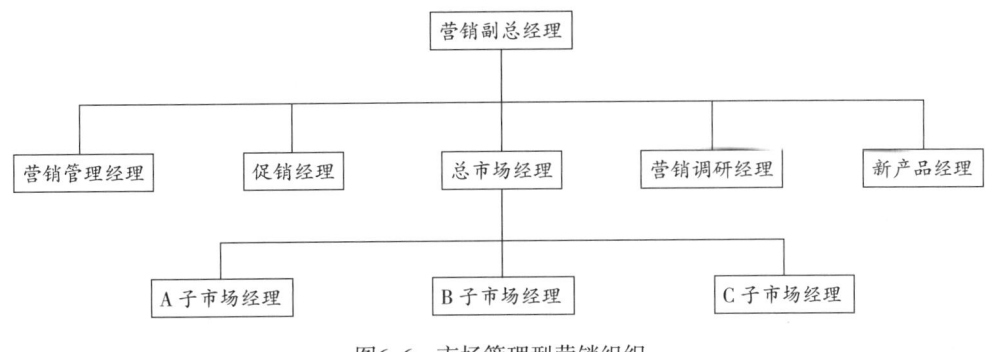

```
                    营销副总经理
     ┌──────┬──────┬────┴───┬──────┬──────┐
  营销管理  促销经理  总市场经理  营销调研  新产品经理
   经理                         经理
              ┌──────────┼──────────┐
          A子市场经理  B子市场经理  C子市场经理
```

图6-6　市场管理型营销组织

①优点。市场管理型营销组织的优点是：各个纺织服装分市场经理，易于分析各自的市场趋势，针对不同的纺织服装细分市场，以及小不同的顾客群体的需要，来开展纺织服装营销活动，并且可以灵活地进行调整。此外，还可以有效地吸引各种消费者，扩大纺织服装企业的服务面。

②缺点。市场管理型营销组织的缺点是：服务面的扩大和纺织服装市场的细分，容易造成纺织服装企业各个部门对人力、物力、财力资源的争夺，引起部门之间的矛盾和资源的浪费。同时也会给纺织服装企业的控制带来一定的困难。

③适用。市场管理型营销组织，是纺织服装细分市场理论的具体应用，这种组织形式适用于纺织服装产品线单一、市场各种各样、分销渠道多的纺织服装企业，当然，也最符合以顾客为中心经营理念的纺织服装企业，现在很多知名品牌的纺织服装都采用的是客户式营销组织形式。

（5）产品—市场管理型营销组织

产品—市场管理型营销组织，也称矩阵式营销组织，是指根据纺织服装产品类别和纺织服装市场类别，来组织纺织服装企业营销活动的形式。具体做法是针对产品经理只负责纺织服装产品的销售、利润和计划，为纺织服装产品寻找更广泛的用途，对各种高度分化的纺织服装产品市场不熟悉，而市场经理则负责开发现有和潜在纺织服装产品市场，着眼于纺织服装市场的长期需要，而不只是推销眼前的纺织服装产品，因而对其所负责的各类纺织服装产品难以掌握其特点的情况下，若把两者有机地结合起来，使得产品经理和市场经理互相协调，共同进行纺织服装市场预测，以适销对路的纺织服装产品，适应市场竞争及市场规模扩大的需要。例如，金维纺织服装公司有三条产品线，即男装、女装和童装，分别通过商超百货和专卖店进行销售，该公司就可以整合产品线和渠道线，构建矩阵式的组织机构。产品—市场管理型营销组织，如图6-7所示。

①优点。产品—市场管理型营销组织优点是：综合了产品型和市场型营销组织的优点，使纺织服装营销活动按目标要求进行，一组人员熟悉各种纺织服装产品，另一组人员熟悉各个纺织服装市场，两组互相配合、取长补短。

②缺点。产品—市场管理型营销组织缺点是：双重领导，管理成本高，权责不清，冲突多。因此，必须明确规定产品部和市场部的责任范围，以及要完成的目标，否则，他们之间容易发生矛盾。例如，在制定纺织服装价格决策和人员推销决策时，会产生以产品经理为主还是以市场经理为主的问题，从而会增加营销副总经理的协调工作。

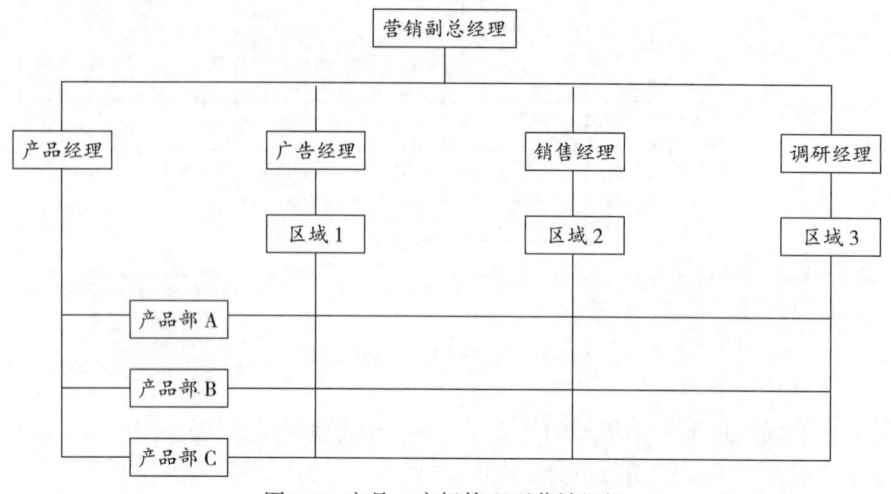

图6-7　产品—市场管理型营销组织

③适用。对于生产多种不同纺织服装产品，面向不同纺织服装市场的纺织服装企业，一般可以采取这种形式。

6.3 纺织服装企业经营控制

纺织服装企业经营组织的工作和任务，就是规划、实施和控制纺织服装市场经营活动。在执行纺织服装企业经营计划的过程中，难免会遇到各种意外事件，所以需要不断地对纺织服装经营活动进行监督和评价，并控制其发展方向。纺织服装企业经营控制，是指纺织服装企业的经营管理者对纺织服装经营计划的执行情况进行检查，对纺织服装经营工作的实际成果进行衡量与评估，对未按照纺织服装企业经营计划执行或未达到预定目标的情况，采取纠正措施以确保纺织服装经营目标完成的过程。

6.3.1 纺织服装企业经营控制必要性

（1）*环境变化的需要*

纺织服装企业经营控制，总是针对动态过程而言的。从纺织服装经营管理者制定目标到目标的实现，通常需要一段时间。在这段时间里，纺织服装企业内外部的情况都可能会发生变化，尤其是面对复杂而动荡的纺织服装市场环境，而各种变化都可能会影响到纺织服装企业已定的目标，甚至有可能需要重新修改或变动目标以符合新情况。高效的纺织服装经营控制系统，能帮助纺织服装经营管理者根据环境变化情况，及时对自己的目标和计划做出必要的修正。一般目标的时间跨度越大，控制就越重要。

（2）*纠正偏差的需要*

在纺织服装企业经营计划执行过程中，难免会出现一些小偏差，而且随着时间的推移，如果小偏差没有得到及时纠正，就可能逐渐积累成严重的问题。纺织服装经营控制不仅是对纺织服装企业经营结果进行的控制，还必须对企业经营过程本身进行控制，而对过程本身的控制，更是对结果控制的重要保证。故此，纺织服装经营管理者必须依靠纺织服装经营控制系统，及时发现并纠正小的偏差，以免给纺织服装企业造成不可挽回的损失。控制与计划既有不同之处，又有密切的联系。一般来说，控制与计划是不同的。纺织服装经营管理程序中的第一步是制订计划，然后是组织实施和控制。而从另一个角度看，控制与计划又是紧密联系的。控制不仅要按原计划目标对执行情况进行监控，纠正偏差，在必要时还要对原计划目标进行检查，判断其是否合理，也就是说，要考虑及时修正战略计划，从而产生新的计划。

在执行纺织服装企业经营计划的过程中，可能会出现许多意外情况，纺织服装企业必须行使控制职能，以确保纺织服装经营目标的实现。即使没有意外情况，为了防患于未然，或为了改进现有的纺织服装企业经营计划，纺织服装企业也要在计划执行过程中加强控制。

6.3.2 纺织服装企业经营控制方式

纺织服装企业经营控制，一般围绕纺织服装营销战略、纺织服装营销运行状态两方面进行，主要包括纺织服装年度计划控制、赢利能力控制、效率控制和战略控制四种方式。

（1）年度计划控制

开展纺织服装年度计划控制，是为了保证纺织服装企业达到它的年度计划中所规定的销售额、利润额和其他的指标。纺织服装年度计划控制的核心，是纺织服装目标管理，具体的步骤是：首先由营销管理部门确定年度计划目标、季度目标；其次是营销管理部门对营销计划的执行情况进行监督和控制；再次是如果营销计划的执行产生较大偏差，则营销管理部门应该找出产生偏差的原因；最后营销管理部门必须采取必要的行动，以缩小纺织服装营销目标和营销实绩之间的差距，必要时则需改变行动方案，甚至改变纺织服装营销目标，以便和变化了的实际情况相适应。纺织服装年度计划控制过程，如图6-8所示。

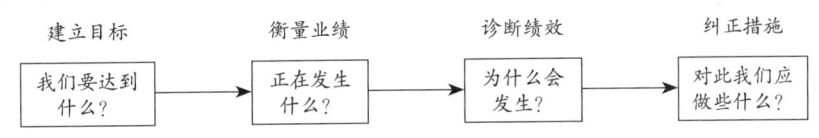

建立目标　　　　衡量业绩　　　　诊断绩效　　　　纠正措施
我们要达到　→　正在发生　→　为什么会　→　对此我们应
什么？　　　　　什么？　　　　　发生？　　　　　做些什么？

图6-8　纺织服装年度计划控制过程

纺织服装企业年度计划控制，主要包括：纺织服装销售分析、纺织服装市场占有率分析、纺织服装营销费用分析、纺织服装财务分析和顾客态度追踪五个方面的内容。

①纺织服装销售分析。是指要衡量并评估纺织服装企业的实际销售额与计划销售额之间的差异情况，并采取相应的措施。具体方法有以下两种：一是对纺织服装销售差额分析，是用来测量不同的因素对销售差额的影响程度；二是对地区销量分析，主要用在审核导致纺织服装销售差距的具体纺织服装产品和地区。

②纺织服装市场占有率分析。纺织服装销售分析，只能反映纺织服装公司的销售目标完成情况，并不能反映纺织服装企业的市场竞争地位。只有纺织服装市场占有率，才能反映纺织服装企业的实际竞争力的变化。例如，纺织服装企业的销售额提高，可能是由于纺织服装企业的竞争力增强了，但也可能是外界环境对本行业有利，从而导致本行业所有纺织服装公司的销售额都上升了，但本纺织服装公司和同行业的其他公司的竞争地位，并无变化或反而下降了。如果纺织服装公司的市场份额提高了，则表明纺织服装企业在与竞争对手的较量中占据了优势；反之，如果纺织服装企业的市场份额减少了，那就说明纺织服装企业与竞争对手的较量中处于不利地位。

纺织服装市场占有率分析，通常有三种测量指标：一是整体市场占有率，是指纺织服装企业销售额占整个行业的百分比，它反映了纺织服装企业在本行业中的实力地位；二是目标市场占有率，即纺织服装企业的销售额在其目标市场上所占的比例，这是纺织服装企业首先要达到的目标,在此基础上再增加新的纺织服装产品品种以扩大市场范围;三是相对市场占有率,是指纺织服装企业销售额占企业最大竞争者的销售额比例,它反映了纺织服装企业与其主要竞争对手之间的力量对比关系。

③纺织服装营销费用分析。纺织服装年度计划控制,不仅要保证纺织服装销售和市场占有率达到纺织服装营销计划目标,而且还要保证纺织服装营销费用不超支。这就需要检查营销费用率,即纺织服装市场营销费用与销售额之比。如果它处于控制范围之内,则不必采取措施。如果超过正常的波动幅度,则应加以注意,并采取适当地措施。通过上述分析,如果发现纺织服装营销实际与年度计划指标差距太大,则必须采取调整措施;或是调整纺织服装营销计划指标,使之更切合实际抑或是调整纺织服装营销策略,以利于实现计划指标。有时费用率仍在控制范围之内,我们也应加以注意。

④纺织服装财务分析。主要是通过一年来的纺织服装销售利润率、资产收益率、资本报酬率和资产周转率等指标,了解纺织服装企业的财务情况。

⑤顾客态度追踪。是指纺织服装企业通过设置顾客投诉和建议系统,建立固定的顾客样本或者通过调查等方式,了解顾客对本纺织服装企业,以及纺织服装产品的态度变化情况。如果发现顾客对本纺织服装企业或产品的态度发生了变化,纺织服装企业就应该及早采取行动,争取主动,以取得大事化小、小事化了的效果。

(2)赢利能力控制

纺织服装赢利能力控制,一般由纺织服装企业内部负责监控营销支出和活动的营销审计人员负责,旨在测定纺织服装企业不同产品、不同销售地区、不同顾客群、不同销售渠道,以及不同规模订单的赢利情况的控制活动。纺织服装赢利能力控制包括:各种纺织服装营销渠道的营销成本控制、各纺织服装营销渠道的营销净损益和营销活动贡献毛收益(销售收入—变动性费用)的分析,以及反映纺织服装企业盈利水平的指标的分析等内容。

①赢利能力分析。是通过对财务报表和数据的一系列处理,把所获利润分摊到纺织服装产品、地区、分销渠道、顾客等方面,从而衡量出每一因素对纺织服装企业最终获利的贡献大小。

②赢利能力分析的步骤。第一步确定功能性费用,即首先必须测定每一项纺织服装营销活动需要多少费用;第二步将功能性费用指定给各纺织服装市场营销实体,即必须测定通过每种渠道销售纺织服装产品,各需多少功能性费用;第三步为每个纺织服装市场营销实体编制一份损益表。

③选择最佳调整措施。纺织服装市场营销赢利能力分析,显示了不同纺织服装渠道、产品、地区,以及其他纺织服装市场营销实体的相对赢利能力。纺织服装赢利能力分析的目的在于找出妨碍获利的因素,以便采取相应措施削弱或排除这些不利因素的影响。纺织服装公司可采用的调整措施很多,因此,纺织服装企业必须在全面考虑之后做出最佳选择。例如,纺织服装专卖店获利能力最大,当然应该保留,但百货店,是否应该保留,则需进一步分析,并了解其获利较少或亏损的原因,制定相应的调整措施,方能做出最佳决策。

(3)效率控制

纺织服装效率控制的目的是分析效率,找出高效率的方式,使负责人更好地管理纺织服装销售人员、广告、销售促进及分销工作。如果赢利能力分析显示纺织服装企业在某些纺织服装产品、地区或市场方面利润不高，那么就需要在纺织服装销售人员、广告宣传、分销渠道和营业推广方面寻找更有效的方法。

①销售人员效率。纺织服装销售人员效率的指标，主要包括：一是每个纺织服装销售人员每天平均的销售访问次数；二是每次访问的平均时间；三是每次销售访问的平均成本；四是每次销售访问的招待成本；五是每次销售访问的平均收益；六是每百次销售访问而获得订单的百分比；七是每期新增的顾客数；八是每期失去的顾客数；九是销售成本对总销售额的百分比。纺织服装销售经理通过分析以上指标，可以发现一些非常重要的问题。例如，纺织服装销售代表每天的销售访问次数是否太少了，是否在招待上花费太多了，每百次访问是否签订了足够的订单，是否增加了足够的新顾客，并且保留住原有的顾客等。当纺织服装企业着手调查销售人员的效率时，通常会发现需改进的地方。当纺织服装企业开始重视销售人员效率，并得以改善后，通常会取得很多实质性的改进。

②广告宣传效率。许多人认为，很难判断他们的纺织服装广告支出能带来多少收益。但对一个纺织服装企业来说，至少应做好以下的统计工作：一是每一媒体接触每千名目标顾客所需的广告成本；二是顾客对纺织服装企业广告的注意、联想和阅读的比例；三是目标顾客对纺织服装广告内容和效果的评价；四是广告前后消费者对纺织服装产品态度的差异；五是受纺织服装广告刺激而引起的消费者咨询次数；六是每次咨询的成本。纺织服装企业的经营管理部门，应当更好地确定纺织服装广告目标，更好地做好纺织服装市场和产品的定位，选择更好的媒体，并检验纺织服装广告效果，由此提高纺织服装广告效率。

③分销渠道效率。纺织服装分销渠道效率，主要是对纺织服装企业的存货水准、仓库位置，以及运输方式等进行分析并改进，以寻找最佳运输方式和途径，达到最佳配置。

④营业推广效率。纺织服装营业推广，主要包括：许多激发消费者兴趣和选用纺织服装产品的方法。为提高纺织服装营业推广的效率，纺织服装企业经营者应该对每一营业推广的成本和对销售的影响做记录，尤其要注意下列统计数据：一是优惠销售的百分比；二是每一单位销售额的展示成本；三是赠券的回收比例；四是因示范而引起的咨询次数。纺织服装企业还应该观察不同营业推广手段的效果，并使用最有效果的纺织服装营业推广组合。

（4）战略控制

纺织服装战略控制，是指纺织服装企业高层管理者通过采取一系列行动，使纺织服装市场营销的实际工作与原战略规划尽可能保持一致，在控制中通过不断的评估和信息反馈，连续地对战略进行修正的过程。与纺织服装年度计划控制和赢利能力控制相比，纺织服装市场营销战略控制显得更重要。由于纺织服装企业战略是总体性的和全局性的，而且纺织服装战略控制更关注未来，纺织服装战略控制还要不断地根据最新的情况重新评估计划和进展，故此，纺织服装战略控制也更难把握。纺织服装企业经营控制管理职责，如表6-1所示。

在纺织服装企业战略控制过程中，主要采用纺织服装营销审计这一重要工具。纺织服装营销审计，是常用的战略控制手段，是对一个纺织服装企业或一个业务单位的纺织服装经营环境、目标、战略和活动所做的全面的、系统的、独立的、定期的检查，其目的在于确定问题所在，发现机会，并提出行动计划，以便提高纺织服装企业的市场营销效率。

表6-1 纺织服装企业经营控制管理职责

控制类型	主要负责人	控制目的	方法
年度计划控制	高层管理者、中层管理者	检查计划目标是否实现	销售分析、市场占有率分析、营销费用分析、财务分析、顾客态度追踪
赢利能力控制	营销控制人员	检查纺织服装企业在哪些地方赚钱，哪些地方赔钱	赢利情况、产品、地区、顾客群、细分区域销售渠道、订单规模
效率控制	直线和职能管理层、营销控制人员	评价和提高经费开支效率，以及营销开支的效果	效率、销售队伍、广告、促销和分销
战略控制	高层管理者、营销稽核人员	检查纺织服装企业是否在市场、产品和渠道等方面正在追求最佳机会	营销效益等级评核、营销审计、营销杰出表现、纺织服装企业道德与社会责任评价

①特点。纺织服装营销审计的特点，主要有：一是全面性。纺织服装营销审计覆盖所有重大的纺织服装市场经营活动，而不单单是针对少数问题的活动。一个全面的纺织服装营销审计，通常在确定纺织服装企业市场营销问题的真正原因时，是非常有效的。二是系统性。纺织服装营销审计包括一系列有严格顺序的诊断步骤，覆盖该组织的纺织服装营销环境、内部营销制度和具体的纺织服装经营活动等各个方面。在进行诊断之后，还要制订一个包括短期和长期目标在内的、旨在提高组织整体纺织服装营销效益的纠正措施计划。三是独立性。有六种纺织服装营销审计方法：即自我审计、交叉审计、上级审计、公司审计部门审计、公司任务小组审计和外部审计。自我审计，指的是纺织服装营销经理们利用一个检查表，给自己的业务活动评级，大多数专家认为这种方法缺少客观性和独立性。因此，最好的审计应来自于公司外部，他们具有必要的客观性和独立性，并能集中精力和时间进行审计工作，且具有丰富的经验。四是定期性。纺织服装企业的审计工作，不是在企业发生问题时才进行的，纺织服装营销审计应是一项常规性的工作，它不仅使纺织服装经营遇到麻烦的企业受益，同样可使纺织服装经营情况良好的企业受益。

②内容。纺织服装营销审计的内容，主要包括：一是纺织服装市场营销环境审计。分析纺织服装宏观环境的主要因素和纺织服装企业微观环境的重要组成部分——市场、顾客、竞争对手、分销商、经销商、供应商以及辅助机构的变动趋势。二是纺织服装市场营销战略审计。对纺织服装企业的各种纺织服装营销目标和营销战略进行检查，评价它们与当前的和预测的纺织服装营销环境的适应程度。三是纺织服装市场营销组织审计。评价在对纺织服装预测的环境所必需的战略执行方面，纺织服装营销组织的能力如何。四是纺织服装市场营销制度审计。这是对纺织服装企业的分析、计划和控制制度的质量进行检查。五是纺织服装市场营销效率审计。检查不同纺织服装营销实体的赢利率和不同营销支出的成本效益。六是纺织服装市场营销功能审计。深入评价纺织服装营销组合的各主要组成部分：产品、价格、分销、推销队伍、广告、促销和公共关系。

核心概念

1. 纺织服装企业经营计划：是指纺织服装企业为实现预定的纺织服装市场经营目标，为未来纺织服装市场经营活动进行规划和安排的详细说明。
2. 纺织服装营销组织：是设立在纺织服装企业内部，专门从事纺织服装营销管理工作的职能部门，其组织形式受纺织服装经营环境、纺织服装经营管理理念，以及纺织服装企业自身所处的发展阶段、经营范围、业务特点等因素的影响。

3. 纺织服装企业经营控制：指纺织服装企业的经营管理者对纺织服装经营计划的执行情况进行检查，对纺织服装经营工作的实际成果进行衡量与评估，对未按照纺织服装企业经营计划执行或未达到预定目标的情况，采取纠正措施以确保纺织服装经营目标完成的过程。

4. 纺织服装赢利能力控制：一般由纺织服装企业内部负责监控营销支出和活动的营销审计人员负责，旨在测定纺织服装企业不同产品、不同销售地区、不同顾客群、不同销售渠道，以及不同规模订单的赢利情况的控制活动。

5. 纺织服装战略控制：是指纺织服装企业高层管理者通过采取一系列行动，使纺织服装市场营销的实际工作与原战略规划尽可能保持一致，在控制中通过不断的评估和信息反馈，连续地对战略进行修正的过程。

6. 纺织服装营销审计：是常用的战略控制手段，是对一个纺织服装企业或一个业务单位的纺织服装营销环境、目标、战略和活动所做的全面的、系统的、独立的和定期的检查，其目的在于确定问题所在，发现机会，并提出行动计划，以便提高纺织服装企业的市场营销效率。

复习思考

1. 单项选择题

（1）纺织服装企业经营（　　　）是指纺织服装企业为实现预定的纺织服装市场经营目标，为未来纺织服装市场经营活动进行规划和安排的详细说明。
  A. 组织　　　　　　　　　　B. 任务
  C. 控制　　　　　　　　　　D. 计划

（2）（　　　）是最常见的纺织服装营销组织形式。
  A. 职能型营销组织　　　　　B. 产品或品牌型营销组织
  C. 地区型营销组织　　　　　D. 产品——市场管理型营销组织

（3）（　　　）是纺织服装营销组织实施、控制、监督的依据。
  A. 纺织服装经营战略　　　　B. 纺织服装经营目标
  C. 纺织服装经营组织　　　　D. 纺织服装经营计划

（4）开展（　　　）是为了保证纺织服装企业达到它的年度计划中所规定的销售额、利润额和其他的指标。
  A. 战略控制　　　　　　　　B. 年度计划控制
  C. 效率控制　　　　　　　　D. 赢利能力控制

（5）（　　　）是常用的战略性控制手段。
  A. 纺织服装营销管理　　　　B. 纺织服装营销计划
  C. 纺织服装营销审计　　　　D. 纺织服装营销组织

2. 多项选择题

（1）纺织服装企业经营计划包含：纺织服装产品与服务计划、纺织服装销售结构计划、纺织服装招商计划（　　　）等较为重要的内容。

　　　　A．纺织服装宣传与推广计划　　　　B．纺织服装营销成本计划
　　　　C．纺织服装营销队伍计划　　　　D．纺织服装营销预算编制
　（2）纺织服装企业经营计划的特点主要有（　　）和可行性。
　　　　A．整体性　　　　　　　　　　　B．灵活性
　　　　C．连续性　　　　　　　　　　　D．经济性
　（3）纺织服装企业的（　　）决定着纺织服装营销部门的组织结构、岗位设置和营销人员配备。
　　　　A．经营规模　　　　　　　　　　B．经营状况
　　　　C．竞争者　　　　　　　　　　　D．纺织服装产品和服务
　（4）纺织服装企业经营控制主要采取（　　）方式。
　　　　A．纺织服装年度计划控制　　　　B．纺织服装效率控制
　　　　C．纺织服装赢利能力控制　　　　D．纺织服装战略控制
　（5）纺织服装营销审计内容主要包括：纺织服装市场环境审计、纺织服装市场营销战略审计（　　）。
　　　　A．纺织服装市场营销组织审计　　B．纺织服装市场营销制度审计
　　　　C．纺织服装市场营销效率审计　　D．纺织服装市场营销功能审计
3. 判断题（正确打"√"，错误打"×"）
　（1）如果说纺织服装企业经营战略是"做正确的事"，那么纺织服装企业经营计划则是如何"正确地做事"。（　　）
　（2）纺织服装企业经营计划是纺织服装经营组织实施、控制、监督的依据。（　　）
　（3）纺织服装企业的规模越大，则其营销组织就相对简单。（　　）
　（4）纺织服装年度计划控制的核心，是纺织服装目标管理。（　　）
　（5）纺织服装战略控制的目的，是确保纺织服装企业有利可图。（　　）
4. 简答题
　（1）纺织服装企业经营计划哪些重要作用？
　（2）纺织服装企业经营计划类型有哪些？
　（3）什么是职能型营销组织？它有哪些优、缺点？
　（4）为何要进行纺织服装业经营控制？
　（5）什么是纺织服装营销审计？主要有哪些内容？

案例分析

俞兆林保暖内衣的经营管理

　　保暖内衣这类产品保暖性高，穿着舒适，有科技含量，故产品一经问世就广受欢迎。正因为如此，很快这一行业便充满了浓浓的"火药味"。据调查，在1998年，全国生产保暖内衣市场还只有10多家纺织服装企业在"搏杀"，纺织服装市场实际销售量300万套。到了1999年，保暖内衣生产企业就已经发展到近70家，全国保暖内衣销售量达到750万~800万套，几个主要品牌像俞兆林、南极人、顺时针、赛洋北极绒等都曾出现过断货、抢购现象。尽管这几年保暖内衣的年产量呈逐年猛增的趋势，但有数字统计，从1996

年开始到现在，销售总量仍不到1500万套，相对整个保暖内衣大市场并不算多，所以让人感觉保暖内衣的市场空间还很巨大。

2014年保暖内衣在全国范围内形成大战局面已成定局，其激烈程度将有可能是自家电大战后的又一焦点。全国加入大战的纺织服装企业可能会达500家以上，一些著名的品牌，像杉杉、宜而爽、小护士等也参与了角逐。在竞争激烈的纺织服装市场环境中，处于纺织服装行业领头羊地位的俞兆林保暖内衣，经过了从轻松、紧迫，最后到白热化的纺织服装市场状态。面对越来越紧张的"战势"，俞兆林保暖内衣采取了各种方式进行应对，制订了一系列的企业营销计划，采取了年度计划控制、赢利能力控制、效率控制和战略控制等措施，将保暖内衣大战推向一个更新的阶段。

【问题分析】

1. 什么是纺织服装企业经营计划与控制？
2. 面对保暖内衣市场大战的局面，俞兆林保暖内衣应如何制订企业经营计划和实施有效控制？

实战演练

活动6-1

活动主题：认知体验纺织服装企业经营

活动目的：增加感性认识，实地体验纺织服装企业的经营管理。

活动形式：

1. 人员：将全班分成若干小组，3~5人为一组，以小组为单位开展活动。
2. 时间：与教学时间同步。
3. 方式：深入调研某一纺织服装企业的经营管理。

活动内容和要求：

1. 活动之前要熟练掌握纺织服装企业经营计划、纺织服装企业营销组织类型和纺织服装企业经营控制的方式等知识点，做好相应的知识准备。
2. 能对该纺织服装企业的经营计划、纺织服装企业营销组织、纺织服装企业经营控制等工作进行分析。
3. 以小组为单位提交书面调查报告。
4. 调查报告撰写时间为2天。
5. 授课教师可根据每个小组提供的书面调查报告按质量评分，并计入学期总成绩。

任务7　分析纺织服装企业经营环境

> **知识目标**：1. 纺织服装市场营销环境的内涵和特征；
> 　　　　　　2. 纺织服装市场环境的宏观因素；
> 　　　　　　3. 纺织服装市场环境的微观因素；
> 　　　　　　4. 纺织服装企业营销环境分析及对策。
> **能力目标**：1. 能对纺织服装市场营销环境进行系统分析；
> 　　　　　　2. 能基于纺织服装市场营销环境的变化而提出纺织服装企业具体的应对措施。

任务导航

> 任务7　分析纺织服装企业经营环境
> 7.1　纺织服装企业经营环境概述
> 7.1.1　纺织服装市场营销环境内涵
> 7.1.2　纺织服装市场营销环境特征
> 7.2　纺织服装企业如何适应微观环境
> 7.2.1　纺织服装企业微观环境概述
> 7.2.2　纺织服装企业微观环境分析
> 7.3　纺织服装企业如何适应宏观环境
> 7.3.1　纺织服装企业宏观环境概述
> 7.3.2　纺织服装企业宏观环境分析
> 7.4　纺织服装企业营销环境分析与营销对策
> 7.4.1　纺织服装SWOT分析法
> 7.4.2　纺织服装企业营销对策

情景导入

优衣库的与时俱进

在2008年经济危机影响下,全球富豪的数量大规模地减少。然而拥有优衣库(UNIQLO)纺织服装连锁店的日本迅销公司董事长兼社长柳井正,却逆经济环境而上,资产上升了29%,从原有47亿美元上升到61亿美元,登上日本首富宝座,成为日本历史上凭借纺织服装产业位居《福布斯》榜首的第一人。

1972年接手营业额1亿日元的家业后,33岁的柳井正就一直致力于打造一家日本一流的纺织服装零售企业。在美国考察时,他受美国大学校园内仓储式销售方式的启发,提出以仓储式自助购物的大卖场方式销售纺织服装。这种购物方式就是让人感觉购买纺织服装就像购买日用品一样,无需动脑筋,推着购物车像逛超市似的自由采购。事实证明,它符合了当时日本国民的消费愿望和需求。这种成功的销售模式一直延续至今。

低价高质的国民纺织服装的定位,是优衣库根据当时的纺织服装市场营销环境分析,所作出的至关重要的战略之一。20世纪80年代,日本经济快速发展,社会奢华之风盛行,迈向高端是大多数企业的常理。但从来不随波逐流的柳井正却将眼光对准了普通老百姓。他说:"企业要想获得大发展,就一定要面向大市场"。他认为日本国民遭遇过经济泡沫,形成了精打细算的意识。他们的收入相对稳定,消费理念相对成熟,没有暴富的心理,不需要太多品牌的刻意包装。正是基于此,他将优衣库定位为国民纺织服装,主打廉价、日常纺织服装品牌。他在广岛开设了第一家"优衣库"专卖店,由此开始了"称霸日本"之路。

优衣库成功的秘诀还在于一个"变"字,它的社训是"改变服装、改变常识、改变世界"。据纺织服装行业专家说:"柳井正的选择绝不是孤注一掷的冒险，分析一个国家财富结构和社会阶层的发展趋势，可以预测商业机会及有价值的商业模式"。早年，柳井正倡导"优衣库就是日本的国民服"，向市场大量供应缺乏个性的低价纺织服装商品。这一策略虽然创造过销售奇迹，但随着穿优衣库的人越来越多，"穿优衣库"渐渐成为土气、大众的代名词，从而导致销量大减。柳井正决定与时俱进，果断地改变了设计和营销策略，加强了纺织服装的设计特色。20多年来，日本庞大的中产阶级群体保障了优衣库的发展。仓储式可自由选购的国民纺织服装在经济危机时优势尽现，而所倡导的"百搭"理念，也为世人所熟知。优衣库的纺织服装多为基本款式、适合百搭，价位较低，迎合了当下大众消费者的消费需求。

当前，优衣库在中国、东南亚、欧洲等多个地区都有加工点，其中，中国的各种加工企业多达几百家，优衣库的纺织服装商品中有90%是在中国生产的。优衣库已在北京、上海、广州、天津、南京、杭州、重庆、成都、沈阳、大连等内地重要城市布点。据悉，优衣库正在计划构建在中国每年新开100家店铺的新战略，以其打造纺织服装零售连锁店界的"亚洲第一"。

想一想

优衣库为什么会成功？你认为纺织服装市场营销与营销环境有什么关系？影响纺织服装市场营销的环境因素还有哪些？纺织服装市场营销环境有什么鲜明特征？等等，通过下面的学习，你将找到答案。

7.1 纺织服装企业营销环境概述

纺织服装企业的经营活动，是在不断变化的营销环境中运行的。纺织服装市场营销环境的变化，既可以给经营活动带来机会，也可能造成威胁和伤害。纺织服装市场营销的本质就是纺织服装企业适应环境变化，并对变化着的环境做出积极反应的动态过程。纺织服装企业对所处的营销环境进行全面的、正确的了解和分析，及时检测和把握营销环境变化，对环境变化可能带来的风险进行及时应对与规避，进而促进纺织服装企业市场营销活动健康、持续地发展。

7.1.1 纺织服装市场营销环境内涵

（1）纺织服装市场营销环境概念

纺织服装市场营销环境，是指与纺织服装企业生产经营有关的、直接或间接影响纺织服装企业产品的供应与需求的各种外界条件和内部因素的综合。它可以分为外部环境与内部环境两部分。外部环境是纺织服装营销活动的重要外在因素，它对纺织服装营销活动产生间接的影响，但并不排斥外部环境中的某些因素会对纺织服装企业的营销活动产生直接的影响，它是纺织服装营销活动中不可控制的因素。外部环境是由纺织服装市场营销宏观环境和纺织服装市场营销微观环境组成的，如图7-1所示。

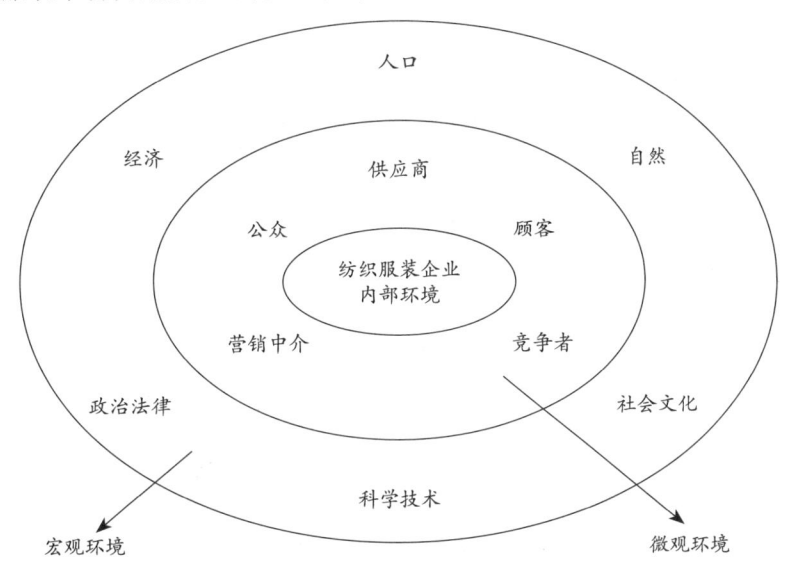

图7-1 纺织服装企业的市场营销环境

纺织服装市场营销宏观环境，又称纺织服装市场营销间接环境，是指存在于纺织服装企业之外的并为其本身所不能控制的各种外部因素，主要有人口、经济、自然、政治法律、社会文化、科学技术等环境因素。它们对纺织服装市场营销的影响具有两个显著特征，即强制性和不稳定性。它们或为纺织服装市场营销带来市场机会，或造成潜在威胁。虽然宏观环境对纺织服装市场营销活动产生的影响是间接的，但其影响作用却是巨大的。例如，政府对纺织服装产业发展的政策支持、信息技术对纺织服装产业的影响；我国加入WTO、2001年上海APEC会议、2008年北京奥运会、2010年上海世博会和广州亚运会等重大事件带给我国纺织服装行业的发展机遇等，这些虽然不与具体的纺织服装市场营销活动发生直接联系，但却直接影响到纺织服装企业制定营销战略方向和具体的营销策略。

纺织服装市场营销微观环境，又称纺织服装市场营销直接环境，是指由纺织服装企业内部环境、供应商、营销中介、顾客、竞争者和公众等构成的各种因素。它们与纺织服装市场营销活动紧密相关，并直接影响纺织服装市场营销的结果和效益。

纺织服装市场营销微观环境和纺织服装市场营销宏观环境，两者之间并非并列关系，而是主从关系，即纺织服装市场营销微观环境受制于纺织服装市场营销宏观环境，所有的微观环境因素都要受到宏观环境的影响和制约。

（2）*纺织服装市场营销环境的影响*

纺织服装市场营销环境，是纺织服装企业赖以生存和发展的空间，其对纺织服装市场营销活动产生的影响体现在以下方面：

①它给纺织服装市场营销带来机会。纺织服装市场营销环境机会，是纺织服装企业开拓经营新局面的重要基础，为此应加强对环境因素的预判和分析，当纺织服装市场营销环境机会出现时，要善于捕捉和把握，以求得发展的先机。

②它给纺织服装市场营销带来威胁。外部环境中也会出现许多不利于纺织服装市场营销活动的因素，并由此形成挑战。例如，2008年末到2009年初，席卷全球的金融危机就给我国纺织服装行业带来不小的冲击，很多纺织服装企业都遇到出口量下降、国内外纺织服装产品滞销等困难。为此，纺织服装企业必须重视对纺织服装市场营销环境因素的调研与分析，及时预见环境威胁，将危机减少到最低程度。

③它是纺织服装市场营销活动的资源基础。纺织服装市场营销活动所需的各种资源，例如：资金、信息、人才等都是由环境提供的，因此，纺织服装企业应认真分析各种营销环境因素，以获得最优的营销资源满足自身发展的需求，进而实现纺织服装企业的营销目标。

④它是制定纺织服装市场营销战略与策略的依据。纺织服装市场营销活动受制于客观环境因素，必须与所处的营销环境相适应。同时，应该发挥自身的主观能动性，并制定有效的纺织服装市场营销战略决策去影响环境，才能在激烈的纺织服装市场竞争中占得先机，争取主动。

7.1.2 纺织服装市场营销环境特征

纺织服装行业有其自身独特的行业背景，所以纺织服装市场营销环境，既具有其他行业领域营销环境所共有的特征，又有其鲜明的个性特征，具体表现为以下几个方面。

（1）*纺织服装市场营销环境的客观性*

纺织服装市场营销的外部环境比较复杂，构成纺织服装市场营销环境的因素是多方面的，它作为外在的、不以纺织服装经营者意志为转移的因素，而且每一个因素都随着社会经济的发展而不断变化，所以对纺织服装市场营销活动的影响，具有强制性和不可控制的特点。例如，走出"文化大革命"，进入改革开放时代的中国人，其思想观念、审美意识都发生了改变，这就必然带来人们着装的变化。随着社会经济的发展，人们生活水平的提高，纺织服装也必然呈现出多样化的发展趋势。国家宏观经济政策的调整、人口结构的变化、科学技术的进步都不可避免地对纺织服装企业的营销行为产生影响。对于这些外部环境，纺织服装企业必须客观地认识和正视它们的存在，只有这样，才能对其进行准确的分析和研究，不断地调整营销策略以顺应环境因素和条件的变化。

（2）纺织服装市场营销环境的复杂性

纺织服装企业面临的市场环境的复杂性，表现为各个环境因素之间，经常存在相互促进又相互矛盾的关系。有时外部环境中多种相关因素同时作用于纺织服装企业。例如，纺织服装企业在选择纺织服装目标市场时，要同时考虑市场需求、面料成本、消费者心理、流行趋势以及国家财税政策等方面的影响；有时外部环境中某些因素之间经常表现为相互矛盾，如我国加入WTO后，无歧视的贸易政策将使我国出口更加顺畅，但外国纺织服装企业进入中国，也使中国的纺织服装企业面临新的竞争和挑战；有时外部环境各因素会呈现连锁反应，如一些国家金融危机带来经济萧条和商业萎缩，给纺织服装出口国家造成巨大的经济损失。

（3）纺织服装市场营销环境的差异性

纺织服装市场营销环境的差异性，不仅表现为不同纺织服装企业受不同环境的影响，而且即使同样的环境变化对不同纺织服装企业的影响也不相同。不同的国家、民族、地区之间在人口、经济、社会文化、政治、法律、自然资源等方面存在着广泛的差异性，这些差异性对纺织服装营销活动的影响力各不相同。例如，同样面对中国加入WTO，但对中国的化纤、毛纺、棉纺、服装行业的影响是不同的。再如，尽管随着经济的发展和人们生活水平的提高，各类纺织服装市场都发生了明显的变化，但老年服装和男装远不及青年服装和女装变化速度快。也就是说，对不同纺织服装企业的影响肯定是有差异的。由于纺织服装市场营销环境的差异性，纺织服装经营者必须实施不同的营销战略与策略来应对和适应。

（4）纺织服装市场营销环境的相关性

纺织服装市场营销环境是一个大的系统，在这个系统中，各种影响因素相互依存、相互作用和相互制约，某一因素的变化可能带动其他因素也发生变化，从而形成新的纺织服装营销环境。这是由于社会经济现象的出现，往往不是由单一的因素所能决定的，而是受到一系列相关因素影响的结果。例如，纺织服装产品价格的高低，不仅受市场供求关系的影响，而且还受到科学技术进步和财税政策的制约。纺织服装的流行要受到这个时代的各种因素的影响，所以要考虑环境因素对纺织服装企业营销活动的作用。

（5）纺织服装市场营销环境的动态性

纺织服装市场营销环境是纺织服装企业营销活动的基础和条件，这并不意味着纺织服装营销环境是一成不变的，相反，它是一个动态的系统。我国纺织服装行业发展迅速，今天的环境与十多年前的环境已经有了很大的变化。例如，纺织服装消费者对产品的消费需求、偏好和行为特点时刻在变，国家宏观产业结构在调整等。纺织服装企业必须密切关注营销环境的变化趋势，以便随时发现市场机会和可能受到的威胁，不断地调整和修正自己的营销策略，否则，将会丧失市场机会。值得注意的是，动态变化的纺织服装市场营销宏观环境虽然会危及纺织服装行业，但也能为纺织服装行业带来新的发展契机，而这些机会与威胁又是可以相互转化的，这就要看纺织服装经营者是否具有驾驭纺织服装市场的营销运作能力。

（6）纺织服装市场营销环境的影响性

纺织服装市场营销环境是现实存在、不可控制的，但这并不意味着不能对它进行影响和改变。纺织服装企业可以通过对企业内部环境要素的调整与控制，来对企业外部环境施加一定的影响，最终促使某些环境要素向预期的方向转化，或者运用自身的经营资源去影响和改变营销环境,从而为纺织服装企业创造一个更有利的活动空间,然后再使纺织服装营销活动与营销环境取得有效地适应。

7.2 纺织服装企业如何适应微观环境

7.2.1 纺织服装企业微观环境概述

纺织服装企业分析和评估纺织服装市场营销微观环境的变化,其目的在于更好地协调自身与各种微观环境因素的关系,进而促进企业营销战略目标的实现。纺织服装企业营销微观环境因素,主要包括以下几个方面,如图7-2所示。

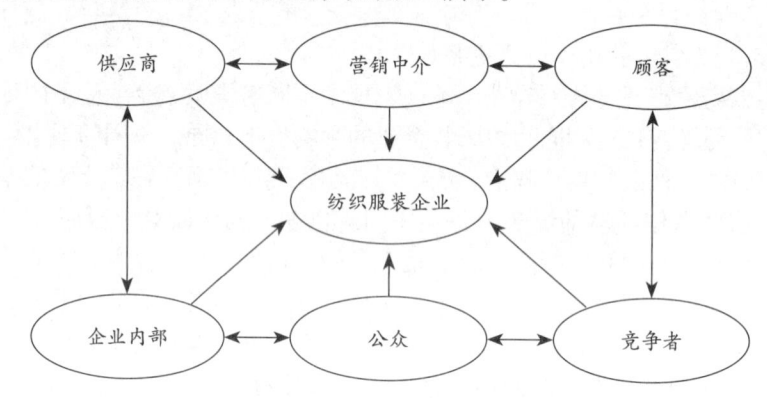

图7-2 纺织服装企业营销微观环境因素

7.2.2 纺织服装企业微观环境分析

(1)内部环境

纺织服装企业内部环境,是指对纺织服装企业经营活动产生影响,而营销部门又无法直接控制或改变的各种企业内部条件因素的总称。在制订营销计划时,纺织服装企业营销部门要考虑企业的其他部门,如高层管理部门、财务部门、研究与发展部门、采购部门、制造部门和会计部门等,所有这些相互联系的部门构成了纺织服装企业的内部环境。各个部门的分工是否科学,协作是否和谐,目标是否一致,都会影响到纺织服装企业的经营管理决策和营销方案的实施。

纺织服装企业高层管理部门制定企业的目标、战略和政策,营销部门根据高层管理部门的政策来制订纺织服装营销方案,在经最高管理层同意后实施方案。在方案实施过程中,营销部门必须与纺织服装企业的其他部门密切合作。例如,研发部门设计、开发符合方案要求的纺织服装产品,采购部门负责供给生产所需的原材料(面料及辅料等),生产部门生产合格优质的纺织服装产品,财务部门负责资金的筹集,会计部门对收入和成本进行核算等。这些部门对纺织服装营销方案能否顺利实施都能产生影响,只有各个部门精诚合作,以顾客需求为中心,才能给顾客提供满意的纺织服装产品和服务。

(2)供应商

纺织服装供应商,是指为纺织服装企业及其竞争者提供生产经营所需资源的企业或个人,包括提供原材料、辅助材料、设备、能源、劳务和其他用品等。例如,纺织品供应商、布料供应商、服装辅料供应商、平缝机供应商等。由于供应状况对营销活动具有重大的影响,因此,纺织服装供应商的选择尤为重要。纺织服装企业在选择供应商时,应选择质量、价格以及运输、承担风险等方面条件最好的供应商，因为供应商所提供资源（如面料、辅料或设备）的价格和质量，直接影响企业生产纺织服装产品的价格、销售和利润，若供应短缺，将影响企业不能按期完成生产和销售任务。所以很多纺织服装企业都与供应商建立长期、稳定的关系，这对企业来说是必要的。同时，纺织服装企业也应注意要与多个原材料的供应商保持联系，而不要过分依赖于任何单一供应者，以免受其控制，以防不测。

（3）营销中介

纺织服装企业在营销过程中，需要借助各种社会中介机构的力量，帮助企业分配、销售、推广纺织服装产品。纺织服装营销中介，是指那些协助纺织服装企业进行促销、销售等经营活动的中介组织，是纺织服装市场营销活动不可缺少的中间环节。它包括中间商、实体分配公司、营销服务机构、金融中间机构等。

①中间商。是指协助纺织服装企业寻找消费者，并媒介纺织服装产品销售的商业性组织。中间商包括：一是代理中间商，即专门介绍客户或协助签订合同，但不拥有纺织服装商品所有权的中间商。主要职能是促成商品的交易，以此取得佣金收入。例如，经纪人、制造商代理商、销售代理商等。二是经销中间商，即从事纺织服装商品购销活动，并对所经营的纺织服装商品拥有所有权的中间商。例如，批发商、零售商等，他们通过购销差价获取利润。

②实体分配公司。是指担任仓储、运输、活动的所有企业。这类公司协助纺织服装生产企业储存，并把纺织服装产品运送至目的地。实体分配包括：包装、运输、仓储、装卸、搬运、库存控制和订单处理等方面。

③营销服务机构。主要包括：纺织服装市场营销调研公司、广告公司、传播媒介公司等，他们帮助纺织服装企业推出和促销其产品。如果纺织服装企业决定接受这类机构的服务时，必须认真选择，因为每个机构的服务质量、价格等方面的差别较大。

④金融中间机构。主要包括：银行、信贷公司、保险公司，以及能够帮助企业进行金融交易，降低纺织服装商品买卖中的风险的各种机构。纺织服装企业的贷款来源、银行的贷款利率和保险公司保费的变动，都会直接影响纺织服装企业的整体利润水平和市场经营效果。因此，在现代经济中，由于纺织服装企业的负债经营与购销活动中风险因素增加，使得企业与金融机构的联系进一步加强。

（4）顾客

纺织服装顾客，是指纺织服装企业最终为其提供纺织服装产品和服务的目标市场。每一个纺织服装企业，都为目标市场上的顾客提供纺织服装产品和服务，顾客的需求是纺织服装企业制定营销策略的出发点和归宿。不同的纺织服装企业面对的顾客，即目标市场是不同的，主要有以下五种类型。

①消费者市场。是由个人和家庭组成的，他们购买纺织服装产品和服务是为了个人消费。纺织服装属于人们的日常消费品，消费者市场是纺织服装企业庞大的市场。

②生产者市场。是指生产者购买纺织服装产品或服务，是为了进一步加工或在生产过程中使用。

③中间商市场。是指中间商购买纺织服装产品的目的是为了转卖，以获取利润，例如，批发商等。

④非营利组织市场。是指为提供公共服务或转赠需要者，而购买纺织服装商品和服务

的政府机构和非营利组织。

⑤国际市场。是指由其他国家的纺织服装购买者构成的,包括:纺织服装消费者、生产者、中间商和政府。

以上每个市场都各有特点,纺织服装企业应根据自己的实际情况和消费者需求特点,划分纺织服装市场,并选择确实适合自己的纺织服装目标市场,然后根据目标市场的顾客特点来制定纺织服装市场营销策略。

(5) 竞争者

纺织服装企业往往是在许多竞争者的包围和制约下,从事纺织服装营销活动。纺织服装企业要想成功,必须为顾客提供比其他竞争者更大的价值和更高的美誉度。所以识别竞争者、了解竞争者对纺织服装企业来说非常重要。竞争者,是指向一纺织服装企业所服务的目标市场,提供产品的其他企业和个人。

①竞争者类型。每一个纺织服装企业在其经营活动中,都将面临以下四种类型的竞争者。一是愿望竞争者,即提供不同产品以满足不同需求的竞争者。例如,提供家电、家具、计算机或其他日常用品的生产企业,是纺织服装生产企业的愿望竞争者,他们之间的竞争在于吸引顾客首先购买本企业的产品;二是一般竞争者,即提供不同纺织服装产品以满足相同需求的竞争者。例如,棉大衣、羽绒大衣、毛料大衣都能满足防寒保暖的需要,各种大衣生产企业之间相互为对方的一般竞争者;三是产品形式竞争者,即生产同类纺织服装产品,但产品的规格、型号、款式都不同的竞争者。例如,生产不同款式、质地、档次、规格、型号职业女装的不同纺织服装企业,就互为产品形式竞争者;四是品牌竞争者,即生产相同规格、型号的同种纺织服装产品,但品牌不同的竞争者。例如,生产男士西服的有"顺美"、"华伦·天奴"、"皮尔·卡丹"、"胜龙"等品牌,这些品牌的纺织服装生产企业之间就互为品牌竞争者。

②竞争者分析。有利于纺织服装企业进一步了解竞争者的状况。竞争者分析的内容很广泛,大体包括以下几个方面:一是产品的研究和开发,包括了解竞争者在纺织服装产品研发方面的资金投入状况、纺织服装产品研发的进展状况等;二是产品制造过程,包括了解竞争者纺织服装产品的生产过程、生产工艺,从而判断其纺织服装产品的成本和质量;三是采购,主要是分析竞争者的购买方式、购买条件等;四是市场,指分析和评价竞争者的目标市场、产品组合、促销情况等;五是销售渠道的选择和设计,它往往成为纺织服装企业能否成功营销的关键。因此,纺织服装有必要了解竞争者的渠道、类别、成本、规模和质量等。例如,有的纺织服装企业选择百货商店销售,也有的选择专卖店,甚至有的选择综合超市等,不同的选择表明纺织服装企业采取不同的渠道战略,也反映出纺织服装企业市场营销策略的差异;六是服务,指了解竞争者为顾客提供服务的范围和服务质量等。

此外,还可以分析竞争者的财务状况、企业文化等。分析竞争者的目的是为了本纺织服装企业能更好地制定竞争策略,使本企业的纺织服装产品在顾客心中比竞争者具有更大的优势。

(6) 公众

在纺织服装企业的微观环境中,也包括各种公众。公众,是指对纺织服装企业实现其市场营销目标,构成实际或潜在影响的任何团体和个人,它包括了以下七种类型。

①政府公众。是指有关的政府部门。纺织服装营销管理者在制订营销计划时,必须充分考虑政府的发展政策、本行业的发展规划、纺织服装企业权力的规定等。

②金融公众。是指影响纺织服装企业获得资金能力的机构。例如，银行、投资公司、保险公司和证券交易所等。

③媒介公众。主要指报社、杂志社、广播电台和电视台等大众传播媒介。这些团体对纺织服装企业的声誉，有举足轻重的作用。

④群众团体。是指消费者组织、环境保护组织及其他群众团体。例如，我国的消费者协会等组织。

⑤地方公众。是指纺织服装企业所在地附近的居民和社区组织。纺织服装企业在营销活动中，要避免与地方公众利益发生冲突。必要时应指派专人负责处理这方面的问题，并对公益事业做出贡献，以树立良好的纺织服装企业形象。

⑥内部公众。是指纺织服装企业内部人员，包括：纺织服装企业各层次、各部门的领导和员工。内部公众的态度，也会影响到社会上的公众。

⑦一般公众。作为一个纺织服装企业，需要了解一般公众对本企业的纺织服装产品和活动的态度。虽然一般公众并不是有组织地对企业采取行动，然而一般公众对企业的印象却影响着消费者对该企业及其产品的看法。纺织服装企业的"公众形象"对企业的经营和发展是很重要的，所以要争取在一般公众心目中建立良好的纺织服装企业形象。

以上这些公众，都与纺织服装企业的营销活动有直接或间接的关系。现代企业是一个开放的系统，它在经营活动中必然与各方面发生联系，纺织服装企业应正确认识各类公众，积极开展公益活动，处理好与公众的关系，努力塑造并保持纺织服装企业良好的信誉和公众形象。

7.3 纺织服装企业如何适应宏观环境

7.3.1 纺织服装企业宏观环境概述

纺织服装企业分析纺织服装市场营销宏观环境的目的，在于更好地认识环境，通过自身的营销努力去适应宏观环境的变化，在不断变化的环境中抓住有利于发展的机会和规避威胁。纺织服装企业营销宏观环境因素，主要包括以下几个方面，如图7-3所示。

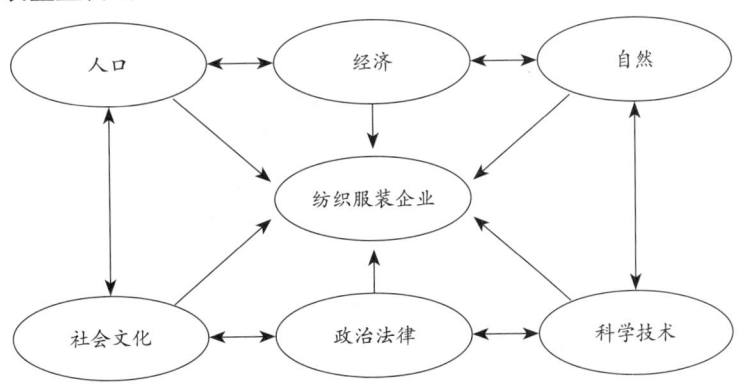

图7-3 纺织服装企业营销宏观环境因素

7.3.2 纺织服装企业宏观环境分析

（1）人口环境

纺织服装市场是由具有一定的购买欲望和购买力的人所构成的，因此，人口的数量、年龄结构、地理分布、民族构成、婚姻状况、风俗习惯、受教育程度等因素，就形成纺织服装企业营销活动的人口环境。纺织服装作为人类生存和某种象征的生活资料，其生产和经营活动与人口环境有着密切的关系，同时对纺织服装产品的需求结构、消费习惯和消费方式等方面的影响比其他产品更为明显，直接关系到纺织服装企业营销活动的变化，故此，纺织服装企业应密切关注人口特征和发展动向，以便及时有效地调整营销策略。

①人口规模和增长速度。人口规模，即人口总数，是影响基本生活资料需要的一个决定性因素。一般来说，一个国家或地区人口越多，需求的绝对量就越大。对纺织服装产品而言，人口总数会直接影响现实的需求及潜在的市场规模。因此，在考察人口规模对市场规模及市场需求结构的具体影响时，通常要考虑社会经济发展状况。一个有着大量人口的发展中国家的市场总体购买力，比一个人口少得多的发达国家的市场总体购买力可能要低得多，这就是说，人口规模和社会购买力之间并不呈现简单的正比关系。但是，由于人们的购买力总是首先投向基本生活资料，人口越多，对这部分基本生活资料需求的绝对量也就越大，随着经济商品化程度的提高，人们对发展资料和享受资料的需求也会逐渐增多。由此可见，人口规模是通过社会经济发展水平，作用于需求总量和需求结构的。

纺织服装市场既包括现有市场，也包括未来市场。了解人口增长速度，可以预测未来纺织服装市场的发展趋势。当前世界人口已达到70亿，其中80%的人口属于发展中国家。我国人口已从1930年的4.4亿增加到目前的13亿多，尽管我国从70年代以来推行了计划生育政策，人口自然增长率从1969年2.61%下降到1999年的0.88%，但由于我国人口基数大，今后十几年平均每年净增人口仍在1000万以上。而这预示着，无论是世界纺织服装市场，还是我国国内纺织服装市场，其规模将继续增大；但同时也表明，我国纺织服装企业将在人口继续增长的严峻的人口环境中运行，人均国民收入的增加因人口增长过快而大打折扣，能源、资源、运输、教育等供应偏紧以及国民文化素质偏低，这些问题将会长期存在。这些因素会对我国纺织服装市场的需求总量和需求结构形成重要影响。因此，人口增长意味着人类需求的增长，如果有足够的购买力，人口增长意味着纺织服装市场的扩大；当然，人口增长也可能导致人均收入下降，纺织服装市场吸引力降低，从而阻碍经济的发展，影响纺织服装产品的销售。

②人口构成。主要包括：一是自然构成，包括年龄结构、性别比例等。不同年龄的纺织服装消费者在价值观、思维方式、行为特点等方面，存在着明显差别，他们对纺织服装消费存在不同的需求，从而形成了以年龄为标志的各类纺织服装市场，例如，童装市场、青年服装市场、中老年服装市场等。目前随着生存条件和医疗水平的改善，人均寿命不断延长，世界上许多国家人口老龄化问题越来越突出。2001年，我国人口平均寿命为71岁。60岁以上的老年人达1.3亿，超过总人口的10%。人口老龄化带来了一定的社会问题，但对纺织服装企业来说，却也意味着有更多的机会。例如，老年纺织服装用品市场的不断扩大；老年纺织服装消费向舒适、实用、多样性方面发展；这些发展趋势，使纺织服装企业更加应重视对老年纺织服装市场的开发。因此，纺织服装企业了解不同年龄结构所具有的需求特点，就可以决定企业产品的投向，寻找目标市场。另外，人们的性别差异给纺织服装市场造成显著的差别。男性和女性在生理上的差异决定了他们不同的特点，一般女性比男性更注重纺织服装消费。例如，在我国现有的人口结构中，女性大约占49%。据统计，女性纺织服装市场消费数量和消费额都远远超出男性，并且女性不仅为自己购买纺织服装用品，还同时扮演着母亲、女儿、妻子等多种角色，所以也经常购买儿童、老人、男性的

纺织服装用品。因而，研究和分析女性消费心理、特点，是纺织服装企业需要研究的重要内容。纺织服装企业可以针对不同性别的不同需求，生产适销对路的纺织服装产品，制定有效的营销策略，开发更大的市场。

二是社会构成，包括民族构成、家庭结构、受教育程度和职业构成等。不同民族和职业的纺织服装消费者，其风俗习惯、经济收入、社交范围、居住环境、消费方式等存在差异，故此，对纺织服装的品种、款式、色彩、品牌等需求存在较大的差异。家庭是社会的细胞，也是纺织服装商品购买和消费的基本单位。一个纺织服装市场拥有家庭单位和家庭平均成员的多少，以及家庭组成状况等，对纺织服装市场需求都有重要的影响。同时，不同类型的家庭往往有不同的消费需求。例如，当前在我国家庭结构变化的主要特征，是向小型化趋势发展，即家庭单位增加，家庭人口减少；同时家庭的特征也有一些变化，像单身户的增加等。人口的教育程度与职业不同，对纺织服装市场需求表现出不同的倾向。例如，随着高等教育规模的扩大，人口的受教育程度普遍提高，收入水平也逐步增加，对高档次的纺织服装商品的需求也不断增加。

③人口的地理分布和地区间流动。人口地理分布，是指人口在不同地区的密集程度。各地人口的密度不同，则纺织服装市场大小不同，消费需求特性也不同。人口的地理分布还与经济、文化发展关系密切。居住在不同地区的人，消费需求的内容和数量也存在差异。例如，我国的南方山青水秀、气候温暖，形成了南方人细腻、精细的心理特征，所以南方人的纺织服装体现出了多彩、鲜亮、柔美、偏重冷色调的特点；而北方的气候寒冷、土地辽阔，因此，北方人粗犷、豪放的性格使其纺织服装带有浓烈、厚重的特点，偏重暖色调。改革开放以来，伴随着社会经济的发展，以及小城镇的建设和西部大开发战略的推进，我国人口的地区间流动明显增强，人口迁移呈逐步上升的趋势：一是农村人口流入城镇；二是内地人口迁入沿海地区和工矿业集中地区；三是经商、学习、旅游、出差等人口逐年增加。人口的地区间流动，在一定程度上，改变了我国人口地理分布和人口结构状况，同时也影响了纺织服装企业的营销环境。

（2）经济环境

经济环境，是指纺织服装企业营销活动所面临的外部经济条件。与纺织服装消费者市场规模及需求结构关系密切的经济环境因素主要有：社会购买力、消费者收入与支出、居民储蓄和消费信贷等因素。经济运行状况和发展趋势，会直接或间接地对纺织服装企业营销活动产生影响。

①社会购买力。从纺织服装企业营销角度来讲，经济环境中最主要的因素就是社会购买力。社会购买力，是指一定时期内社会各方面用于购买纺织服装商品与劳务的货币支付能力。社会购买力决定着纺织服装市场的规模，影响着纺织服装市场的需求结构，制约着纺织服装企业的营销活动。纺织服装企业应密切关注，由于社会购买力及纺织服装市场规模、市场结构的变化，而带来的纺织服装市场机会和环境威胁。

②纺织服装消费者收入与支出。在研究收入对纺织服装消费需求的影响时，常分析以下因素：一是纺织服装消费收入。纺织服装消费收入，是指纺织服装消费者个人从各种来源得到的货币收入，通常包括个人的工资、奖金、津贴、股息、退休金、红利、馈赠和租金等收入。个人收入多少不仅决定着纺织服装消费者市场购买力水平的高低，而且直接影响其支出模式。二是个人可支配收入。这是指个人收入减去直接负担的各项税款（如所得税）和非税性负担（如工会费）之后的余额。这些收入，或用于支出，或用于储蓄，这是

影响纺织服装消费者购买力和消费支出的决定因素。三是个人可任意支配收入。这是指个人可支配收入减去维持生活所必需的支出（如食品）和其他固定支出（如分期付款）所剩下的那部分个人收入。这部分收入越多，人们的消费水平就越高，用于各项商品的支出也就越多。个人可任意支配收入增加，人们在纺织服装开支方面，也往往表现得更为慷慨大方，追求流行性、个性化的纺织服装商品。另外，收入的分配状况也会影响人们的消费，如果收入分配不均衡，处于收入两个极端的人的购买力和需求特性是不同的。对纺织服装企业来说，挖掘消费者多方面的需求，不断研制生产满足消费者需要的纺织服装商品，才能在纺织服装市场上立足和发展。

纺织服装消费者的支出，主要受消费者收入的影响。消费者支出模式，是指消费者个人或家庭的总消费支出中各类消费支出的比例关系。19世纪的德国统计学家恩格尔根据他对美国、法国、比利时等许多家庭收支预算的调查研究，得出了"恩格尔定律"，即消费者收入变化与支出模式、消费结构变化之间的规律性。恩格尔所揭示的这种消费结构的变化通常用恩格尔系数来表示，即：恩格尔系数＝食品支出金额／家庭消费支出总金额。

恩格尔定律指出：在一定的条件下，当家庭个人收入增加时，收入中用于食物开支部分的增长速度要小于用于教育、医疗、享受等方面的开支增长速度。食物开支占总消费数量的比重越大，恩格尔系数越高，生活水平越低；反之，食物开支所占比重越小，恩格尔系数越小，生活水平越高。整个社会经济水平越高，用于食物消费部分占总支出的比重越小。恩格尔定律，被看做是判断一个国家经济发展水平，以及一个家庭生活水平的重要参数之一。例如，随着我国人民生活水平的不断提高，食品在消费者支出中所占的比重越来越小，人们在休闲、娱乐、旅游、健康、住房、服装等方面的开支呈上升趋势。

③居民储蓄和消费信贷。居民储蓄，直接制约着纺织服装市场消费量购买的大小。消费信贷，也称信用消费，是指消费者凭信用先取得纺织服装商品的使用权，然后按期归还贷款，完成纺织服装商品购买的一种方式。对于居民储蓄和消费信贷，应注意以下两点：一是纺织服装消费者的消费水平和结构受储蓄状况的影响。居民储蓄倾向是受到利率、物价等因素变化所致。我国居民很久以来就有储蓄的习惯和传统，这些储蓄是购买贵重商品资金的主要来源，也是居民未来教育、医疗等支出的主要来源，因此市场潜量很大，但过高的储蓄率，也会造成当前纺织服装市场的需求不旺。二是纺织服装消费信贷的规模和方式，在一定程度上影响某一时间内现实购买力的大小，也影响着提供信贷纺织服装商品的销售量。例如，在购买高档纺织服装商品时，消费信贷可提前实现这些商品的销售。

（3）自然环境

自然环境，是指纺织服装企业在生产经营活动中，所面对的地理、气候、资源等方面的种种状况。纺织服装企业在营销过程中，需要重视自然环境方面的变化趋势，正确把握它给企业带来的威胁和机会。自然环境的差异，是纺织服装多样化的原因之一，它对纺织服装营销的影响主要体现在以下几个方面。

①对纺织服装要求不同。地理环境的差异造成了气候条件不同，从而造成人们对纺织服装选择不同。例如，生活在寒冷的冰雪地带的爱斯基摩人，为了御寒，从而裹上厚厚的动物毛皮；而生活在酷暑难挨的沙漠边缘的阿拉伯人，为了减少紫外线和风沙的侵害，戴上了头巾，穿上了布袍。在温带，人们四季服装变化明显；而在热带，人们几乎没有夏装以外的服装。在昼夜温差变化很大的青藏高原，人们使用了一种袖子可穿可披的藏袍；而

在雨水连绵的南方，人们终日与斗笠为伴。

②纺织服装原材料供应不同。自然环境的差异，造成了各地纺织服装原材料供应不同，从而导致了消费者对纺织服装的选择不同。例如，在我国华东地区，由于盛产茧丝，致使这一带丝绸原料供应充足，故此，在这一带的纺织服装市场上，丝绸纺织服装品种齐全，款式各异。由此可见，自然环境决定着自然资源的分布，而自然资源的分布又决定着纺织服装企业获得原材料成本的高低，原材料成本的高低，又很大程度上决定着纺织服装企业最终成本的高低。

此外，纺织服装企业不可忽视世界范围内自然环境变化的新动向。例如，某些自然资源短缺或即将短缺，环境污染日益严重，许多国家对自然资源的管理日益加强。这就要求纺织服装企业在合理、充分地利用自然环境，创造最大效益的同时，增强环境保护意识，维护生态平衡。例如，许多纺织服装企业开发设计环保纺织品和环保服装，这些纺织服装产品，从材料的选用到制作，以及废旧衣料的处理，都离不开对环境保护和对资源的充分利用，因而减少了污染，节约了能源，保护了环境。

（4）*科学技术环境*

科学技术是社会生产力中最活跃的因素，技术的进步，可以改变人类的生活，推动世界经济的高速发展，同时也决定着纺织服装企业的生存和发展。对科学技术环境的考察，主要涉及科学技术的发展现状、新的科学技术成果、科学技术发展动向、科学技术环境的变化对社会经济生活的影响等方面的问题。科学技术作为营销环境的一部分，不仅直接影响纺织服装企业内部的生产和经营，还同其他环境因素互相依赖、相互作用。

①科学技术环境变化特点。一是纺织服装新技术和发明的范围不断加大，尤其是在信息技术、生物技术、新型材料和空间技术等方面，取得了巨大的进步；二是理论转化为纺织服装产品和产品更新的周期大大缩短；三是研究和开发的费用急剧增加，许多纺织服装企业在产品研究和开发上投入巨资，从而以纺织服装新产品和新技术在竞争中取胜。

②科学技术对纺织服装企业影响。主要表现在以下几个方面：一是纺织服装制作走向自动化和科学化管理。第二次世界大战后，科学技术有了突飞猛进的发展，纺织服装生产的主要设备，由脚踏缝纫机改为电动缝纫机，现在已经发展到普遍使用电脑缝纫机。纺织服装计算机辅助设计（CAD）、纺织服装计算机辅助生产（CAM），已在许多纺织服装企业中投入应用；二是各种性能复杂的面料问世。纺织技术的进步和化学纤维的发明，极大地丰富了人们的纺织服装。应用现代科技，经过纺织染整加工的各种性能复杂的面料，以及化学纤维性能的不断改进和品种的增加，都不断满足着人们的需求；三是加快信息传播速度。科学技术加快了信息的传播速度，现代传播技术突出了"快"字，使人们感到生活方式和穿着方式的改变在加速，大部分纺织服装产品的生命周期在缩短。通过电视机、传真机、互联网，人们在家里就能立即得知世界各地最新流行信息，观看世界服装大师最新设计的服装款式，欣赏世界名模服装表演的实况，订购自己满意的纺织服装产品。

（5）*政治法律环境*

纺织服装企业的经营活动，是社会经济生活的组成部分，而社会经济生活总要受到政治法律环境的影响。

①政治环境。是指能够对纺织服装企业营销活动产生影响的各种国内外政治因素的总和。政局的稳定，政府干预经济政策、措施等，对经济产生直接影响。纺织服装企业应密切关注政治环境的变化，保持高度的政治敏锐性，一方面可以保证企业的经营不会与国

家的方针政策相抵触，另一方面也可充分利用国家的各种经济优惠政策。例如，在2001年10月，出席上海APEC会议的各国领导人身穿唐装亮相，从而引起了海内外大众消费"唐装"的热潮。

②法律环境。主要指与纺织服装企业相关的社会法制系统及其运行状态。主要包括三个方面：一是国家的法律规范，与纺织服装企业相关的主要有宪法、基本法律、行政法规、地方性法规等，其中与纺织服装企业相关的法律规范，构成纺织服装企业法律环境中最基本的内容；二是国家司法执法机关，例如，法院、检察院、公安机关等。与纺织服装企业关系密切的行政执法机关有：工商行政管理机关、税务机关、物价机关、技术质量监督机关、专利机关等；三是法律意识，是指纺织服装企业对法律制度的认识和评价。良好的法律环境对纺织服装企业成长、发展有积极的促进作用，反之，则不利于纺织服装企业的生存和发展。历史上，许多国家和地区都曾制定过一些有关纺织服装的法律、禁令或条例。这些法律、禁忌或条例，或是为了维护社会风气，或是为了维护阶级等级差异等。例如，在查理九世统治的法国，只允许上等阶层的贵妇人穿丝绸衣服，戴毛皮手筒。裙子衬架的宽度，以及使用多少装饰都要根据穿着者的地位而定。在17世纪，有些欧洲国家以拖裙的长短表示穿着者的等级，王后的裙裾长15.5米，公主的裙裾长9.1米，王妃的裙裾长6.4米，公爵夫人的裙裾长3.6米。我国早在夏、商、西周就已形成冠服制度，对不同身份等级的服饰有所规定，以后各朝各代都对衣冠服饰的等级差异做了明确规定。现代社会的一些组织机构，都制定了有关服装穿着的条例和规章。例如，军队、警察和法官的着装必须符合其组织的规定，并禁止其他人员使用军、警服和法官服。在这一点上，法律具有更强的约束力。

（6）社会文化环境

社会文化环境，是指在一种社会形态下已经形成的基本价值观念、宗教信仰、道德规范、审美观念，以及世代相传的风俗习惯等被社会所公认的各种行为规范。一个社会的文化和价值观念，具有高度的延续性。每个人都在一定的社会文化环境中生活和工作，其思想和行为必定要受到这种社会文化的影响和制约。一般来说，文化具有相当的稳定性，但这种稳定性是相对的，它总是随着时间的推移，或快或慢地发生着变化。文化的这种动态性，为纺织服装企业提供了更多的营销机会。

①价值观念。是指人们对社会生活中各种事物的态度和看法。不同文化背景下，人们的价值观念往往有着很大的差异，消费者对纺织服装商品的色彩、标识、式样以及促销方式都有自己褒贬不同的意见和态度。价值观念决定了人们的是非观、善恶观和主次观，在很大程度上决定着人们的行为。例如，东西方文化的差异，在价值观念方面表现得比较突出。总体来说，东方人在理念上表现出传统的特点，而西方人则表现为开放型。在纺织服装的需求和购买行为上也是如此，西方纺织服装业发展历程较长，技术先进，设计理念成熟，消费者对纺织服装的附加价值要求多、规格高，促使纺织服装企业的发展更符合西方的价值观；而东方的纺织服装业历史悠久，但技术、设计理念落后，消费者对纺织服装的需求和购买多以考虑经济因素为前提。因此，纺织服装企业在制定营销策略时，应把纺织服装产品和目标市场的价值观联系起来。

②宗教信仰。宗教是构成社会文化的重要因素，宗教对人们消费需求和购买行为的影响很大。不同的宗教，有自己独特的对节日礼仪、纺织服装商品使用的要求和禁忌。某些宗教组织甚至在教徒购买决策中，有决定性的影响。但在纺织服装营销活动中，也要注意到不同

的宗教信仰的禁忌，以避免由于矛盾和冲突给企业的纺织服装市场营销活动带来的损失。

③教育水平。受教育程度的高低，影响到消费者对纺织服装商品功能、款式、包装和服务要求的差异性。人们受教育程度的高低，也往往会影响纺织服装消费者的购买心理和对购买纺织服装商品的选择。例如，受文化教育水平高的国家或地区的纺织服装消费者，他们在选购纺织服装商品时，往往理性程度会更高一些，要求纺织服装商品包装典雅华贵，对附加功能也有一定的要求等。

④消费习俗。由于自然和社会方面的原因，人们在日常生活中形成了各个地区具有特色的消费习俗。消费习俗，是历代相传的一种消费方式，是风俗习惯的一项重要内容。不同的消费习俗，具有不同的商品要求。消费习俗在饮食、服饰、节日等方面，都表现出独特的心理特征和行为方式。例如，不同的纺织服装款式，在不同地区、民族和个人本身都体现出不同的含义，从而形成不同的类型。在盛大的民族庆典、祭礼、节日、仪式等庄严的场合，穿着民族服装能表现严肃、虔诚、尊敬、喜庆的感觉。民族服装中的精髓往往被现代化服装所吸收，给现代服装设计带来灵感。在社交场合中，服饰习俗是调节人与人之间的关系，使之和谐与融洽的方式和手段。纺织服装企业应注意分析目标市场人们的消费习俗，尤其是纺织服装习俗对营销的影响和作用。

⑤审美观念。主要表现在对各种艺术形式的感受中，也表现在对颜色和形式的欣赏之中。纺织服装具有美学功能，人们可以从不同的角度欣赏纺织服装。例如，纺织服装的颜色、设计以及搭配效果等。纺织服装的制作，应符合人们的审美观念。不同的文化具有不同的审美标准，同时，人们的审美观也是会发展变化的。例如，在欧美国家，他们认为白色象征纯洁和美丽，因此，在婚礼上新郎、新娘穿着白色礼服或婚纱；但在一些非洲国家，白色是贫穷的象征。又如，在一些国家中瘦身被认为具有美感，故此，服装偏瘦、偏小；但有些国家认为胖即是美，是富裕的象征，故服装宽松、肥大。由此可见，在不同文化背景下，消费者的审美观是不同的，纺织服装企业必须审时度势，灵活运用，开展有效的营销活动。

7.4 纺织服装企业营销环境分析与营销对策

纺织服装市场营销环境分析，是指纺织服装企业通过监测、跟踪纺织服装市场营销环境的变化及发展趋势，从中发现纺织服装市场营销机会和环境威胁，进而调整纺织服装市场营销战略与策略，以适应纺织服装市场营销环境的变化。在纺织服装市场营销环境分析中，最常用的是SWOT战略分析法。

7.4.1 纺织服装SWOT分析法

（1）概述

纺织服装SWOT战略分析法（简称纺织服装SWOT分析法），是Strengths-Weaknesses-Opportunities-Threats的简称，中文翻译为"优势、劣势、机会、威胁"。纺织服装SWOT分析法是运用系统分析的方法，将纺织服装企业内部的优势与劣势、外部环境所带来的机会与威胁相互匹配，并进行综合研究，在此基础上再制定相应的发展战略。纺织服装SWOT分析法的核心思想，是指通过对纺织服装企业的外部环境和内部条件的分析，明确纺织服装企业可以利用的机会和可能面临的风险，并将这些机会、风险与企业的优势、劣势结合起来，形成纺织服装企业经营管理的不同战略措施。任何一家纺织服装企业都会同时受到外部环境和内部因素的影响，外部环境因素对纺织服装企业的影响属于不可控的因素，而内部因素是易于掌握和控制的因素，因此，纺织服装企业就要特别重视对外部环境因素难以控制的特点，并采取一系列的应变措施。

（2）基本步骤

①分析优势和劣势。针对每一个具体的纺织服装市场，纺织服装企业就要分析本企业内部的优势和劣势，重要的是找出对纺织服装市场具有关键性影响的优势和劣势，做到心中有数。

②分析机会和威胁。由于纺织服装企业面临的外部环境是不断变化的，纺织服装企业经营者要重视分析企业所面临的外部机会和威胁，并应该抓住机会，规避风险。

③形成可行的备选战略。就是纺织服装企业针对外部的机会和威胁，与企业内部的优势和劣势进行全面分析，对各种可能的配对组合进行罗列，这样就可以利用图、表格等手段来制定出各种备选战略方案，如表7-1所示。

表7-1　纺织服装SWOT分析

内部因素＼外部因素	机会（O）	威胁（T）
优势（S）	最大成功的可能性	需要防范的活动
劣势（W）	大力加紧弥补缺陷	最小成功的可能性

（3）战略决策

完成纺织服装SWOT分析步骤后，就要对分析的情况进行战略决策。企业需充分利用上面制定的表格形成的不同组合来采取不同的战略措施。

①SO战略。即优势—机会组合战略，这是一种既能利用外部机会又能发挥纺织服装企业内部优势的策略。当纺织服装企业内部具有特定方面的优势，而外部环境又为发挥这种优势提供有利机会时，可以采取这种组合策略。例如，具备类似经营的经验，可利用空间和人力资源；纺织服装产品新颖，没有竞争者，地区行业支持等。

②WO战略。即劣势—机会组合战略，这是一种充分利用外部机会来弥补内部弱点，使纺织服装企业改变劣势而获得优势的战略。当外部存在一些机会时，而纺织服装企业当前的状况又限制了它利用这些机会时，可采取此战略，利用外部机会克服内部弱点。例如，某纺织服装企业没有类似经营经验，实施没有足够的资金和人力资源，经营管理人员没有接受充分培训。但纺织服装产品新颖，没有竞争者，地区行业支持等。

③ST战略。即优势—威胁组合战略，这是一种利用纺织服装企业的优势来规避或减轻外部威胁的影响。外部威胁可能来自纺织服装企业外部环境的变化，也可能来自竞争对手。例如，纺织服装企业具备类似经营经验，有可利用的资金和人力资源；纺织服装产品新颖，但存在竞争者，经营活动受到一定的限制。

④WT战略。即劣势—威胁组合战略，这是一种旨在减少内部弱点的同时，规避外部环境威胁的防御性技术。例如，没有类似经营经验，实施没有足够的资金和人力资源，经营管理人员没有接受培训。纺织服装产品新颖，但存在竞争者，经营活动也受一定的制约。

（4）应用

下面以穗鸿纺国际织服装集团公司为例，对其进行SWOT分析，如表7-2所示。

表7-2 穗鸿国际纺织服装集团公司SWOT战略分析矩阵

内部因素 \ 外部因素	内部优势（S） 1.拥有目前全国一流的纺织服装设施，不是租赁也不是托管 2.无负债。我国很多纺织服装企业是贷款的，本、息沉重 3.现金充足，有利于改造及再投资 4.高质量服务水平，承接各类纺织服装设计、生产的经验丰富 5.国际纺织服装联盟成员 6.拥有多个纺织服装品牌	内部劣势（W） 1.人力基础差，缺乏高素质的专业纺织服装营销人才 2.目前机制不能大刀阔斧，一步到位 3.与竞争对手相比，资源配置不合理 4.国际纺织服装经营管理无先行模式可鉴，营销渠道不畅
外部机会（O） 1.时逢政府大抓"纺织服装经济"，以"纺织服装"拉动本地经济，支持力度大 2.城市环境较好，旅游资源丰富，"南风窗"影响大 3.在改革开放和加入WTO等形势下，走出国门与国际合作的机会逐渐增多 4.广州的港澳优势有着其他城市所不能复制的特点，对港澳纺织服装合作市场潜力巨大	优势—机遇（SO）战略 1.借助政府行政资源加大纺织服装发展力度 2.巩固已有纺织服装品牌，培育创新产品，使国内销售成为集团业务发展和收入的主要来源 3.以扎实的服务质量为业务发展基础，同时拓展国际合作机会，提高知名度 4.加强对港澳纺织服装合作，发挥区域优势	劣势—机遇（WO）战略 1.建立新型用人机制、薪酬机制、激励机制和内部竞争机制，培养优秀纺织服装营销人才 2.借助知名纺织服装企业成功经验，加强对市场的主动出击，逐步建立完善的销售网络。拟在北京、上海等陆续成立销售公司，尽力提高市场占有率 3.利用广州优越的"南风窗"影响力，增加对全国纺织服装的销售力度
外部威胁（T） 1.公司地理位置不好，交通不太方便，城市容量不足 2.周边经济差，产业基础大部分较薄弱 3.周边城市存在许多纺织服装竞争对手 4.目前我国纺织服装行业正在大洗牌，若发展速度慢，有被边缘化的危险	优势—威胁（ST）战略 1.发挥纺织服装自有品牌优势，捆绑销售，增强竞争实力 2.扩大公司业务外延，做到纺织服装业务经营、纺织服装品牌、纺织服装服务等设计、生产、销售优势互补 3.积极扶持本地其他纺织服装公司的创新产品，培育市场	劣势—威胁（WT）战略 1.加强创新管理，设立策划部、调研部、设立新创意、新点子基金等管理措施，加强制度化管理，完善内部制度，提高工作效率，提升综合竞争力 2.将公司的营销作为常设机构存在 3.积极参加纺织服装行业协会、组织，对环境变化灵活应对

7.4.2 纺织服装企业营销对策

虽然纺织服装市场营销环境，对纺织服装企业的营销活动有着不容忽视的影响，但这并不是说企业只能被动地去适应营销环境的变化。企业对纺织服装市场营销环境的分析，其根本任务就是要从中找出给企业造成环境威胁或市场营销机会的各种因素及其变化趋势，有效地采取适当的对策，以谋求纺织服装企业的生存和发展。

（1）应付环境威胁的对策

①应对策略。指面对纺织服装市场环境中某一因素变化不可逆转的局面，纺织服装企业可以利用自身的优势，或借助某些有影响力的人物和组织从积极方面加以引导。例如，北京雪莲牌羊绒衫于20世纪60年代已打入国际市场，但进入80年代后，遇到了来自日本、香港地区在中国新疆、内蒙古地区合资开办羊绒衫企业的竞争。北京雪莲羊绒衫面对这种竞争，挖掘自己生产经验丰富、地理位置好、牌子有声望等优势，不断提高产品内在质量，不断增加新品种、新款式，同时改进染色工艺、改进产品包装，为雪莲牌羊绒衫赢得

了国内外市场，重新塑造了雪莲牌羊绒衫的新形象。

②缓减策略。指纺织服装企业无法控制纺织服装市场营销环境的变化，因而对市场威胁所造成的影响及其程度企业难以规避，但纺织服装企业可以通过改变经营策略，来缓解或减轻环境威胁的程度。例如，纺织服装企业面对同行竞争，增大广告等宣传力度，会导致纺织服装产品销售费用相应提高，纺织服装企业如果相应提高产品价格，会导致市场份额减少；如果维持原有价格，会导致企业利润下降。为了应对这种局面，纺织服装企业可以通过扩大生产规模、增加产品花色，改进生产技术，改善经营管理，严格成本核算等方法，来减缓竞争和销售费用增加所带来的不利影响。

③转移策略。面对环境威胁，纺织服装企业权衡利弊，审时度势，改变投资方向，实行多元经营，以转移环境威胁带来的损失。例如，面对国内纺织服装市场低档、低价产品趋于饱和，以及入世后进口纺织服装产品价格将会下降的威胁，这时，生产低档纺织服装产品而且又具有一定实力的纺织服装企业，就应及时调整纺织服装营销策略，转产高中档纺织服装或开拓其他领域。

（2）调节市场需求的对策

纺织服装市场营销环境各因素的变化，最终会通过纺织服装消费者的需求变化反映出来。面对纺织服装消费者需求的变化，纺织服装企业可以采取有效的营销手段调节市场需求。例如，运用"开发性营销"策略和"刺激性营销"策略来引导消费，或将纺织服装顾客潜在的需求，适时转变为现实的需求；如因环境急剧变化而引发需求衰退时，纺织服装企业可通过对产品的功能、包装进行适当的改变，以达到"恢复性营销"的目的。在积极适应纺织服装市场营销环境变化的前提下，纺织服装企业应运用好市场需求调节对策，这样不仅会使纺织服装消费者对本企业的产品需求得到维持，而且还会引发新的需求，创造一定的销售时机。

（3）适应动态环境的对策

为了提高对动态环境的应变能力，纺织服装企业必须分析和预测纺织服装市场营销环境的变化趋势，以增强纺织服装企业市场营销计划的适应性。纺织服装企业提高应变能力，可以从以下几个方面着手。

①建立宏观环境变化的预测系统。预测系统实质上就是一个信息系统，其主要的目的是收集和存储有关纺织服装企业环境方面的各种数据和信息，及时预报可能发生或正在发生的环境变化，为纺织服装企业下一步决策提供全面、可靠的信息。这些信息主要通过纺织服装企业的营销人员获得。

②健全信息的分析和评价系统。纺织服装企业在获得有关环境变化的信息后，需要对各种环境变化进行深入的分析和评价，并对各种环境变化可能给纺织服装企业带来的影响做出正确的判断，为纺织服装企业的营销决策提供可靠的依据。环境发展变化趋势对纺织服装企业发展的影响基本上分为两大类：一类是环境威胁；另一类是市场营销机会。故此，纺织服装企业要善于分析和评价环境变化对企业的影响，抓住市场机会，避免环境威胁。

③建立快速反应的决策机构。纺织服装企业在对环境变化做出正确的判断之后，就要快速地做出反应，迅速及时地调整企业的纺织服装经营战略和营销策略，使纺织服装企业的经营目标、经营战略和营销策略与企业营销环境保持动态平衡。这一切取决于纺织服装企业是否建立一支能对环境变化做出快速反应的决策机构。在纺织服装市场营销活动

中，抢占有利时机，以最快的速度推出满足市场需要的纺织服装产品并占领市场是十分重要的。

总而言之，纺织服装企业的生存和发展，在很大程度上取决于对纺织服装市场营销环境的应变能力，纺织服装企业只有及时了解营销环境的变化，做出正确的判断，把环境威胁转化为市场营销机会，把不利因素变为有利因素，才能在激烈的纺织服装市场竞争中立于不败之地。

核心概念

1. 纺织服装市场营销环境：是指与纺织服装企业生产经营有关的、直接或间接影响纺织服装企业产品的供应与需求的各种外界条件和内部因素的综合。

2. 纺织服装市场营销微观环境：又称纺织服装市场营销直接环境，是指由纺织服装企业内部环境、供应商、营销中介、顾客、竞争者和公众等构成的各种因素。

3. 纺织服装市场营销宏观环境：又称纺织服装市场营销间接环境，是指存在于纺织服装企业之外的并为其本身所不能控制的各种外部因素，主要有人口、经济、自然、政治法律、社会文化、科学技术等环境因素。

4. 纺织服装SWOT分析法：是运用系统分析的方法，将纺织服装企业内部的优势与劣势、外部环境所带来的机会与威胁相互匹配，并进行综合研究，在此基础上再制定相应的发展战略。

复习思考

1. 单项选择题
   （1）2001年10月在上海举行的（　　　），引起了海内外大众消费"唐装"的热潮。
       A．世博会　　　　B．奥运会　　　　C．APEC会议　　　D．亚运会
   （2）（　　　）的需求是纺织服装企业制定营销策略的出发点和归宿。
       A．供应商　　　　B．营销中介　　　C．顾客　　　　　D．竞争者
   （3）人口构成包括：自然构成和（　　　）。
       A．年龄构成　　　B．社会构成　　　C．家庭构成　　　D．民族构成
   （4）SWOT的中文意思是指（　　　）。
       A．优势—劣势—机会—威胁　　　　B．劣势—优势—机会—威胁
       C．优势—劣势—威胁—机会　　　　D．劣势—优势—威胁—机会
2. 多项选择题
   （1）影响纺织服装市场营销宏观环境包括（　　　）因素。
       A．人口、经济环境　　　　　　　　B．政治、法律环境
       C．自然、科技环境　　　　　　　　D．社会文化环境
   （2）影响纺织服装市场营销微观环境包括（　　　）因素。
       A．微观外部环境　　　　　　　　　B．微观内部环境
       C．客户、竞争者、社会公众等　　　D．企业人员数量
   （3）纺织服装市场营销环境特征包括（　　　）。

A．差异性和相关性 B．动态性和影响性
C．复杂性 D．客观性
（4）纺织服装SWOT分析法步骤有（　　　）。
A．分析优势和劣势 B．分析机会和威胁
C．形成可行的备选战略 D．形成不可行的备选战略
（5）纺织服装SWOT分析法所形成的组合战略有（　　　）。
A．SO战略 B．WO战略
C．ST战略 D．WT战略

3. 判断题（正确打"√"，错误打"×"）
（1）纺织服装市场营销环境就是指纺织服装企业的外部宏观环境。（　　）
（2）纺织服装市场营销微观环境，又称纺织服装市场营销直接环境。（　　）
（3）外部环境是纺织服装市场营销活动的重要外在因素，它对纺织服装市场营销活动产生间接的影响。（　　）
（4）恩格尔系数越高，生活水平越高。（　　）
（5）纺织服装市场营销微观环境受制于纺织服装市场营销宏观环境。（　　）

4. 简答题
（1）纺织服装市场营销的环境包括哪些？
（2）纺织服装市场营销环境对企业营销活动产生什么影响？
（3）纺织服装市场营销环境有哪些鲜明的特征？
（4）纺织服装市场营销微观环境主要包括哪些？
（5）什么是纺织服装SWOT分析？其核心思想是什么？

案例分析

商机无限的银发世界

（1）背景材料

经济全球化的趋势使少数大型企业和企业集团控制全球经济的实力不断增强，广大中小企业的生存与发展面临新的挑战。另外，随着经济总量的增加，买方市场的形成与确立，中小企业正面临着"二次创业"的艰巨任务。据原国家经贸委统计，我国各类中小企业数量超过1000万家，占企业总数的99%以上。在国民经济中，60%的总产值来自于中小企业，销售收入占到总额的57%，并为社会提供了70%以上的就业机会。在纺织服装制造业中，纺织服装中小企业同样占有十分重要的地位。故此，研究纺织服装中小企业具有现实意义。近些年来我国纺织服装市场消费的不景气，使得纺织服装中小生产企业经营状况不容乐观。尽管国家采取降息扩大内需等宏观调控办法，但纺织服装市场上"供过于求"的矛盾依然没有得到根本的缓解。一方面，各地都出现了各类档次的众多纺织服装品牌的打折现象，致使厂家、商家所获销售利润极低，纷纷大叫"卖衣难"，相当一部分纺织服装企业陷入亏损困境；另一方面，却仍有相当数量的消费者抱怨买不到合适的或称心如意的纺织服装产品，这在老年纺织服装方面尤为突出。由于老年纺织服装市场品种款式的单调，对于众多老年人来说可选性不大，他们只好到裁缝店量身定做。而我们在市场上见到

的被称作"婆婆衫"、"老头装"的老年服装，也大多面料差、种类少、式样旧、做工粗，几乎没有老年人叫得响的纺织服装品牌。针对这种现状，纺织服装企业有必要对开发老年纺织服装市场中面临的市场机会与环境威胁做出分析。

（2）纺织服装市场机会分析

在国际上，一般把一个社会人口总数中65岁以上人口占总人口的7％及其以上，叫做老年型社会（另一种计算方法是人口总数中60岁以上人口占人口总数的10％就是老年型社会）。2000年，我国举行了第五次全国人口普查。普查表明，我国65岁及以上人口占总人口的6.96％，因此可以说，我国已基本上进入了老年社会。老年人口的急剧增加，已成为世人所关注的一个重要的社会问题和重要的理论课题。在理论上，人口规模、购买能力、消费倾向是构成市场的三大要素，而人口规模是基础。我国如此庞大的老年人群体，为形成巨大的老年消费市场奠定了基础。一方面，老年人有很强的购买力，为实现消费提供了可能性和前提条件。当前，全国老年人的退休金、再就业收入、子女孝敬的赡养费，每年约达到4000多亿元，其中，仅退休金就达到1500多亿元。随着我国经济向纵深发展，老年人的各种收入还会不断提高。庞大的老年人口基数，旺盛的需求和一定的收入水平，预示着我国已经形成了一个潜力巨大的老年纺织服装市场。另一方面，伴随着老年人口的增加，老年人在衣、食、住、行等方面的需求也在不断增加。"衣食住行"衣为先，随着生活水平的提高，老年人在纺织服装的选择上，不论从款式的美观方面还是裁制的质量方面，都和年轻人一样有着强劲的需求。目前市场上纺织服装品种繁多，但老年人要买到称心如意的纺织服装仍然是"踏破铁鞋无觅处"，老年人买衣难一直困扰着纺织服装市场。因此，开发老年纺织服装市场这块"大蛋糕"，对于纺织服装中小企业来说，蕴含着无限商机。

（3）纺织服装市场环境威胁分析

尽管我国已逐渐步入老年社会，但老年消费市场的开发还处于认识和起步阶段，老年纺织服装市场更是不尽如人意。开发老年纺织服装市场还存在着以下一些环境威胁。一是当前倒挂式的社会消费结构制约了老年纺织服装市场的发展。"爱幼"甚于"尊老"，使老年纺织服装市场与丰富的妇女儿童纺织服装市场相形见绌，致使不少纺织服装经营者，把老年纺织服装市场定为商业盲区，不愿在此投资发展。二是老年人因其年龄体形等原因，对纺织服装有较特殊的板型需求，这就可能无法形成统一型号的制板，而不能统一制板就难上生产线，生产成本必然增加，成本增加使厂方和商家都认为投资经营老年纺织服装不划算，没有效益。三是由于老年人之间的文化素质、心态观念、体形及个人收入等差异，导致了老年人在选购纺织服装的要求上差异较大，因而未能形成一个稳定的消费群体，使纺织服装企业的产品很难定位和投资发展。

（4）应对措施

基于对开发老年纺织服装市场的机会与威胁的分析，纺织服装中小企业要想成功开辟这一广阔的市场，具体的应对措施如下：一是从产品本身来说，在纺织服装板型方面，准确确定国内老年纺织服装的标准板型，并细化大、中、小号板型的差别，保证纺织服装款款合体；在纺织服装面料方面，采用具有高科技成分、保健性能的绿色面料，从中体现出老年人的时代感；在纺织服装色彩方面，一改过去蓝、黑、白穿四季的局面，多采用一些暖色系、亮色系，体现老年人的健康向上、富有活力的精神面貌；在纺织服装款式方面，注重研究老年人腰腹尺寸大的特征，打破纺织服装的陈规旧套，积极融入流行款系，实用、方便、美观、舒适是老年纺织服装的设计定位。二是在纺织服装价格方面，应该制定出高、中、低不同的档次，其中，中间层次价格的纺织服装所占的比例应大些，以满足大多数老年消费者的需求。三是在销售渠道方面，采取流通渠道的多元化，既可在大型商场中设专柜，也可在社区附近设立老年纺织服装专卖店、连锁店，又可采用邮购等方式。对于千元以上高价老年纺织服装，可采取分期付款的销售方式，以刺激老年人消费。考虑到老年人出行不便的特点，还可采取上门服务，包退包换、百换不厌等措施，真正为老年消费者着想。四是在纺织服装促销方面，利用老年人获取信息的主要媒介如广播、电视、报纸、杂志等做一定的宣传。同时，选择特定的时间如重阳节、父亲节、母亲节等，特定的地点如晨练场所、社区，搞一些公关宣传活动，开展以老人着装、老人健康为主题的宣传活动，还可不定期在社区内开展老年人座谈会。这样既给老年人提供了一个聚会、交流的机会，同时也宣传了纺织服装企业自身，在老年人心目中树立起一个尊重老人、关爱老人的纺织服装企业形象，从而加强了他们对纺织服装企业的亲切感。

【问题分析】

1. 纺织服装市场中"卖衣难，买衣更难"现象的症结何在呢？纺织服装中小企业是否应开发老年服装市场？

2. 你认为案例中对开发老年服装市场的环境威胁与市场机会的分析还需做哪些补充？结合当前我国老年服装市场的现状，谈谈你对开发老年服装市场这块"大蛋糕"的设想。

实战演练

活动7-1

活动主题：认知体验纺织服装企业经营环境

活动目的：增加感性认识，实地体验纺织服装企业营销环境分析。

活动形式：

1. 人员：将全班分成若干小组，3~5人为一组，以小组为单位开展活动。

2. 时间：与教学时间同步。

3. 方式：实地参观一家纺织服装企业，请你帮助评价、分析企业经营的宏观环境和微观环境，运用纺织服装SWOT分析法，对纺织服装市场环境威胁和市场机会进行分析、描述，并提出自己的营销对策。

活动内容和要求：

1. 活动之前要熟练掌握纺织服装市场营销环境和纺织服装SWOT分析法等知识点，做好相应的知识准备。

2. 以小组为单位提交书面报告。

3. 报告撰写时间为2天。

4. 授课教师可根据每个小组提供的书面调查报告按质量评分，并计入学期总成绩。

任务8　纺织服装企业如何开展市场调研

> **知识目标**：1．纺织服装市场调查与预测的概念；
> 　　　　　　2．纺织服装市场调查与预测的方法；
> 　　　　　　3．纺织服装市场调查的程序与问卷设计；
> 　　　　　　4．纺织服装市场调查预测报告。
> **能力目标**：1．能正确运用纺织服装市场调查与预测方法；
> 　　　　　　2．能编写纺织服装市场调查问卷和调查与预测报告。

任务导航

> 任务8　纺织服装企业如何开展市场调研
> 8.1　如何进行纺织服装市场调查
> 8.1.1　纺织服装市场调查含义、作用与类型
> 8.1.2　纺织服装市场调查内容与方法
> 8.1.3　纺织服装市场调查程序与问卷设计
> 8.2　如何进行纺织服装市场预测
> 8.2.1　纺织服装市场预测含义和作用
> 8.2.2　纺织服装市场预测的方法
> 8.2.3　纺织服装市场调查与预测报告撰写

情景导入

Levi's服装公司的市场调查与预测

　　Levi's服装公司以生产牛仔裤闻名世界，同时兼营其他服装及鞋帽皮件等产品。该公司20世纪40年代末期的累计销售额达800万美元，而90年代增加到30亿美元。Levi's公司的决策者认为，任何成功的生意都应该做到及时准确地了解顾客的需求，千方百计地满足顾客的需求，为此，公司设有专门机构负责市场调查与预测，例如，由全公司组织分类产品的市场调查与预测，在国外按不同国别进行市场调查与预测等。公司对德国市场的调查表明，多数顾客首先要求合身，所以公司随即派人在该国各大学和工厂进行合身试验，一种颜色的裤子定出了45种尺寸，因而扩大了销路，根据多年市场调查与预测积累的经验，公司把合身、耐穿、价廉、时髦作为产品的主要目标，力争使自己的产品长期打入青年人的市场。近年来，在市场调查与预测中，他们了解到许多美国女青年喜欢穿男裤，所以公司经过精心设计，推出了适合妇女需要的牛仔裤和便装裤，使妇女服装的销售额不断上升。在调查中，他们还应用心理学、统计学等知识及手段，分析消费者的心理和经济状况的变化、环境的影响、市场竞争条件和时尚趋势等，并据此进行市场预测，制订了企业发展战略、产品开发战略，并制订企业的五年计划和第二年的销售、生产计划。他们认为，产销是一个共同体，两者由同一个上级决策，工厂和市场之间要建立经常性的情报联系，这样才能使工厂产品紧跟市场需求而变化，虽然在美国国内和国际服装市场上竞争相当激烈，但由于Levi's服装公司积累了丰富的市场调查与预测经验，因此，他们制订的生产与销售计划同市场上实际销售量只差1%~3%，获得了显著的经济效益。

想一想

　　什么是纺织服装市场调查与预测？Levi's公司做了哪些市场调查与预测？纺织服装市场调查与预测有什么作用？我们应该怎样进行纺织服装市场调查与预测？下面将为你一一道来。

8.1 如何进行纺织服装市场调查

8.1.1 纺织服装市场调查含义、作用与类型

（1）含义

纺织服装企业为了使纺织服装顾客得到高品质的服务和最大程度的满意，纺织服装企业每做一个决定都需要进行广泛的调查，要想做出好的纺织服装产品和好的纺织服装营销计划就需要以对顾客需求的全面了解为前提。纺织服装企业还需要了解有关竞争者和其他各种纺织服装市场因素的实际情况。而这些有用的信息的即时获得是通过调查得到的。

纺织服装市场调查，是指用科学的方法和客观的态度，以纺织服装市场和纺织服装市场营销中的各种问题为研究对象，有效地搜集、整理和分析各种有关的信息，从而掌握纺织服装市场的历史和现状，以便为纺织服装企业的预测和决策提供基础性的数据和资料。

（2）作用

纺织服装市场调查是纺织服装营销的起点，其作用表现在以下两个方面：一是有效的纺织服装市场调查能够及时、准确和充分地提供市场情报，有助于纺织服装企业分析和研究营销环境状况及其变化，从而有预见性地安排纺织服装营销活动，减少决策风险；二是对纺织服装企业营销决策和计划的实施情况进行调查，可以对纺织服装营销决策的得失作出客观的评价并提出正确的建议。

（3）类型

①纺织服装探测性调查。是指纺织服装企业对所研究的市场情况缺乏认识甚至很不了解，为明确其范围、性质、原因等而进行的调查。纺织服装探测性调查有助于认识问题和界定问题，以便确定调查的重点和方向。例如，纺织服装企业的客户下降，是什么原因造成的呢？是纺织服装产品不吸引人？还是纺织服装价格太高？是纺织服装的渠道不畅？还是促销不力？还是竞争者采取了新的策略？诸如此类。为了弄清到底是什么原因，就可用纺织服装探测性调查法去寻找最可能和最重要的原因，以确定问题研究的方向。纺织服装探测性调查，回答的是"可以做什么"，即"投石问路"。它通常采用一些简便易行的调查方法，例如，研究手头现有的资料，请教熟悉情况的人士，分析以往的类似案例等。

②纺织服装描述性调查。就是针对所研究的市场情况，通过搜集资料并经甄别、审核、记录、整理、汇总，以便作更深入、更全面的分析，揭示问题真相，并对问题的性质、形式、存在、变化等具体情况作出现象性和本质性的描述。纺织服装调查大多是描述性调查，例如，调查纺织服装顾客的年龄结构、收入状况、偏好情况、对纺织服装产品的态度，等等。纺织服装描述性调查，回答的是"是什么"，因为它一般是针对特定的市场情况寻找答案，为进一步调查提供基本资料，所以比纺织服装预测性调查要深入细致得多。纺织服装描述性调查需要制定详细的调查计划和提纲，搜集大量的信息，力求如实、具体地描述调查研究的对象。

③纺织服装因果性调查。是对导致研究对象存在或变化的内在原因和外部因素的相互联系和制约关系作出说明，并对诸因素之间的因果关系、主从关系、自变量与因变量的关系进行定量与定性的分析，指出调查对象产生的原因及其形成的结果。例如，为什么皮尔·卡丹时装畅销国际服装市场？为什么某纺织服装企业产品的市场占有率今年比去年下

降10%？等等。通过因果性调查，我们就可以弄清问题产生的前因后果，以便纺织服装企业对症下药。纺织服装因果性调查，就是在纺织服装描述性调查的基础上，找出纺织服装市场上出现的各种现象之间、各种问题之间相互关系的原因和结果，它回答的是"为什么"。

④纺织服装预测性调查。是对纺织服装市场未来变化趋势进行的调查，即在纺织服装描述性调查和纺织服装因果性调查的基础上，对市场可能的变化趋势进行估计和推断。因此，实际上是纺织服装调查结果在预测中的应用。纺织服装预测性调查的方法很多，可以通过综合专家和有经验人士的意见，对事物的发展趋势作出判断；也可以对纺织服装描述性调查或因果关系调查所获得的资料进行分析和计算，预测未来变化的量值。纺织服装预测性调查的结果常常被直接用作决策的依据。纺织服装预测性调查，着眼于纺织服装市场现象的未来，它回答的是"将来怎么样"。

上述四种调查类型是相互联系、逐步深入的。纺织服装探测性调查有助于识别问题和界定问题；纺织服装描述性调查有助于说明问题；纺织服装因果性调查有助于分析问题的原因；纺织服装预测性调查有助于估计问题的发展趋势，从而为发展企业经营决策提供服务。

8.1.2 纺织服装市场调查内容与方法

（1）内容

纺织服装市场调查的范围，涉及纺织服装营销的全过程。因此，纺织服装营销各方面、各环节的情况都可能成为纺织服装市场调查的内容，主要有纺织服装宏观环境调查、纺织服装动机和行为调查、纺织服装分析调查、纺织服装竞争情况调查和纺织服装营销因素调查几个方面。

①纺织服装宏观环境调查。是指对政治、经济、社会、法律、生态、技术等因素的现状进行调查，研究其对纺织服装企业营销的影响。例如，纺织服装政治法律环境调查，主要了解政府的有关方针政策和国家的法律法规等；纺织服装经济环境调查，主要了解一个国家或地区的经济发展速度、经济结构、国民收入、消费水平、消费结构和资源条件等方面的情况；纺织服装技术环境调查，主要了解科学技术的发展状况，新技术、新工艺、新设备等的应用及普及推广情况。

②纺织服装动机和行为调查。是指对纺织服装顾客购买动机和行为特性进行调查。主要是了解纺织服装顾客购买的原因、目的、时间、地点、方式以及购买后的评价等。

③纺织服装分析调查。主要是研究纺织服装需求的动向、现实和潜在的纺织服装需求、纺织服装的供求平衡状况、本企业和其他纺织服装企业的市场占有率状况、纺织服装营销策略变化对纺织服装收入的影响等。

④纺织服装竞争情况调查。主要包括：对纺织服装竞争者的调查分析和对纺织服装内容的调查分析。对纺织服装竞争者调查的内容包括：纺织服装竞争者的能力、技术水平、市场占有率、纺织服装产品的成交量、地区、经营目标、营销策略以及优势和劣势等。对纺织服装内容调查主要包括：纺织服装产品、纺织服装成交量、纺织服装成交结构分析、纺织服装成交价位分析、纺织服装成交的科技含量分析等。

⑤纺织服装营销因素调查。主要包括：纺织服装产品调查、纺织服装价格调查、纺织服装分销渠道调查和纺织服装促销调查等。对纺织服装产品调查，主要是了解纺织服装

对象。纺织服装产品是否是新产品；是否具有一定的先进性和代表性；是填补了空白的产品还是老产品的升级换代。对纺织服装价格调查，主要是针对纺织服装企业价格策略的反应、影响纺织服装企业价格的主要因素、需求价格弹性、替代产品价格、互补产品价格、竞争者价格策略等。对纺织服装分销渠道调查，主要是了解纺织服装销售渠道的结构和覆盖范围、纺织服装经营状况、顾客对纺织服装的满意程度、纺织服装产品的运输和仓储情况等。对纺织服装促销调查，主要了解人员推销的效果、广告媒体情况和广告效果、营业推广的效果、社会公众对纺织服装企业公关活动的反映等。

（2）*方法*

对于纺织服装市场调查者来说，选择恰当的纺织服装市场调查方法是十分重要的。纺织服装市场调查方法包括：纺织服装定性调查和定量调查两大类。纺织服装定性调查的目的在于发现问题以及寻找解决问题的方案，常见的方法有纺织服装文案调查法、访谈法、观察法等；纺织服装定量调查是用来测试、衡量上述方法是否可行、有效，最主要的方法是纺织服装问卷调查，不论是通过电话、信函、互联网还是面对面，都可以得到有价值的定量数据。在具体操作中，纺织服装企业可根据纺织服装调查目的、内容以及对象的特点，选择恰当的调查方法。

①纺织服装文案调查法。是指利用纺织服装企业内部和外部、过去和现在的有关资料，运用统计理论加以汇总分类整理，用以分析纺织服装市场供求或销售变动情况，经过综合研究、判断，探测其未来发展趋势。也就是说，在纺织服装文案调查中，纺织服装市场调查人员不需要亲临其境，只需从大量丰实的文献资料，如书刊、报纸、图像、报表以及电脑网络、广播电视、新闻报纸等传媒中，去寻找、去挖掘人们在纺织服装市场问题研究中所掌握的宝贵的资料，在此基础上形成对纺织服装市场问题的新的、有益的认识。由于纺织服装文案调查法所收集的是二手资料，故又称为纺织服装二手资料调查法。其优点是便于取得那些不可能直接接近，其他方法不能取得的资料；对所查阅的文献资料有较高的选择性；研究时间有较大的弹性；较之其他调查法，可以减少时间、人力、物力、财力的耗费。而缺点主要是向有关机关、部门、单位以及媒体收集查阅资料时，有时因保密性而不能取得所需要的资料。另外，所得资料需要较长时间，又经多人转记，其真实程度难以保证。

②纺织服装询问调查法。是指通过询问的方式向被调查者了解纺织服装市场情况，询问问题收集资料的一种调查方法。它是纺织服装调查最常用的方法。根据纺织服装市场调查人员与被调查者之间的接触方式不同，又可分为：一是个人访问法，是指纺织服装市场调查者与被调查者面对面地单独交谈。这种调查方法具有直观、灵活、真实等有利一面，但它比较费时，调查的范围又受到一定的限制；二是座谈会法，是指在纺织服装企业内部搞调查或对部分典型纺织服装顾客代表搞调查时通常采用的一种方式。座谈会法的特点与个人访问法类似，直观、灵活、真实，调查的范围也受到一定的限制。所不同的是，座谈会法是多个被调查者在一起接受调查，会议的气氛、领导人的语言以及其他被调查者都会不同程度地影响调查的结果，使调查的结果易于失真；三是函件通信调查法，它是指将设计好的问卷邮寄给被调查者，请他们填写后寄回的调查方法。这种方法的优点是不需要调查者亲自到场，只需邮寄函件，节省了调查的人力、物力和财力，调查成本低，调查不受地域的限制，可以扩大调查面。但是，函件的回收率通常较低（通常为50%左右），需要按一定的比例多邮寄问卷，而且，有的被调查者对问卷中的某些问题不理解，不作回答，

问卷的空项较多，影响统计的效果；四是留置问卷调查法，是指纺织服装市场调查人员将调查提问的内容（或问卷）当面交给被调查者，并说明回答的要求，由被调查者事后自行填写回答，再由会展调查人员约定时间收回的一种调查方法。留置问卷调查法的优点是回收率高，被调查者的意见可以不受调查人员意见的影响，也可以避免由于被调查者误解调查内容而产生误差。缺点是它的调查费用高，也不利于了解被调查人员的活动。

③纺织服装观察法。是指纺织服装市场调查者身临调查现场进行实地观察，在被调查者毫无察觉的情况下，对其行为、反应作调查或统计的一种方法。纺织服装观察法，主要有：一是直接观察法，是指纺织服装市场调查人员直接到纺织服装现场观察；二是亲身经历法，是指纺织服装市场调查人员以当事人的身份，实地体验、观察，以了解真实情况；三是实际痕迹测量法，是指通过设纺织服装顾客意见簿、用户要求联系簿或广告附回条等方式，了解纺织服装顾客对纺织服装企业、产品和服务的看法；四是行为记录法，是指通过将仪器（录音机、录像机、照相机）装在现场，如实地记录被观察者的行为的方法。纺织服装观察法的特点是使被调查者察觉不到正在被调查，或者被调查者并不介意自己的行为受到调查人员的观察。其优点是得到的资料比较真实可靠，缺点是不能了解被调查者的心理状态。

④纺织服装实验法。它是指将调查范围缩小到一个比较小的规模上，进行试验后取得一定结果，然后再推断出总体可能的结果。例如，在调查纺织服装广告效果时，可选定一些顾客作为调查对象，对他们进行广告宣传，然后根据接受的效果来改进广告词语、声像等。纺织服装实验法是研究因果关系的一种重要方法。又如研究广告对纺织服装营销的影响，在其他因素不变的情况下，纺织服装销量增加就可以看成完全是广告源影响造成的。当然纺织服装营销情况受多种因素影响，在纺织服装实验期间，顾客的偏好、竞争者的策略，都可能有所改变，从而影响实验的结果。虽然如此，纺织服装实验法对于研究因果关系，能提供询问法、观察法所不能提供的材料，运用范围较为广泛。

⑤纺织服装抽样法。纺织服装抽样调查法是指从需要调查的对象总体中，抽取出若干个体（即样本）进行调查，根据调查的情况推断总体特征的一种调查方法。纺织服装企业的调查通常是在局部范围内展开的，采用的是纺织服装抽样调查的方法。纺织服装抽样调查法包括随机抽样调查法和非随机抽样调查法。随机抽样调查法是指调查对象总体中每个个体被抽取为样本的机会都是均等的方法，包括简单随机抽样调查、分层抽样调查、分群抽样调查和等距抽样调查四种形式。非随机抽样调查法是指调查对象总体中每个个体被抽取为样本的机会不是均等的方法，包括任意抽样调查、判断抽样调查法和配额抽样调查法三种形式。在纺织服装市场调查中，通常采用：一是简单随机抽样调查，也叫纯随机抽样调查，它是指从总体中不加任何分组、划类、排队等，完全随机地抽取调查单位。其特点是：每个样本单位被抽中的概率相等，样本的每个单位完全独立，彼此间无一定的关联性和排斥性。简单随机抽样是其他各种抽样形式的基础。通常只是在总体单位之间差异程度较小和数目较少时，才采用这种方法；二是分层抽样调查，又称分类抽样调查或类型抽样调查，它是指将总体单位按其属性特征分成若干类型或层，然后在类型或层中随机抽取样本单位。其特点是：由于通过划类分层，增大了各类型中单位间的共同性，容易抽出具有代表性的调查样本。该方法适用于总体情况复杂，各单位之间差异较大，单位较多的情况；三是分群抽样调查，它是指将总体按一定特征分成若干群体，然后从中随机抽取一个

样本群，再从这个样本群中随机抽取样本。分群抽样调查适用于总体所含个体数量庞大而且比较分散的情况。当调查对象数量庞大且混乱、难以按一定标准分层时，就只能按地区等特征进行分群。随机抽样调查是将部分作为样本。分群抽样调查与分层抽样调查是有区别的：分群抽样调查是将样本总体划分为若干不同群体，这些群体之间的性质相同，然后将每个群体进行随机抽样，这样每个群体内部存在性质不同的样本；而分层抽样调查是将样本总体划分为几大类，这几大类之间是有差别的，而每一类则是由性质相同的样本构成的。

⑥纺织服装网络调查法。是指通过互联网进行的有系统、有计划、有组织的收集纺织服装市场信息资料和分析的一种新型调查方法。纺织服装网络调查法不受时间、地点限制，而方便、实用。纺织服装企业可通过网络邮箱或网上调查问卷方式展开对主要目标顾客、社会公众地调查。纺织服装网上调查法的不利因素，是被调查者身份很难确定，同时可能出现重复填写调查问卷或填写的内容不真实等情况。此外，纺织服装网络调查的信息公开度相对较高，一些对纺织服装企业的不合理抱怨也可能会给企业带来不利影响。

8.1.3 纺织服装市场调查程序与问卷设计

（1）程序

纺织服装市场调查的程序，是指具有一定规模的一项正式调查，从调查准备到调查结束全过程工作的先后次序和具体步骤。在纺织服装市场调查中，建立一套系统的科学程序，有助于提高调查工作的效率和质量。通常，一项正式调查的全过程一般可分为：调查准备、调查实施以及分析和总结三个阶段，每一个阶段又可分为若干具体步骤，如图8-1所示。

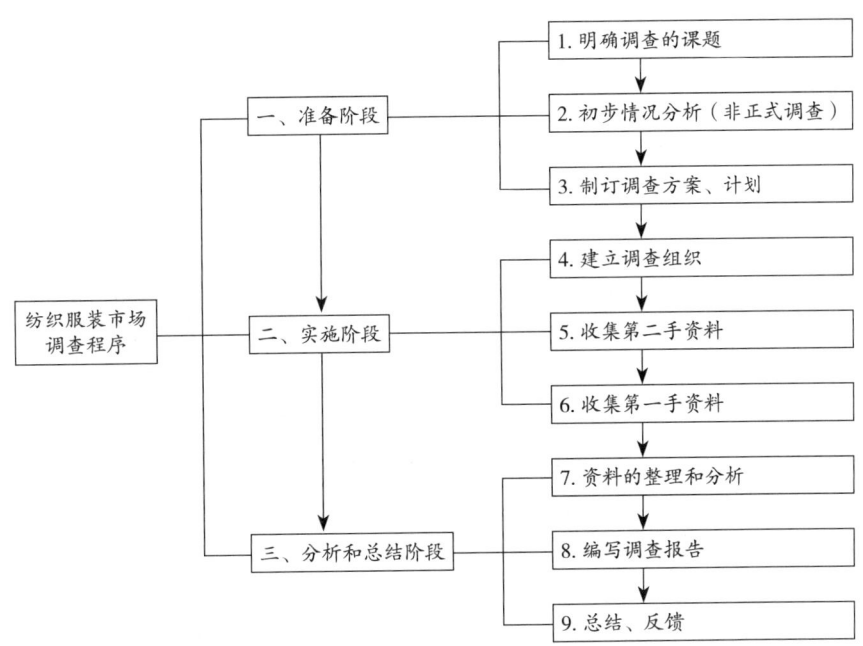

图8-1 纺织服装市场调查的程序

①准备阶段。纺织服装市场调查准备阶段是调查工作的开端。准备是否充分，对于实际调查工作和调查的质量影响颇大。一个良好的开端，往往可收到事半功倍之效。调查

准备阶段，重点是解决调查的目的、要求，调查的范围和规模，调查力量的组织等问题，并在此基础上，制订一个切实可行的调查方案和调查工作计划。这个阶段的工作步骤具体如下：

　　A. 明确调查的课题。在开展纺织服装市场调查之前，调查人员必须明确调查的问题是什么、目的要求如何。例如，要根据纺织服装企业决策、计划的要求，或者纺织服装企业营销活动中发现的新情况和新问题，提出需要调查研究的课题。一般可从下面三种情况中发现问题：一是明显与纺织服装市场需求不相适应的营销因素，如纺织服装产品的销量逐月下降或是库存超过了合理储备；二是与潜在的纺织服装市场需求不相适应的营销因素，如纺织服装产品的销量增加，但纺织服装市场占有率在下降，这是影响销售量的潜在因素，继续下去即将成为明显的现象；三是从纺织服装营销规律中考察、探索问题。如纺织服装企业新产品上市对本企业老产品销路的影响，消费需求的变化，对本会展企业纺织服装产品的影响等。

　　B. 初步情况分析和非正式调查。纺织服装市场调查部门对初步提出来需要调查的课题，要搜集有关资料作进一步分析研究，必要时还可以组织非正式的探测性调查，以判明问题的症结所在，弄清究竟应当调查什么，才能为纺织服装企业营销活动提供客观依据。同时，要根据调查的目的，考虑调查的范围和规模多大才合适，调查的力量、时间和费用负担是否有保证，也就是从经济效益和社会效益来衡量这次调查是否可行。如果原来提出的课题涉及面太宽或者不切实际，调查的范围和规模过大、内容过多，无法在限定时间内完成调查任务，就应当实事求是地加以调整。在确定调查课题中一般应注意：一是确定的调查课题是否是关键问题，若不是关键问题就应放弃；二是确定的调查课题是能够取得信息资料的，否则，就应改换项目；三是确定的调查课题费用大、收效小的也应舍弃。

　　C. 制订调查方案和工作计划。对纺织服装市场调查课题经过上述分析研究之后，如果决定要进行正式调查，就应制定调查方案和工作计划。纺织服装市场调查方案是对某项调查本身的设计，目的是为了调查有秩序、有目的地进行，它是指导调查实施的依据，对于大型的市场调查是十分重要的。调查方案设计的内容有：一是为解决调查的课题需要收集哪些信息资料才能达到目的；二是怎样运用数据分析问题；三是明确获得答案及证实答案的做法；四是信息资料从哪里取得，用什么方法取得；五是评价方案设计的可行性及核算费用的说明；六是方案进一步实施的准备工作。纺织服装市场调查工作计划，是指对某项调查的组织领导、人员配备、考核、工作进度、完成时间和费用预算等的预先安排，目的是使调查工作能够有计划、有秩序地进行，以确保调查方案的实现。

　　纺织服装市场调查方案和调查计划，各有不同的作用。一般来说，大型的纺织服装市场调查，需要分别制订调查方案和调查工作计划。对于一些内容不很复杂，范围较小的纺织服装市场调查，可以把两者结合起来，只拟订一个调查计划，附以调查提纲即可。例如，市场调查可按表8-1设计调查计划。

　　②实施阶段。纺织服装市场调查方案和调查计划经有关部门和领导批准以后，就进入了调查实施阶段。这个阶段的主要任务，是组织调查人员深入实际，按照调查方案或调查提纲的要求，系统地收集各种可靠资料和数据，听取被调查者的意见。这一阶段的具体步骤如下：

表8-1 调查计划表

调查目的	为何要作此调查，需要了解些什么，调查结果有何用途等
调查方法	询问法、观察法、实验法等
调查地区	被调查者居住地区、居住范围等
调查对象、样本	对象的选定（资格、姓名、条件）、样本数量、样本选取等
调查时间、地点	开始日期、完成日期、在外调查时间、调查开始时间、所需时间、地址等
调查项目	访问项目、问卷项目（附问卷表）、分类项目等
分析方法	统计的项目、分析、预测方法等
提交调查报告	报告书的形式、份数、内容、中间报告、最终报告等
调查进度表	策划、实施、统计、分析、提交报告书等
调查费用	各项开支数目、总开支额等
调查人员	策划人员、调查人员、负责人姓名、资历等

A. 建立调查组织。纺织服装市场调查部门，应当根据调查任务和调查规模的大小，配备好调查人员，建立纺织服装市场调查组织。调查规模大的可以建立调查队或大组，下面再分设若干小队或小组。调查规模小的一般可成立一个调查小组。调查人员可以是本企业调查部门的专职人员，也可以是从其他部门抽调配的人员。调查人员确定后，需要集中进行学习。对于临时吸收的调查人员，更需要进行短期培训。学习和培训的内容主要包括：一是明确调查方案；二是掌握调查技术；三是了解有关的方针、政策、法令；四是学习必要的经济知识和业务技术知识等。

B. 收集第二手资料。纺织服装市场调查所需的资料，可分为原始资料（又称一手资料）和现成资料（又称二手资料）两大类。原始资料是指需要通过实地调查才能取得的第一手资料。取得这部分资料所花的时间较长，费用较大。现成资料是指机关、企业等单位或个人现有的第二手资料。取得这部分资料比较容易，花费较少。在实际调查中，应当根据调查方案所提出的资料范围和内容，尽可能地组织调查人员收集第二手资料。本企业内部资料可以责成有关人员提供，外部资料要向有关单位或个人索取，具体可以根据所需资料的性质，确定向哪些单位或个人收集。有些市场信息资料，具体可以从图书馆、各种文献、报刊中取得。收集第二手资料，必须保证资料的准确性和可靠性。对于统计资料，应该弄清指标的含义和计算的口径，必要时应调整计算口径，使之符合调查项目的要求。某些估计性的数据，要了解其估算方法和依据以及可靠程度。某些保密的资料，应当根据有关保密的规定，由专人负责收集、保管，严防泄密。

C. 收集第一手资料。在纺织服装市场调查中，光靠收集第二手资料是不够的，还必须通过实地调查收集第一手资料。例如，对羽绒服的需求调查，除了收集有关的第二手资料外，还必须选择一定数量的城乡居民家庭进行实地调查，以取得有关居民需求的第一手资料。在实地调查中，应当根据调查方案所确定的方式，先选择好调查单位，然后运用各种不同的调查方法取得第一手资料。纺织服装市场调查一般可采用普查、重点调查、典型调查和抽样调查等方式，向调查单位进行调查的方法一般有询问法、观察法和实验法等。

③分析和总结阶段。纺织服装市场调查资料的分析和总结阶段，是得出调查结果的阶段。这一阶段的工作如果抓得不紧或者草率从事，会导致整个调查工作功亏一篑，甚至前功尽弃。它是调查全过程的最后一环，也是纺织服装市场调查能否发挥作用的关键环节。这一阶段有以下具体步骤：

A. 资料的整理和分析。纺织服装市场调查所获得的大量信息资料，往往是分散的、零星的，某些资料也可能是片面的、不真实的，必须系统地加以整理分析，经过去粗取精，去伪存真，由此及彼，由表及里的改造制作，才能客观地反映被调查事物的内在联系，揭示问题的本质和各种市场现象间的因果关系。这一步的工作内容主要包括：一是资料的检查、核实和校订。对于纺织服装市场调查所得资料，在整理编辑过程中，首先要检查资料是否齐全，是否有重复或遗漏之处，是否有可比性，是否有差错，数据和情况是否相互矛盾，一经发现问题，应及时复查核实，予以订正、删改和补充。在实地调查中，调查人员应当边调查、边检查，以便及早发现问题，及时核实订正。调查告一段落后，应再仔细核实一遍，力求资料真实可靠；二是资料分类汇编。凡经核实校订的资料，应当按照调查提纲的要求，进行分类汇编，并以文字或数字符号编号归类，以便归档查找和使用。如果用电子计算机处理数据，要增加一个卡片打孔过程，把数据信息变换为代码，打入卡片；三是资料的分析和综合。调查所得的各种资料，反映着客观事物的外部联系。为了透过现象看本质，要用科学的方法，对大量资料进行分析和综合，弄清调查对象的情况和问题，找出客观事物的内在联系，从中得出合乎实际的结论。对于调查所得的数据，可以运用多种统计方法加以分析，并制成统计表。对于调查中发现的情况或问题，可以通过集体讨论，加以分析论证。

B. 编写调查报告。纺织服装市场调查报告是对课题调查研究之后所编写的书面报告，它是调查的最后结果，是用客观材料对所调查的问题作出系统的分析说明，提出结论性的意见。编写一份有分析、有说明的调查报告，是纺织服装市场调查最后阶段最主要的工作。其调查报告的内容一般包括：一是调查目的、方法、步骤、时间等说明；二是调查对象的基本情况；三是所调查问题的实际材料与分析说明；四是对调查对象的基本认识，做出结论；五是提出建设性的意见和建议；六是统计资料、图表等必要附件。

C. 总结反馈。纺织服装市场调查全过程结束后，要认真回顾和检查各个阶段的工作，做好总结和反馈，以便改进今后的调查工作。总结的内容主要有以下几个方面：一是调查方案的制订和调查表的设计是否切合实际；二是调查方式、方法和调查技术的实践结果，有哪些成功的经验可以推广，有哪些失败的教训应当吸取；三是实地调查中还有哪些问题没有真正搞清，需要继续组织追踪调查；四是对参加调查工作的人员作出考核，要表彰先进，鞭策后进，促进调查队伍的建设，提高调查水平和工作效率。

（2）问卷设计

在纺织服装市场问卷调查中，问卷设计是非常关键的环节，问卷设计是否科学合理，决定着问卷的回收率、有效率，进而影响到纺织服装市场调查研究的效果。

①作用。纺织服装市场调查问卷，有如下作用：一是由于问卷中大多已给出备选答案，一般不需要被调查者再作文字方面的解答，节省了调查时间，效率高；二是问卷内容通俗易懂，表达上容易为被调查者接受，同时问卷也不要求调查者一定要具备很高的交流技巧，实施起来比较方便；三是适用范围对象广泛，不仅适用于较大的国际、国内、区域市场，而且可针对纺织服装产品市场以及售后服务市场等；四是便于统计处理和定量分析，可以避免主观偏见，减少人为的误差。

②基本结构。纺织服装市场调查问卷的基本结构，可划分为前言、调查主体和结语三部分，其中调查主体是问卷的核心部分。问卷基本的内容应该包括问卷的标题、说明词、问题与答案、填写要求、编码和必要的注明六部分。

A. 问卷的标题。问卷的标题能够使被调查者对调查的主要内容、基本用意一目了然，一般位于问卷的上端居中，要求题目简明扼要，切中主题。例如："第21届中国国际服装服饰博览会（CHIC）观众满意度调查问卷"。

B. 说明词。说明词是调查者向被调查者写的一封简短信，主要说明调查的目的、意义、选择方法以及填答说明、对被调查者合作的回报等，用于消除被调查者的顾虑，引起调查者的兴趣，争取得到被调查者的支持和合作，语气要谦虚、诚恳、简练、准确，说明词一般放在问卷的开头。例如：

尊敬的来宾：

您好！感谢光临本届CHIC。

耽误您几分钟，我们是本届CHIC组委会统计信息组调查员，为了收集您对本届CHIC的宝贵意见和建议，进一步改进并完善我们的服务、组织工作，烦请您在百忙中协助我们填写本调查问卷。

谢谢您的合作！

CHIC组委会统计信息组

C. 主体调查内容。这是调查问卷最重要的部分，包括具体问题、备选答案、回答说明和编码。具体问题是围绕调查主题而设计的一系列问句。调查问题分为封闭式、开放式和量表式三类。备选答案，是对封闭式问题所给出的可供选择的范围。回答说明，是包括对问题的填答方法、跳答指示等。编码，是指问句的题号、备选答案的编号，这些都会用在后面资料预处理部分的编码表中。

D. 被调查者基本情况。了解被调查者的背景资料。如参展商或采购商的基本情况包括其单位性质、所属行业、单位规模、单位所在地理区域等因素。对于个人观众，基本情况包括其性别、年龄、文化程度、从事职业等因素。有的调查问卷把该部分放在主体内容之前，还有些问卷出于降低敏感性的考虑，把该部分放在主体内容之后，这都是可以的。

③问题的设计。在纺织服装市场调查问卷中，所涉及的问题主要有三种形式：封闭式问题、开放式问题和量表应答式问题。

A. 封闭式问题，是指对所提出的问题给出可供选择的答案，被调查者只能在既定的答案中进行选择。具体到纺织服装市场调查问卷，最常见的封闭式问题有三种：

一是二项选择法，即由被调查者在预先给定的、相互对立的两个答案中选择其一。例如：

您是否听说过CHIC？

A. 是（　　）　　　　B. 否（　　）

二是多项选择法，即对所提出的问题，预先给出若干个答案，请被调查者从中选择一个或几个。例如：

您获悉本届CHIC的信息来源是：

A. 新闻报道（　　）　　　　B. 广告宣传（　　）

C. 网络媒体（　　）　　　　D. 专业刊物（　　）

E. 主承办单位邀请（　　）　　F. 朋友/同事告之（　　）

G. 其他途径（　　）

再如：

您参观本届CHIC的主要目的是：

A. 了解前沿科技成果（　　　）　　　B. 了解市场信息（　　　）
C. 采购服装服饰产品（　　　）　　　D. 寻找合作项目或伙伴（　　　）
E. 寻找投资项目（　　　）　　　　　F. 其他（　　　）

三是顺位法，即要求被调查者对所询问问题的答案，按照自己认为的重要程度排序作答。例如：

您对本届CHIC的哪一展示主题印象最深刻（请选择最主要的三个，并按重要程度排序）：

A. 最新科技成果（　　　）　　　B. 自主创新（　　　）
C. 国际合作（　　　）　　　　　D. 区域经济（　　　）
E. 循环经济（　　　）　　　　　F. 数字畅游（　　　）
G. 科技生活（　　　）　　　　　H. 未来科技（　　　）

调查问卷中的封闭式问题还有回忆法、再确认法、程度倾向法等，但由于在纺织服装市场调查问卷中很少使用，在此不赘述。

对于封闭式问题，被访者易于作答，能节省调查时间，提高问卷回收率。同时，标准化的答案便于统计分析和制表。有鉴于此，封闭式问题在纺织服装市场调查问卷中被大量采用。但同时需要指出的是，封闭式问题也有缺陷，如被调查者在备选答案中找不出适合自己的选项时，很可能会任意选择，这就会导致调查结果出现偏差。为此，调查者在设计封闭式问题的答案时应力求全面、准确。封闭式问题适合于收集事实性信息或被调查者有明确看法的意向型问题，而对于那些寻找动机的探索性调查，采用开放式问题更适宜。

B. 开放式问题，是指对所提出的问题，不给出应答的备选答案，被调查者可以畅所欲言，不受限制地回答问题。例如：

您对本届CHIC在组织、服务方面有哪些意见与建议？＿＿＿＿＿＿＿＿＿＿＿＿。

开放式问题的优点：一是调查者拟定问题比较容易；二是被调查者回答问题时思路不受限制，调查者可获得更为广泛的信息和建设性意见。其缺点是：首先，调查时间较封闭式问题长，调查易被拒答，回答率较低；其次，对答案的审核、编码、分析烦琐，不便于数据整理和上机进行统计分析。故此在设计纺织服装市场调查问卷时，应控制开放式问题的比例。

C. 量表应答式问题。量表，是纺织服装市场调查中常用的一类问句。按照使用技术的不同，量表可分为多种类型，最基本的有：

一是评比量表。评比量表是量表的最基本形式，它是单选题，针对一个主题进行提问，选项是从一个极端经过一定的刻度值到另一个极端的尺度，如非常满意、满意、一般、不满意、非常不满意。例如：

您认为本届CHIC的现场组织管理水平：

A. 很高　　B. 较高　　　C. 一般　　　D. 较低　　　E. 很低

二是语意差别量表。对同一主题进行评价时如果有多个评价指标，就可以由多个评比量表组成一个语意差别量表。将各个子量表的得分刻度连线，就得到了被调查者对调查主题的看法的剖面图，其倾向性一目了然。例如：

CHIC宣传推广的侧重点不同对您参展的影响程度（在您认为合适的格里画

"○");

项目 \ 重要程度	非常重要	重要	不确定	不重要	非常不重要
展位价格					○
展会品牌		○			
地理区位特色			○		
洽谈机会	○				
主办方组织管理				○	

④设计原则。调查组织者在设计纺织服装市场调查问卷时应遵循以下4个基本原则：

A. 准确性原则，是指问卷中的问题表达清楚明白，便于被调查者对提问作出明确的回答；答案选项完整、准确，避免相互交叉或包容。准确性原则是调查问卷设计的首要原则。当前问卷设计在准确性方面存在的问题主要有：

一是用词含糊不清，模棱两可。例如，对CHIC观众满意度调查问卷中的问题：

您是否多次参观CHIC？

A. 是　　　　　B. 否

不同的被调查者对"多次"的理解是不同的，有人认为2、3次就可算"多次"，而有人认为每届都参观才能算"多次"，这样调查的结果必然出现偏差。

二是问句一题多问，例如：

您对本次CHIC展览及专项交流活动是否满意？

A. 很满意　　B. 满意　　C. 一般　　D. 不满意　　E. 很不满意

该问句包含了展览和专项交流活动两个主题，其结果可能是"对展览部分不满意"或是"对专项交流活动不满意"，以及"对两者都不满意"的被调查者都回答"不满意"，调查结果会出现偏差。因此，该问句应分为两个问题询问，例如："您对本次CHIC展览部分是否满意？"或"您对本次CHIC专项交流活动是否满意？"

三是答案选项含义模糊或相互交叉，例如：

您参观CHIC的主要目的是（　　　）

A. 信息沟通　　B. 贸易洽谈　　C. 寻找项目　　D. 参观

该问句的答案选项语义模糊并且相互交叉，被调查者很难从中作出选择以准确表达自己的意见和看法，可能就会随便作答，影响调查结果的科学性。

B. 简单性原则。一份好的调查问卷，应使被调查者能答、爱答、易答。要做到这些，则问卷设计必须简单。简单性原则包括：一是问题的设计通俗易答，符合被调查者的知识水平和理解能力；二是问卷中的措辞亲切有礼，使被调查者乐于合作并愿意如实回答；三是对敏感性问题采取一定的提问技巧；四是控制问卷的长度，答题时间以自填式问卷不超过10分钟、随机栏访问卷不超过5分钟为宜。

C. 逻辑性原则。对整个问卷的问题排序要遵循逻辑性原则，即对于一般性的问题，要先问，因为这些问题相对简单，被调查者易于回答，同时这些问题也是让被调查者回答其他问题前的一个热身；思考性的问题放在中间；敏感性的问题放在最后，这样的排序符合一般人的逻辑思维顺序。逻辑性与问卷的条理性、程序性是分不开的，在一个综合性问卷中，调查者往往将差异较大的问卷分块设置，以保证每个"分块"的问题都密切相关。

D. 中立性原则。调查问卷中的用词应是"中性"的，避免使用引导或暗示性的词句。例如："本届CHIC规模宏大，影响深远，贵企业是否准备参展？""历届CHIC的参展商都获得了满意的展出效果，本届CHIC贵企业是否取得了预期的展出效果？"这样的问题易使被调查者受到引导而得出肯定的结论，或者引起被调查者对问题的反感而简单得出结论，不能反映其真实态度和真实意愿，所产生的结论也缺乏客观性。

总之，一份有效的调查问卷应具备三个显著特征：集中、简洁、明了。集中，指所有调查问题都必须围绕调查目标而展开，无关或关系不密切的问题不出现在问卷中；简洁，指问题及答案的描述应简明扼要，问卷不能繁复冗长；明了，指问卷中的措辞清楚明白，使被调查者易于理解，便于回答。除此之外，问卷的外观及版面设计也非常重要。

8.2 如何进行纺织服装市场预测

纺织服装企业管理的关键在于决策，而决策的前提是预测。当前，纺织服装市场预测，已越来越受到我国纺织服装企业的极大重视。

8.2.1 纺织服装市场预测含义和作用

（1）含义

纺织服装市场预测，是指在对影响纺织服装市场的诸因素进行系统调查的基础上，运用科学的方法和数学模型，对未来一定时期内的纺织服装市场供求变化规律以及发展趋势进行分析，进而作出合乎逻辑的判断、预测和测算。例如，对纺织服装企业的某个纺织服装产品的需求情况的预测；销售发展变化情况的预测；对纺织服装原材料、纺织服装设备、纺织服装价格等的预测；以及对纺织服装消费者心理、习惯和购买力状况变化的预测等。

纺织服装市场预测和纺织服装市场调查，都是纺织服装企业在其经营活动中研究纺织服装市场变化的方法，它们对于纺织服装企业的经营决策起着同样重要的作用，但两者并不是一回事，两者既有密切的联系，也有不同的特点。纺织服装市场调查是纺织服装市场预测的基础和前提，而纺织服装市场预测是纺织服装市场调查的继续和发展。

（2）作用

纺织服装企业进行的纺织服装市场预测，通常是微观市场预测，其作用主要有以下几个方面。

①基础。是指纺织服装市场预测是纺织服装企业选择目标市场、制订经营战略的基础。纺织服装企业的经营战略，首先要在分析纺织服装企业外部环境和内部条件的基础上，确定较长时期的经营目标；然后选择为实现目标应采取的措施和途径，包括选择产品的发展方向、资源的获取和合理配置、重大技术创新项目的实施、企业组织结构和生产结构的调整等。纺织服装企业对外部环境的分析，本身就属于纺织服装市场调查与预测的范围。纺织服装企业经营目标的修正、经营手段的调整，也是对纺织服装市场变化作出的反应。

②能力。是指纺织服装市场预测能促进纺织服装企业提高市场适应能力和竞争能力。纺织服装企业对纺织服装市场适应能力的强弱，集中表现在能否合理调动内部资源，能否及时按照市场需要组织生产和流通。通过纺织服装市场预测，掌握纺织服装市场需要什么纺织服装商品、消费这种商品的顾客是谁、需求的特点和变化趋势如何等信息，就能

及时地调整纺织服装企业内部资源结构。纺织服装市场上的竞争也是一种获得信息的竞争，谁首先拥有纺织服装市场信息，谁就掌握了主动权，也就能在市场竞争中处于优势地位。

③关键。是指纺织服装市场预测是纺织服装企业产品进入国际市场，并取得成功的关键。一般而言，纺织服装企业对其他国家的地理、文化和经济等方面情况了解得并不多，若想知道自己的产品在国际市场上能否畅销更不容易，而且国际市场比国内市场更具有风险性。但是，国际市场上仍存在许多机遇可供纺织服装企业去捕捉。纺织服装企业要想把握这些市场机会，必然需要针对国际市场开展调查和预测。

④效益。是指纺织服装市场预测能促进纺织服装企业提高经济效益。纺织服装企业全部经济活动的核心是提高经济效益。只有产品适销对路，才能增加销售收入，加快资金周转，减少费用开支。纺织服装企业通过纺织服装市场预测活动，指导生产和流通的时间安排，使纺织服装商品适时地进入纺织服装市场，及时地转移到纺织服装消费者手中，就能取得生产经营的主动性，使纺织服装企业以较少的资金，经营较多的纺织服装商品，促进经济效益的提高。

8.2.2 纺织服装市场预测方法

纺织服装市场预测的方法很多，按照预测的性质划分，可以划分为定性预测法和定量预测法。纺织服装市场预测方法，如表8-2所示。

表8-2 纺织服装市场预测方法

项目	方法		优点	缺点
定性预测法	顾客意见法		不需要收集大量的数据、简单易行，能够对事物的性质进行预测	难以做出精确的量的说明，难以估计其误差和评价其可信程度
	销售人员意见法			
	经理人员意见法			
	专家预测法	专家会议法		
		头脑风暴法		
		特尔菲法		
定量预测法	时间序列分析预测法、因果分析预测法		精确度比较高，还可以估算出预测误差和可信度	对数据资料的数量、质量、时效要求比较高，要具有较好的数学知识

（1）定性预测法

纺织服装市场定性预测法，又称经验判断分析预测法，是指推测预测对象未来的性质和发展方向的预测方法。虽然也有数量计算，但主要不在于推算未来的数量表现。例如，纺织服装市场供求预测，就是要预见未来纺织服装市场是供大于求，还是供不应求。纺织服装市场定性预测法的优点是比较灵活，不需要多少经费，花费的时间短。如运行得当，便很有实用价值。其缺点是比较主观、片面，预测精度较差。

纺织服装市场定性预测法主要有：顾客意见法、销售人员意见法、经理人员意见法、专家会议法、头脑风暴法、特尔菲法等。

①顾客意见法。又叫用户意见法，是指通过收集用户购买意向、需求数量和对纺织服装商品评价等方面的意见，然后来推断纺织服装商品未来需求量的一种预测方法。纺织服装市场预测人员将征询到的用户意见，进行综合分析，并根据以往的经验和现时的经济状况，就可以预测用户在一定时期内对纺织服装商品的需求数量、质量、品种、规格和价格

等资料。

②销售人员意见法。就是在进行纺织服装市场预测时,纺织服装企业将本企业销售人员集中起来,让他们对自己负责的销售区域(或产品)未来的销售额作出估计,然后把他们每一个人的估计销售额汇总起来,作为对纺织服装市场销售前景作出预测的方法。该方法一般适用于近期或短期预测。销售人员意见法的优点是:销售人员最接近服装市场和客户,对用户的需求、销售动向和厂家的产品等比较了解,预测结果经多次审核、修正,较为接近实际情况。另外,预测目标由销售人员自己提出,在完成销售任务时也易于调动他们的积极性。不足之处是:销售人员受工作岗位限制,虽然对近期、局部情况了解较多,而对纺织服装公司、企业发展战略和宏观经济发展状况却了解较少,因此,预测的结果就难免出现一些偏差。

③经理人员意见法。是根据厂长、经理等高级主管人员的意见,加以综合后得出预测结果的一种方法。由于经理等高级主管人员对纺织服装企业的产、供、销情况比较熟悉,掌握的资料也比较全面,而且对纺织服装企业的发展战略、宏观经济环境也了解较多,又具有实践经验,因而经理人员意见法是一种常用的预测方法。经理人员意见法的优点是:简单、经济和预测时间短;不需要有大量资料;可以发挥集体智慧使预测结果更准确;如果纺织服装市场情况发生了变化,可以立即修正。其局限性在于:预测的结果容易受主观因素的影响;对纺织服装市场变化、顾客的期望等问题了解的不细致,预测的精确度不够高。所以,这种方法一般用于近期和短期的纺织服装市场预测,或结合其他方法使用。

④专家预测法。又叫专家征询法,它是以专家为索取信息的对象,根据专家自己的知识、经验和分析判断能力,在历史和现实有关资料综合分析基础上,对未来纺织服装市场变动趋势做出预见和判断的方法。它包括:一是专家会议法,又称会议调查法,是指预测者邀请专家以开调研会的方式,向与会专家获取有关预测对象的信息,经归纳、分析、判断和推算,预测纺织服装市场未来趋势的一种预测方法。二是头脑风暴法,是指根据纺织服装市场预测目标的要求,组织各类专家相互交流意见,在头脑中进行智力碰撞,使之产生新的思维和观点,并使这些论点进一步深化、集中,进而得出最佳预测结果。它是专家会议法的进一步发展,是运用专家们创造性思维进行预测的一种方法。三是特尔菲法,是在专家会议法的基础上发展起来的一种直观预测方法,它是采用函询调查,向参与预测课题有关的专家分别提出问题,然后将他们回答的意见综合、整理、归纳,匿名反馈给各个专家,再次征求意见,然后再加入综合、整理、反馈,这样经过多次的反复循环最终得出预测结果的一种经验判断法。特尔菲法具有匿名性、反馈性、多向性和收敛性等特点。专家预测法主要适用于宏观的、长期的纺织服装市场预测。其优点在于:以专家的丰富知识和实践经验为判断基础,充分发挥专家的专业特长,在缺乏资料的情况下,预测结果可靠;征询意见广泛,不受地区、部门限制,方法简便、易行、实用。其不足在于:预测时间较长,因多种原因,例如,回收率不高、专家中途退出、意见受心理因素等影响而不全面,往往对预测结果的精确性产生不利影响。

(2)*定量预测法*

纺织服装市场定量预测法,又称统计预测法,是指根据历史的数据,运用统计方法,对统计资料进行推算预测,对预测对象未来发展变化趋势进行量的分析和描述的方法。其主要目的是推算预测对象未来的数量表现,它通常用于原始数据比较充分或数据来源多且稳定的情况。

在运用纺织服装市场定量预测法作出预测时，由于重视数据的作用，以数学模型作为分析手段，不易受到人为因素的影响，故精确度比较高，还能对预测目标的未来发展程度和过程，以及各目标之间的影响和制约关系作出定量的判断，为决策者提供更精确、更直接、更全面的信息资料，同时还可估算出预测误差和可信度，能使决策者知道使用预测结果的风险范围。其不足之处是：对预测人员的知识要求特别是数学知识的要求比较高；对数据资料的要求比较高；对时间的限制性比较强。因此，在纺织服装市场预测中，通常是把定性和定量预测结合起来，在定性分析的同时，辅之以定量的分析，以确保有比较高的预测准确性。

纺织服装市场定量预测法，具体又可分为：纺织服装市场时间序列分析预测法、纺织服装市场因果分析预测法两种。

①纺织服装市场时间序列分析预测法。也称时间序列预测技术、时间数列预测法、时间序列分析法，或简称时序预测法，它是以连续性原理为依据，以假设事物过去和现在的发展变化趋势会延续到未来为前提，从预测对象的历史资料所组成的时间序列中，找出事物发展的趋势，并用其趋势延伸，来推断未来状况的一种预测方法。它的主要特点是以时间的推移来研究和预测需求趋势，排除外界因素影响。例如，纺织服装市场平均法、纺织服装市场指数平滑法、纺织服装市场线性趋势外推法、纺织服装市场季节指数法等预测方法，都属于纺织服装市场时间序列分析预测法。

②纺织服装市场因果分析预测法。是一种从分析事物变化的因果联系入手，通过统计分析和建立数学模型，提示预测目标与其他有关的经济变量之间的数量变化关系，据此进行预测的方法。即把其他相关因素的变化看作"因"，把预测对象的变化看作"果"，建立因果之间的数学模型，并根据相关因素的变化，推断预测对象的变动趋势的方法。

在纺织服装市场预测的定量方法中，纺织服装市场因果分析预测法，是与纺织服装市场时间序列预测法不同的另一类预测方法。时间序列预测法侧重从时间轴来考虑预测对象的变化和发展，时间序列发展数学模型一般都是时间的函数。纺织服装市场因果分析预测法在预测时也需要历史数据，但是它与时间序列预测法还是有根本性区别的。主要是时间序列预测法只用预测变量的历史数据，不作因果分析，并假定现在的趋势会延续到未来。而因果分析预测法需要预测变量和影响变量的历史数据，并在预测时首先通过其他途径获得影响变量的未来值，然后再求得预测值。例如，纺织服装市场回归分析法、纺织服装市场投入产出法、纺织服装市场经济计量模型等，此外还有纺织服装市场因子推演法、纺织服装市场比例系数法等预测方法，都属于纺织服装市场因果分析预测法。

8.2.3 纺织服装市场调查与预测报告撰写

纺织服装市场调查与预测报告，是对已完成的市场调查与预测项目做完整而又准确的描述，目的是告诉有关读者，对所研究的问题是如何进行研究的，取得了哪些结果，未来的发展趋势怎样，调查与预测的结果对于认识和解决问题有哪些理论意义和实际意义等。因此，报告中通常包括如下内容：一是调查与预测目的、方法、步骤、时间等说明；二是调查与预测对象的基本情况；三是所调查与预测问题的实际材料与分析说明；四是对调查与预测对象的基本认识，作出结论；五是提出建设性的意见和建议。

纺织服装市场调查与预测报告是整个调查活动的最终体现，是对已完成的调查与预测项目作完整而又准确的描述，报告在为客户了解纺织服装市场情况、分析有关问题、制订管理和发展计划等方面起着积极的作用，为纺织服装企业管理决策提供了必要的依据。有利于指导和调节纺织服装行业的行动，使之作出正确的决策、采取适当的措施、谋求更大的利益。

（1）基本结构

纺织服装市场调查与预测报告的结构多种多样，没有一个统一规定的、固定不变的格式和结构。纺织服装市场调查与预测项目的类型和性质、委托方的要求、调查人员本身的个性、经验等因素的不同，都会导致纺织服装市场调查与预测的差异。但是，纺织服装市场调查与预测报告必须具备良好的结构，能及时、简明地向决策者提供相关有效信息。一般来说，纺织服装市场调查与预测报告包括如下基本结构。

①标题。作为纺织服装市场调查与预测报告的标题，文字要简洁明了，与调查、预测的内容相称，能反映全篇的内容。标题通常有两种写法：一是规范化的标题格式，即"主题"加"文种"，标题中明确了调查与预测的目标、内容，精炼简洁、高度概括。例如，《关于珠三角2015年人均服饰消费水平的调查报告》《国内纺织服装业ERP应用状况调查与预测报告》等。二是自由式标题，例如，《2016年北京居民纺织服装购买力调查报告》《纺织服装企业怎样管理才能出效益——对上海纺织服装企业的调查》等。

②目录。应给出调查与预测报告中所涉及的主要内容，以及对应的页号码。除了几页纸的调查与预测报告外，一般的调查与预测报告都应该编写目录，以方便读者查阅特定内容。一份完整的纺织服装市场调查与预测报告，所承载的信息量是非常大的，为了可以帮助阅读者准确快速地查找到调查与预测报告中信息的位置，一份将主要内容按其出现的顺序准确列出并注明页码的目录，就显得尤为必要了。

③摘要。有时也以执行总结的形式出现，是在调查与预测报告正文之前对正文的概述，具有独立性和概括性，即不阅读全文就能获得必要的信息。摘要，是调查与预测报告中极其重要的部分。纺织服装市场调查与预测报告是为纺织服装生产经营决策的管理人员提供信息的，不同层次的决策者对报告的详细程度要求不同：直接的决策者需要了解调查与预测报告的详细内容（调查与预测的主体）；非直接人员只需要了解调查与预测报告的大致情况，这部分人员只需阅读报告的摘要。另外，部分高层管理决策者由于时间的关系，不能通篇阅读调查与预测报告，常通过摘要来了解报告，那么摘要很可能成为调查者影响决策的唯一媒介。

④正文。是纺织服装市场调查与预测报告的主要部分。正文部分必须准确阐明全部有关论据，包括问题的提出和引出的结论、论证的全部过程、分析研究问题的方法。还应当有可供纺织服装市场活动的决策者，进行参考的全部调查结果和必要的纺织服装市场信息，以及对这些情况和内容的分析、评论等。例如，引言、调查对象的基本情况、调查与预测方法、资料分析方法、调查与预测结果、局限和警告等内容。

⑤结论和建议。是对前面工作的总结，即对纺织服装市场调查与预测目的的总体回答，它从逻辑上表述调研的发现，结论可以通过推理的方法得出。对大量的结果必须以几句话简要概括，这部分对调查与预测报告的使用者有意义，而前面的工作只是证明结论推导的合理性，结论才是大家无论是市场调查者还是报告使用者都想要得到的东西。这部分内容要求切实可行、可实施操作、实用有效，通常可以涵盖以下五个方面：即概括全文、形成结论、提出看法和建议、展望未来、局限性。

⑥附件。任何一份太具技术性或太详细的材料都不应出现在正文部分，而应编入附

件。这些材料可能只为满足某些读者更深的兴趣，或者它们与调查研究没有直接的关系，只有间接的关系。附件通常包括的内容有：纺织服装市场调查与预测研究提纲、调查问卷和观察记录表、被调查者（机构、单位）名单、较为复杂的抽样调查技术的说明、一些关键数据的计算（最关键数据的计算，如果所占篇幅不大，应该编入正文）、较为复杂的统计表、参考文献等。

（2）基本要求

要形成一份好的纺织服装市场调查与预测报告，除了以上精心组织安排报告的结构和格式外，还必须遵循以下几个要求。

①客户导向。纺织服装市场调查与预测报告是给客户阅读和使用的，而不是写给自己看的，更不是文学作品，因此，必须高度重视纺织服装市场调查与预测报告特定的阅读者和使用者。从某种意义上说，纺织服装市场调查与预测报告是为阅读者和使用者写的。故此，要充分注意阅读者和使用者的特征及其需要。在撰写纺织服装市场调查与预测报告时，要注意以下事实：一是大多数经理人员很忙；二是他们大多很少精通调查与预测的某些技术和术语；三是如果存在多个阅读者和使用者，通常他们之间存在需要和兴趣方面的差异；四是决策人员和常人一样，不喜欢那种冗长、乏味、呆板的文字。

②精心安排。整个纺织服装市场调查与预测报告要精心组织，妥善安排其结构和内容，给人以完整、系统的印象；报告结构要合理清晰，内容扼要，逻辑性强；文字要简短易懂，尽量少用专业性强的术语；要注意形成生动有趣的写作风格，要注意正确运用好图表、数字表达等。

③突出重点。纺织服装市场调查与预测报告必须在保证全面、系统地反映客观事物的前提下，突出重点，务必把所说的问题写得清楚透彻。尤其是要突出纺织服装市场调查与预测的目的，提高报告的针对性、实用性，从而提高其价值。

④客观准确。纺织服装市场调查与预测报告必须符合客观实际，坚决反对弄虚作假。我们提出要重视阅读者和使用者的需要，并不意味着迎合他们的胃口，挑他们喜欢的材料来编写，要防止片面性和误导性，决不能隐瞒真相、歪曲事实或者夸大谎报。

核心概念

1. 纺织服装市场调查：是指用科学的方法和客观的态度，以纺织服装市场和纺织服装市场营销中的各种问题为研究对象，有效地搜集、整理和分析各种有关的信息，从而掌握纺织服装市场的历史和现状，以便为纺织服装企业的预测和决策提供基础性的数据和资料。

2. 纺织服装文案调查法：是指利用纺织服装企业内部和外部、过去和现在的有关资料，运用统计理论加以汇总分类整理，用以分析纺织服装市场供求或销售变动情况，经过综合研究、判断，探测其未来发展趋势。

3. 纺织服装询问调查法：是指通过询问的方式向被调查者了解纺织服装市场情况，询问问题收集资料的一种调查方法。

4. 纺织服装观察法：是指纺织服装市场调查者身临调查现场进行实地观察，在被调查者毫无察觉的情况下，对其行为、反应作调查或统计的一种方法。

5. 纺织服装实验法：它是指将调查范围缩小到一个比较小的规模上，进行试验后取得一定结果，然后再推断出总体可能的结果。

6. 纺织服装抽样调查法：它是指从需要调查的对象总体中，抽取出若干个体（即样本）进行调查，根据调查的情况推断总体特征的一种调查方法。

7. 纺织服装网络调查法：它是指通过互联网进行的有系统、有计划、有组织的收集纺织服装市场信息资料和分析的一种新型调查方法。

8. 纺织服装市场预测：是指在对影响纺织服装市场的诸因素进行系统调查的基础上，运用科学的方法和数学模型，对未来一定时期内的纺织服装市场供求变化规律以及发展趋势进行分析，进而作出合乎逻辑的判断、预测和测算。

9. 纺织服装市场定性预测法：又称经验判断分析预测法，是指推测预测对象未来的性质和发展方向的预测方法。

10. 纺织服装市场定量预测法：又称统计预测法，是指根据历史的数据，运用统计方法，对统计资料进行推算预测，对预测对象未来发展变化趋势进行量的分析和描述的方法。

复习思考

1. 单项选择题

（1）为纺织服装企业的预测和决策提供基础性数据和资料的是（   ）。
  A. 纺织服装市场调查　　　　　B. 纺织服装活动中的软件分析系统
  C. 纺织服装营销中的各种消息　D. 政府部门的支持力度

（2）纺织服装探测性调查回答的是（   ）。
  A. 是什么　　　　B. 为什么
  C. 将来怎么样　　D. 可以做什么

（3）纺织服装文案调查法又称为纺织服装（   ）调查法。
  A. 一手资料　　B. 二手资料
  C. 询问　　　　D. 观察

（4）对政治、经济、社会、法律、生态、技术等因素的现状进行调查，研究其对纺织服装营销的影响的调查是（   ）。
  A. 纺织服装动机和行为调查　B. 纺织服装分析调查
  C. 纺织服装宏观环境调查　　D. 纺织服装竞争情况调查

（5）纺织服装网络调查法，它是指通过（   ）进行的有系统、有计划、有组织的收集纺织服装市场信息资料和分析的一种新型调查方法。
  A. 电子邮箱　　B. 互联网
  C. 百度　　　　D. QQ

（6）（   ）是指推测预测对象未来的性质和发展方向的预测方法。
  A. 纺织服装市场定量预测法　B. 纺织服装市场时间序列分析预测法
  C. 纺织服装市场定性预测法　D. 纺织服装市场因果分析预测法

2. 多项选择题

（1）纺织服装询问调查法又可分为（   ）。
  A. 个人访问法　　B. 座谈会法

　　　　C．函件通信调查法　　　　　　　　D．留置问卷调查法
（2）纺织服装抽样法包括（　　　）。
　　　　A．非随机分层抽样　　　　　　　　B．随机抽样
　　　　C．随机任意抽样　　　　　　　　　D．非随机抽样
（3）一项正式调查的全过程一般可分为（　　　）阶段。
　　　　A．调查准备　　　　　　　　　　　B．调查培训
　　　　C．调查实施　　　　　　　　　　　D．分析和总结
（4）纺织服装市场调查与预测报告的结构一般由标题、目录、（　　　）组成。
　　　　A．摘要　　　　　　　　　　　　　B．正文
　　　　C．结论和建议　　　　　　　　　　D．附件
（5）纺织服装市场调查问卷的基本结构可划分为（　　　）部分。
　　　　A．前言　　　　　　　　　　　　　B．调查主体
　　　　C．结语　　　　　　　　　　　　　D．附件
（6）纺织服装市场定性预测法主要有（　　　）等。
　　　　A．顾客意见法　　　　　　　　　　B．销售人员意见法
　　　　C．专家预测法　　　　　　　　　　D．经理人员意见法

3. **判断题（正确打"√"，错误打"×"）**
（1）纺织服装市场调查是纺织服装营销的起点。（　　　）
（2）纺织服装市场调查方法包括纺织服装定性调查和定量调查两大类。（　　　）
（3）随机抽样调查法是指调查对象总体中每个个体被抽取为样本的机会不是均等的方法。（　　　）
（4）纺织服装市场调查方案和调查计划具有相同的作用。（　　　）
（5）封闭式问题是指对所提出的问题，不给出应答的备选答案。（　　　）
（6）特尔菲法具有匿名性、反馈性、多向性和收敛性等特点。（　　　）

4. **简答题**
（1）为什么要进行纺织服装市场调查？
（2）纺织服装市场调查有哪些类型？有什么相互关系？
（3）纺织服装市场调查的内容和方法有哪些？
（4）什么是纺织服装市场调查的程序？分几个阶段？
（5）纺织服装市场调查问卷有何作用？
（6）什么是纺织服装市场定量预测法？有何优缺点？

案例分析

郑州保暖内衣消费市场调查与预测报告

　　2005年，保暖内衣市场又有了繁荣的景象。为了了解郑州市保暖内衣市场的发展现状，以及消费者对保暖内衣的需求特点和消费特点，智信达市场研究有限公司于2005年11月1日至12日完成了此次关于郑州市场保暖内衣的相关调查。本次调查采用问卷调查的方式对郑州市区的居民进行了随机访问，共收回有效样本350份，并采用SPSS10.0对此次

的调查结果进行了统计分析。

一、被调查者基本情况

从收回有效样本中显示，被访者性别比例为女性占54.7%,男性占45.3%。被访者受教育程度本科19.4%,大专36.7%,高中/中专41.7%,初中及以上2.2%。

二、调查结果分析

（一）冬季保暖更方便

消费者被问及冬季穿保暖内衣和普通秋衣哪个更方便和实用时，有66.9%的被访者认为保暖内衣更方便和实用。有11.5%的被访者认为还是普通秋衣更实用。但还是有21.6%的被访者认为这两者相差不大（图8-2）。从这个结果我们可以看出，保暖内衣已经慢慢地取代了传统的秋衣的主体地位，相信不久的将来保暖内衣将成为人人的必备之品了。

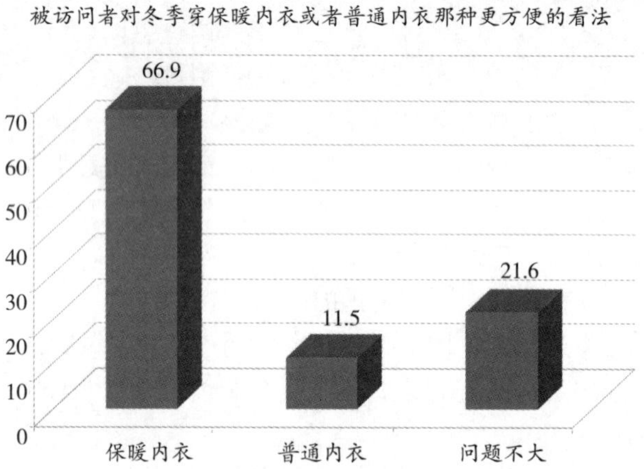

被访问者对冬季穿保暖内衣或者普通内衣那种更方便的看法

图8-2　被访问者对冬季穿保暖内衣或者普通内衣哪种更方便的看法

（二）是否购买，还看形势

今年的冬天来得特别突然，多多少少给人们不太适应的感觉。调查显示，今冬明确打算购买保暖内衣的被访者占到了27.3%,而还有50.4%的被访者还处于观望态度，另有22.3%的被访者明确表示不会购买（图8-3）。这些消费者还要看天气的变化；另一方面被访者还要等待各品牌的旺季促销活动情况。保暖内衣的旺季刚刚到来，各品牌的价格相对比较高，一部分消费者还处于观望阶段。

（三）品牌众多，各有所爱

目前，保暖内衣的市场竞争还是比较激烈的，保暖内衣品牌众多，新老品牌共同抢夺这个市场，共同冲击着消费者的眼球。调查显示，在被访者最喜欢的品牌中，新老品牌各有亮点。在老品牌中，北极绒、南极人、恒源祥的表现尚佳，分别占到20%以上。在新品牌中，暖倍尔、婷美、纤丝鸟、帕兰朵等品牌都有不俗的表现。在被访者打算购买的品牌中，暖倍尔（16.5%）、帕兰朵（12.6%）、恒源祥（10.0%）都是被访者理想的购买品牌。从市场反映来看，各个档次的保暖内衣都有一定的市场。低端市场的品牌选择性不强。主要是价格起到较大的作用，高档保暖内衣的品牌竞争也比较激烈，消费者的品牌选择比较分散。市场上还没有形成垄断的品牌或主导品牌。各个品牌的市场上升空间都比较大。

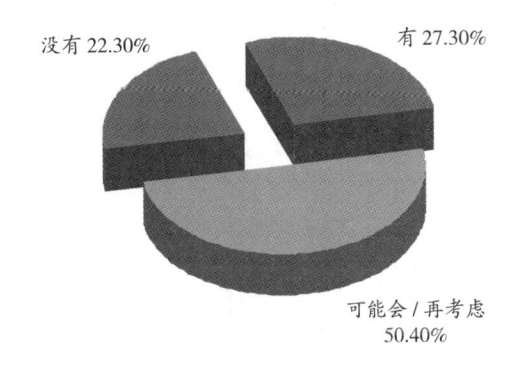

被访问者是否有购买保暖内衣的打算

没有 22.30%　　　有 27.30%

可能会/再考虑
50.40%

图8-3　被访问者是否有购买保暖内衣的打算

（四）电波媒体是主要了解途径，亲友介绍不可忽视

调查显示，通过各路大牌明星在电视上为自己的代言品牌的推荐。如赵本山还延续以往的"地球人都知道"；许晴的"关键要舒服"；巩俐的"高科暖卡"。电视、广播（64.9%）是被访者主要了解保暖内衣的主要渠道，而报纸杂志作为媒体宣传不可缺少的补充，也占有相当高的比例（25.4%）。作为一种有效的传播方式：人际传播也起到了相当大的作用，可见家人和亲友的相互介绍（52.5%）对保暖内衣的销售也起到了很大的促进作用（图8-4）。

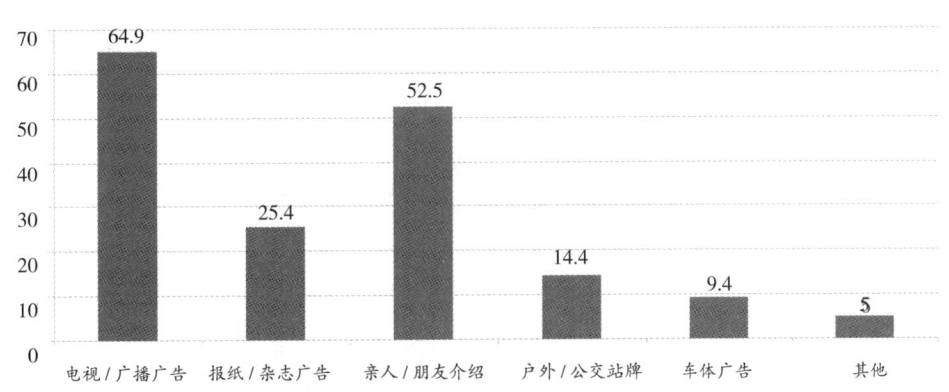

被访问者了解品牌的途径

途径	百分比
电视/广播广告	64.9
报纸/杂志广告	25.4
亲人/朋友介绍	52.5
户外/公交站牌	14.4
车体广告	9.4
其他	5

图8-4　被访问者了解品牌的途径

（五）保暖内衣，保暖第一

在影响消费者购买保暖内衣的各种因素中，保暖性是消费者考虑的最主要因素（60.4%），其次是舒适性（42.4%）和价格（42.4%）（图8-5），可见消费者购买保暖内衣的最主要的目的是实用性，考虑的也是产品的基本功能。另外，由于保暖内衣的价格较高，市场上同类保暖内衣的价格比较性也较强，所以保暖内衣的价格也是消费者重要的考虑因素。只有满足了消费者的需求和购买力，消费者才能真正考虑购买。

被访问者购买保暖内衣时考虑的因素

品牌代言人	保暖性	美体功能	舒适性	价格	款式	保健功能	面料	环保性
10.8	60.4	13.7	42.4	42.4	2.2	5.9	10.4	2.9

图8-5 被访问者购买保暖内衣时考虑的因素

（六）价格选择，101~200元为最佳

市场上保暖内衣的档次高低划分不一，价格相差也甚远。市场上从几十元钱到几百元钱的保暖内衣数不胜数。价格较低的产品无论是产品质量还是在品牌知名度上都和消费者的需求相差甚远。300元以上的保暖内衣品牌也是比比皆是。调查显示，101~200元的保暖内衣是消费者最理想的价位（68.4%）（图8-6）。这一价位上的产品在产品质量还是有保证的，但品牌知名度就稍稍欠缺一点。高档保暖内衣也有一定的消费群体，这部分消费者是较注重产品的品牌价值的。

被访问者能接受的价格

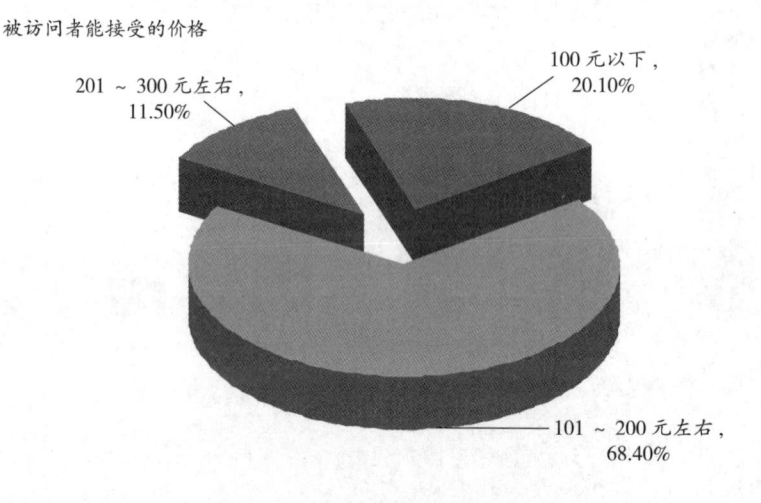

- 100元以下，20.10%
- 201~300元左右，11.50%
- 101~200元左右，68.40%

图8-6 被访问者能接受的价格

（七）购买地点。信誉很重要

在众多销售网点中，被访者多会选择信誉和服务都相对较好的地点购买，调查显示：保暖内衣专卖店是消费者首选的购买地点（63.0%），其次是大型综合商场，也是消费者主要的购买场所（32.6%）（图8-7）。这些地点所出售的产品有保证，售后服务也有保证。而其他渠道就显得比较单薄。

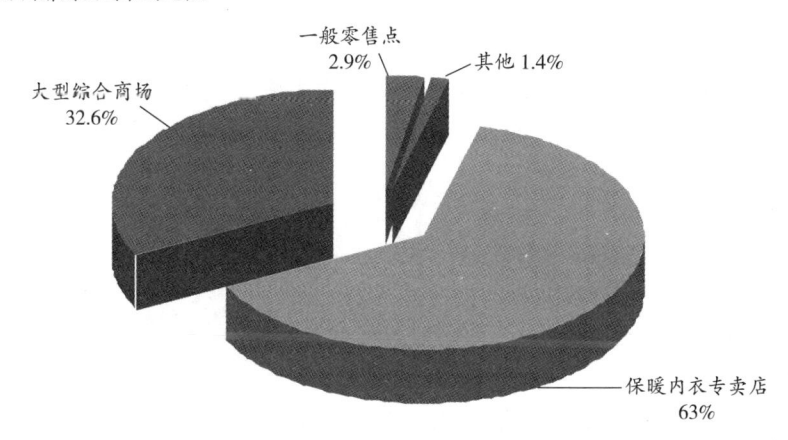

图8-7　被访问者购买内衣的地点

（八）注重保暖，兼顾美体

今年的保暖内衣在宣传保暖性的同时，更注重了美体效果，从而增加产品的卖点。有的产品的主诉求点是美体效果。但消费者的反映不一，有65.2%的消费者更注重保暖性；另外有34.8%的消费者比较重视保暖内衣的美体效果。美体效果是今年保暖内衣一个新的卖点。

（九）打折销售，评价不一

打折销售是厂家最常用的促销手段。但打折对消费者的吸引力到底有多少，消费者对商家打折的理解又怎样？调查显示：有38.8%的被访者认为是市场竞争导致商家不得已的结果。有32.7%的被访者认为打折并没有给消费者带来实惠。还有28.5%的被访者认为打折使消费者得到了实惠。看来打折还不能打动所有的消费者，商家还要在促销手段上多下些工夫，使消费者真正得到实惠，增加购买的欲望。

三、调查与预测结论

从市场调查统计分析结果来看，今年保暖内衣行业有一些新的特点：

1．保暖内衣的种类繁多：以往的保暖内衣主要是以保暖内衣为主，而今年出现了大量的如保暖裤、保暖袜、保暖背心和其他相关产品。

2．科技含量增加：往年的保暖内衣大多采用传统的保暖材料，而今年的保暖内衣增加了保健功能，如抑菌功能、加入远红外线、利用高科技增加保暖和透气功能等。

3．广告宣传花样缤纷：有打保暖牌、有打科技牌、有打保健牌、有打美体牌，宣传形式多种多样，从中我们也可看出各个品牌也瞄准了细分市场，使自己的品牌有了明确的定位。

4．平面媒体品牌暴露率远远大于电视媒体品牌的暴露率：统计显示，在郑州的五大平面媒体投放的保暖内衣品牌有30多个，而今年在全省的电视媒体投放的保暖内衣品牌只有十几个。（资料来源：赵雨《郑州保暖内衣消费调查与预测报告》）

【问题分析】

1．什么是纺织服装市场调查与预测？它有什么作用？

2．通过本案例你得到哪些启示？

实战演练

活动8-1

活动主题： 认知体验纺织服装企业市场调查与预测

活动目的： 增加感性认识，能够撰写纺织服装市场调查问卷和调查与预测报告，实地体验纺织服装市场调查。

活动形式：

1. 人员：将全班分成若干小组，3~5人为一组，以小组为单位开展活动。
2. 时间：与教学时间同步。
3. 方式：就近实地参观一次大型纺织服装展览。

活动内容和要求：

1. 活动之前要熟练掌握纺织服装市场调查与预测的内容、方法和程序，以及问卷设计等知识点，做好相应的知识准备。
2. 以小组为单位提交书面纺织服装市场调查问卷和调查与预测报告。
3. 调查问卷和调查与预测报告撰写时间各为2天。
4. 授课教师可根据每个小组提供的书面调查问卷和报告按质量评分，并计入学期总成绩。

任务9　如何实施纺织服装产品策略

知识目标：1．纺织服装产品与纺织服装产品组合的概念；
　　　　　　2．纺织服装产品生命周期及策略；
　　　　　　3．纺织服装产品品牌及策略；
　　　　　　4．纺织服装新产品开发及策略；
　　　　　　5．纺织服装产品包装及策略。
能力目标：1．能对纺织服装产品的整体、生命周期、品牌、开发、包装等概念有初步的了解；
　　　　　　2．在不同生命周期，能够运用不同的纺织服装产品策略。

任务导航

任务9　如何实施纺织服装产品策略
9.1　　纺织服装产品与产品组合
9.1.1　纺织服装产品内涵
9.1.2　纺织服装产品组合
9.1.3　纺织服装产品组合策略
9.2　纺织服装产品生命周期及策略
9.2.1　纺织服装产品生命周期理论
9.2.2　纺织服装产品生命周期策略
9.3　纺织服装产品品牌及策略
9.3.1　纺织服装品牌含义和作用
9.3.2　纺织服装品牌设计
9.3.3　纺织服装品牌策略
9.4　纺织服装新产品开发及策略
9.4.1　纺织服装新产品概念与开发步骤
9.4.2　纺织服装新产品与流行传播
9.4.3　纺织服装新产品的推广策略
9.5　纺织服装产品包装及策略
9.5.1　纺织服装产品包装概述
9.5.2　纺织服装产品包装设计
9.5.3　纺织服装产品包装决策步骤
9.5.4　纺织服装产品包装策略

情景导入

朵彩棉内衣产品策略

　　长期以来，保暖内衣行业一直沿用"纺纱—织造—染整"的传统工艺。虽然这一工艺能够制造出比较漂亮的纺织服装产品，但是却不够环保和健康。而全球的消费趋势表明，纺织服装消费者健康与保健的意识越来越强烈，并且随着生活水平的不断提高，这一趋势越来越明显。彩棉是一种特色棉，代表的是"天然健康"的消费理念，它极大地满足了纺织服装消费者的心理需求，同时也与其他棉区别开来，而这正是朵彩棉内衣产品的营销理念。其广告口号"穿朵彩，还用说吗？"极端口语化，语气坚决果断，自信张扬，暗示了一种彰显品位与智慧选择的品牌体验。同时，凭借电影明星形象代言人唐国强、陈好的个性形象，朵彩棉内衣产品"时尚、智慧、品味"的品牌体验得到了进一步的生动化，品牌个性感受一触即发，形成了强大的销售力。在2003年秋冬的惨烈价格战中，朵彩棉内衣产品坚决不打折，有力地维护了其"自信、智慧、品味、高贵"的品牌形象，并得到广大纺织服装消费者的认同。正如该公司董事长鲁晓强所说："差异、细分、另辟蹊径，这是一条迈向成功的捷径。"实践证明，一个初生的纺织服装产品品牌，如果不能跳出原有的套路，那就只能慢慢排队，在原有成名的产品品牌的后面一直跟随。

想一想

　　朵彩棉内衣采取了什么产品策略？什么是纺织服装产品？纺织服装产品策略有哪些等，下面将作较深入的探讨。

9.1 纺织服装产品与产品组合

9.1.1 纺织服装产品内涵

纺织服装产品，是指通过交换而满足人们穿着使用、审美欲望和需求的有形产品和无形服务的集合体。它包括物品（如西服、领带、床单、蚊帐）、服务（如产品咨询、保养、洗涤说明）、人员（如服装技师）、组织（如纺织服装协会）、地点（如巴黎、东京）和观念构造（如流行趋势预测、纺织服装设计概念）等。这是现代纺织服装市场营销学意义上的产品概念。

现代意义上的纺织服装产品整体观念，包含多层次的内容，一般认为：

$$纺织服装产品整体 = 纺织服装产品实体 + 纺织服装产品服务$$

理解纺织服装产品整体概念时，主要考虑产品的五个层次，即纺织服装核心产品、纺织服装形式产品、纺织服装期望产品、纺织服装附加产品和纺织服装潜在产品，如图9-1所示。

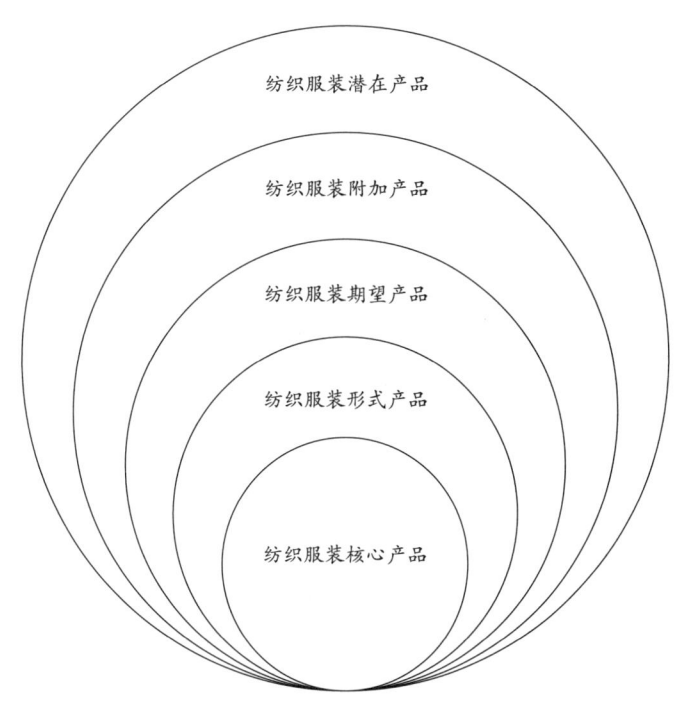

图9-1 纺织服装产品的整体概念

（1）**纺织服装核心产品**

纺织服装核心产品，也是纺织服装核心利益，是消费者真正要购买的纺织服装服务或利益。纺织服装核心产品是产品整体概念最基本的层次，它表现的是纺织服装顾客需求的中心内容，即纺织服装产品为顾客所提供的最基本的效用和利益，也是顾客真正要购买的纺织服装服务或者利益。

（2）**纺织服装形式产品**

纺织服装形式产品，是纺织服装核心利益借以实现的形式，是纺织服装企业向纺织服装目标顾客提供的纺织服装产品实体和服务的外观。纺织服装形式产品有五个基本特征，即质量、特色、款式、品牌和包装。例如，流行时尚的窗帘、轻松明快的运动服、飘逸轻盈的连衣裙等。

（3）**纺织服装期望产品**

纺织服装期望产品，也就是消费者购买纺织服装产品期望的一系列属性和条件。例如，对于西服，人们期望的是悦目的色彩、挺拔流畅的造型、舒适耐穿的材料等。

（4）**纺织服装附加产品**

纺织服装附加产品，也就是纺织服装产品包含的附加服务和利益，从而把一个纺织服装企业的产品与其他企业的产品区分开来。纺织服装产品可以通过洗涤说明、广告介绍等附加手段增加产品内涵，这些是纺织服装目标顾客所得到的延伸服务与收益。

（5）**纺织服装潜在产品**

纺织服装潜在产品，也就是目前这种纺织服装产品最终可能的所有演变。一般来说，纺织服装附加产品表明了产品现在的内容，而纺织服装潜在产品则指出了产品可能的演变，它是某种纺织服装产品将来可能的发展趋势。例如，当前男西服可以不配套穿着，未来的西服产品将改变以往工整严谨的感觉，而加入更多轻松、休闲、运动的设计元素。

9.1.2 纺织服装产品组合

（1）**纺织服装产品组合含义**

纺织服装产品组合，是指纺织服装企业在某一时间所生产和销售的全部纺织服装产品的结构，实质上是一个纺织服装企业所经营的全部产品线和产品项目的有机组合方式。纺织服装产品组合一般是由若干条纺织服装产品线组成的，每条纺织服装产品线又是由若干个产品项目构成的。纺织服装产品线，又称纺织服装产品大类，或纺织服装产品系列，是指具有相似的使用功能，但规格型号不同的一组相关的纺织服装产品。纺织服装产品之间的相关性，是指纺织服装产品功能上相似、供给相同的顾客、属于同一价格范围、有相同的分销渠道等。纺织服装产品项目，是指在同一产品线中的不同型号、样式、规格和包装的纺织服装产品，也就是纺织服装企业产品目录上列出的每一个纺织服装产品。

（2）**纺织服装产品组合因素**

纺织服装企业在开发每一种产品时，常常对纺织服装产品组合的广度、长度、深度和相关性进行规划。在规划时要考虑纺织服装产品的流行性，同时要预估它所包含的风险。

①纺织服装产品组合广度。也叫宽度，是指纺织服装企业生产或销售产品大类的组合。例如，一家纺织服装企业只生产女装，而另一家纺织服装企业却生产男装、女装、童装和鞋帽等产品系列，就这两家纺织服装企业而言，后者的纺织服装产品组合广度较大。增加纺织服装产品组合的广度，可以扩大纺织服装企业的业务经营范围，实行多元化经营，有利于发挥纺织服装企业潜力，分散纺织服装企业投资风险。

②纺织服装产品组合长度。是指纺织服装企业各产品线上不同产品项目的多少。例如，在童装这条产品线上，纺织服装企业经营儿童羽绒服、夹克衫、衬衫、运动服四个产品项目。

③纺织服装产品组合深度。是指纺织服装产品线中，每种产品项目有多少个花色品种和规格。例如，上述纺织服装企业经营的儿童衬衫有大、中、小三种型号。若纺织服装企业品种、规格齐全，纺织服装产品组合的深度就大，反之则小。扩展纺织服装产品组合深

度，即增加纺织服装产品的式样、型号、尺码、花色等，以满足纺织服装消费者的不同需求和爱好，从而吸引更多的纺织服装消费者。

④纺织服装产品组合相关性。是指纺织服装企业各个产品线在产品的用途、生产条件、分销渠道等方面的相关程度。如果将生产女装和童装的纺织服装企业和一家既生产女装、童装，又生产皮具的纺织服装相比，则前者的产品组合的相关程度较强。

9.1.3 纺织服装产品组合策略

（1）纺织服装产品组合

纺织服装产品组合，也叫纺织服装产品花色品种配合，是指纺织服装企业提供给纺织服装市场的一组产品，包括所有纺织服装产品线和项目，也就是这个纺织服装企业生产经营的全部纺织服装产品的结构。例如，罗蒙服饰集团的纺织服装产品组合，如表9-1所示。

表9-1　罗蒙服饰集团的纺织服装产品组合

男西服正装系列	单排、双排2扣西服套装，单排3扣、单排4扣，开背衩西服套装，开双摆衩西服套装
男西服休闲系列	单排1扣双贴袋西服，单排3扣，单排5扣开双摆衩西服套装
男大衣系列	短大衣、中大衣、长大衣
女西服系列	单排2、3、4扣女西服套装，双排2、4、6扣女西服套装
女时装系列	职业套装，风衣，连衣裙，单裙，衬衫
男衬衫系列	全棉衬衫系列，涤棉衬衫系列，毛混衬衫系列，真丝衬衫系列
服饰系列	领带、围巾、皮包、皮鞋、皮带
团服系列	公安制服，海关制服，校服，宾馆服，银行职业服
外贸系列	男西服，男便服，男大衣，男风衣

①产品组合宽度。罗蒙集团纺织服装产品组合宽度，是9条纺织服装产品线，表现为9-1中的各种纺织服装服装系列。

②产品组合长度。罗蒙集团纺织服装产品组合长度，是纺织服装产品项目总数，表9-1中一共有41个，其纺织服装产品线的平均长度为41（总长度）÷9（产品线），结果约为4.6。

③产品组合深度。罗蒙集团纺织服装产品组合深度，以男西服正装系列为例，共有6个品种，如果假定每种30个规格，那么男西服正装产品项目共180个规格，因此，其纺织服装产品组合的深度是180。

④产品组合相关性。罗蒙集团纺织服装产品组合的相关性较强，原因在于罗蒙集团的纺织服装服饰产品都通过同样的销售渠道营销，就消费用途来说，都是使用的纺织服装类产品。

（2）纺织服装产品组合策略的类型

纺织服装产品组合策略，是指纺织服装企业根据营销目标及企业所拥有的资源、技术条件，对纺织服装产品进行优化组合来确定经营范围的策略。常见的纺织服装产品组合策略，有以下几种类型。

①多系列全面型。是指纺织服装企业向消费者提供一切所需要的纺织服装产品。这一策略要求纺织服装企业具备充足的资源条件和雄厚的实力，才能实现正常运作。

②少系列专业型。是指纺织服装企业根据自身的特点，集中经营单一或少数纺织服装

产品系列。其优点是：纺织服装产品和市场较集中，适合于中小型纺织服装企业。

③市场专业型。是指为某种专业或某些消费者提供所需要的各种纺织服装产品。其优点是：针对性较强，容易被纺织服装消费者接受，能够很快占领专业市场。

④专业产品多系列型。是指纺织服装企业集中经营某一类纺织服装产品，但是将纺织服装产品销售给各类消费者。这种类型是用一类纺织服装产品满足不同消费者的需求，其优点是：由于技术接近，生产专业化程度和生产效率高。

⑤特殊产品型。是指纺织服装企业根据自己特长，生产某些具有优势销路的特殊纺织服装产品项目。其优点是：纺织服装产品具有特殊性，所能开拓的纺织服装市场范围较小，但相对来说纺织服装市场竞争的威胁性也较小。

（3）纺织服装产品组合策略的运用

纺织服装产品组合由各种各样的纺织服装产品线构成，纺织服装产品组合策略就是调整纺织服装产品及产品线的策略。纺织服装企业可以根据纺织服装市场的需要和自身的实际能力，选择不同的纺织服装产品组合策略。通常可供纺织服装企业选择的纺织服装产品组合策略，有以下几种。

①纺织服装产品差别化策略。是指纺织服装企业为了使自己的纺织服装产品，差别于竞争者而改变产品的某些特征，使之与竞争对手之间有明显的差异性，从而使纺织服装消费者产生新颖感，满足个性化需求，形成独特的品牌风格，树立鲜明的纺织服装企业形象。例如，纺织服装服装产品中的女装，差异化最为明显。

②扩大纺织服装产品组合策略。是指纺织服装企业不断扩展纺织服装产品组合的广度、深度，包括扩大纺织服装企业的经营范围，在同一产品线中增加产品项目。例如，某品牌女装在成熟女装市场上销售状况一直很好，该纺织服装企业可以增加一些连带性的扩展产品，像丝巾、皮具、胸针等服饰搭配品，也可以推出一个少女品牌进行市场扩展。

③缩减纺织服装产品组合策略。是指纺织服装企业通过减少纺织服装产品项目和产品线，实行单项或高度专业化的经营策略。这种策略适用于纺织服装市场需求量大或市场畅销的名牌产品以及专用性强的纺织服装产品。其优点是：减少投入纺织服装市场营销的费用，可以使纺织服装企业集中资源与技术，扩大纺织服装产品生产规模并提高质量，产生规模效益并提高竞争力；还可以减少资金占用，加快资金周转；同时，使市场促销、销售目标集中、提高效率。缺点是：风险较大，一旦产品销售不畅，纺织服装企业可能损失惨重。

④改进现有纺织服装产品策略。这是纺织服装产品常常采用的策略。例如，男装公司的纺织服装产品类型相对稳定，一般情况下，不像时装公司纺织服装产品那样具有很强的品种及款式变化节奏，而只需改变某些细节来改进现有纺织服装产品，或者进行设计包装和重新陈列来使人感觉纺织服装产品更新换代，促进销售。因为改进现有纺织服装产品策略不是全新的纺织服装产品，所以能节约大量技术改造资金，风险较小。

⑤纺织服装产品线延伸策略。是指纺织服装企业通过全部或部分改变纺织服装产品的市场定位，以形成新的纺织服装产品市场定位格局的策略。例如，"范思哲"品牌在整个纺织服装市场上处于高档产品和高价范围。后来又推出了"韦尚时"系列，超过原有范围来增加其产品线的长度。这一策略又可分为：向上延伸、向下延伸和双向延伸三种情况。向上延伸策略，是在一种纺织服装产品线内，增加高档或高价纺织服装产品。高档名牌纺织服装的高附加值、高利润率是吸引纺织服装企业选择向上延伸策略的主要原因。由

于这种策略有些风险，因此，采用这一策略的纺织服装企业必须具备先进的技术条件，并有相应的纺织服装市场拓展实力。向下延伸策略，是指在纺织服装产品线中增加低档或廉价纺织服装产品项目。原来生产高档纺织服装的企业采用这种策略，能够充分利用名牌纺织服装的知名度，吸引那些"求名"心切但购买力较低的纺织服装消费者。但如果向下延伸策略运用不当，则会损害原有名牌的市场形象。双向延伸策略，是纺织服装企业同时实施向上和向下延伸策略，即在增加高档纺织服装产品的同时也增加低档纺织服装产品，使纺织服装企业产品，在纺织服装市场的阵容不断扩大。例如，某西服公司为了进一步扩大市场份额，根据市场细分化原则，进一步完善产品结构，决定拉长男西服生产线，在原有1000~3000元中档西服的基础上推出5000元以上羊绒、纯麻产品和向下推出1000元以下涤毛及化纤产品，在短期内市场占有率明显提高。

⑥纺织服装产品线现代化策略。是指正常情况下，每个运行良好的纺织服装企业的产品线长度是适当的，但还必须使纺织服装产品线现代化。特别是纺织服装企业属劳动密集型企业，如何成为智能密集型或技术密集型的纺织服装企业，这是目前我国纺织服装业面临的首要问题。

9.2 纺织服装产品生命周期及策略

9.2.1 纺织服装产品生命周期理论

纺织服装产品生命周期，是纺织服装市场营销学中一个十分重要的概念。任何一种纺织服装产品，在市场上的销售地位和获利能力都处于变动之中，都有一个发生、发展和衰退的过程，这就类似于生物的生命历程。纺织服装产品生命周期的概念，是基于所有纺织服装产品都有有限的生命周期的假设，按照生物的生命规律把纺织服装产品划分为引入期、成长期、成熟期与衰退期四个阶段。

（1）*纺织服装产品生命周期的含义*

纺织服装产品生命周期，是指纺织服装产品从进入市场到退出市场的全部过程，它是以纺织服装产品在市场上的销售额或所获得利润变化情况来衡量的。纺织服装产品生命周期是指纺织服装产品的经济寿命，即纺织服装产品在市场上的销售周期，而不是指纺织服装产品的使用寿命。纺织服装产品的使用寿命，是指纺织服装产品从开始使用，直到最后消耗而被废弃所经历的全部时间。

（2）*纺织服装产品生命周期的形态*

纺织服装产品生命周期通常延伸一个或数个季节，一般用钟形曲线来描述产品生命周期模式，如图9-2所示。从图中可以发现，纺织服装企业从开发纺织服装产品到获得市场回报，需要投入大量的时间和资本。

①引入期。是指在纺织服装市场上推出纺织服装新产品，纺织服装产品的销售呈缓慢增长状态。在引入期，纺织服装企业没有销售额，利润也为负值。

②成长期。是指纺织服装产品在纺织服装市场上迅速被消费者所接受，纺织服装产品销售额迅速增长，成本大幅度降低，纺织服装企业利润逐步提高。纺织服装产品开发成功后进入成长期，纺织服装企业应大力宣传和推广纺织服装产品，销售额和利润会呈现增长的态势，随着时间推移，纺织服装产品在纺织服装市场上逐步被消费者认可，批量化的生产能够降低纺织服装产品的成本。

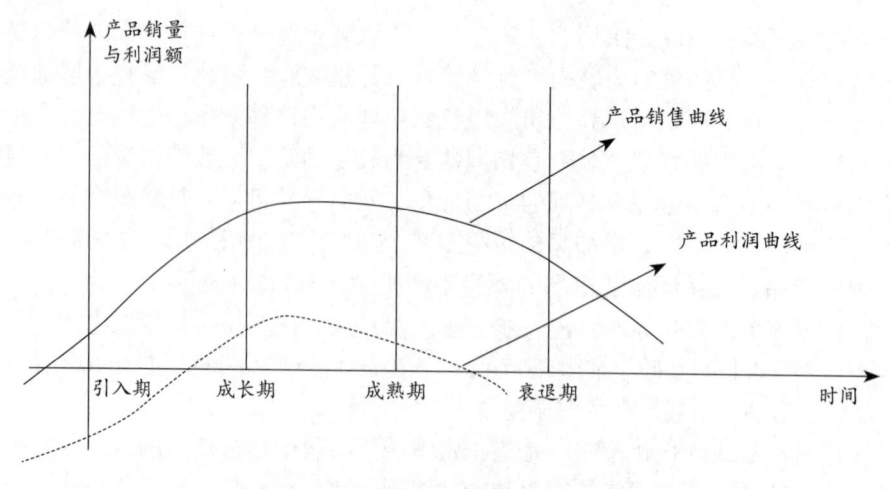

图9-2 纺织服装产品生命周期示意图

③成熟期。是指纺织服装产品被大多数消费者所接受，纺织服装市场销售额缓慢增长或下降。纺织服装产品进入成熟期后，此时纺织服装产品已成为大多数消费者熟悉的商品，而且同类纺织服装产品趋于饱和，竞争加剧。

④衰退期。是指纺织服装产品的销售额急剧下降，利润逐渐趋于零。纺织服装产品进入衰退期，销量由原来上升转为缓慢下降，这时，纺织服装企业利润逐渐下降为零，甚至是负值。

9.2.2 纺织服装产品生命周期策略

纺织服装产品在纺织服装市场生命周期的各个阶段，销售额、成本、价格、利润等指数多呈不同的变化态势，由此，我们可以归纳出纺织服装产品生命周期四个阶段的特点、营销目标和营销策略，如表9-2所示。

表9-2 纺织服装产品生命周期的特点与营销策略

纺织服装产品生命周期		引入期	成长期	成熟期	衰退期
特点	销售	销售量低	销售量剧增	销售量最大	销售衰退
	成本	单位产品成本高	单位产品成本一般	单位产品成本低	单位产品成本低
	利润	亏本	利润增长	利润高	利润下降
	消费者	创新者	早期使用者	中期大众	落后者
	竞争者	很少	增多	人数稳中有降	下降
营销目标		创造产品知名度，提高试用率	市场份额最大化	保护市场份额，争取最大利润	压缩开支，提升品牌价值
营销策略	产品	提供基本产品	扩大服务保证	品牌和型号多样化	逐步撤出衰退产品
	价格	用成本加成法	渗透市场市价法	定价与竞争者抗衡或战胜他们	降价
	渠道	建立选择性分销渠道	密集分销渠道	更密集分销渠道	有选择地减少无利润出口
	广告	在早期使用者和经销商中建立知名度	在大众市场建立知名度激发兴趣	强调品牌差异和利益	降低至维持忠诚者的水平
	促销	加强促销引诱试用	减少促销鼓励转换品牌	加强促销鼓励转换品牌	降低到最低标准

（1）引入期的营销策略

引入期的特点主要表现为：纺织服装新产品刚投入纺织服装市场，消费者对纺织服装产品还不太了解，只有少数追求新奇的消费者可能购买；销售网络还没有全面有效地建立起来，销售增长缓慢，销售量很低；生产技术还有待完善，纺织服装产品质量还不够稳定；前期投入大量开发成本，还必须继续追加高额的促销费用，纺织服装企业通常处于亏损或微利状态；同类纺织服装产品的生产者较少，竞争不激烈，纺织服装企业在这一阶段要承受很大的市场风险。引入期纺织服装企业营销策略的总思路可以概括为：加大推广力度，缩短介绍周期，推出纺织服装品牌，突出一个"快"字，如表9-3所示。

表9-3 引入期纺织服装企业营销策略

促销力度 \ 价格水平	高	低
高	快速撇脂策略	快速渗透策略
低	缓慢撇脂策略	缓慢渗透策略

① 快速撇脂策略。这一策略的特点是：以高价和高促销费用推出纺织服装新产品。在该纺织服装市场环境下，大部分潜在消费者、目标市场的顾客对纺织服装求新的心理强烈，愿意出高价购买。纺织服装企业面临潜在竞争者的威胁，急需建立品牌。实行高价格是为了从单位销售额中获取最大的利润，高促销费用是为了尽快引起纺织服装目标市场的注意，引起流行，占领纺织服装市场。

② 缓慢撇脂策略。这一策略的特点是：以高价和低促销费用将纺织服装新产品推入纺织服装市场。制订高价格，支出少量促销费用，纺织服装企业可以获取更多利润。采用这种策略的纺织服装市场环境是：市场容量很大，消费者可以了解这种纺织服装新产品；购买者愿意出高价；潜在竞争的威胁不大。

③ 快速渗透策略。这一策略的特点是：以低价和高促销费用推出纺织服装新产品，其目的在于先发制人，迅速打入纺织服装市场，取得最大的市场占有率。采用这种策略的纺织服装市场环境是：市场容量相当大，消费者对这种纺织服装新产品不了解且十分敏感；潜在竞争比较激烈；纺织服装新产品单位成本可因大批量生产而降低。

④ 缓慢渗透策略。这一策略的特点是：以低价和低促销费用推出纺织服装新产品，目的是鼓励消费者迅速接受纺织服装新产品，较低的促销费用使纺织服装企业有利可图。采用这种策略的纺织服装市场环境是：市场需求大；消费者对这种纺织服装新产品已经了解；消费者对价格比较敏感，市场需求价格弹性高而促销弹性小；有相当的潜在市场竞争者。缓慢渗透策略是众多中小纺织服装企业常用的策略。

（2）成长期的营销策略

成长期的特点是：纺织服装产品开始流行，是纺织服装产品在市场上打开销路、销售迅速增长的时期。此时期消费者对纺织服装产品已经熟悉，大量消费者开始购买，形成较大的市场需求，销量大增；纺织服装产品基本成型，技术、工艺和设备均成熟，质量、性能趋于稳定；随着生产规模扩大，成本下降，以及产量和销量迅速增加，纺织服装企业扭亏为盈，利润迅速上升；竞争者受到纺织服装新产品丰厚利润的吸引，大量加入，开始仿制，同类纺织服装商品投入市场。成长期纺织服装企业营销策略的总思路可以概括为：抢占市场份额，加快推广速度，创出名牌，突出一个"争"字。具体而言，纺织服装企业可以采取的营销策略主要有以下几个方面。

①产品策略。从质量、性能、品种、式样、规格、包装等方面，改进和完善纺织服装产品，从而提高纺织服装产品的竞争能力，吸引更多的消费者，使纺织服装产品保持更长久的成长期。

②价格策略。在大量生产的基础上，选择适当的时机降低纺织服装产品价格，既可以争取那些对价格比较敏感的消费者，又可以冲击竞争对手。

③渠道策略。开拓新的销售渠道，增设销售网点和经销代理机构，扩大纺织服装产品的销售面。同时，加强纺织服装产品的销售服务工作，以巩固纺织服装市场，提高市场占有率。

④促销策略。在成长期，要从以建立纺织服装产品知名度为中心，转移到树立纺织服装产品形象为中心，促销重点是宣传纺织服装产品的特色，运用产品定位策略，树立纺织服装产品形象，建立品牌偏好，维系老顾客，吸引和发展新顾客。

除了以上四种策略之外，处于成长期的纺织服装企业还要注意以下两个问题：一是生产能力问题。在成长期，销量大幅上升，在纺织服装企业积极销售的同时，生产能力必须跟上，否则仿制品和替代品会乘虚而入，也会让竞争者有机可乘。二是短期效益问题。在成长期的后期，由于竞争加剧，纺织服装企业必须放弃短期的最大收益，将部分资金再投入，以确保其纺织服装产品的市场优势地位。

（3）成熟期的营销策略

成熟期的特点是：纺织服装产品销售量增长缓慢，纺织服装市场需求量逐渐趋于饱和；生产量很大，生产成本降到最低程度；纺织服装产品的服务、广告和推销工作十分重要，销售费用不断提高；利润达到最高点，并开始下降；很多同类纺织服装产品进入市场，纺织服装市场竞争十分激烈。成熟期纺织服装企业营销策略的总思路可以概括为：巩固纺织服装市场地位，延长成熟期限，护好纺织服装名牌，突出一个"改"字。具体而言，成熟期纺织服装企业的营销重点是维持市场占有率，并积极扩大纺织服装产品销量，争取利润最大化。在成熟期，纺织服装企业可以采取的营销策略主要有以下三个方面。

①市场改良策略。主要通过发现纺织服装产品纳新用途，创造纺织服装产品新的消费方式，从而增加消费者人数及频率、进入新的纺织服装细分市场、提高使用频率及使用量、将非用户吸引为用户。例如，美国杜邦公司开发的尼龙产品最初用于军事，制造降落伞和绳索，而后用于纺织服装领域，现在又用于轮胎的衬布等，使该产品在一种市场饱和后又在另一个新的市场焕发生机。

②产品改良策略。具体包括质量改进、特色改进、式样改进和服务改进四个方面的措施。通过纺织服装产品自身的改变，更好地满足消费者的不同需要，从而扩大纺织服装产品的销售量。

③营销组合改良策略。是指通过改进营销组合要素来增加销售和利润，主要是通过改变定价、渠道及促销方式，来延长纺织服装产品的成长期和成熟期。例如，增加分销渠道和广告费用、更改媒体、变化广告时间及频率、改进促销方式、降低价格、提高服务品质等，都属于此范畴。

④转移生产基地策略。是指把处于成熟期的纺织服装产品转移到某些生产成本低、市场潜力大的国家和地区。

成熟期的四种营销策略，如果应用得当，可使纺织服装产品出现"循环—再循环"的曲线效应，这样，无形中延长了纺织服装产品生命周期，在保持纺织服装产品市场占有率的同时，使纺织服装企业保持良好的竞争势头。

（4）衰退期的营销策略

衰退期的特点是：纺织服装产品技术已经老化，缺点逐渐暴露；纺织服装产品销售量迅速下降，甚至出现积压；纺织服装产品价格不断下降；纺织服装企业获利很少，甚至亏损，部分纺织服装企业因无利可图，被迫退出竞争；换代产品层出不穷，纺织服装市场份额迅速扩大。衰退期纺织服装企业营销策略的总思路可以概括为：在衰退期，由于纺织服装企业面临销售和利润直线下降，大量竞争者退出市场，消费者的消费习惯已发生转变等情况，此时，纺织服装企业应突出一个"转"字。因此，可供选择的营销策略有以下几个方面。

①继续策略。它也称维持策略或自然淘汰策略，是指纺织服装企业继续沿用过去的策略，按照原来的纺织服装细分市场，使用相同的销售渠道、定价和促销方式，直到该纺织服装产品完全退出市场为止。当纺织服装企业在该纺织服装市场中有绝对支配地位，且竞争者退出市场后，该纺织服装市场仍有一定潜力时，通常采用这种策略。

②集中策略。是指纺织服装企业缩短纺织服装产品营销战线，将人力、财力、物力等各种资源集中在具有最大优势的细分市场，同时减少广告宣传规模和促销活动，维持一定的销售量，从最有利的局部市场获得尽可能多的利润，这样有利于缩短纺织服装产品退出市场的时间。

③收缩策略。是指大幅度降低促销投入，收缩营销战线。当纺织服装产品处于衰退期，但在市场上还有一些消费者，纺织服装企业可维持该产品的一定生产能力，但应大幅度降低促销成本，尽量减少销售费用，在不增加成本的前提下获得眼前利润，保证近期的良好收益。

④放弃策略。是指当机立断，放弃经营，退出市场。纺织服装新产品取代老产品是必然趋势，当老产品无法为纺织服装企业带来利润的时候，纺织服装企业应该当机立断放弃该产品。既可以采取完全放弃的方式，也可以采取逐步放弃的方式，使其所占用的资源逐步转向其他纺织服装产品，力争使纺织服装企业的损失减少到最低。当然，纺织服装产品退出市场后，还要继续提供一定期限的维修和售后服务，这样，才能维持纺织服装企业的良好声誉，对企业的长远发展有利。

在选择衰退期的营销策略时，要注意两种不正确的应变态度：一是仓促丢弃纺织服装老产品，但换代新产品不能及时推向市场；二是盲目依恋纺织服装老产品，而不着眼于纺织服装新产品开发。

9.3 纺织服装产品品牌及策略

9.3.1 纺织服装品牌含义和作用

（1）纺织服装品牌含义

纺织服装品牌，是指用来识别不同纺织服装产品的商业标志，它通常是由文字、标记、符号、图案和颜色等要素组合而成。纺织服装品牌是一个集合概念，主要包括纺织服装品牌名称、纺织服装品牌标志和纺织服装商标。

①纺织服装品牌名称。即品牌中能用语言称呼的部分。例如，"李宁""骆驼""新

郎"等。它的主要功能是产生听觉效果。

②纺织服装品牌标志。是品牌中能够识别、而不能用语言直接读出的部分，常常为某种符号、图案或其他独特的设计。例如，品牌中的李宁图案、骆驼图案、长城城墙的图案都是品牌标志。它的主要功能是产生视觉效果。

③纺织服装商标。是按法定程序向商标注册机构提出申请，经审查予以批准，并授予专用权的品牌或品牌的一部分。经注册登记的商标有"R"标记或"注册商标"的字样，纺织服装商标所有者，具有使用纺织服装品牌名称和（或）品牌标志的专用权。在我国对所有商标不论其注册与否，统称商标，故另有注册商标与非注册商标之别。

④联系与区别。纺织服装品牌与商标是既密切联系又有所区别的，它们的联系在于：纺织服装品牌包括纺织服装商标；它们的对象都是纺织服装商品；它们的功能都在于与其他竞争者的纺织服装商品相区别；其设计都是由名称、文字、图形、符号构成的，是纺织服装企业的无形资产。它们的区别在于：纺织服装品牌侧重于名称，纺织服装商标侧重于标志（或标记）；品牌与纺织服装企业联系在一起，往往品牌与厂牌同一，而商标与具体商品联系在一起；纺织服装品牌侧重于名称宣传，纺织服装商标侧重于防止他人侵权；纺织服装品牌是一种商业称谓，纺织服装商标则是一个法律术语；纺织服装商标相当于一个受法律保护的品牌，而纺织服装品牌若没有注册，则不受法律保护。由于两者是从不同角度指称同一事物，故在日常生活中，它们经常被混用。

⑤内涵。纺织服装品牌的内涵可从六个方面来理解：一是属性，即纺织服装品牌所代表的特定品质或品位，首先使人想到某种属性。例如，Lee牌牛仔意味着贴身、舒适、自然等属性，纺织服装企可以以一种或几种属性作为该牛仔服装广告的诉求重点。多年来的Lee广告一直强调"The Brand that Fits"（最贴身的牛仔）。二是利益，即纺织服装品牌不止意味着一组属性。顾客不是在买属性，而是在买利益，属性需要转化成功能性或情感性利益。例如，昂贵的属性可转化成情感利益："皮尔·卡丹西服让我感觉到自己很重要并受人尊重。"三是价值，即纺织服装品牌还体现了生产者的某些价值观。例如，Levi's代表着高效率、经营灵活、适应市场的纺织服装企业形象，这种有利的纺织服装企业形象，会激发消费者的购买热情。四是文化，即纺织服装品牌代表着一定的文化，尤其对于纺织服装这种深富文化内涵的产品，品牌更使纺织服装洋溢文化的光彩。例如，Levi's体现美国文化，崇尚自然，头脑开放，追求个性解放。五是个性，即纺织服装品牌代表了一定的个性。例如，Levi's很可能会使人想到一位富有活力的年轻人，或者摩天大楼。六是角色，即纺织服装品牌是某些特定纺织服装目标顾客群体的特定角色和地位的象征，它为该纺织服装目标顾客群体所喜欢和选择。例如，Boss西服使人想起春风得意的商界成功人士。

（2）**纺织服装品牌作用**

对不同的纺织服装品牌进行区分，便于消费者选购，同时对纺织服装企业展开营销活动有着重要作用：

①有利品牌选择。纺织服装品牌的首要功能是方便消费者，进行纺织服装产品选择，缩短消费者的购买决策过程。选择知名的纺织服装品牌，对于消费者而言无疑是一种省事、可靠又减少风险的方法。同时，有了品牌名称可以使纺织服装企业比较容易处理订单并发现一些问题。现代纺织服装企业多数都实施了品牌战略，这样就把纺织服装企业生产的众多产品区分为不同的品牌和型号，从而有利于客户订货，而且一旦出现差错或质量问

题，纺织服装企业可以较容易的通过追踪订单去纠正错误。

②企业利器。纺织服装品牌，是纺织服装企业控制市场的有力武器。纺织服装市场竞争的目的，就是取得纺织服装市场的控制能力。在大规模纺织服装市场营销中，纺织服装企业为扩大销售，提高效率，必须在某种程度上依赖中间商进行多层次分销，这必然削弱生产厂商的纺织服装市场控制力。品牌化为纺织服装企业提供了建立消费者忠诚的机会，而品牌忠诚使纺织服装企业在竞争中占据了相当多的竞争优势，并使他们在规划纺织服装市场营销时具有较大的控制能力。例如，杉杉西服潜心致力品牌的树立，在消费者心中形成了较好的品牌形象，故此，杉杉西服有强劲的市场渗透力，订货单从全国各地源源不断地汇集到杉杉手中。

③有利市场细分。纺织服装品牌化，有助于纺织服装企业对整个纺织服装消费市场进行细分。例如，Hugo Boss公司把整个男装市场分为三块，并通过不同的品牌文化定位，确立各自的形象，在各自的细分市场上更好地满足消费者需求。

④有利形象树立。纺织服装品牌是产品质量水准的标志，它能促使纺织服装企业保持不断增强产品质量的责任感，树立纺织服装产品的良好形象。同时，良好的纺织服装品牌有助于建立企业形象。品牌上都印有纺织服装企业的名称，起到宣传企业产品以及企业本身的作用。纺织服装企业为维护自己的品牌声誉，必须在提高产品质量和服务水平的基础上，开展纺织服装品牌的文化活动，不断增强纺织服装企业活力和竞争能力，保证企业在消费者心目中的创新形象。

⑤有利法律保护。注册的纺织服装品牌即商标受法律保护，具有严格的排他性，一经发现侵权行为，可依法追究、索赔。同时，纺织服装企业可以通过转让商标的使用权获取利润。例如，皮尔·卡丹已在全球授权840家企业挂他的名字，公司遍布110多个国家，有540家工厂直接或间接为其工作，受他影响的人超过几百万。每年行销的皮尔·卡丹牌产品，销售额都在10亿美元以上，皮尔·卡丹从中获得7500万美元的品牌特许使用费。

9.3.2 纺织服装品牌设计

纺织服装品牌的创立，应该抓住品牌的内涵。在策划纺织服装品牌之前，应该确定纺织服装品牌名称和纺织服装品牌标志色的选择。

（1）*纺织服装品牌名称的设计*

纺织服装品牌名称，是纺织服装品牌的核心要素，是形成纺织服装品牌概念的基础。纺织服装品牌名称，为纺织服装品牌联想奠定了基础。

①类型。纺织服装品牌名称类型主要有四类：一是企业式名称，即借用纺织服装企业的名称为产品命名。例如，顺美牌职业装，阿迪达斯运动服等。二是人物式名称，即直接以人物的名字作为品牌的名称，可以是古人的名字，也可以是创业者的名字。例如，夏奈尔、范思哲等纺织服装品牌。三是动物式名称，即以动物的名称为品牌命名，这种命名通常能给消费者留下较深刻的印象。例如，海螺牌衬衫、雪豹皮衣等。四是植物式名称，即以植物的名称作为品牌名称，例如，杉杉西服、苹果牛仔等。

②原则。纺织服装企业经营者在为纺织服装选择品牌名称时，应注意遵循以下三项原则：一是易读易记原则，即取字要简洁、明快，易于被消费者接受和传播。而且名字越短，就越有可能引起消费者的联想，含义更丰富。例如，Lee、杉杉等。二是启发良好联想，即纺织服装名称还应暗示纺织服装的某种面料或风格。例如，白领女性服装，暗示了

该服装的目标消费者及该产品的品质档次。Maidform是美国著名的女性纺织服装公司创立的女性内衣驰名品牌，有少女风姿的含义等。三是适应市场文化环境，即纺织服装是人精神面貌的外在体现，是文化的载体。纺织服装命名应对市场文化有所适应，就是要适合该市场上消费者的文化价值观念。纺织服装品牌名称不仅要适应目前市场的文化价值观念，还要适应潜在的市场文化观念。纺织服装品牌进入新的市场，必须入乡随俗，被当地消费者认可。例如，金利来最初叫"金狮"，在粤语中"金狮"与"尽输"同音，香港人热衷赌马，且特别迷信，自然没人理睬这个品牌。自从曾宪梓将"金狮"改为"金利来"后，从此打开销路。

（2）纺织服装品牌标志的设计

①形式。纺织服装品牌标志是纺织服装商品的象征，是纺织服装产品信息的外在表现。在一定的条件，它可以作为纺织服装产品代替者的身份出现，使消费者见到标志就能联想到纺织服装产品、生产者、商业信誉等。纺织服装品牌标志通常有两种形式：一是文字标志。纺织服装品牌的文字标志，多采用不同风格的字体和艺术性文字，使文字标志与纺织服装产品的形象相互适应，这依赖于人们分析语言文字的文化特征和视觉特征。不同类别和特色的品牌标志各不相同，不同字体所创造的氛围和品牌内涵能帮助消费者更好地了解纺织服装产品和企业形象。二是图形标志。纺织服装品牌的图形标志，具有强烈的视觉效果。一个成功的纺织服装品牌图形标志既需要传递美感，又要符合作为商业性标志的特点。它应该结合纺织服装企业经营与发展战略，通过艺术表现形式，达到传达纺织服装产品信息，塑造品牌形象，吸引消费者的目的。纺织服装品牌的图形标志有如下几类：产地象征特征的标志、企业行业特征的标志、民族文化标志、具象型标志、抽象型标志等。

②原则。纺织服装品牌标志设计原则有以下四点：一是独特醒目、便于识别。纺织服装品牌的基本作用，是便于消费者区别一个企业的产品与另一个企业的同类产品，故此，纺织服装品牌标志就要有与众不同的独特性和可区分性。二是简洁明了、易于记忆。要让消费者对纺织服装品牌留下印象，简洁明了的标志符合人们记忆规律和特点，而且简明的标志可超越国家民族语言文化的限制，便于大众理解和记忆。三是具有广泛的文化适应力及长久生命力。纺织服装品牌标志要经得住时间的考验，又能在不同的文化环境下使用，这就要求品牌标识设计既有新意和新的表现形式，又要有长久的生命力，体现稳定性与应变性的统一。纺织服装品牌标志应该在各种文化环境下使用，要遵守各种商标注册和管理制度，特别还要注意商品销往国的文化传统、风俗习惯及社会道德规范、宗教等。四是品牌的设计要适应商品流通的国际化。除了具备易记易认的特点外，还要注意西方发达国家的品牌设计流行趋势。例如，德国品牌标志设计风格严谨，以高度概括的视觉图形传递信息；法国强调优雅与自由的表现；美国倾向于活泼自由的空间组合；日本将东方传统的直觉设计方式与欧洲结构主义的形式集为一体等。

9.3.3 纺织服装品牌策略

纺织服装品牌不仅是产品的名称和标志，在现代纺织服装市场营销过程中，纺织服装品牌还是一种重要的营销手段。纺织服装品牌策略是整个产品策略的重要组成部分，纺织服装企业要想合理地使用品牌，发挥品牌的作用，必须正确地运用纺织服装品牌策略。一般来说，纺织服装品牌策略分为纺织服装品牌决策策略和纺织服装品牌经营策略。

（1）纺织服装品牌决策策略

纺织服装品牌决策策略，是指根据纺织服装企业产品的特点，结合企业经营状况和经营目标，在纺织服装市场调查和分析的基础上，决定是否使用纺织服装品牌和如何定位品牌。纺织服装品牌决策策略主要包含下列几层内容。

①品牌化决策。是指纺织服装企业是否使用纺织服装品牌。纺织服装是个性化、文化性极强的产品，同时纺织服装材料更新换代很快，非专业消费者难以区别。一般纺织服装生产企业都要根据不同的目标顾客群，给自己的纺织服装产品标注不同的品牌标志，赋予有特色的内涵，便于消费者树立纺织服装品牌偏好，产生品牌重复购买行为。另外，因为对于品牌产品，纺织服装企业要在产品包装、运输、广告等方面付出更多的费用，而非品牌产品在这些方面把费用压到了最低限度，所以不是所有的纺织服装产品都要使用品牌才能在市场上销售，纺织服装企业必须根据产品特点、市场行情、企业自身状况等因素来决策。

②品牌使用决策。在决定对纺织服装产品使用品牌时，制造商在如何使用品牌方面有三种选择：一是制造商品牌，即产品以制造商品牌推入市场。纺织服装企业有较高的信誉，希望通过自己的品牌来控制市场，同时由于消费者往往通过制造商品牌来判断质量，所以制造商品牌占支配地位。一般有一定规模的纺织服装企业，均以企业自己的品牌推出纺织服装产品。二是零售商品牌，又叫分销商品牌，也就是中间商品牌，随着商品流通领域的发展，零售企业规模越来越大，遍布全球，对纺织服装产品销售有很强控制力，大型零售商已陆续创立自己的品牌。例如，新加坡的麦特劳（METRO）百货商店，创立了几个品牌，像玛丽莎（Marissa）、安娜贝拉（Annabella）、索菲斯（Sophis）和富特维（Footway）等。三是特许品牌，即以特许品牌推入市场。制造商根据特许合同，为他人以来样加工或来料加工等形式制造纺织服装产品，制造商的利润就是加工费。我国有许多纺织服装企业既使用制造商品牌，又使用特许品牌。

③品牌名称决策。纺织服装企业在决定品牌名称时，可以有四种选择：一是统一品牌，即纺织服装企业将自己所生产的全部产品都用统一的品牌，或以一定的品牌为基础形成品牌系列。采用统一品牌的各种产品都应具备相近的质量水平。例如，耐克品牌，它的体育用品、服装、鞋帽、箱包都采用相同的品牌名称。产品特点、价格和目标市场大致相同的纺织服装企业一般运用统一品牌策略，其优点是：建立一个好的品牌形象，可以带动一系列产品的销路；建立在消费者对品牌信任的基础上，企业推出的纺织服装新产品较容易进入目标市场；纺织服装企业只需集中力量推广一个统一的品牌形象，这样可以节约新品牌的设计和推广投资费用。二是个别品牌，即每种产品一种品牌，或同种产品不同质量标准而采用多种品牌。例如，NIKE公司新推出的乔丹鞋，就是个别品牌策略。其好处是：没有将企业的声誉与某一产品品牌的成败相联系，一个品牌的产品失败，不会损及制造商的声誉；企业可以为每一种新产品寻找最佳名称，一个新的品牌可以造成新的刺激，建立新的品牌偏好和品牌忠诚。缺点是：个别品牌策略必须为每种产品制定新品牌名称标志，为建立品牌认知，增加了纺织服装企业的促销费用，给企业带来一定的负担，运用这种策略的纺织服装企业较少。三是分类品牌，即对不同类别的纺织服装产品或不同目标市场的纺织服装产品使用不同的名称。例如Hugo Boss公司把男装市场分为三块：一块是商界经理，一块是年轻人，还有一块是有品位的高层次人士。分别使用Boss，Hugo，BALDESSARINI三个品牌，这样不同品牌定位确立各自形象，在各自的细分市场上更好地

满足消费者需求。

（2）纺织服装品牌经营策略

①确立品牌认知。纺织服装品牌认知，是指消费者识别或回忆出某类产品中某一品牌的能力。纺织服装品牌认知可以分为四个层次：一是消费者对某一品牌无印象，称之为对纺织服装品牌无意识阶段；二是消费者在消费时能够对产品、品牌名称和标志有粗略的印象，此阶段称为纺织服装品牌识别阶段；三是消费者在不经提示的条件下能够识别某种品牌，此阶段称为纺织服装品牌记忆阶段；四是消费者在不经提示的条件下能够回忆起某类产品的第一品牌，此阶段称为纺织服装品牌深刻阶段。只有纺织服装品牌深刻阶段，品牌知晓度和品牌尊重程度最高，当认知达到此时，消费者才会对某类产品有较强的偏好，进而形成一定的纺织服装品牌忠诚。

②CI导入。CI是Corporate Identity的缩写，它是指纺织服装企业识别系统或纺织服装企业形象体系。CI计划把纺织服装企业潜在的形象、个性、特点卓有成效地传播给大众，是一种信息传达的象征和符号，它有助于纺织服装企业传达经营理念，突出统一的企业形象，使公众深刻地了解和认识企业，最终增强纺织服装企业整体竞争能力。CI由三部分组成：MI（Mind Identity），即纺织服装企业理念，指纺织服装企业经营方针、经营宗旨、行为准则、精神标准等方面的规范；BI（Behavior Identity），即行为规范，指纺织服装企业组织制度、管理方式、教育训练、社会公益活动、营销活动等行为方式的规范；VI（Visual Identity），即视觉识别，指将纺织服装企业理念、文化特质、服务内容、企业规范等抽象化语言，用可视的具体符号予以明确和规范。

③维持高质量品牌形象。纺织服装品牌经营，应该以纺织服装市场为中心，如果品牌不能随着消费者的需求变化作出相应的调整，品牌就会被市场淘汰。同时，纺织服装品牌是高品质的象征，树立品牌的形象，要想让消费者对纺织服装产品产生感情和忠诚，必须确保产品高质量。纺织服装产品是品牌的实体，质量是产品的核心，质量好的纺织服装产品应该满足消费者的生理和心理需求。例如，纺织服装产品具体表现为舒适性、耐用性、安全性和美观性的高度统一。

④保持特色和创新。纺织服装品牌要有鲜明的特色和独具的价值，不断创新并且体现时代感的品牌在竞争中才能够长盛不衰，例如，CHANEL是20世纪二三十年代法国的著名女装品牌，它以简洁的紧身套裙、紧身女装及其5号香水而闻名，经过几十年的演变，品牌保持其不变的风格，由不同的设计师按时代潮流不断创新，设计出充满现代气息的作品，使品牌不断发展，保持国际领先地位。

⑤品牌定位。是指纺织服装企业设计出自己的纺织服装产品和形象，使纺织服装目标市场的消费者，对纺织服装企业及其营销组合予以认知。定位可始于纺织服装产品，也可始于消费者和纺织服装市场。纺织服装品牌定位的核心是STP，即纺织服装市场细分（Segmentation）、纺织服装目标市场选择（Targeting）和纺织服装品牌定位（Positioning）。

⑥品牌保护。纺织服装品牌一经注册，就可以得到法律保护，利用注册商标保护纺织服装品牌，对纺织服装企业来说是一种有效的方式。纺织服装商标是区别不同品牌商品的特定标志，注册后的纺织服装商标能够保障注册人获得专用权。纺织服装商标有多种形式，纺织服装企业应该根据纺织服装品牌的具体情况，选择适当的纺织服装商标形式，以有效地维护纺织服装品牌形象，保护品牌的纺织服装市场地位。例如，红豆集团注册策略

是联合与防御共用，他们在国内34种纺织服装商品上全部注册了商标的同时，还把与"红豆"中文近似的发音，相同的含义，像"虹豆""相思豆"等都注了册。同时还在国外54个国家和地区申请了注册商标，从而形成了完整有效的纺织服装市场商标体系。

9.4 纺织服装新产品开发及策略

9.4.1 纺织服装新产品概念与开发步骤

（1）纺织服装新产品概念

纺织服装市场营销学中所说的纺织服装新产品，是从纺织服装市场和企业两个角度来认识的，它与因科学技术在某一领域的重大发展所产生的纺织服装新产品不完全相同。纺织服装新产品是相对于老产品而言的，从纺织服装企业营销的角度来说，纺织服装新产品，是指纺织服装产品在产品结构、性能、材料和制作工艺等方面有所改进和创新。纺织服装产品整体概念中任何一部分的创新、革新和改良，都可视为新产品。例如，女装企业根据纺织服装市场行情，决定生产男性时装，那么男性时装就是该女装企业的新产品。

（2）纺织服装新产品开发步骤

纺织服装新产品的开发被看作是纺织服装企业生存和发展的首要条件，对于纺织服装企业来说，新产品开发是一项复杂的系统工作，需要掌握大量信息，考虑消费心理，并结合纺织服装企业具体的生产技术条件实施。一般来说，纺织服装新产品开发的步骤概括为以下六个阶段，如图9-3所示。

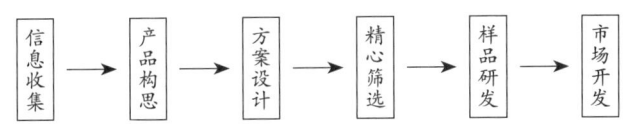

信息收集 → 产品构思 → 方案设计 → 精心筛选 → 样品研发 → 市场开发

图9-3　纺织服装新产品开发步骤

①信息收集阶段。是指纺织服装企业需要将各种信息收集起来加以分析，再进行纺织服装产品策划、设计、生产和销售。纺织服装行业的信息收集至关重要，信息的渠道越多，层次越细，对纺织服装市场的把握就越准确。纺织服装信息收集的方法一般有两种：一是从纺织服装的销售市场、各种纺织服装博览会和发布会、国内外的流行情报、纺织服装报纸杂志等渠道获得信息；二是从社会生活中获得信息，例如，关注社会动向、时代精神，参与各种展览活动，从事音乐、戏剧、电影、文艺项目等。

②产品构思阶段。是指纺织服装新产品构思需要设计人员集思广益，在收集大量流行信息的基础上，作出预测性的判断，并从大量的构思中选出有商业价值的方案。在构思方案时，要与纺织服装品牌的形象接近，而且要融入设计师的个人设计风格。在这个阶段更多的是体现概念，确定创意的主题。在纺织服装新产品开发前，要确定新产品是否有一定的市场容量，力求使新产品比市场现有产品更有特色，在质量、性能、价格、包装等方面能有更多的突破。从艺术风格上，纺织服装设计师必须让主题具有时代感，通过策划传达给消费者纺织服装品牌的精神和设计师推崇的生活方式。纺织服装设计师在构思过程中常常要考虑各种因素，例如，纺织服装新产品是否适合消费者的心理要求、消费水平、价值观念等。并且要不断明确：纺织服装新产品为谁服务；消费者在什么时候，什么地点，以什么形式使用纺织服装；不同层次消费者的分布状况；市场类似纺织服装品牌的供应情

况；本纺织服装企业的生产能力和技术情况等。

③方案设计阶段。是指根据对各种信息的分析，纺织服装设计师开始对纺织服装的外造型、色彩、面料、结构、工艺等设计因素进行全盘的考虑和策划。纺织服装设计师在方案设计初期，为了便于纺织服装公司从各个方面进行评审和筛选，要做大量的设计工作，包括以下几个方面内容。

首先是纺织服装效果图。纺织服装效果图有两种：一是表现纺织服装穿着在人体上的效果图，包括纺织服装的款型、色彩、面料、配件、穿着的场合、背景及气氛等。不论是采用电脑或是手绘，都要求风格明确，人体及纺织服装的比例准确，结构表达清楚。纺织服装画常以绘制模特的正面或侧面的穿着角度为主，并加画纺织服装后背图，在一些细节处还可以绘制解析图和部件特写图，目的是为了全面、准确地表达纺织服装的款式结构。另一种是纺织服装平面结构图，这类图在设计生产中运用较为广泛，这种形式不强调纺织服装在人体上的状态，而是强调纺织服装的款式及结构。

其次是面料、辅料的选择与确定。面料的选择能决定纺织服装的风格和定位，也能确定纺织服装的档次，纺织服装设计师越来越注重面料的选择。纺织服装企业为自己的品牌确立独创性，需要以国际流行面料信息为基础，组合品牌所需要的面料。有时为了表现纺织服装品牌的个性，还需要研发和定织定染一些独特的面料。

再次是制作工艺的说明。纺织服装的工艺设计非常重要，特别是一些特定的纺织服装，例如，皮装、针织类服装、内衣、被单等，光有纺织服装效果图和结构图，没有对工艺的精心设计，纺织服装不可能达到预期的效果。制作工艺说明，是指用文字或图表表示出纺织服装各个部位的缝制方法、制作要求等。初步设计的工艺说明区别于生产工艺单，不需要过于详细和具体，但在对纺织服装效果相关的关键结构和特殊要求必须详尽地注明，有时还需要备注特定的设备辅助工艺。

④精心筛选阶段。是指纺织服装设计师的设计方案可能有很多，需要精挑细选。对纺织服装企业来说，各个相关部门都会选择实行众多方案中的最佳设计方案，即最有市场价值和最具市场潜力的构思。方案不可能一次到位，纺织服装设计师需要不断地整理和修改，其目的是尽可能地提炼出好的作品。在方案的筛选中，永远没有绝对的标准，也许所选的构思在市场的验证中不尽如人意，也许未选择的作品恰恰有盈利的机会。所以在方案的确定过程中，需要纺织服装企业各个部门的沟通和协作。具体评审的标准有：设计构思是否符合纺织服装市场需求；纺织服装的造型、配色、选料是否能吸引消费者；纺织服装的结构和工艺是否合理；加工技术条件是否合适；成本核算是否符合纺织服装品牌定位；纺织服装品牌的风格是否能够得以体现等。

⑤样品研发阶段。是构思方案的具体实施过程。从一个抽象的设计概念转化为实际投放市场的纺织服装产品，需要制版、修版、制作样衣、试穿等一系列过程，在样品研发过程中可以考察纺织服装产品的结构、工艺、面辅料的适合度，为纺织服装新产品的生产提供完整的技术资料，并通过对纺织服装样品的试用和检验，判断纺织服装产品是否符合设计概念，在技术上和商业上是否具备可行性。

⑥市场开发阶段。是指纺织服装新产品在上市时，消费者有不同的表现，接受时间和接受程度都不尽相同。通过观察各种消费群的关注程度，能够了解纺织服装真正的市场反应，也能确定属于自己的消费群。此阶段包括试销和商业性的投放，纺织服装企业可以依据市场的反应调整营销手段，为纺织服装新产品正式全面上市作准备。

9.4.2 纺织服装新产品与流行传播

（1）纺织服装流行概念

流行，是指个别事物迅速传播或盛行一时的社会现象，也就是某种事物的短时间大范围的传播。流行长短受所处时代的多种因素影响，其中包括政治、经济、文化、科技、战乱等，是随着人类历史的发展变化而不断变化的。纺织服装流行，不是指某一具体纺织服装的流行，而是指纺织服装的流行倾向，是在一定的时间和一定范围内，被较多的人所接受或认可，并风靡一时，形成潮流。

纺织服装流行元素具体表现在：纺织服装的造型、面料、色彩、装饰以及使用方式等方面，这些因素形成了纺织服装的不同风格。纺织服装流行意味着人们审美心理和审美标准的变化，同时也体现了整个时代的风貌。作为纺织服装企业，只有准确地把握纺织服装流行趋势，不断推出新式样、新风格的纺织服装产品，准确地制订出合理的营销策略和推广计划，才能有效地占领市场。

（2）纺织服装流行特点

纺织服装流行，具有新奇性、短暂性、普及性和周期性特点。

①新奇性。这是纺织服装流行最为显著的特点。"新"表示与以往不同，与传统不同；"奇"表示与众不同，即所谓的"标新立异"。纺织服装流行的新奇性往往表现在色彩、花纹、材料、样式等设计的变化上，这种不断地变化满足了消费者求新求异的心理。纺织服装只有"创新""标新立异"，才能吸引消费者。

②短暂性。是指纺织服装流行时间的相对短暂性，这是由流行的新奇性决定的。一种新的样式或行为方式出现后，当被消费者广泛接受，流行形成一定规模时，便失去了新奇性。这时一部分消费者会舍弃，另一部分消费者也可能逐渐放弃，也可能继续采用，从而演变为日常纺织服装。流行持续时间的长短，受多种因素的影响。例如，纺织服装样式的可接受性、满足消费者真实需要的程度，以及与社会风尚的一致程度等。

③普及性。这是现代社会流行的一个显著特点，也是流行的外部特点之一，表现为在特定的环境中，某一社会阶层或群体成员对某样式或行为方式的普遍接受或追求。这种接受和追求，是通过人们之间的相互模仿和感染形成的。纺织服装流行普及性往往表现为：一种纺织服装样式或色彩被少数人发现并使用，接着会有一些人模仿或追随，追随者的行为会影响到纺织服装产品的流行规模、时间长短和普及程度。

④周期性。是指纺织服装流行随着时间变化，呈现周期性的特点。纺织服装流行周期有两层含义：一是流行的纺织服装具有类似于一般产品的生命周期，即从投入纺织服装市场，经历从引入、成长、成熟到衰退的过程；二是纺织服装流行具有循环交替反复出现的特点。从历史上看，全新的纺织服装样式很少，大多数新样式的纺织服装只是对已有样式进行局部的改变。例如，裙子的长度、上装肩部的宽度、裤腿肥瘦等的循环变化。另外，纺织服装色彩、外观轮廓也具有循环变化的周期性特点。

（3）纺织服装流行的传播方式

纺织服装流行具有一定的周期和规律，从开始流行到纺织服装产品淘汰出纺织服装市场，要经历产生、发展、盛行、衰退四个阶段。纺织服装流行传播反映在时间和空间两个层次上。在时间层次上，纺织服装流行是一个动态的变化过程，这一过程称为纺织服装流行的生命周期。纺织服装流行受多种因素的影响，不同纺织服装产品的流行周期长短和流行规模各不相同。在空间层次上，首先是从纺织服装流行发源地向其他区域的传播，从经济发达的大城市向经济相对落后的中小城市的传播。其次是纺织服装流行的群体传播过程。纺织服装流行的群体传播过程，是指在特定环境下，纺织服装流行样式从一些人向另一些人的传播过程。通常认为纺织服装流行的群体传播有三种基本模式，即上传下模式、下传上模式和水平传播模式。

①上传下模式。这是关于纺织服装流行传播的早期学说。这种学说认为，在等级社会中，纺织服装流行样式首先产生于社会上层，并通过社会下层的模仿逐渐流行，这一模式至今仍有一定的适用性。一些纺织服装流行样式首先出现于社会上有影响的名人之中，而敏感的纺织服装企业不失时机地大量生产价格较低、能为大多数消费者所接受的仿制品，迎合大众消费，配合宣传鼓动从而在社会上形成一定的流行规模。

②下传上模式。这是关于纺织服装流行传播的一种较新的理论。20世纪六七十年代，出现了与传统模式完全相反的纺织服装流行过程，即新的纺织服装样式首先由年轻人发起，特别是那些劳动阶层的纺织服装产生的流行元素被创造和采用，并逐渐为社会高收入阶层及年长者接受而形成流行。例如，现在被人们普遍接受的牛仔装、猎装、T恤、运动装等，都起源于普通的年轻人，以后逐渐被富有者、年长者所接受。

③水平传播模式。是现代社会流行传播的主要方式。水平传播是一种多向、交叉的传播过程，引起流行不是在社会阶层之间的垂直传播，而是在同一阶层的群体内部或群体之间的横向扩散过程。这一传播模式对纺织服装企业产品的销售计划有着极其重要的意义，也就是说，传统意义上的时尚形成模式已发生变化，社会上层的生活方式对普通大众的影响力正在减弱，而在流行观念和需求等方面存在差异的各种群体中，时尚流行的特点也不相同。因此，对纺织服装企业来说，应仔细发掘自己的目标顾客，关注他们的工作、年龄、教育程度、生活方式等，通过适当的广告和推广形式引导消费，不断扩大纺织服装产品的市场规模。

9.4.3 纺织服装新产品的推广策略

纺织服装新产品正式进入纺织服装市场销售，被消费者接受需要一个过程。纺织服装企业为了让流行的纺织服装产品热销，必须大力推广纺织服装新产品。根据纺织服装流行与传播的内在规律，结合纺织服装企业的实际生产能力，纺织服装企业可采用的纺织服装新产品推广策略主要有：渐进推广策略和急进推广策略两种。

（1）渐进推广策略

渐进推广策略，是指纺织服装企业将纺织服装新产品，先推入主要的纺织服装市场，然后逐步将纺织服装新产品推广到其他纺织服装新市场。采取渐进推广策略，其优点是：保持纺织服装产品的供应与市场的扩大协调一致，纺织服装产品的推广稳中求进，但纺织服装企业收益增加的速度变慢，其他竞争者会威胁其纺织服装市场的发展。

（2）急进推广策略

急进推广策略，是指纺织服装企业在确定纺织服装新产品，具有理想的纺织服装市场前景的前提下，采取的一种全速占领纺织服装市场的策略。纺织服装企业采用急进推广策略，在短期内会获得很好的纺织服装市场回报，同时也能降低竞争者的威胁程度，但是资金投入大，风险大。

9.5 纺织服装产品包装及策略

9.5.1 纺织服装产品包装概述

(1) *纺织服装产品包装概念*

纺织服装产品包装，是指在纺织服装产品运输、储存、销售的过程中，用以保护纺织服装产品外形和质量，以及为了便于识别、销售和使用纺织服装产品而使用的特定容器、材料及辅助物等物品的总称。纺织服装企业使用包装来提高纺织服装产品形象，因此，纺织服装产品包装是实现纺织服装产品价值并提高商业价值的一种重要手段。

(2) *纺织服装产品包装种类*

因为纺织服装产品包装在流通中出现的阶段不同，故此，纺织服装产品包装具有不同的形态和作用，纺织服装产品包装可以按不同的标准进行分类，主要有以下几种。

①按层次分类。按纺织服装产品包装所处的层次分类，可以分为内包装和外包装。内包装，是最贴近纺织服装产品的直接包装，主要是加强对纺织服装商品的保护，便于再组装，同时也是为了分发、销售商品时便于计算。纺织服装产品内包装多以件或套为单位进行计算，可以是单件，也可以是5件、10件或一打组成一个整体。外包装，是用于保护内包装的第二层次包装，外包装也叫运输包装或大包装，是指在纺织服装商品的销售包装或内包装外面再增加一层包装，一般在纺织服装产品使用后被丢弃，其作用主要是用来保障纺织服装商品在流通过程中的安全，便于装卸、运输、储存和保管。

②按用途分类。按纺织服装产品包装用途分类，可以分为销售包装、工业包装和特种包装。销售包装，是以销售为主要目的的包装，它随同纺织服装产品进入零售环节，与消费者直接接触。因此，销售包装不仅要保护纺织服装商品，而且更为重要的是要传递纺织服装商品信息，吸引顾客，方便消费者认识、选购携带和使用。包装上一般印有商标、说明、生产单位，具有美化产品、宣传产品、指导消费的作用。工业包装，又称物流包装，通常将个体纺织服装商品或散装商品用箱、桶、袋、包、坛、罐等容器进行包装，达到成组化。成组化还可以组成更大的包装单元，也就是集合包装。集合包装是为了便于装卸、搬运、储存和运输等物流作业，将若干纺织服装包装件或商品包装在一起，形成一个合适的搬运单元。常见的集合包装有集装箱、托盘和集装袋等。工业包装为了方便运输更注重包装的牢固性，不需讲究外观设计。特种包装，是指对纺织服装产品包装材料有特殊的要求，须由发货和接收单位共同商定，并有专门文件加以说明。

③按营销方式分类。按纺织服装产品包装营销方式分类，可以分为相似包装、组合包装和附赠品包装。相似包装，是指在纺织服装企业生产的各种产品或某类产品上，采用相同的图案、色彩或其他共同特征，以提醒顾客这是同一企业或品牌的产品。这种方式具有与统一品牌策略相似的好处，常与统一品牌策略结合使用。与这种做法相对的是不同纺织服装产品包装策略，即不同产品采用不同包装。组合包装，是指纺织服装企业常把相关用途的产品纳入同一容器或包装盒内，同时出售。例如，童装企业把婴幼儿的服装和各种用品通过巧妙设计放置在一个包装盒内，不仅提高了价格，而且颇受顾客欢迎，与组合包装相对的是个别包装。附赠品包装，即在包装内放入给顾客的赠品或奖券。这是较为流行的纺织服装产品包装策略，例如，在童装包装中，放入玩具；化妆品包装中，放入装饰品等。

(2) *纺织服装产品包装作用*

纺织服装产品包装从总体上说是以吸引消费者注意力，刺激其购买为前提。纺织服装产品包装作为商品的重要组成部分，其作用主要表现在以下几个方面。

①保护产品。保护纺织服装产品，是指避免在装卸、搬运、储存和运输等物流作业中以及外界自然环境中发生损害，价值降低。在流通过程中，纺织服装产品要处于不同的情形之下，四个因素易引起产品损坏：振动、碰撞、刺穿、挤压。致使产品损坏的自然因素有温度、湿度、光照、微生物等。通过设计良好的包装，可以将纺织服装产品与不良的环境分隔，而处于适宜的环境中，保证产品的价值不发生变化。因此，纺织服装产品在包装时要根据纺织服装产品的不同性质和特点，选用科学先进的包装材料和包装技术。

②甄别产品。即便于消费者识别纺织服装产品。现在的纺织服装产品越来越复杂，消费者缺乏判断产品质量的能力和手段，总是收集一些外在的线索来判断内在的质量，纺织服装产品包装是消费者甄别质量的一个重要的方面。纺织服装产品包装一般都有相对固定的材料、色彩以显示其独特性，并以图案、文字显示包装物内所装产品的种类、规模、型号、式样以及商品的性能、特点、使用方法等内容。纺织服装产品包装可以帮助消费者认识本企业产品，并与其他同类产品相区别。一般来说，消费者可以通过对纺织服装产品包装的感知、认识和记忆，了解厂商、商品规模、款式等信息，在日后的购买活动中，只要接触到该包装物，就可以分辨出不同厂家生产的不同种类的纺织服装产品。

③便于贮运。纺织服装产品从生产到消费的过程中，都要经过装卸、运输和储存，而纺织服装产品经过包装后可以为装卸提供便利，并可以节约运输工具和节约贮存空间。销售包装一般要排列组合成运输包装，才能适应运输和储存的需要。包装对小件纺织服装产品起着集中的作用，包装袋或包装纸上的有关纺织服装产品的鲜明标记，便于装卸、搬运和堆码，利于简化纺织服装产品的交接手续，从而使工作效率明显地提高。通过包装的集合化，也将有关的重复作业集合化了，所以效率大为提高。销售包装的造型结构，既要便于陈列摆放，又要便于消费者识别和选购。例如，采用透明纺织服装产品包装和"开窗"包装等。

④促进销售。纺织服装产品的包装具有增加产品特色、提高竞争力的广告和推销功能。它能改进纺织服装产品的外观，提高顾客的视觉兴趣，激发消费者的购买欲望；它能形成纺织服装产品差异，使产品易于辨认，在竞争中先声夺人，促进消费者对产品的偏爱，提高纺织服装企业的声誉；货架上的广告，被称为"无声的推销员"，而在纺织服装产品使用时产生更为长久的广告作用。例如，原来的内衣用塑料包装，比较平淡，没有特色。现在改用纸质长方矩形包装，盒面印有品牌的广告内容，独特精致，具有一定的特色，成为较好的礼品包装。总之，优秀的纺织服装产品必须与优良的包装相匹配，才能发挥竞争力，才能为消费者提供便利，才能吸引消费者，从而促进其产品的销售，增加了企业的利润。

⑤便于使用。适当的纺织服装产品包装，还可以起到便于使用和指导消费的作用。纺织服装产品包装上的使用说明、注意事项等，对消费者使用、保养、保存产品具有重要的指导意义。为了方便消费者和满足购买者的不同需要，纺织服装产品包装的容量和形状应当多种多样，可以采用单件包装、多件包装和配套包装。此外，还要注意尽量采用可供重复使用和再生的包装器材，以便于处理废弃包装和充分利用包装材料。对于消费者来说，经过包装的纺织服装产品携带和储存也十分方便。

⑥包装创新。纺织服装产品包装的创新，可以有助于消费者携带使用和产生信任与联想，可以扩大消费者的选购量，可以为创新的纺织服装企业带来利润与声誉。好的纺织服

装产品包装，能够增加消费者对产品的信任。好的纺织服装产品包装不仅要比较真实地反映产品的性质和用途，而且还要间接地反映产品的潜在效果，引发消费者的种种联想，激发其购买兴趣，坚定其购买信心。例如，儿童纺织服装的包装一般具有可爱的形状、鲜艳的色泽、有趣的图案，使消费者很容易根据这些包装外观形象，去联想产品的质量和舒适度，以及想象使用之后的满足感。

9.5.2 纺织服装产品包装设计

（1）纺织服装产品包装设计原则

纺织服装产品包装的设计，应符合以下基本原则。

①造型美观。纺织服装产品包装的好坏，既可反映纺织服装企业的管理水平，又是纺织服装企业管理人员的文化水平、艺术修养、科学文明的一个重要标志。销售包装具有美化产品、宣传产品的作用。故此，纺织服装产品包装造型要美观大方，引人注目，尽量采用新造型、新材料、新图案，不落俗套，避免模仿，方能使人得到一种美的享受。

②体现价值。纺织服装产品包装，应与纺织服装产品的价值或质量水平相配合，贵重的纺织服装产品包装，要烘托出产品的高雅贵重，所以包装必须精美高档，如果配以普通低档包装，自己贬低产品的高价值和优质量，还令消费者对纺织服装产品产生种种不信任和怀疑。所以对于高、中、低档纺织服装产品，其包装的设计也应分为高、中、低档，并互相匹配。例如，高档的纺织服装产品包装，要烘托出产品的高雅和艺术性。

③显示风格。纺织服装产品包装，要能显示纺织服装产品的特色或风格，准确传递纺织服装产品的信息。纺织服装产品包装上的图案与文字说明，要充分反映纺织服装产品的各项属性，像商标、生产企业名称、规格、出厂日期、使用说明、性能特点等。例如，意大利纺织服装企业推出的流行性新包装，用密封的金属质感的材料制成的T恤包装和立体透明材质制成的毛衫包装，显得既前卫、有新意，而且又能防污、防潮、减少储存空间。

④携带方便。纺织服装产品包装的形状、结构、大小，应为运输、销售、携带、保管和使用提供方便。运输包装要求大包装，销售包装要求小包装；容易开启的包装结构，便于密闭式包装商品的使用。纺织服装产品包装设计，主要是内盒、外箱、包装袋、承托材料的样式和规格的设计。在对纺织服装产品进行包装设计时，应对被包装物品的性质和流通环境进行充分的了解，选择适当的包装材料和方法，设计出性能好、经济实用的包装结构。

⑤增加信任。纺织服装产品包装上的图文，应能增加顾客的信任感并指导消费者使用。例如，在纺织服装产品包装上，可标明穿戴方法和尺码表等。在纺织服装产品包装上，还可直接传达购买者所关心的问题，消除可能存在的疑虑。文字说明必须与纺织服装产品性质相一致，有可靠的检验数据或使用效果的证明。虚假不实的文字说明等于欺骗性广告，既损害消费者的利益，也损害纺织服装企业的声誉。

⑥符合心理需求。纺织服装产品包装设计，要求新、求美、求实，适合消费者心理。纺织服装产品包装，应不落俗套、勇于创新，避免模仿、雷同，要尽量采用新材料、新图案、新造型，给消费者新鲜感。纺织服装产品包装要讲求艺术感，给人以美的享受，造型要美观大方、图案要生动形象。此外，纺织服装产品包装装潢的色彩、图案，要符合消费者的心理需求，不能与目标市场的民族习惯、宗教信仰相抵触。同一色彩、图案的含意对不同消费者来说是不一样的，要考虑消费者不同年龄、不同地区、不同民族、不同宗教信仰的不同爱好及忌讳。例如，中国人庆祝节日喜欢用红色；埃及人崇尚白色；法国人偏爱

蓝色。不同年龄的消费者也有不同的偏好，中老年人喜欢稳重沉着的色调，青年人喜欢明快活泼的搭配。

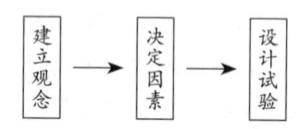

（2）纺织服装产品包装形式

纺织服装产品包装形式，是指纺织服装产品包装物的大小、形状、材料、色彩、文字说明以及品牌标志。

①包装大小。即纺织服装产品包装的尺寸、规格。主要取决于目标顾客的消费习惯、购买力水平及纺织服装产品的有效期等因素。在包装设计时，应力求让顾客使用方便，经济合算。另外，纺织服装产品包装过大过小都不利于销售。

②包装材料。是指纺织服装产品包装常使用不同种类的纸张、塑料薄膜、各种规格的衣架、绳、胶带等。在材料选用上，要求包装的各个因素必须相互协调。例如，对于纺织服装首饰品，从保护产品的角度而言，应采用具有一定强度的密封包装物；从显示产品特色的要求来看，应用透明材料，或者其他美观的展示方式增加其观赏度。

③包装形式。是指纺织服装产品包装所用的容器有各式袋、盒、箱等，包装的形式主要取决于产品的特性。例如，硬质与软质、厚与薄在包装的形式上都有所不同，包装形式应该能够美化纺织服装产品，有吸引力，便于运输、装卸、携带及陈列、展示。又如，西装包装要保证定型后的产品造型完好，立体感强，采用立体包装和吊挂式集装箱形式包装；而T恤衫和化纤成分的毛衫则可用叠式包装。

9.5.3 纺织服装产品包装决策步骤

纺织服装产品包装决策，主要是基于对成本和生产的考虑。近年来随着自助服务销售方式的增加，纺织服装产品包装必须执行许多销售任务，包装已经成为一项重要的营销工具。它必须能吸引顾客注意，描述纺织服装产品的功能特色，给顾客以信心，使纺织服装产品在顾客心目中留下一个很好的印象。纺织服装产品包装决策，通常分为以下三个步骤，如图9-4所示。

建立观念 → 决定因素 → 设计试验

图9-4 纺织服装产品包装决策步骤

（1）建立观念

建立观念，是指建立纺织服装产品包装观念，确定纺织服装产品包装的基本形态、目的和基本功能。例如，婴儿纺织服装公司推出的"可爱BABY"系列产品，管理部门确定其包装的主要功能有两方面：首先，保护产品在流通过程中不破损、不受潮；其次，显示产品特色，使购买者直观地了解纺织服装的颜色、款式和功能。

（2）决定因素

决定因素，是指决定纺织服装产品包装因素。纺织服装产品包装因素，指纺织服装产品包装的大小、形状、材料、色彩、文字说明以及商标图案等。纺织服装产品包装因素，是由纺织服装产品包装观念决定的。纺织服装企业要注意包装因素之间的互相协调，而且决定这些包装因素时，也必须和定价、广告等纺织服装市场营销策略协调一致。如果纺织服装企业已对纺织服装产品作出优质优价的营销决策，则纺织服装产品包装的材料、造型、色彩等都要与之相配合。例如，婴儿纺织服装产品的包装，从保护产品的要求而言，应采用具有一定强度的密封包装。从显示产品特色的要求来看，应该采用透明材料，使消费者能直接看到产品的色彩和款式。

（3）**设计试验**

设计试验，是指纺织服装产品包装设计试验。纺织服装产品包装设计出来以后，要经过试验，以考察包装是否能满足各方面的要求，在正式采用前作出改进。纺织服装产品包装试验有工程试验、视觉试验、经销商测试和消费者测试四种。

①工程试验。是指检验纺织服装产品包装在正常的运输、贮存、携带等情况下的适用性，包括磨损程度、变形程度、密封性能、褪色程度等。

②视觉试验。是指确定纺织服装产品包装的色彩、图案是否调和悦目，造型是否新颖，包装上的文字说明是否简明易读。

③经销商测试。是指为了扩大盈利，经销商常会希望纺织服装产品包装引人注目，能确实保护好纺织服装产品，避免各种损害和污染给经销商带来困难。

④消费者测试。指是用来了解纺织服装产品包装是否能被消费者认可，并根据消费者意见及时对纺织服装产品包装加以改进。

9.5.4 纺织服装产品包装策略

在纺织服装市场营销中，纺织服装产品包装是一个强有力的武器，根据不同的纺织服装市场营销目标，纺织服装企业应采用恰当的包装策略。常用的纺织服装产品包装策略有以下几种。

（1）**适应产品的包装策略**

①类似包装策略。也称一致性包装策略，是指纺织服装企业将其所生产的各种纺织服装产品，在包装方面采用相同的图案、相同的色彩、相同的外形、共同的特征，使消费者易于辨认这是同一纺织服装企业的产品。这种策略的主要优点是：可以节省纺织服装产品包装的设计成本；能增加纺织服装企业声势、提高企业声誉，一系列格调统一的纺织服装产品包装，势必会使消费者受到反复的视觉冲击而形成深刻的印象；有利于推动纺织服装新产品上市，并使新产品迅速在纺织服装市场上占有一席之地。例如，皮尔·卡丹的纺织服装产品的包装风格十分简洁、醒目，均以黑色为底色，上面标有品牌名称及标志；莱尔斯丹的包装以白色为底色，以黑色的英文标识出品牌名称。类似包装适用于质量水平档次类同的纺织服装产品，不适于质量等级相差悬殊的纺织服装产品，否则，会对高档优质纺织服装产品产生不利影响，并危及纺织服装企业声誉。

②等级包装策略。是指纺织服装企业所生产经营的纺织服装产品，按质量等级的不同实行不同的包装。由于纺织服装产品有不同等级、不同的档次，因此，其成本不同，价值也不相同。即使是同种纺织服装产品，档次不同，其质量和价值也不同。纺织服装产品包装是整体产品的外形，必须同纺织服装产品的内在质量与价值相适应。例如，对高档优质的纺织服装产品应采用优质包装，而一般的纺织服装产品可采用普通包装。

③配套包装策略。是指纺织服装企业依据消费者生活消费的习惯，把几种相关的纺织服装产品配套一起包装、一起销售，便于消费者购买使用。这种配套包装可方便消费者购买和使用，有利于带动多种纺织服装产品销售，且提高了纺织服装产品档次，也为消费者提供了一种消费模式，培养新的消费习惯。例如，金利来的领带、皮夹、皮带联合包装，方便而精致，定价低于三者之和，利于多销。在纺织服装产品中，常见的是把一些服饰配

件配套包装，也有将内衣裤配套包装的。

（2）适应促销的包装策略

①适度包装策略。是指谋求纺织服装产品包装所应有的恰如其分的作用，并且其作用、效益和包装的诸项成本处于协调、平稳的状态。选择纺织服装产品包装时应考虑包装的整个过程，并对纺织服装产品包装进行科学设计，实施标准化，在保证包装功能的同时，尽量减少包装材料，降低包装成本，从而降低整体纺织服装产品成本，增强产品的竞争力。

②方便包装策略。是指纺织服装企业采用便于携带和存放、便于开启和重新密封的纺织服装产品包装方式。例如，提袋式、拎包式、皮箱式、背包式等便于携带的包装，以及拉环式、按钮式、撕开式等易于开启的包装，以引起顾客重复购买，促进销售。

③差别包装策略。由于经济收入、消费水平、文化程度以及年龄的差异，不同消费者对纺织服装产品包装的需求也不同。一般而言，高收入者对纺织服装产品包装讲求精美，喜欢创意独特、造型别致、有品位的纺织服装产品包装；而低收入者则喜欢经济实惠、简易便利的纺织服装产品包装。因此，纺织服装企业应根据不同层次消费者的需求，对纺织服装产品采用不同等级的差别包装策略，以争取更多的顾客，开拓纺织服装市场。例如，纺织服装企业可以按质量等级不同实行不同的纺织服装产品包装，把高档、中档、低档纺织服装产品分别开，采用相应的包装方式。此外，还可以根据消费者购买目的的不同，对同一种产品采用不同的包装。例如，购买商品作为礼品赠送亲友，则可精致包装；若购买者自己使用，则简单包装。

④再用包装策略。又叫多用途包装策略，是指在消费者将包装容器内的纺织服装产品使用完毕后，这一包装容器还可以继续利用，可能是用于购买原来的纺织服装产品，也可能用作他途。例如，西服的挂式包装，可以在日后作为挂衣袋使用。又如Bloomingdale's或Macy's这些纺织服装企业，经常把购物袋纳入他们多种方式的系列广告中，使纺织服装包装袋可以用做购物袋，当顾客手提这种购物袋时，由于袋上有品牌标识，它们就构成了活动的广告。购物袋不仅仅是把他们所购的纺织服装商品带回家，而是一遍一遍地使用，纺织服装企业将因此而获得额外的广告效果。

⑤馈赠包装策略。是指在包装物内附有赠品以诱发消费者重复购买的做法。为了刺激消费者的购买欲望，除纺织服装核心产品外，包装物内还附有图片、实物、奖券等其他东西赠送给消费者。该包装策略对儿童、青少年以及低收入者比较有效，这也是一种有效的营业推广方式。例如，在许多童装的包装内，都附有趣味性的小玩具或卡片，让孩子们爱不释手。

⑥绿色包装策略。绿色包装策略又叫生态包装策略，指包装材料可重复使用或可再生、再循环，包装废物容易处理或对环境影响无害化的纺织服装产品包装。纺织服装企业营销观念在20世纪90年代已定位于绿色营销。随着环境保护浪潮的冲击，消费者的环保意识日益增强，伴随绿色技术、绿色产业、绿色消费而产生的绿色营销，已经成为当今纺织服装企业营销的新主流。与绿色营销相适应的绿色包装已成为当今世界包装发展的潮流。实施绿色包装策略，有利于环境保护和与国际包装接轨，易于被消费者认同，从而产生促销作用。

（3）适应地点的包装策略

根据销售地点不同，纺织服装企业应该因地制宜，采取悬挂式包装、堆叠式包装、展开式包装、透明包装等不同形式的纺织服装产品包装，灵活机动地展示宣传纺织服装产品，从而促进纺织服装产品的销售。

（4）适应价格的包装策略

在分析纺织服装市场营销因素组合时，通常需要根据纺织服装市场预期反应和生产成本高低来确定价格。故此，与纺织服装产品要素、地点要素和促销要素相适应的各种纺织服装产品包装策略，都要与纺织服装产品价格要素相适应。

核心概念

1. 纺织服装产品：是指通过交换而满足人们穿着使用、审美欲望和需求的有形产品和无形服务的集合体，它包含纺织服装核心产品、纺织服装形式产品、纺织服装期望产品、纺织服装附加产品和纺织服装潜在产品五个层次。

2. 纺织服装产品组合：是指纺织服装企业在某一时间所生产和销售的全部纺织服装产品的结构，实质上是一个纺织服装企业所经营的全部产品线和产品项目的有机组合方式。

3. 纺织服装产品生命周期：是指纺织服装产品从进入市场到退出市场的全部过程，它是以纺织服装产品在市场上的销售额或所获得利润变化情况来衡量的。它包括引入期、成长期、成熟期与衰退期四个阶段。

4. 纺织服装品牌：是指用来识别不同纺织服装产品的商业标志，它通常是由文字、标记、符号、图案和颜色等要素组合而成。

5. 纺织服装新产品：是指纺织服装产品在产品结构、性能、材料和制作工艺等方面有所改进和创新。

6. 纺织服装产品包装：是指在纺织服装产品运输、储存、销售的过程中，用以保护纺织服装产品外形和质量，以及为了便于识别、销售和使用纺织服装产品而使用的特定容器、材料及辅助物等物品的总称。

复习思考

1. 单项选择题

（1）（　　）是纺织服装核心利益借以实现的形式，是纺织服装企业向纺织服装目标顾客提供的纺织服装产品实体和服务的外观。

　　A. 纺织服装核心产品　　　　　　B. 纺织服装形式产品
　　C. 纺织服装期望产品　　　　　　D. 纺织服装附加产品

（2）纺织服装产品被大多数消费者所接受，纺织服装市场销售额缓慢增长或下降，即进入（　　）。

　　A. 引入期　　　　　　　　　　　B. 成长期
　　C. 成熟期　　　　　　　　　　　D. 衰退期

（3）纺织服装品牌中能够识别而不能用语言直接读出的部分，即（　　）。

　　A. 纺织服装品牌标志　　　　　　B. 纺织服装商标
　　C. 纺织服装品牌名称　　　　　　D. 纺织服装主题

（4）纺织服装的"创新""标新立异"，是纺织服装流行最为显著的（　　）特点。
　　A. 短暂性　　　　　　　　　　B. 普及性
　　C. 周期性　　　　　　　　　　D. 新奇性
（5）纺织服装企业常把相关用途的产品纳入同一容器或包装盒内，同时出售。属于（　　）。
　　A. 相似包装　　　　　　　　　B. 组合包装
　　C. 销售包装　　　　　　　　　D. 附赠品包装

2. 多项选择题

（1）纺织服装产品是一个整体概念，它包含（　　）纺织服装潜在产品等层次。
　　A. 纺织服装核心产品　　　　　B. 纺织服装形式产品
　　C. 纺织服装期望产品　　　　　D. 纺织服装附加产品
（2）引入期纺织服装企业营销策略为（　　）。
　　A. 快速撇脂策略　　　　　　　B. 快速渗透策略
　　C. 缓慢撇脂策略　　　　　　　D. 缓慢渗透策略
（3）纺织服装品牌是一个集合概念，主要包括（　　）。
　　A. 纺织服装品牌名称　　　　　B. 纺织服装品牌标志
　　C. 纺织服装商标　　　　　　　D. 纺织服装品牌识别
（4）纺织服装新产品推广策略主要有（　　）。
　　A. 渐进推广策略　　　　　　　B. 有形化策略
　　C. 急进推广策略　　　　　　　D. 差异化策略
（5）纺织服装产品包装决策步骤为（　　）。
　　A. 调查研究　　　　　　　　　B. 建立观念
　　C. 决定因素　　　　　　　　　D. 设计试验

3. 判断题（正确打"√"，错误打"×"）

（1）纺织服装产品组合实质上是一个纺织服装企业所经营的全部产品线和产品项目的有机组合方式。（　　）
（2）在衰退期，纺织服装企业应突出一个"转"字。（　　）
（3）纺织服装品牌就是纺织服装商标。（　　）
（4）纺织服装产品整体概念中任何一部分的创新、革新和改良，都可视为新产品。（　　）
（5）纺织服装企业使用包装不能提高纺织服装产品形象。（　　）

4. 简答题

（1）纺织服装产品组合策略有哪些？
（2）根据纺织服装产品生命周期的不同特点，一般依次要经过哪几个发展阶段？各阶段有何策略？
（3）纺织服装品牌内涵应该从哪几方面来理解？
（4）纺织服装新产品开发有哪些步骤？
（5）常用的纺织服装产品包装策略有哪些？

案例分析

"芭比"娃娃的新衣服……

在美国市场上曾出现过一种注册为"芭比"的洋娃娃,每只售价仅10美元95美分。就是这个看似寻常的洋囡,竟弄得许多父母哭笑不得,因为这是一种"爱花钱"的儿童玩具,为何这么说呢?请看下面的故事。

一天,当父亲将价廉物美的"芭比"娃娃买下并作为生日礼物赠送给女儿后,很快就忘记此事,直到有一天晚上,女儿回家对父亲说:"芭比需要新衣服。"原来,女儿发现了附在包装盒里的商品供应单,提醒小主人说"芭比"娃娃应当有一些自己的衣服。做父亲的想,让女儿在给娃娃换穿衣服的过程中得到一些锻炼,再花点钱也是值得的,于是又去那家商店花了45美元买回了"芭比系列纺织服装"。可是,过了一个星期,女儿又说得到商店的提示,应该让"芭比"娃娃当"空中小姐",还说一个女孩在她的同伴中的地位,取决于她的"芭比"有多少种身份,还含着泪花说她的"芭比"娃娃在同伴中是最没"身份"的。于是,父亲为了满足女儿不算太过分的虚荣心,又掏钱买了"空姐系列纺织服装"。接着又是"护士系列纺织服装"和"舞蹈演员系列纺织服装"等,这下子,父亲的钱包里又少了几十美元。

然而事情并没有完,有一天,女儿得到"信息",说她的"芭比"喜欢上了英俊的小伙子"凯恩"。不想让"芭比"娃娃"失恋"的女儿央求父亲买回"凯恩"娃娃。望着女儿腮边的泪珠,父亲还能说什么呢?于是,父亲又花费11美元让"芭比"与"凯恩"成双结对。洋娃娃"凯恩"进门后,同样也附着一张商品供应单,提醒小主人别忘了给可爱的"凯恩"添置纺织服装、浴袍、电动剃须刀等物品。没有办法,父亲又一次打开了钱包。

事情总该结束了吧?当然没有!当女儿眉飞色舞地在家中宣布"芭比"和"凯恩"准备"结婚"时,父亲显得无可奈何了。当初买回"凯恩"让他与"芭比"成双结对,现在就没有理由拒绝女儿的愿望。为了不给女儿留下"棒打鸳鸯"的印象,父亲忍痛破费让女儿为婚礼"大操大办"。父亲想,谢天谢地,这下女儿总该心满意足了。谁知,有一天女儿又收到了商品供应单,说她的"芭比"和"凯恩"有了爱情的结晶——"米琪"娃娃。天啊,又冒出个"爱花钱"的"第二代"洋囡!

【问题分析】
1. 什么是纺织服装产品和产品组合?
2. 试分析"芭比"成功的产品组合策略,从这个案例中你得到了哪些启迪?

实战演练

活动9-1
活动主题: 认知体验纺织服装产品策略
活动目的: 增加感性认识,实地体验纺织服装产品策略。
活动形式:
1. 人员:将全班分成若干小组,3~5人为一组,以小组为单位开展活动。
2. 时间:与教学时间同步。

3. 方式：就近实地参观一家纺织服装企业，通过查阅其纺织服装产品目录，计算该企业纺织服装产品组合的广度、长度、和深度，并为企业选择适宜的纺织服装产品组合策略。

活动内容和要求：

1. 活动之前要熟练掌握纺织服装产品的整体、生命周期、品牌、开发、包装概念和策略等知识点，做好相应的知识准备。
2. 在不同生命周期，能够运用不同的纺织服装产品策略。
3. 以小组为单位提交书面调查报告。
4. 调查报告撰写时间为2天。
5. 授课教师可根据每个小组提供的书面调查报告按质量评分，并计入学期总成绩。

任务10　如何实施纺织服装价格策略

知识目标： 1. 影响纺织服装价格的因素；
2. 纺织服装定价步骤与方法；
3. 纺织服装价格策略。
能力目标： 1. 掌握常用的纺织服装定价方法和策略；
2. 能在不同的纺织服装市场环境与需求下，进行纺织服装价格调整。

任务导航

任务10　如何实施纺织服装价格策略
10.1　影响纺织服装价格决策的因素
10.1.1　纺织服装价格含义与构成
10.1.2　影响纺织服装价格的因素
10.2　纺织服装企业定价步骤与方法
10.2.1　纺织服装定价步骤
10.2.2　纺织服装定价方法
10.3　纺织服装企业常用的价格策略
10.3.1　纺织服装新产品定价策略
10.3.2　纺织服装折扣折让定价策略
10.3.3　纺织服装心理定价策略
10.3.4　纺织服装差别定价策略
10.3.5　纺织服装产品组合定价策略
10.3.6　纺织服装调价策略

情景导入

"百圆"裤业的价格策略

杨建新在16岁时进入太原市六建公司，成为一名建筑工人，工作不到一年后他被迫赋闲在家。所以，杨建新决定下海经商。拿着家里的2万元钱投资开了两个小杂货店，但付出的努力并没有得到应得的回报，他的店在坚持了两年后倒闭。1988年，拿着向朋友借来的500元钱，杨建新在太原市的街边靠着一张折叠床、两根竹竿和一条绳子开始了他的第二次创业——卖裤子。

1995年，杨建新结束了路边买卖，将自己的"百圆"裤店开到了当时非常火暴的太原市解放大楼。同时，花1万多元购买了1台扦边机，给顾客免费扦边，即使是从其他店铺买的裤子，同样可以拿来免费扦边。当时，同一个商场另外20多家卖裤子的摊位，一天加起来的营业额没有他一家的多。

20世纪90年代末，"10元店"在一些大城市开始热闹起来，杨建新突然从"10元店"中获得灵感，开始了他的"百圆"裤：也就是每条裤子100元，根据顾客的不同需求，依靠合理的价格和优质的服务取胜。当时，同样面料的裤子，市场价两三百元，而他们所有裤子一律卖100元。即使有的进价超过100元，也都亏本卖了，生意一下子火了起来。之后，杨建新又受国外快餐"麦当劳""肯德基"经营模式的影响，1998年，他正式导入特许连锁经营模式。就当时来说，别说在山西，就在全国范围内，这种模式也不是很常见，在服装界更少见。

经过16年科学规范的发展，截至2010年5月，"百圆"裤业特许加盟网络，已覆盖到全国28个省、直辖市、自治区，特许加盟专卖店达到1400余家。

想一想

"百圆"裤业为何能够成功？影响纺织服装价格的因素有哪些？有哪些纺织服装定价方法和策略？我们应该如何制定纺织服装价格方案？等等，下面将为大家逐一介绍。

10.1 影响纺织服装价格决策的因素

10.1.1 纺织服装价格含义与构成

（1）纺织服装价格含义

纺织服装价格是纺织服装商品价值的货币表现，纺织服装价值由生产过程中所消耗的物化劳动和活劳动组成，是价格形成的基础。在实际交换过程中，纺织服装价格，是指消费者为得到某一款式、品牌的纺织服装产品而必须支付的货币数量单位。这里的纺织服装价格，是指消费者对纺织服装商品效用的评价，通常被称为认知价值，它说明了纺织服装价格现象。流通领域仍要继续消耗物化劳动和活劳动，其中的一部分劳动仍属于生产过程在流通过程的继续。例如，纺织服装产品在到达消费者手中前，要经过纺织服装的运输、保管、售前整烫、包装等劳动，这是创造价值的劳动；另一部分劳动是在流通过程中的各种买卖、辅助服务等活动的劳动，这些是不创造价值的，但又是不可缺少的必要劳动，这些费用也必须通过价格得到补偿。

（2）纺织服装价格构成

纺织服装价格构成，是指组成纺织服装价格的各种因素和这些因素在价格中的相互关系。影响纺织服装价格及价格变动的因素主要有：生产成本、流通费用（营业费用）、税金、利润。

①生产成本。是指纺织服装在生产过程中发生的生产资料消耗费用和劳动报酬费用，一般包括材料费（面料、辅料、里料、胆料及服饰配件等）、燃料、动力、员工工资、房屋租金、设备折旧等。生产成本，是影响纺织服装价格的基本因素。另外，对于时装而言，尤其是高级时装，其成本还包括市场调查费用、设计费用和广告费用等。生产成本在不包含供求、竞争、品牌等因素的前提下，对决定纺织服装的价格起着主导作用。

②流通费用。也称营业费用，是指纺织服装产品从生产领域通过流通领域进入消费领域，所耗用的物化劳动和活劳动的货币表现。它是构成纺织服装价格的组成部分，它发生在流通领域的各个环节之中，并和纺织服装产品运动的时间、空间相依存，流通费用是正确制定各种纺织服装价格的基础。

③税金。是指纺织服装企业为社会创造价值的货币表现，是价值的构成因素。它是国家按法律规定参与国民收入分配和再分配，从剩余产品价值中收取的一部分金额，具有强制性、无偿性和稳定性的特点。

④利润。是指纺织服装企业获取的经营成果，是收入扣除相关成本、费用、税金后的余额。利润是维持扩大再生产的重要资金来源，也是纺织服装价格的构成要素。另外，税金和利润统称盈利。

纺织服装价格构成，用公式表示为：

纺织服装价格＝生产成本＋流通费用（营业费用）＋税金＋利润

在纺织服装价格中，各个部分所占的比例往往存在较大的差异。例如，就成本而言，普通服装的成本是以基本成本为主的，而高级时装或品牌服装的成本则以设计、广告等费用为核心；就利润的产生而言，有的纺织服装在相当长的一段时间内，均可获得较为稳定的利润，而有的纺织服装，往往只是在流行初期、中期有较高的获利能力。因此，在现代纺织服装市场营销实践中，纺织服装企业定价的成功与有效的纺织服装市场营销组合密切相关，纺织服装产品的定价必须与纺织服装企业产品、分销渠道、促销手段等营销因素相互配合。

10.1.2 影响纺织服装价格的因素

纺织服装企业在给纺织服装定价时，应考虑纺织服装企业当时的内部环境和外部环境因素。一般来说，影响纺织服装定价的内部因素包括：纺织服装企业定价目标、纺织服装产品成本和纺织服装产品特征；外部因素包括：社会文化因素、经济因素、纺织服装产品需求特征、消费者心理价格界限、纺织服装竞争环境和国家政策法规因素。其中，纺织服装定价的内部因素，是纺织服装企业自己可以控制或者通过努力可以改变的因素，而外部因素对纺织服装价格制定造成的影响，纺织服装企业无法控制。影响纺织服装价格的因素，如表10-1所示。

表10-1 影响纺织服装价格的因素

纺织服装价格内部因素	1.纺织服装企业定价目标：纺织服装利润目标、纺织服装市场份额目标、纺织服装市场撇取目标、纺织服装生存目标
	2.纺织服装产品成本
	3.纺织服装产品特征
纺织服装价格外部因素	1.社会文化因素
	2.经济因素
	3.纺织服装需求特征
	4.纺织服装消费者心理因素
	5.纺织服装竞争状况
	6.国家政策法规因素

（1）**影响纺织服装价格内部因素**

①纺织服装企业定价目标。是指纺织服装企业通过制定或调整特定水平的价格所要达到的预期目的。纺织服装企业定价目标以其营销目标为基础，是纺织服装企业营销目标的具体表现。它的制定必须服从于纺织服装企业营销总目标，也要与其他营销目标（如促销目标）相协调。在纺织服装产品生命周期的不同阶段，体现营销总目标的定价目标是不同的，而且具体产品的定价目标可能与企业的营销总目标产生一定的偏差。因此，纺织服装企业在制订定价目标时，都应该根据自身特点作出相应地选择。一般而言，纺织服装企业定价目标主要有以下几种。

一是纺织服装利润目标，即以追求当期利润最大化为目的的纺织服装企业定价目标。许多纺织服装企业都把获取当期最大利润作为一个定价目标，以此实现较高的投资回报。此时，纺织服装企业需要进行可行性调查、分析，估计和比较不同价格纺织服装市场需求量，并结合产品成本，制订出一个能使企业达到当期利润最大化的价格。但此定价目标的制定，受未来不确定因素的影响较多。需要注意的是：纺织服装企业应力求对纺织服装产品的需求量和成本了如指掌；纺织服装企业在强调当前经营成果的同时，还要重视分析、预测长期的经济效益。

二是纺织服装生存目标，即以维持生存为目的的纺织服装企业定价目标。当纺织服装企业陷入困境，甚至濒临破产时，则需要把维持生存作为纺织服装企业的基本定价目标。为了使纺织服装企业继续开工和减轻库存压力、缓解资金周转，企业必须制定一个较低的价格，或通过大规模的打折销售来保持企业的生存能力。制订的这种价格只要能够弥补变动成本和一部分固定成本，纺织服装企业就能继续运作。当然这种定价目标，只是在纺织服装企业面临困境时的短期目标。

三是纺织服装市场份额目标，即以市场占有率最大化为目的的纺织服装企业定价目标。许多纺织服装企业以争取最大限度的纺织服装市场占有率，作为定价目标。这种定价目标具有前瞻性，因为只有达到市场份额领先，才能赢得最低成本和长期利益。例如，皮尔·卡丹公司长期以来实施非贵族化、大众品牌的战略思想，使其在企业规模扩张上取得了成功。在打入中国纺织服装市场时，它首先强调的是市场份额，其次才是利润，而随着价格的逐步提高，皮尔·卡丹在中国纺织服装市场上保持了强劲的竞争力，同时享有国际品牌中最高知名度的殊荣。

四是纺织服装市场撇取目标，即以最优产品质量占领市场为目的的纺织服装企业定价目标。有些纺织服装企业以高质量的产品占领市场作为定价目标，这种定价目标要求以高价来弥补高质量所耗费的研发费用和生产成本。例如，意大利著名的纺织服装品牌阿玛尼，以其高贵优雅的款式、风格独特的板型、精致的做工，为上层社会成功人士所喜爱，它采取的就是高价格的定价策略。

②纺织服装产品成本。是指补偿生产耗费的尺度，是纺织服装产品定价的基础。当纺织服装产品定价高于成本时，纺织服装企业才能获得盈利；反之则亏本。而纺织服装产品成本则是经济核算的盈亏临界点，纺织服装产品定价时，必须考虑补偿成本，这样才能保证纺织服装企业的生存和发展。由此可见，纺织服装产品成本是影响纺织服装价格的一个重要因素。就单个纺织服装企业来说，纺织服装产品成本亦称之为个别成本，即总成本，它是指单个纺织服装企业生产某一纺织服装产品时，所耗费的实际费用，由固定成本和变动成本组成。固定成本，是不随产量变化而变化的成本。例如，固定资产折旧、机器设备租金、管理人员工资等。而变动成本，是随产量变化而变化的成本。例如，原材料、生产人员工资等。

③纺织服装产品特征。是指纺织服装产品自身构造所形成的特色，一般指纺织服装产品外形、质量、功能、服务、名称、商标和包装等。纺织服装产品特征，能反映纺织服装产品对消费者的吸引力。纺织服装产品特征好，该产品就可能成为名牌产品、时尚产品、高档产品，就会对消费者产生极大的吸引力。消费者不仅注重纺织服装购买后的需求满足，而且期望通过服装来彰显自己的个性，以获得某种精神上的满足。此时消费者对价格不大敏感，纺织服装企业确定纺织服装价格的自由度较大。另外，纺织服装产品标准化差异程度，产品生命周期阶段，产品的易毁性、易腐性等也影响纺织服装价格。

（2）影响纺织服装价格外部因素

①社会文化因素。纺织服装在很大程度上属于社会文化范畴，与其他一般商品相比，有明显的人文特征，是人的思想和期望的载体。因为纺织服装是大众的文化，所以它必然与社会文化有着千丝万缕的联系，并反映了人们的价值观念和生活方式。在时装与高档纺织服装方面，有时因为社会文化背景的原因，有些因素，例如，设计思路的独创性等无形资产，往往要超过纺织服装面辅料等有形资产对纺织服装价格的影响。

②经济因素。纺织服装作为人民生活的必需品，受经济因素的影响极大。当经济处在高增长期时，消费者的收入增加速度较快，他们对价格变化的敏感性较低，此时纺织服装消费就会上升。纺织服装生产企业面对景气的市场形势，随之扩大再生产，提高纺织服装质量，增加产品款式，以争取更多的市场份额，纺织服装价格也会因消费市场的繁荣而提

高。当经济处在衰退时期,则反之。

③纺织服装需求特征。纺织服装需求特征对价格的影响,主要表现在以下几方面。

一是纺织服装流行性。纺织服装的三大构成要素——款式、面料、色彩具有明显的流行性。流行的纺织服装价格调整余地较大。纺织服装流行初期,价格往往较高,在追求新异的心理下,高价也会被消费者接受。而在纺织服装流行后期,由于该产品在消费市场上已经接近饱和,同类的、具有竞争性的纺织服装相继出现,此时必须把握消费者的求廉心理,制定较低的价格,才能将纺织服装销售出去。但不同款式的纺织服装流行特点各异,其对价格的影响也不同。纺织服装流行与价格的关系,如表10-2所示。

表10-2 纺织服装流行与价格的关系

纺织服装类型	流行周期	消费者类型	流行价格
新潮型	极短,前期增长很快,后期下降也快	追求流行的女士以及青少年,国外的雅皮士等	初期价格高,中期价格不稳,后期价格暴跌
一般型	较长,演变周期基本遵循纺织服装产品生命周期模式	社会各阶层,基本按照纺织服装产品生命周期消费类型划分	按照纺织服装产品生命周期的演变而由高到低
传统型	极长,前期同一般纺织服装,后期无明显衰落和消亡现象	社会大众,其中前期消费者按纺织服装产品生命周期模式划分	前期价格较高,后期价格趋于稳定

二是纺织服装消费者的购买频率。纺织服装消费者对纺织服装的购买频率同样决定着价格的制定。购买频率高的纺织服装,经营者可以经常调整其价格;购买频率低的纺织服装,经营者应尽量保持价格的稳定。例如,由于女士天生喜欢换装,对纺织服装的购买频率就很高,纺织服装经营者便可针对这些爱美女士,经常调整纺织服装价格,以取得较好的收益。

三是纺织服装的需求状况。纺织服装价格具有买卖双方双向决策的特征,纺织服装企业制定纺织服装价格不能仅从卖方的角度,还要从买方(纺织服装目标客户)的角度考虑对纺织服装价格的接受能力。一般而言,纺织服装价格和纺织服装需求量之间呈负相关关系,如图10-1所示。

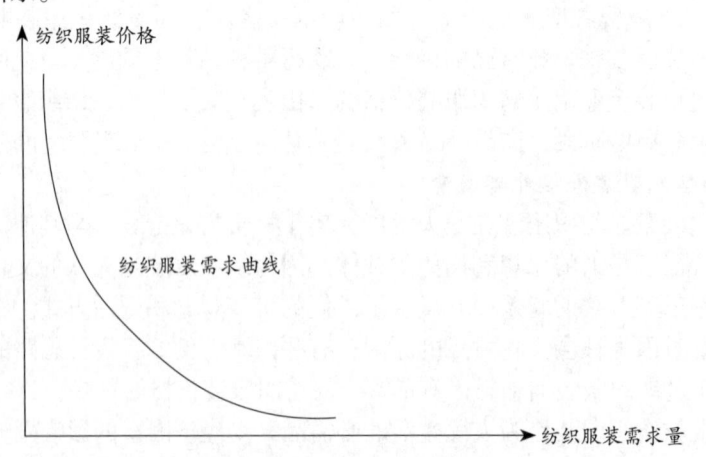

图10-1 纺织服装价格与纺织服装需求的关系

由图10-1所示可知,在通常情况下,纺织服装价格提高,则纺织服装目标客户对该纺织服装的需求减小，而纺织服装价格降低，则纺织服装目标客户对该纺织服装的需求就增加。在实际中我们也发现，纺织服装目标客户对一些纺织服装价格变化的反应特别敏感，而对另一些纺织服装价格变化的反应不太敏感。例如，一套旅游服定价400元，年需求量为2.6万套；如果每套定价为600元，需求量可能下降到2万套；假如定价为300元，则需求量可能增加为3万套。这就引出一个经济学概念——需求的价格弹性，又简称为需求弹性或价格弹性，是指因产品价格的变动而引起需求相应变化的比率，反映需求对价格变动的敏感程度。用需求价格弹性系数（E_p）来表示，其计算公式为：

$$需求价格弹性系数（E_p）= \frac{需求量变动的百分比}{价格变动的百分比}$$

当$E_p = 1$时，表明市场需求的变动幅度与价格的变动幅度相等，这时企业无论调低调高价格其总收益是不变的，定价时可采用通行的价格，同时将其他市场营销措施作为提高盈利率的主要手段。当$E_p>1$时，表明市场需求的变动幅度大于价格的变动幅度，属价格弹性充足的产品，这时企业可通过调低价格、薄利多销达到增加盈利的目的。当$E_p<1$时，表明市场需求的变动幅度小于价格的变动幅度，属价格弹性不足的产品，定价时，企业通过调高价格往往会增加盈利，而低价对需求量刺激效果不明显，薄利并不能多销，相反会降低企业的收入水平。纺织服装是一种需求弹性变化较大的产品，不同的纺织服装其需求弹性也不同。因此，对于不同的纺织服装应根据其需求弹性的大小制定相应的价格。例如，对于常规纺织服装而言，其需求弹性较大，属价格富有弹性产品，在这种情况下，企业可以通过降价，薄利多销的方法提高盈利水平。又如，对于时装而言，其需求弹性较小，属价格缺乏弹性产品，在这种情况下，纺织服装企业可以通过在时装上市的初期，采取厚利少销的方法取得短平快的利润。

④纺织服装消费者心理因素。纺织服装消费者的心理是影响纺织服装企业定价的一个重要因素。无论哪种纺织服装消费者，在消费过程中，必然会产生复杂的心理活动来指导自己的消费行为。面对不太熟悉的纺织服装，消费者常常从价格上判断好坏，认为高价高质。故此，纺织服装企业在定价时必须考虑消费者对纺织服装价格与价值的感受，以及其对购买决策的影响。纺织服装消费者在选购时，心理上都有一个能够接受的价格界限，包括上限（指可被消费者接受的纺织服装的最高价格）和下限（指可被消费者接受的纺织服装的最低价格）。一方面，纺织服装的价格不能高于上限，否则会使消费者感到不值而抑制购买；另一方面，纺织服装的价格不能低于下限，否则会使消费者对纺织服装的品质产生怀疑而放弃购买。所以纺织服装企业必须了解消费者心中的价格界限，生产、销售为广大消费者看好的纺织服装的同时，制订出与消费者承受力或价格界限相符的价格。当然，纺织服装消费者的心理价格界限也不是难以逾越的。有时也会突破消费者的心理价格界限，来制定纺织服装价格，例如，通货膨胀会使纺织服装价格上限全面上浮；季节性甩货，则会使换季的纺织服装价格低于下限。

⑤纺织服装竞争状况。当纺织服装目标市场定位确定后，基本价格定位也会比较清晰，但相同市场定位的其他竞争品牌或同类产品的价格会对纺织服装企业产品的销售产生影响。同类纺织服装产品的竞争最直接的表现就是价格竞争。纺织服装企业试图通过适当的价格和及时的价格调整来争取更多消费者，这就意味着其他同类企业将失去部分市场，或维持原市场份额要付出更多的营销努力。因此，在竞争激烈的纺织服装市场上，纺织服装企业必须认真分析竞争对手的价格策略，密切关注其价格动向并及时作出反应。一是在

定价前要深入了解竞争产品的价格及其可能的变化，了解竞争产品的品质、营销目标和策略；二是将自己的纺织服装产品与竞争者的进行比较。例如，纺织服装产品品质相似，那定价也应相似或略低，以便扩大市场占有率。又如，纺织服装产品质比对手差，那么定价应较低；如果较对方优，则可高于竞争者，但前提是必须让纺织服装消费者认识到本企业的纺织服装产品优良独特之处。

⑥国家有关政策法规因素。纺织服装价格在社会主义市场经济条件下是关系到国家、企业和个人三者之间物质利益的大事，因此，国家在自觉运用价值规律的基础上，通过立法、执法、监督和纺织服装行业协会的协调，用市场规范和积极引导的方式，来实现国家对纺织服装市场价格的宏观调控作用。

总之，纺织服装企业定价时，除了受以上因素影响外，还要受货币价值、货币流通量、纺织服装的销售环境、纺织服装商品的比价与差价等因素的影响。纺织服装企业在制定价格时，必须综合地、充分地研究影响价格的各方面因素，以制订出较为合理的纺织服装价格。

10.2 纺织服装企业定价步骤与方法

10.2.1 纺织服装定价步骤

纺织服装价格是决定纺织服装企业市场占有率和盈利能力的一个至关重要的因素，因此，纺织服装企业同其他类型的企业一样，在制订价格时，必须采取一系列步骤和措施。一个完整的纺织服装价格制定过程一般经过六个步骤：即确立定价目标、测定需求与弹性、估算成本费用、分析竞争对手、选择定价方法、确定最终价格，如图10-2所示。

确立定价目标 → 测定需求与弹性 → 估算成本费用 → 分析竞争对手 → 选择定价方法 → 确定最终价格

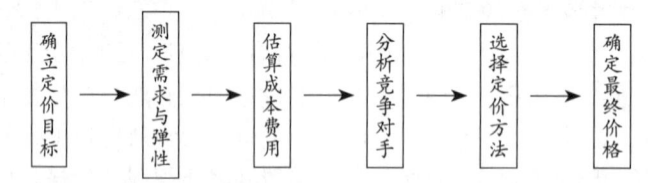

图10-2　纺织服装定价步骤

（1）**确立定价目标**

定价目标，是指纺织服装企业通过制定特定水平的价格，凭借价格产生的效应达到的预期目标。确立定价目标的最重要原则是使定价目标与纺织服装企业的经营目标和市场目标相一致。纺织服装企业的定价目标主要有：获取利润、保持与扩大市场占有率、维持企业生存，如表10-3所示。

（2）**测定需求与弹性**

纺织服装市场供求的变化影响并决定着纺织服装的价格。当市场上纺织服装的需求大于供给时，纺织服装企业的定价应该高一些；当需求小于供给时，纺织服装企业的定价应该低一些。对需求价格弹性大的服装纺织服装可采取适度的降价策略，以增加销量，从而增加销售收入和利润。相反，对需求价格弹性小的纺织服装可采取适度的提价策略，以小幅度销量的减少，换取较大幅度的销售收入和利润的增加。不同层次的纺织服装需求价格弹性特征，如表10-4所示。

表10-3　纺织服装企业定价价目标

定价目标类型	主要表现形式	适用产品	注意事项
获取利润	最大利润	垄断性的新产品	消费者承受力与法规
	目标利润	有明确目标利润的产品	行业进入门槛高低与企业竞争力
	合理利润	竞争充分，信息透明的产品	行业平均利润水平的趋势
市场占有率	以较低的价格迅速赢得更大的市场份额	竞争激烈但格局并不明朗的产品	需求弹性与竞争者的反应能力
企业生存	保本或亏本以维持最低的现金流需求，度过市场严冬	进入衰退期产品，企业遭遇突发事件，难以有效应对	企业亏本承受的时间长短

表10-4　不同层次的纺织服装需求价格弹性特征

品种类型	需求价格弹性特征
大众纺织服装	富有弹性。在纺织服装行业占比大，纺织服装企业可采取适时降价的策略，充分运用价格竞争手段占领市场
传统纺织服装	有一定的弹性。纺织服装企业可以有计划地降价，能争取更多潜在的顾客。但是折扣比例应相对比较大，才能反映出价格的需求弹性
新潮纺织服装	弹性较小。一旦确定价格定位，应将其作为不变因素。如果采用降低价格的策略，则效果不大，应该依靠非价格竞争策略作为营销手段
高级纺织服装	缺乏弹性。高价是高级纺织服装的一种标志，价格是一种壁垒，高级纺织服装价格是名誉价值、艺术价值的一种表现，是一种品牌资产无形价值的体现。如一些限量销售的高档纺织服装提价后，销量还有可能增加

（3）估算成本费用

纺织服装市场需求，在很大程度上为纺织服装企业在制定纺织服装价格时，确定了一个最高限度，而纺织服装的成本可以说是定价的基础，纺织服装企业所制定的价格，必须包括所有生产加工、销售环节的相关费用以及纺织服装企业所应得到的回报。纺织服装企业的生产成本还可以划分为两部分：一是固定成本，二是变动成本。固定成本不随产量的变化而变化，变动成本直接随生产能力的变化而变化。纺织服装企业在制订纺织服装价格时要进行成本估算，纺织服装价格的最高限度取决于市场需求及有关限制因素，而最低价格不能低于纺织服装的经营成本费用，这是纺织服装企业价格的下限。

（4）分析竞争对手

纺织服装企业的价格要受竞争者同类纺织服装价格的影响，一般来说，市场需求决定了纺织服装最高价格，成本费用决定了纺织服装最低价格。纺织服装价格在最高价格和最低价格之间的变动幅度，则取决于纺织服装市场上的竞争状况。纺织服装企业定价前应充分了解自身所处的竞争地位，了解自身的优势和劣势，了解竞争对手的定价目标和策略，预估竞争对手的市场反应，也可以调查消费者对本企业纺织服装的认知价值和竞争者的认知价值等。

（5）选择定价方法

纺织服装价格既不能低得使纺织服装企业赔本，也不能高得使消费者望而却步。而应以成本作为制定纺织服装价格的下限，纺织服装竞争者的价格作为参考。对纺织服装企业而言，尤其应该考虑纺织服装消费者的消费心理，确定他们的认知价值。

（6）确定最终价格

纺织服装企业通过以上步骤制定的价格，可称为纺织服装基本价格。此外，纺织服装企业还要考虑政策法规、经销商需求，以及消费者的心理等相关因素，因此，需要在纺织服装基本价格的基础上再做一些调整，制订出最终的纺织服装价格，以期最有效的实现纺织服装企业目标。

10.2.2 纺织服装定价方法

纺织服装价格的高低，主要受纺织服装成本费用、纺织服装市场需求和纺织服装竞争状况三方面影响。纺织服装企业为纺织服装定价时，应以纺织服装目标客户的需求为前提，以纺织服装成本费用为基础，以同类纺织服装价格为参照，据此有三种定价方法，即纺织服装成本导向定价法、纺织服装需求导向定价法、纺织服装竞争导向定价法。

（1）纺织服装成本导向定价法

纺织服装成本导向定价法，是以纺织服装单位成本为基本依据，再加上预期利润来确定价格的方法。纺织服装成本包括：固定成本和变动成本两部分。单位纺织服装成本，需要根据项目财务分析，预测纺织服装销售量来推算。由于考虑的因素相对简单，操作也方便，因此这种定价法办常被纺织服装企业所采用。纺织服装成本导向定价法又分为三种：纺织服装成本加成定价法、纺织服装目标收益定价法和纺织服装边际成本定价法。

①纺织服装成本加成定价法。是在纺织服装单位成本基础上，加上一定的加成金额，作为纺织服装企业盈利的一种定价方法。这种以纺织服装成本为基础的定价法有两种计算方式：

一是顺加法，即在成本上附加一个对成本而言的百分比作为纺织服装单位产品的出售价格。其计算公式为：

$$P = C \times (1 + R)$$

公式中：P为纺织服装单位售价；C为纺织服装单位成本；R为成本加成率。

例1 南方纺织服装公司生产的熊猫牌外套，单位成本为300元，加成率为50%，按顺加法定价，则每件外套的售价为多少元？

解：根据$P = C \times (1 + R)$，故每件外套的售价为

$$P = 300 \times (1 + 50\%)$$
$$= 450（元）$$

顺加法的优点主要是成本资料直接可得，计算简便。这种方法的基础原则是"将本求利，水涨船高"。它比较适合于销量与单位成本相对稳定的纺织服装产品的定价。

二是倒扣法，即以纺织服装销售额中的预计利润率为加成率来定价。计算公式如下：

纺织服装单位价格 = 纺织服装单位成本 / （1 - 销售额中的预计利润率）

公式中的纺织服装单位成本就是纺织服装零售企业的进价，这种方法主要应用于纺织服装零售企业。

例2 东东纺织服装零售商进了一批高级羽绒服，单位进货成本为1800元，该零售商想要在销售额中有40%的利润，按倒扣法定价，则每件羽绒服的售价为多少元？

解：其加成价格的计算如下：

每件羽绒服销售价格 = 1800 ÷ （1 - 40%） = 3000（元）

销售额中的预计利润率（毛利率）的确定，因行业和纺织服装特性的不同而有所差异，大众化纺织服装的毛利率较低，时尚、名牌等纺织服装的毛利率较高。

②纺织服装目标收益定价法。即在制定纺织服装价格时，使纺织服装的售价能保证纺织服装企业达到预期的目标利润率的一种定价方法。纺织服装目标收益定价法与纺织服装成本加成定价法的主要区别在于：首先，前者是根据预计的销售量倒推出纺织服装单位成本，后者却不管销售量如何，先确定纺织服装成本；其次，前者的纺织服装收益率是纺织服装企业按需要和可能自行制订的，后者是按照纺织服装行业的习惯标准制定的。纺织服装目标收益定价法常用的有以下两种：

一是纺织服装盈亏平衡定价法，即根据盈亏平衡点原理进行定价的一种方法。盈亏平衡点又称保本点，是指在一定价格水平下，纺织服装企业的销售收入刚好与同期发生的费用额相等，收支相抵，不盈不亏的销售量，或一定销量前提下，使收支平衡的价格。纺织服装盈亏平衡定价法使纺织服装企业无利润可言，只是在市场不景气时，纺织服装企业为了维护生产不得已而采取的定价方法。

纺织服装单位保本价格 =（固定成本总额 + 变动固定成本总额）/ 预期销售量
= （固定成本总额 / 预期销售量）+ 单位变动成本

例3　金马纺织服装商厦全年固定成本200万元，其中经营男式休闲服应摊固定成本为3万元，每件男式休闲服进价为150元，销售费用和税金为15元，即每件男式休闲服变动成本为160元。若该纺织服装商厦每年预期销量为2000套，每件男式休闲服售价应定为多少时才能保本？若该纺织服装商厦采取与竞争者同样的价格200元出售，不盈不亏的销售量是多少？

解：
男式休闲服单位保本价格 = 30000 ÷ 2000 + 160 = 175（元）

即如果每件男式休闲服定价为175元，该纺织服装商厦就能做到收支相抵，不盈不亏。若该纺织服装商厦采取与竞争者同样的价格200元出售，则收支相抵，不盈不亏的销售量为：

男式休闲服保本销售量 = 30000 ÷（200 - 160）= 750（套）

即如果每件男式休闲服售价200元，则只需出售750套就能保本。

由此可见，纺织服装盈亏平衡定价法的关键是必须正确预测纺织服装市场销售量。

二是纺织服装目标投资收益率定价法，也叫纺织服装目标利润定价法，是纺织服装企业根据产品生产总成本和预计的总销售量，加上预期利润计算出销售价格的定价方法。其计算公式如下：

纺织服装目标投资收益率价格 =（总成本 + 预期利润）/ 预期销售量
= [（固定成本总额 + 预期利润）/ 预期销售量] + 单位变动成本

例4　荷花纺织服装集团生产简易布鞋能力为100万双，明年预计的销售量是生产能力的80%，预计总成本为1000万元，其中固定成本600万元，单位可变成本5元，该纺织服装集团计划明年获得200万元的利润，请问明年该简易布鞋定价是多少才能实现计划利润？

解：因预计明年的销售量是生产能力的80%，该纺织服装集团只应生产100万双 × 80% = 80万件产品，而不应足量开工。

解法1：销售价格 =（1000 + 200）÷ 80 = 15（元）

解法2：销售价格=（600+200）÷80+5=15（元）

纺织服装目标投资收益率定价法是纺织服装企业常用的定价方法，特别是应用数量、成本、利润分析，可以清晰地看到纺织服装企业在不同的产量状态下的收益和利润情况。但是，纺织服装目标投资收益率定价法的缺陷是先假设销售量是一定的，然后再考虑价格，没有考虑到价格对销售量的影响，而实际情况往往是价格变化将导致销售量发生变化，这样就可能出现达不到预计销量、实现不了预期目标收益的情况，所以它只适用于某些受价格影响较小的纺织服装产品价格的计算。

由上可见，纺织服装成本导向定价法是一种卖方定价导向，它忽视了纺织服装市场需求、竞争和价格水平的变化，有时候与定价目标脱节。另外，运用这一方法制订的价格均是建立在对销量主观预测的基础上，从而降低了价格制定的科学性。故此，在采用纺织服装成本导向定价法时，还需要充分考虑需求和竞争状况，来确定最终的市场价格水平。

③纺织服装边际成本定价法。是指纺织服装增加一个产品时所带来的总成本的增加。纺织服装边际成本定价法，即边际成本加边际预期利润计算出纺织服装价格的方法。它要充分考虑纺织服装的规模效应，并且在纺织服装产品增加所引起的追加成本的基础上制订价格。

（2）纺织服装需求导向定价法

纺织服装需求导向定价法，主要是以纺织服装市场需求为导向，以纺织服装目标客户对纺织服装的价值理解和认同程度为依据，并以他们所乐意接受的价格来制定纺织服装价格的方法。常用的方法有：纺织服装理解价值定价法、纺织服装区别需求定价法和纺织服装需求心理定价法三种。

①纺织服装理解价值定价法。它是一种以纺织服装目标客户对纺织服装的认可程度和认同价值为依据，而不是以纺织服装成本为定价基础，来制定纺织服装价格的方法。纺织服装目标客户对纺织服装往往有自身的价值观念，这种价值观念实际上是纺织服装目标客户对纺织服装能给自己带来效益的高低来衡量的。在实际操作中，往往是纺织服装企业通过纺织服装市场调查，考量本企业产品在纺织服装目标客户心目中所形成的价值。这也是纺织服装目标客户认同的纺织服装"性价比"合适时的价格，我们称之为纺织服装目标客户理解价值。理解价值定价有两个关键：一是对纺织服装目标客户的理解价值作出正确的估计和判断。纺织服装企业如果过高地估计理解价值，便会定出偏高的价格，失去顾客；如果过低地估计理解价值，则会定出偏低的价格，损失利润。为准确把握市场理解价值，必须进行纺织服装市场营销调研，获得纺织服装目标客户对有关产品理解价值的准确资料。二是由于纺织服装目标客户对产品价值的理解带有一定的主观性，所以纺织服装企业应采用各种非价格营销手段，对纺织服装目标客户的认知价值作出有效引导。例如，利用纺织服装产品形象、促销活动和网点选择等，对纺织服装目标客户加以影响，使他们形成对纺织服装企业有利的"认知价值"。

②纺织服装区别需求定价法。又叫纺织服装差别定价法，就是指根据纺织服装市场需求强度的不同，而确定的不同价格，所定出的价格差别与纺织服装成本之间没有直接关系。其主要形式有：一是以不同纺织服装目标客户定价。以不同纺织服装目标客户定价，即是以纺织服装目标客户的差异为基础的差别定价。对于纺织服装行业内有影响力的纺织服装目标客户和一般的纺织服装目标客户规定不同价格，因为它们对于提升纺织服装品牌作用不同。二是以数量不同定价。以数量不同定价，即是以数量差异为基础的差别定价。

一般来说，纺织服装定得越多的纺织服装目标客户，得到的价格折扣就会越多。三是以地域不同定价。以地域不同定价，即是以地域差异为基础的差别定价。目前，我国对于国内和国际纺织服装目标客户实行价格双轨制。四是以时间不同定价。以时间不同定价，即是以时间差异为基础的差别定价。预定纺织服装产品越早的纺织服装目标客户，一般得到的纺织服装价格优惠就越多。

③纺织服装需求心理定价法。是根据纺织服装目标客户的消费心理特点，来确定纺织服装价格的方法。由于价格与质量、价格与支付能力之间存在着密切的关系，纺织服装会展目标客户形成了多种与价格有关的消费心理定势，这些消费心理可成为定价的基础。例如，根据纺织服装目标客户的"从众"心理，纺织服装价格可与其他同类纺织服装的价格趋同；根据纺织服装目标客户的"按质论价"心理，纺织服装企业可按本产品的名牌、声誉、地位来确定价格。

（3）*纺织服装竞争导向定价法*

纺织服装竞争导向定价法，是以纺织服装竞争为导向，以与本纺织服装有竞争关系的纺织服装价格为定价依据的一种定价方法。它根据纺织服装竞争双方的力量对比等情况，纺织服装企业制定比竞争者的价格或高、或低、或相同的价格，以达到增加利润，扩大纺织服装销售量，或者提高纺织服装市场占有率目标的定价。总的原则是，以确保该纺织服装价格是在加强，而不是在削弱自己在纺织服装市场竞争中的地位。常用的方法有三种。

①纺织服装随行就市定价法。是纺织服装企业根据本企业产品，或本地区纺织服装的基本价格水准，来制订本企业纺织服装价格的方法。这种方法，适合于处在完全竞争市场中的纺织服装定价。此外，对于那些难以估计纺织服装价格与需求量之间关系的产品，"随行就市"集中了纺织服装行业现有的经验，可以很大程度上规避定价风险。同时，采用这一定价方法，还可以避免纺织服装之间的过度竞争、排挤，这对竞争能力较弱的中小纺织服装企业十分有利。

②纺织服装追随领先定价法。是指纺织服装企业为了应付或者避免竞争，或者为了稳定纺织服装市场，以利于长期经营，采用以同行业中影响最大的纺织服装企业的价格为标准，来制定本企业的纺织服装价格。

③纺织服装渗透定价法。是指纺织服装企业往往以较低的纺织服装价格，打入纺织服装新市场或原有市场，扩大纺织服装市场占有率，以强化自身在纺织服装市场中的地位为目标的一种定价方法。这种定价方法的特点，就是在制定纺织服装价格是完全根据纺织服装市场竞争需要，而不考虑纺织服装成本、利润等问题，往往从长计议。

以上我们介绍了纺织服装定价的三种方法，即纺织服装成本导向定价法、纺织服装需求导向定价法和纺织服装竞争导向定价法。在实际应用中，有鉴于这三种定价方法各具特色，各有优劣，纺织服装企业往往将三种定价方法综合运用，以便扬长避短，各取所长。换言之，纺织服装企业为纺织服装定价时，既要考虑纺织服装成本的补偿，又要考虑纺织服装目标客户的心理预期，以及对纺织服装价格的接受能力，还要考虑到同类竞争的价格水平，在统筹考虑的基础上制订出最终的合理报价。

10.3 纺织服装企业常用的价格策略

上一节我们学习了纺织服装定价的主要方法，纺织服装企业综合运用这些定价方法，为纺织服装制定了基本价格后，为使定价更具有吸引力，进而更好地促销纺织服装，还可以运用一些价格策略（或称之为定价技巧），纺织服装企业为了实现自己的经营战略和目标，经常根据不同的纺织服装产品、市场需求和竞争状况，采取各种灵活多变的价格策略，使价格与纺织服装市场营销组合中的其他因素更好地结合，促进和扩大销售，提高纺织服装企业的整体效益。本节将介绍几种常见的纺织服装价格策略。

10.3.1 纺织服装新产品定价策略

纺织服装新产品定价是一项十分重要的工作，因为上市之初，纺织服装新产品定价没有可以借鉴的依据，若价格定得高，消费者不接受，可能会使一个有前途的新产品昙花一现；若价格定得过低，不仅会影响纺织服装企业的形象和效益，还可能会影响新产品的形象。一般来说，常用的纺织服装新产品定价策略有以下三种：

（1）纺织服装新产品撇脂定价策略

纺织服装新产品撇脂定价策略，是指在纺织服装新产品生命周期的最初时期，把纺织服装企业将其新产品的价格定得很高，在最短的时间里获得最大利润，犹如从牛奶中撇取奶油一样的策略。纺织服装新产品撇脂定价策略的优缺点及条件是：

①优点。一是纺织服装新产品刚上市，竞争者还没有进入，利用消费者的求新心理，以较高价格刺激消费，开拓早期市场；二是由于价格较高，因而可以在短期内取得较大的利润；三是定价较高，在竞争者大量涌入纺织服装市场时，便于主动降价，增强在价格上的竞争力，同时也符合纺织服装消费者对价格变化由高到低的心理。

②缺点。在纺织服装新产品尚未建立起声誉时，高价不利于打开市场，有时甚至无人问津。另外高价投放纺织服装市场而供不应求，很容易引来竞争者，加速本行业的竞争，容易导致价格下跌，经营不长就会发生产品滞销，被迫转产的局面。故此，在采用高价策略时，要注意这种方法的适应条件。

③条件。采用纺织服装新产品撇脂定价法的前提条件，一是新产品在款式设计、面料、做工等方面拥有专利或技术诀窍，很难仿制，高价格不会迅速引来竞争对手；二是新产品有足够多的消费者，而且消费者对价格的需求弹性较小；三是新产品从做工到面料的选取及质量，与所确定的高价相符，使新产品一投入市场就树立高档、优质的形象；四是制定高价带来的收益，必须大于小批量生产而增大的成本。

（2）纺织服装新产品渗透定价策略

纺织服装新产品渗透定价策略，是指在纺织服装新产品生命周期的最初时期，纺织服装企业将其新产品的价格定得相对较低，以吸引大量消费者购买，提高纺织服装新产品市场占有率，犹如往海绵里渗水一样的策略。这种策略的优缺点及条件是：

①优点。一是纺织服装新产品利用低价迅速占领市场，从薄利多销中增加利润；二是纺织服装新产品的低价可以阻止竞争者进入，有利于控制纺织服装市场。

②缺点。纺织服装新产品投资回收期长，见效慢，风险大，一旦定价与纺织服装市场需求相悖，还会使纺织服装企业蒙受损失，有可能形成产品"低价低质"的品牌形象。

③条件。采用纺织服装新产品渗透定价策略应符合的条件，一是消费者对纺织服装新产品的价格非常敏感，即新产品的需求价格弹性较高，低价能刺激需求迅速增长；二是新产品无明显特色，低价不会引来现有和潜在的竞争者；三是纺织服装企业有很强的生产能力，并能随着产销量的增加而实现规模效益。

纺织服装新产品撇脂定价策略和渗透定价策略各有利弊，采用哪一种策略更为合适，应根据纺织服装市场需求、竞争情况、市场潜力、生产能力和成本等因素综合考虑。纺织服装新产品撇脂定价策略和渗透定价策略比较，如表10-5所示。

表10-5 纺织服装新产品撇脂定价策略和渗透定价策略比较

项 目	撇脂定价策略	渗透定价策略
定价水平	高	低
纺织服装市场需求强度	强	弱
纺织服装市场潜力	小	大
需求价格弹性	小	大
消费者购买力	高	低
生产能力	不足	充足
产品的独特性	强	弱
仿制的难易程度	难	易
规模经济效益	不大	明显
投资回收期	短	长

（3）**纺织服装新产品满意定价策略**

纺织服装新产品满意定价策略，又称为纺织服装新产品折中定价策略或稳妥定价策略，是指在纺织服装新产品生命周期的最初时期，在新产品成本的基础上增加适当的利润，把价格定在高价与低价之间的一种策略。也就是说，可以把纺织服装新产品的价格定在撇脂定价和渗透定价之间，取折中价格。这种定价策略优缺点及条件是：

①优点。一是纺织服装新产品既能对消费者产生一定的吸引力，又能使纺织服装企业弥补成本后还有赢利，使纺织服装企业和消费者双方都感到满意；二是可以避免撇脂定价因高价带来的风险，又可消除渗透定价因低价引起的纺织服装企业生产经营困难，因而既能使纺织服装企业获取适当的平均利润，又能兼顾纺织服装消费者的利益；三是价格较为稳定、风险小，一般能使纺织服装企业收回成本和适当赢利。

②缺点。由于定价比较保守，容易使纺织服装企业造成高不成低不就的局面，失去高额利润和占领纺织服装市场机会。

③条件。采用纺织服装新产品满意定价策略应符合的条件，一般是在适用于纺织服装市场需求不太复杂多变、竞争不太激烈的环境。

综上所述，三种纺织服装新产品定价策略之间的关系，如图10-3所示。

10.3.2 纺织服装折扣折让定价策略

纺织服装折扣折让定价策略，是指纺织服装企业为鼓励客户及早清偿货款、大量购买、淡季不淡，以及鼓励经销商积极推广纺织服装，在已确定好的原始价格上给予一定幅度的优惠的策略。其中，直接折扣的策略有现金折扣、数量折扣、功能折扣和季节折扣，间接折扣策略有回扣、津贴等。

（1）**纺织服装现金折扣策略**

纺织服装现金折扣策略，是指纺织服装企业为鼓励经销商迅速付款所采用的价格优惠策略。例如，2/10是指纺织服装经销商在30天必须付清货款，如果在10天之内付清货款，纺织服装供应商则给予2%的折扣；1/20是指如果纺织服装经销商在20天之内付清货款，可获得1%的折扣。这种策略在很多行业已成惯例，纺织服装企业也不例外。通过折扣优惠，纺织服装企业可以及时收回账款，保证充足的现金流量，降低发生坏账的比率。此外，纺织服装企业要注意计算折扣的比例，应小于因提前收回货款而节省的利息。

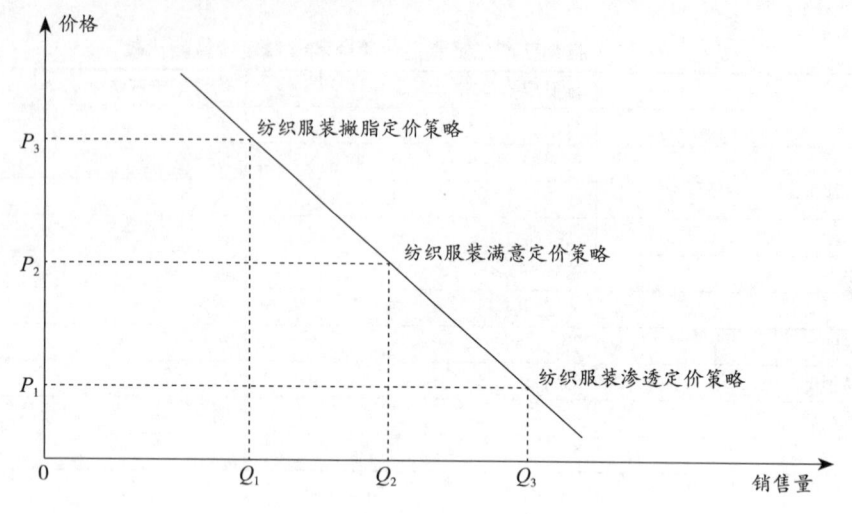

图10-3　三种纺织服装新产品定价策略之间的关系

（2）纺织服装数量折扣策略

纺织服装数量折扣策略，是指纺织服装企业为鼓励消费者大量购买，从而扩大销售量的一种策略。它按照购买纺织服装的数量或金额，分别给予不同的折扣比率。折扣比率与购买数量成正比，纺织服装数量折扣策略具体又可分为：累计数量折扣和非累计数量折扣。

①累计数量折扣。指在规定时间内，消费者购买纺织服装达到一定数量或金额，则按其总量大小给予不同折扣。例如，有的商家规定消费者只要在一年内买够12件纺织服装，年底时就可自由选择一件自己喜爱的纺织服装作为赠品；也有商家规定购买纺织服装满一定金额，就可以办一张贵宾卡或打折卡，享受永久优惠。这种做法的其目的在于鼓励消费者反复购买本企业的纺织服装，以稳定消费群，增加销量，确保收入。

②非累计数量折扣。也称为订单折扣，指对一次性购买或订货某种纺织服装达到一定数量或金额的购买者，给予的折扣优惠。非累计折扣强调的是一次性购买，其促销力度如果静止在某一个时间点要大于累计折扣。例如，纺织服装商家抓住假日经济效应这一机会，在节假日（春节、圣诞节、国庆节等）打折，采用各种促销措施来刺激消费，像返券、买几赠一等，使假日的纺织服装营业额明显高于平日。这种做法的其目的在于鼓励消费者大量购买本企业的纺织服装，以促进产品多销、快销，降低营业费用。此外，要注意折扣的设计，要小于因消费者一次性购买大量纺织服装而使企业节约的管理费和装卸搬运费等成本。

（3）纺织服装功能折扣策略

纺织服装功能折扣策略，又称纺织服装贸易折扣策略，是指纺织服装企业根据中间商在产品流通中所承担的功能、责任和风险不同，所给予不同的价格折扣策略。这种折扣形式有别于以上两种折扣形式，它是减少纺织服装企业自身进行的产品推广、存储、服务的职能，而将其节省下来的费用，以折扣的形式转嫁给经销商，往往由经销商来体现企业形象，从而使与经销商的合作关系更为密切。纺织服装企业按出厂价给经销商，经销商在允许的范围内确定价格转卖给批发商或零售商。例如，纺织服装企业报价"100元，折扣40%及10%"，表示给零售商折扣40%，即卖给零售商的价格是60元；给批发商则再折扣10%，即卖给批发商的价格是54元，这种分配方法是因为批发商和零售商功能不同的缘故。

（4）纺织服装季节折扣策略

纺织服装季节折扣策略，也称纺织服装季节差价策略，是指纺织服装企业为保持均衡生产、加速资金周转和节省费用，鼓励消费者淡季购买而给予的折扣策略。因为纺织服装不同于食品，不会因时间的推移而失去使用价值，只能因时间的推移过时而降价。所以纺织服装企业为稳定生产或销售，常常给予消费者一定的价格优惠，以达到淡季不淡、及时回笼货币、促进销售、迎接新款、时令服装上市之目的。例如，生产羽绒服、皮衣的纺织服装企业，在夏季实施羽绒服、皮衣季节折扣策略，那些对价格比较敏感的消费者认为物有所值，就会前来争相购买换季的羽绒服、皮衣。

（5）纺织服装折让策略

纺织服装折让策略，是指纺织服装企业不改变售价，另给一定的优惠的策略。常采用的折让有推广折让、运费让价、回扣和津贴三种形式。

①推广折让。是指纺织服装企业为回报经销商在广告宣传、展销等产品推广方面所做的努力，在价格上给予的一定的优惠。例如，南方纺织服装商场为了增加营业额在电视上做"名豪"纺织服装广告，从而扩大了"名豪"纺织服装品牌的销量，纺织服装企业为了鼓励和回报商场的努力，给予商场一定比例的折扣，以弥补商场支付的广告费。

②运费让价。是指纺织服装销售企业为对路途较远的消费者送货困难大，便减价或补贴运费给消费者以弥补部分运费或全部运费的策略。织服装企业采取这种策略，有利于扩大纺织服装市场的范围。

③回扣和津贴。回扣是间接折扣的一种形式，是指消费者在按价格目录将货款全部付给纺织服装销售者以后，纺织服装销售者再按照一定比例将货款的一部分返还给消费者。津贴是纺织服装企业为特殊目的，对特殊顾客以特定形式所给予的纺织服装价格补贴。

总而言之，纺织服装折扣折让定价策略的这些形式，一个共同的特征是：薄利多销、薄利快销，优惠那些大量购买本企业纺织服装的购买者。

10.3.3 纺织服装心理定价策略

纺织服装心理定价策略，是指纺织服装企业定价时利用消费者不同的心理需要和对不同价格的感受，有意识地采取多种价格形式，以促进纺织服装销售的策略。常见的纺织服装心理定价策略有如下四种。

（1）纺织服装尾数定价策略

纺织服装尾数定价策略，又称为纺织服装零头定价策略，是指利用消费者数字认知的某种心理，尽可能在价格数字上不进位，而保留零头，是使消费者产生价格低廉和卖主经过认真核算成本才定价的感觉，从而使消费者对企业的纺织服装及定价产生信任感的策略。例如，一双袜子卖4.95元，比5元更受欢迎。此外，这一策略还要结合不同消费者对数字认识的心理差异而灵活运用。例如，有些人喜欢偶数，认为偶数给人以稳定、安全的感觉，尤其是数字6、8给人以吉祥、一帆风顺、财运亨通的感觉；有人喜欢奇数，尤其是数字9给人以长久的感觉，故此，很多纺织服装的价格纷纷定为168元、398元、1688元、499元等，以满足消费者的感知差异，同时增强低廉感，因为价格控制在某一个整数之下。

（2）**纺织服装声望定价策略**

纺织服装声望定价策略，是指纺织服装企业利用消费者仰慕名牌产品或名店声望的心理来制定纺织服装价格，故意把价格定高的策略。因为消费者有崇尚品牌的心理，往往以价格判断质量，认为高价高质。设计极品价格形象，主要应强调纺织服装产品品牌的著名、做工的精良、面料的考究、包装的精美与豪华以及能够给消费者带来精神上的高度满足。例如，提到纺织服装品牌，人们立刻会想到皮尔·卡丹、克里斯汀·迪奥、伊夫·圣·洛朗、暇步士、鳄鱼等，这些品牌既以质优高档而闻名于世，更以价格昂贵而引人注目。虽然如此，高价消费心理既是一个购买纺织服装、穿着纺织服装的过程，也是一个向社会展示其自身价值和所属群体特征的过程。有时展示的需要超过选取纺织服装保暖性、实用性的需要。例如，20世纪80年代推出的"权贵穿着"（Power Dressing）即刻被大多数人认同。当然，这种定价策略也不能总是把价格定得过高，在换季或新款上市时，可以适当调整一些纺织服装的价格，以使更多的消费者体验本品牌的纺织服装，否则永远会使对价格需求弹性大的消费者望而却步。

（3）**纺织服装习惯定价策略**

纺织服装习惯定价策略，是指织服装企业利用消费者习惯于接受某些纺织服装特定价格水平的消费心理来制定价格的策略。在长期的消费活动中，一些消费者对钟爱的纺织服装品牌的认知产生了心理定势，认定某种品牌的纺织服装价格就应处在某种水平，对这些纺织服装品牌价格变动较为敏感。如果实际价格高于特定水平，具有这种心理的消费者就会产生价格上涨的感觉；如果实际价格低于特定水平，消费者就会对纺织服装的质量产生怀疑。针对这种心理，纺织服装企业应尽力将一个品牌的价格维持在消费者习惯接受的水平，避免因涨价、降价等影响纺织服装企业的销售额。

（4）**纺织服装招徕定价策略**

纺织服装招徕定价策略，又称纺织服装特价品定价策略，是指纺织服装企业利用消费者求廉的心理，特意将某几款纺织服装降低价格，以此作为吸引消费者的手段，从而带动其他纺织服装销售的策略。例如，设定纺织服装特价区，将低价纺织服装放在"花车"上任消费者挑选，并以此大做广告宣传，作为"引子"招徕消费者。像一些商场的纺织服装区、纺织服装专卖店等纺织服装厂商和经销商经常采用这一策略。但采用这一策略时应注意，作为"引子"招徕的纺织服装必须做到物美价廉，受消费者喜爱，否则会使消费者有被欺骗的感觉而达不到带动其他纺织服装销售的目的。

10.3.4 纺织服装差别定价策略

纺织服装差别定价策略，又称纺织服装价格歧视策略，是指纺织服装企业按照两种或两种以上与成本无关的差异价格来销售同一种纺织服装，以适应消费者的不同需要，从而扩大纺织服装销售，增加收益的策略。纺织服装企业惯用的差别定价策略，具体有以下四种。

（1）**纺织服装顾客差别定价策略**

纺织服装顾客差别定价策略，是指纺织服装企业按照不同的价格将同一纺织服装卖给不同的消费者。例如，在教师节，教师凭借教师证购买纺织服装时，可以享受价格优惠，这是商家在教师节之际真情回报教师的一种策略，也是企业文化的体现。又如纺织服装品牌专卖店，给予VIP顾客八折优惠，而对于普通顾客九折优惠。

（2）纺织服装产品形式差别定价策略

纺织服装产品形式差别定价策略，是指纺织服装企业对于同样品质的纺织服装，按照不同的型号、款式、颜色、需求等制定不同价格的策略。例如，同一面料、成本的纺织服装，因花色、款式不一样，需求量也不同，所以价格也有所差异。也就是说，纺织服装价格之间的差额与成本费用之间的差额并不成比例。

（3）纺织服装产品部位差别定价策略

纺织服装产品部位差别定价策略，是指纺织服装企业对处在不同位置的同一纺织服装分别制定不同价格的策略。例如，有的纺织服装陈列在高档次的商场销售，因购物环境优雅，相关费用较高，纺织服装的价格也随之提高；相反，有的纺织服装在大街或简陋的、低档次的购物条件下陈列，相关费用支出的少，纺织服装价格制定可略低些。这些差别是因为消费者对纺织服装的偏好不同所致。

（4）纺织服装销售时间差别定价策略

纺织服装销售时间差别定价策略，是指纺织服装企业对不同季节、不同时期甚至不同钟点的纺织服装制定不同价格的策略。例如，在圣诞前夜或除夕之夜，为了增加营业额，纺织服装商家延长营业时间至午夜时分，为了鼓励消费者在午夜前来购买纺织服装，规定凡在晚上22～24点之间购买纺织服装者，可以享受10%的优惠。

10.3.5 纺织服装产品组合定价策略

纺织服装的组合，是纺织服装企业依靠原有生产某种纺织服装名牌的能力，就深度、广度开发出一系列或一整套的纺织服装产品，使消费者在一家店里能买到所有类型的纺织服装，以满足消费者的多方面的需求。纺织服装产品组合定价策略，是指纺织服装企业从整体利益出发，为发挥每一种纺织服装产品的相关作用而制定相关价格的策略。如果纺织服装企业的原有品牌已经具有良好的声誉，那么其在同一品牌下推出新款产品，就不需要花费巨额广告费来建立品牌的认知与偏好。尤其对于纺织服装产品系列，其产品间差异性不是很大，并带有较强的相关性，这样通过有效的组合定价，纺织服装企业往往能获得最大的利润。例如，"金利来"集团有限公司，它的成名产品是领带。为适应市场的需要，该公司的经营范围从领带发展到男士系列用品，包括休闲西服、便装裤、衬衫、毛衣、T恤、羊绒大衣、时尚西装、袜子等纺织服装产品，并对其分别制定了不同的价格，使其成为一个整体，既保持了产品的形象又提高了产品的盈利水平。常用的纺织服装产品组合定价策略，具体有以下几种定价策略。

（1）纺织服装产品线定价策略

纺织服装产品线定价策略，是指纺织服装企业利用本企业生产的系列纺织服装产品存在需求和成本的内在关联性，为了充分发挥这种内在关联性的积极效应，而制定相关价格的策略。在定价时采取这种策略，首先要确定某种纺织服装产品的最低价格，以这种价格在产品线中充当招徕角色，以吸引消费者前来购买其他纺织服装产品；其次确定产品线中某种纺织服装产品的最高价格，充当产品线中品牌质量象征和收回投资的角色；最后依据其他纺织服装产品在产品线中的不同角色，制定不同的价格。纺织服装品牌当前较流行这种"一主多线"的经营模式，即在一个主线之下发展若干条副线，分别进入不同的细分市场。对不同的品牌线，需要用不同的方法进行定价，使之分别适应相应的市场环境和消费者口味。此外，纺织服装企业在运用这种策略时，必须确立认知质量差异，使不同品牌线之间的价格差异合理化。例如，富绅纺织服装专卖店经营三种价格档次的纺织服装：1500元、2500元和3500元，消费者会从三个纺织服装价格点上联系到低、中、高三种质量水平的产品。又如，意大利著名品牌Gianni Versace其下便有Versace classic V2、Versus、Versace Couture、Versace Home Signature、Istante五条副线，由于品牌线的扩充，使得范思哲纺织服装公司拥有了多种价位的产品，让更多的消费者能买得起标有范思哲商标的纺织服装。由于目标市场数量增加，使纺织服装企业的价格活动空间也增大了，故此，纺织服装产品线定价策略是纺织服装企业较频繁使用的方法。

（2）*纺织服装附带产品定价策略*

纺织服装附带产品定价策略，是指纺织服装企业对与主要产品配套使用的产品进行定价的策略。它包括：纺织服装必须附带产品策略和纺织服装任选附带产品策略二种。

①纺织服装必须附带产品策略。纺织服装必须附带产品策略，是指纺织服装企业对与主要产品配套使用的必须附带产品进行定价的策略。由于主导产品都可以多次反复使用，而附带产品属易耗品，消费者买了主导产品就必须不断地购买附带产品，所以一般情况下，同时生产主导产品和附带产品的纺织服装企业，往往把主导产品的价格定得较低，目的是以主导产品的大量销售带动附带产品的销售。例如，西服套装和衬衫，衬衫的穿着频率高于西服。有条件的情况下日日更换西服套装和衬衫，条件受限的情况下衬衫要经常更换，所以消费者对衬衫的购买量及更新次数要多于西服套装，这样纺织服装企业就可以用西服套装的薄利带动衬衫市场的销量，以其盈利补偿西服套装的微利。

②纺织服装任选附带产品策略。纺织服装任选附带产品策略，是指纺织服装企业对与主要产品配套使用的任选附带产品进行定价的策略。这类附带产品与主导产品的使用密切相关，但消费者可买可不买。这类产品价格的确定，就需要认真分析市场环境、消费者偏好等因素。如果任选附带产品的有无将会影响消费者对主导产品的选择，就可把其价格定得较低些，甚至免费赠送；如果消费者对主导产品的偏好十分强烈，消费者的选择比较固定，这时任选附带产品的价格可定得高些。例如，主要产品纺织服装与配套的附带产品纽扣、主要产品领带与配套的附带产品领带夹等的定价，就可以采取纺织服装任选附带产品策略。

（3）*纺织服装产品群定价策略*

纺织服装产品群定价策略，是指纺织服装企业为了促进产品销售，将有关联的纺织服装产品组合在一起制作成精美的套装销售的价格策略。由于纺织服装企业通过配套销售，这一组合纺织服装产品的价格，低于单独购买某种纺织服装产品时的价格总和，使消费者感到成套购买既便宜又方便，深受消费者的欢迎，从而提高整体销售水平。例如，婴儿纺织服装，组合成礼品盒销售比单件销售，更具吸引力。又如两、三件套的男女套装，同色彩搭配、更具整体感也是某些消费群体所追求的。因此，为了促进产品销售，纺织服装企业往往采用产品群定价策略，但采用这种策略必须使价格为消费者所接受，并且避免产品的硬性搭配。

10.3.6 纺织服装调价策略

纺织服装企业在确定纺织服装价格后，仍然要时刻面对不断变化的纺织服装市场营销环境，所以还要随时面临纺织服装价格变动的压力，以制定适合的价格调整策略来应对市场变化。纺织服装调价策略，是指纺织服装企业依据客观环境和市场形势的变化而对原有纺织服装价格进行调整的策略。它包括维持纺织服装原价策略、纺织服装非价格反击策略、纺织服装降价策略和纺织服装升价策略四种。

（1）**维持纺织服装原价策略**

维持纺织服装原价策略，是指纺织服装企业依据客观环境和市场形势的变化，对原有纺织服装价格作出不进行调整的策略。在某种情况下，维持原价格也是一种反应。在采用这种策略时，纺织服装企业对自己的判断必须有十足的把握，否则会因维持原价而招致损失。因此，纺织服装企业必须考虑以下情形：一是如果降价，自己会失去很多的利润；二是如果竞争者的进攻没有太大威胁，自己并不会失去很多市场份额；三是如果主要消费群仍由自己控制，流失一些份额给竞争者也无妨。基于这种考虑，纺织服装企业则可以按兵不动，采取维持纺织服装原价策略，保持原有价格不变。

（2）**纺织服装非价格反击策略**

纺织服装非价格反击策略，是指纺织服装企业依据客观环境和市场形势的变化，对原有纺织服装价格作出非价格方面的变化来反击竞争者的调整策略。采用这种策略，要求企业做好纺织服装市场调查，不能盲目利用非价格方面的变化来反击竞争者，因为非价格方面的变化需要资金的投入，应该使其投入发挥有效作用。例如，纺织服装企业根据市场调查，可增加资金在纺织服装的款式、颜色、质地或花样、风格或整体外观上进行改进，使消费者感到物有所值，虽然纺织服装价格没有调整，却增强纺织服装的竞争性。

（3）**纺织服装降价策略**

纺织服装降价策略，也称为纺织服装削价策略，是指纺织服装企业依据客观环境和市场形势的变化，对原有纺织服装价格作出降低价格的调整策略。例如，瑞典的古玛纺织服装公司采用月月降价的方法销售纺织服装，其每月降价的幅度为：新装上市后第一个月为3%，第二个月为8%，第三个月为10%，第四个月为15%，第五个月为20%，第六个月为30%～35%。古玛公司规定，在纺织服装上市10天内，消费者可到公司预定，预付的定金在货款中扣除。这种降价策略显得从容不迫，给消费者提供了一个自由选择的机会。纺织服装企业采取纺织服装降价策略的原因和方式有以下情形。

①降价原因。纺织服装企业降低价格的原因比较复杂，有市场因素，也有企业内部因素，还有社会其他方面的因素，归纳起来有以下几种：一是纺织服装企业的生产能力过剩，库存积压严重，需要扩大业务，但又不能通过产品改良和加强促销等手段来扩大销售，在这种情况下，就必须考虑通过降价来提高销售量；二是在强大的竞争压力下，纺织服装企业的市场占有率下降，迫使降低价格来维持或扩大市场份额；三是纺织服装企业为了控制市场，通过销售量的扩大来进一步降低成本费用，从而降低价格；四是市场需求不振，降低价格以保住市场占有率；五是根据产品生命周期阶段的变化进行调整，像新款纺织服装刚上市阶段制定较高的价格，在流行或者季节过去后，通过下调价格来吸引更多的消费者。

②降价方式。因纺织服装企业产品所处的地位、环境及引起降价原因的不同，纺织服装企业选择降价的方式也会各不相同，具体来说有两种：一是直接降价，即直接降低纺织服装价格。例如，缤纷纺织服装在国庆节降价，立刻吸引了众多消费者纷纷前往购买。二是间接降价，即纺织服装企业保持价格目录表上的价格不变，通过赠送礼品或者增大各种

折扣、回扣等手段，在保持名义价格不变的前提下，降低纺织服装的实际价格。

（4）**纺织服装升价策略**

纺织服装升价策略，又称纺织服装提价策略，是指纺织服装企业依据客观环境和市场形势的变化，对原有纺织服装价格作出提升价格的调整策略。在纺织服装市场营销中调高价格，是纺织服装企业为了适应市场环境和自身内部条件的变化的一项举措，纺织服装企业采取纺织服装升价策略的原因和方式有以下情形。

①升价原因。纺织服装企业提升价格的原因归纳起来有以下几种：一是由于纺织服装成本上涨，妨碍了纺织服装企业合理利润的取得，企业只能通过涨价来转嫁负担。这是纺织服装企业调高价格的最主要原因。例如，原辅料成本上升，而纺织服装企业生产效率提高的速度跟不上成本提高的速度，纺织服装企业为保持原有利润而提高价格；二是由于纺织服装供不应求，纺织服装企业必须通过提价来抑制部分需求，以缓解纺织服装市场压力；三是纺织服装企业通过改进纺织服装的质量、性能、结构来提高纺织服装市场竞争力；四是竞争策略的需要。即以产品的高价位，来显示产品的高品位。

②升价方式。纺织服装企业采用升价策略时，一般有两种方式可供选择：一是直接升价，即直接提高纺织服装价格。例如，荷花牌的床上用品，以前卖3500元一套，现在卖4500元一套。二是间接升价，即纺织服装企业采取一定方法使纺织服装价格保持不变，但实际隐性上升。例如，减少价格折让；减少纺织服装的功能；缩小纺织服装的尺寸、分量；采用更便宜的面料作为替代品等。

一般来说，纺织服装企业降价容易涨价难，调高纺织服装价格往往会遭到消费者的反对。故此，在使用纺织服装升价策略时必须慎重，尤其应掌握好升价幅度、升价时机，并注意与消费者及时进行沟通。

（5）**纺织服装企业调价应注意的问题**

纺织服装价格的适当变化能够产生良好的效果，但是如果变化不当，则适得其反。因此，无论是升高价格还是降低价格，纺织服装企业都应注意消费者与竞争者对调价的反应。

①消费者对调价的反应。衡量调价成功与否的重要标志是纺织服装企业所确定的价格能否被消费者所接受，并能促使其增强购买纺织服装的欲望。当纺织服装企业准备调价时，首先应考虑的是调整后的纺织服装价格能否为消费者所接受，消费者将如何理解这种调价行为。一般情况下，消费者对于那些价值高和经常购买的纺织服装价格变动较为敏感，而对于那些价值低和不经常购买的纺织服装价格变动则不大注意。通常，消费者对调价会作出多种反应。例如，消费者对纺织服装企业降价作出的反应是多种多样的，有利的反应是认为纺织服装企业让利于消费者，不利的反应是认为纺织服装款式过时或过季，很快有新款或应季的纺织服装上市；纺织服装在用料、做工上有问题；纺织服装企业在生产经营资金周转上出现困难，急于出货回笼货币；同类款式的纺织服装在市场上已接近饱和等。又如，纺织服装企业升价时，有利的反应会认为纺织服装质量提高了，功能增多了，产品供不应求等，不利的反应是认为纺织服装企业想通过升价获得更多的利润。故此，纺织服装企业在调价前，要着重分析消费者可能出现的各种反应，一看消费者的购买量是否增加；二看消费者如何理解这次调价，以便采取相应措施，制定合理的价格。

②竞争者对调价的反应。纺织服装企业在调价时，除了要考虑消费者的反应，还要考虑竞争者对调价的反应，尤其当某一市场内纺织服装企业数量有限，提供的是相同面料、

款式的纺织服装，且消费者颇具辨别能力、了解市场的情况下，竞争者的反应就愈显重要。但是了解竞争者对纺织服装企业调价的反应要比了解消费者的反应更复杂。因为纺织服装企业要面临一个或多个的竞争对手，如果纺织服装企业只面临一个强大竞争对手，采取降价方式时竞争对手可能认为：这个企业降价，目标是争夺市场；是希望全行业跟随降价，从而刺激需求；是经营不善，为了扩大销量等，强大的竞争对手由此可能会立即作出调价反应。如果企业面临众多竞争对手，在调价时就必须估计每一个竞争者的可能反应；如果所有的竞争者反应大体相同，就可以集中力量分析典型的竞争者；如果每个竞争者在规模、市场占有率及管理政策等方面有所不同，其反应也有所不同，这时就必须对各竞争者进行分析；如果某些竞争者作出调价反应，也可以预期其他竞争者的反应。例如，当竞争者的策略保持不变时，纺织服装企业降价可能会起到扩大市场份额的作用；而当竞争者也随纺织服装企业同幅或更大幅度降价时，纺织服装企业降价的效果就会被抵消，销售利润也会不如调价前。又如，在纺织服装企业调高价格后，如果竞争者并不随之升价，那么纺织服装企业原来供不应求的市场就可能变成供过于求的市场，所以纺织服装企业必须对竞争者的反应进行预先估计。引以为重的是竞争者作出的相应调价反应，不仅会抵消纺织服装企业降价效果，甚至会恶化纺织服装企业的销售环境。但如果竞争者对纺织服装企业升价不作出反应，则会使纺织服装企业丧失市场份额，影响相应企业利润的获取。故此，纺织服装企业在实施调价行为前，还必须分析竞争者的企业目标、财务状况、生产、销售，以及消费者的忠实程度等状况，以确保调价的有效性。

核心概念

1. 纺织服装价格：是指消费者为得到某一款式、品牌的纺织服装产品而必须支付的货币数量单位。

2. 纺织服装企业定价目标：是指纺织服装企业通过制定或调整特定水平的价格所要达到的预期目的。

3. 纺织服装成本导向定价法：是以纺织服装单位成本为基本依据，再加上预期利润来确定价格的方法。

4. 纺织服装需求导向定价法：主要是以纺织服装市场需求为导向，以纺织服装目标客户对纺织服装的价值理解和认同程度为依据，并以他们所乐意接受的价格来制定纺织服装价格的方法。

5. 纺织服装竞争导向定价法：是以纺织服装竞争为导向，以与本纺织服装有竞争关系的纺织服装价格为定价依据的一种定价方法。

6. 纺织服装新产品撇脂定价策略：是指在纺织服装新产品生命周期的最初时期，把纺织服装企业将其新产品的价格定得很高，在最短的时间里获得最大利润，犹如从牛奶中撇取奶油一样的策略。

7. 纺织服装新产品渗透定价策略：是指在纺织服装新产品生命周期的最初时期，纺织服装企业将其新产品的价格定得相对较低，以吸引大量消费者购买，提高纺织服装新产品市场占有率，犹如往海绵里渗水一样的策略。

8. 纺织服装新产品满意定价策略：称为纺织服装新产品折中定价策略或稳妥定价策略，是指在纺织服装新产品生命周期的最初时期，在新产品成本的基础上增加适当的利润，把价格定在高价与低价之间的一种策略。

9. 纺织服装折扣折让定价策略：是指纺织服装企业为鼓励客户及早清偿货款、大量购买、淡季不淡，以及鼓励经销商积极推广纺织服装，在已确定好的原始价格上给予一定幅度的优惠的策略。

10. 纺织服装心理定价策略：是指纺织服装企业定价时利用消费者不同的心理需要和对不同价格的感受，有意识地采取多种价格形式，以促进纺织服装销售的策略。

11. 纺织服装差别定价策略：又称纺织服装价格歧视策略，是指纺织服装企业按照两种或两种以上与成本无关的差异价格来销售同一种纺织服装，以适应消费者的不同需要，从而扩大纺织服装销售，增加收益的策略。

12. 纺织服装产品组合定价策略：是指纺织服装企业从整体利益出发，为发挥每一种纺织服装产品的相关作用而制定相关价格的策略。

13. 纺织服装调价策略：是指纺织服装企业依据客观环境和市场形势的变化而对原有纺织服装价格进行调整的策略。

复习思考

1. 单项选择题

（1）（   ）是指纺织服装企业自己可以控制或者通过努力可以改变的因素。
    A. 纺织服装定价外部因素   B. 纺织服装定价国际因素
    C. 纺织服装定价内部因素   D. 纺织服装定价国内因素

（2）在通常情况下，纺织服装价格提高，则纺织服装目标客户对该纺织服装的需求（   ）。
    A. 减小   B. 增加
    C. 无关   D. 有关

（3）对于需求（   ）的纺织服装，纺织服装目标客户对纺织服装价格的变化反应不敏感。
    A. 富有弹性   B. 缺乏弹性
    C. 固定弹性   D. 不定弹性

（4）（   ）是以纺织服装单位成本为基本依据，再加上预期利润来确定价格的方法。
    A. 纺织服装差别导向定价法   B. 纺织服装竞争导向定价法
    C. 纺织服装需求导向定价法   D. 纺织服装成本导向定价法

（5）（   ）是指纺织服装企业从整体利益出发，为发挥每一种纺织服装产品的相关作用而制定相关价格的策略。
    A. 纺织服装心理定价策略   B. 纺织服装产品组合定价策略
    C. 纺织服装差别定价策略   D. 纺织服装折扣折让定价策略

2. 多项选择题

（1）影响纺织服装定价的内部因素包括（   ）。
    A. 纺织服装企业定价目标   B. 纺织服装产品成本
    C. 纺织服装产品特征   D. 纺织服装行业的竞争状况

（2）影响纺织服装定价的外部因素包括（　　　）。
　　A．社会文化和经济因素　　　　B．消费者心理价格界限
　　C．纺织服装产品需求特征　　　D．纺织服装竞争环境和国家政策法规
（3）纺织服装需求导向定价法常用的方法有（　　　）。
　　A．纺织服装理解价值定价法　　B．纺织服装边际成本定价法
　　C．纺织服装区别需求定价法　　D．纺织服装需求心理定价
（4）纺织服装竞争导向定价法常用的方法有（　　　）。
　　A．纺织服装随行就市定价法　　B．纺织服装追随领先定价法
　　C．纺织服装顾客差别定价法　　D．纺织服装渗透定价法
（5）常见的纺织服装心理定价策略包括（　　　）。
　　A．纺织服装尾数定价策略　　　B．纺织服装声望定价策略
　　C．纺织服装习惯定价策略　　　D．纺织服装招徕定价策略

3. 判断题（正确打"√"，错误打"×"）
（1）纺织服装新产品撇脂定价策略是在最短的时间里获得最大利润，犹如从牛奶中撇取奶油一样的策略。（　　　）
（2）纺织服装企业可以控制外部因素对纺织服装价格制定造成的影响。（　　　）
（3）对需求价格弹性小的纺织服装可采取适度的提价策略，以小幅度销量的减少，换取较大幅度的销售收入和利润的增加。（　　　）
（4）纺织服装企业定价目标是指纺织服装企业通过制定或调整特定水平的价格所要达到的预期目的。（　　　）
（5）纺织服装声望定价策略是故意把价格定低的做法。（　　　）

4. 简答题
（1）影响纺织服装价格的因素有哪些？
（2）什么是纺织服装成本导向定价法？又分为那三种？
（3）什么是纺织服装差别定价策略？常见的哪几种？
（4）什么是纺织服装声望定价策略？试举例说明。
（5）纺织服装企业实施调价策略应注意什么问题？

5. 计算题
（1）北方纺织服装集团生产的北极星牌羽绒服，单位成本为1300元，加成率为50%，按顺加法定价，则每件外套的售价为多少元？
（2）粤海纺织服装商场全年固定成本400万元，其中经营休闲服应摊固定成本为6万元，每件休闲服进价为300元，销售费用和税金为30元，即每件休闲服变动成本为320元。若该纺织服装商厦每年预期销量为4000套，每件休闲服售价应定为多少时才能保本？若该纺织服装商场采取与竞争者同样的价格400元出售，则只需出售多少套就能保本？

案例分析

"巴厘克"的价格策略

"巴厘克"是印尼久负盛名的传统纺织服装，印尼纺织服装厂的设计师经过革新，在

纺织服装设计中将精美与典雅、娟秀与华丽并存。"巴厘克"到日本展销期间，日本名流应邀光顾，虽获赞扬，却无人愿意购买。经过调查发现，是定价太低，贵妇们认为低价则脸上无光。之后设计师又改进设计，第二年再争取到日本展销，虽然质量并无大变化，但是价格却比上次高数倍，结果却被抢购一空。原来日本妇女认为，"巴厘克"价格高，又久负盛名，一定货真价实，购买这种纺织服装穿在身上，可以显示自己的身份和地位。

【问题分析】
1. 影响纺织服装价格有哪些因素？
2. 以上案例中分别采取的是什么价格策略？为何会取得成功？

实战演练

活动10-1

活动主题：认知体验纺织服装价格策略

活动目的：增加感性认识，实地体验纺织服装价格策略。

活动形式：

1. 人员：将全班分成若干小组，3~5人为一组，以小组为单位开展活动。
2. 时间：与教学时间同步。
3. 方式：就近实地参观一家大型纺织服装商场，获得相关资料。

活动内容和要求：

1. 活动之前要熟练掌握影响纺织服装价格的因素、纺织服装企业定价方法、纺织服装企业常用的价格策略等知识点，做好相应的知识准备。
2. 能在不同的纺织服装环境与需求下，使用不同的纺织服装定价方法调整价格，运用不同的纺织服装价格策略。
3. 以小组为单位提交书面调查报告。
4. 调查报告撰写时间为2天。
5. 授课教师可根据每个小组提供的书面调查报告按质量评分，并计入学期总成绩。

任务11　如何实施纺织服装渠道策略

知识目标： 1．纺织服装渠道概述；
　　　　　　 2．纺织服装渠道成员；
　　　　　　 3．纺织服装渠道策略。
能力目标： 1．掌握纺织服装渠道的分类、设计与协调；
　　　　　　 2．能运用纺织服装渠道策略，进行纺织服装渠道的选择与评估管理。

任务导航

任务11　如何实施纺织服装渠道策略
11.1　纺织服装渠道概述
11.1.1　纺织服装渠道含义与结构
11.1.2　纺织服装渠道分类
11.2　纺织服装渠道成员
11.2.1　纺织服装批发商
11.2.2　纺织服装零售商
11.3　纺织服装渠道策略
11.3.1　影响纺织服装渠道选择因素
11.3.2　纺织服装渠道模式
11.3.3　纺织服装渠道设计
11.3.4　纺织服装渠道策略
11.3.5　纺织服装渠道管理

情景导入

"戴安娜"的营销渠道

"戴安娜"内衣是南海盐步的一个著名内衣品牌，该品牌定位为高档内衣，曾经是内衣行业采用连锁加盟模式最成功的内衣企业之一，到2000年其全国专卖加盟店最多时达到200多个，其所有加盟店都是由公司总部直接管理，物流统一由公司总部配送。可随着市场的发展壮大，逐渐地问题就暴露出来了：偏高的产品价格，使得终端没有竞争力；发货周期比较长，客户需要的货物迟迟不能到达店里，错过销售时期，引来诸多抱怨；经销商的素质良莠不齐，统一的形象、推广活动等根本执行不下去；很多加盟店都在经销别的低档次的产品，品牌形象受到较大冲击，与品牌定位逐渐背离。2001年，该公司痛下决心，逐渐终止了加盟店的经营，进行大规模的渠道整改，直接在全国设立十多个分公司，开设旗舰形象店，主攻各地大中型商场，规范品牌形象，经历了一年多的阵痛和沉寂之后，2003年该品牌终于重现辉煌，重为行业主导品牌之一，并且成功地实现了从加盟连锁店到直营店模式的转变。

想一想

"戴安娜"为何能成功？它有怎样的营销渠道？什么是纺织服装渠道？纺织服装渠道有哪些？我们如何选择纺织服装渠道，以及可以采取哪些纺织服装渠道策略？等等，下面将一一探讨。

11.1 纺织服装渠道概述

11.1.1 纺织服装渠道含义与结构

（1）含义

纺织服装渠道，也称为纺织服装分销渠道，是指纺织服装产品由纺织服装生产者转移给消费者所经过的途径，是促使纺织服装产品顺利地被使用或消费的一整套相互依存、相互协调的有机系统。在纺织服装市场营销中，纺织服装企业为了获得竞争优势，应该寻找纺织服装分销商，扩大和方便纺织服装目标客户对纺织服装产品的购买。纺织服装销售过程，涉及参与从起点到终点之间流通活动的个人和机构。

（2）结构

纺织服装渠道的基本结构，由纺织服装生产商、中间商和消费者三个基本要素组成，如图11-1所示。

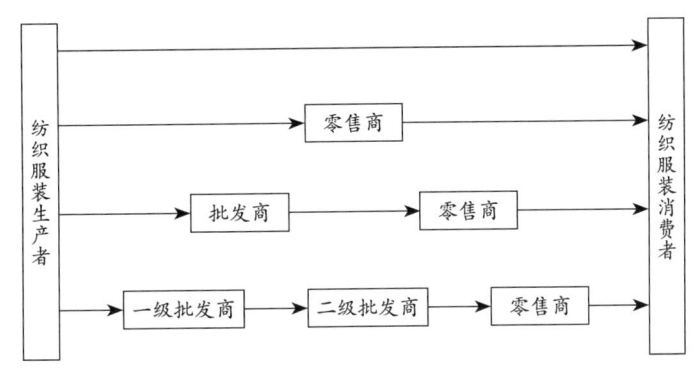

图11-1 纺织服装渠道的基本结构

从图11-1所示中可以看出，纺织服装渠道的基本结构：零层渠道，也称直接渠道，即由纺织服装生产者直接将纺织服装销售给消费者；一层渠道，即只包含一个销售中间环节，例如，纺织服装零售商；二层渠道，包含两个中间环节，例如，纺织服装批发商和纺织服装零售商；三层渠道，包含三个中间环节，例如，纺织服装一级批发商、纺织服装二级批发商和纺织服装零售商。当然，还有更多中间环节的渠道。通常随着渠道层次的增加，将大大提高纺织服装生产者控制销售过程的难度，并可能增加流通加价的可能。

纺织服装渠道也可作为信息传递的途径，对纺织服装企业广泛、及时、准确地收集纺织服装市场情报和有关销售、消费的反馈信息起着重要的作用。纺织服装企业如果能正确地选择纺织服装渠道，采取合适的纺织服装渠道策略，使纺织服装销售渠道畅通无阻，不仅能保证纺织服装及时的销售，而且能加速纺织服装企业资金周转，降低销售费用，提高纺织服装企业的经济效益。纺织服装企业需要找到散布于各地的机构和居民点，使其纺织服装产品接近纺织服装目标客户，并被其所购买。

11.1.2 纺织服装渠道分类

纺织服装分销渠道可以从不同的角度，按不同的标准来分类。

（1）按有无中间环节分

按纺织服装分销渠道有无中间环节，可以分为纺织服装直接渠道和间接渠道。纺织服装直接渠道和间接渠道，如图11-2所示。

```
纺织服装直接渠道
  ┌──────────┐         ┌──────────┐
  │纺织服装企业│────────>│纺织服装消费者│
  └──────────┘         └──────────┘

纺织服装间接渠道
  ┌──────────┐    ┌──────────┐    ┌──────────┐
  │纺织服装企业│───>│纺织服装中间商│───>│纺织服装消费者│
  └──────────┘    └──────────┘    └──────────┘
```

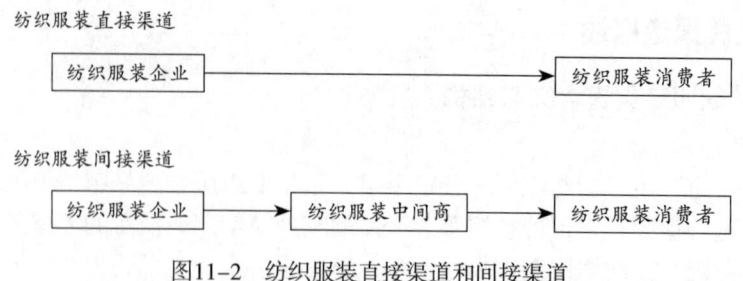

图11-2 纺织服装直接渠道和间接渠道

①纺织服装直接渠道。是指纺织服装生产者将纺织服装产品直接销售给最终消费者和用户的渠道，中间不经过任何形式的中间商，是一种产销结合的经营方式，主要包括推销员上门推销、邮购、电视直销、产品订货会或展示会、开设自销商店、电子商务订购等方式。例如，李宁纺织服装公司通过自己的专卖店销售体育运动类纺织服装产品。采取直接渠道，意味着纺织服装生产者不仅要承担生产职能，还要承担纺织服装商品的贮存、运输、包装、资金周转等各种职能。纺织服装直接渠道的优点：一是消费者的需求信息可以直接传递到纺织服装生产企业，企业可以针对个性顾客提供个性化的纺织服装产品；二是可以加强纺织服装企业对市场信息的收集、处理和使用，便于企业掌握纺织服装市场需求变动和时尚潮流；三是由于没有中间环节，降低了物流费用和减少纺织服装的流通时间及产品损耗，使纺织服装价格和送达时间上具有优势。其缺点是：会使纺织服装企业的纺织服装产品销售范围受到限制，难以做到大面积的市场覆盖，从而影响销售量和市场占有率。

②纺织服装间接渠道。是指纺织服装商品从生产领域向最终消费者或用户转移时，要经过若干中间商的分销渠道。间接渠道通常有以下三种情况：第一种是一级渠道。纺织服装生产者和消费者之间包括一个中间环节，这在消费者市场通常是零售商，在纺织服装生产者市场通常是代理商或经纪人。第二种是二级渠道。纺织服装生产者和消费者之间经过两个中间环节，这在消费者市场一般是一个批发商和一个零售商，在纺织服装生产者市场则可能是销售代理商与批发商。第三种是三级渠道。纺织服装生产者和消费者之间经过三个环节，例如，七匹狼纺织服装，就是经过生产厂家—省级代理商—市级代理商—零售商—消费者渠道，属于三级渠道。纺织服装间接渠道的优点：一是可以充分利用纺织服装中间商具有的纺织服装集中、平衡和扩散的功能，减少纺织服装的交易次数，简化分销渠道；二是可以利用纺织服装中间商的资金，减少纺织服装企业的资金占用，加速资金周转；三是可以利用纺织服装中间商降低销售费用，同时可以扩大纺织服装的销售范围。其缺点是：会导致流通成本和纺织服装价格的提高，也会带来纺织服装企业渠道控制力下降，以及纺织服装市场反应迟缓等问题。

（2）按中间环节多少划分

按纺织服装分销渠道中间环节的多少划分，可以分为纺织服装长渠道和短渠道。

①纺织服装长渠道。是指纺织服装生产者经过两道以上的中间环节，把纺织服装销售给最终消费者或用户。纺织服装长渠道的优点：一是可以明确划分纺织服装企业和纺织服装中间商在流通领域的职能，便于纺织服装企业集中资源做好自己的分工；二是帮助纺织服装企业渗透到局部末端市场，实现深度纺织服装分销；三是将纺织服装大量销售给纺织服装批发商，可以减少纺织服装企业的资金占压，有效调节纺织服装企业生产时点上的不

平衡。缺点是：纺织服装企业对渠道的控制能力、对市场信息的收集和反馈能力会随着渠道环节的增多而减弱；中间环节增多导致纺织服装价格攀升，不利于纺织服装产品在终端市场的竞争力。

②纺织服装短渠道。是指直接渠道或只经过一个中间环节的渠道。纺织服装短渠道的优点：一是可以帮助纺织服装企业及时准确地掌握消费者的有关信息，便于纺织服装企业作出相应的经营策略调整；二是渠道缩短可以有效地降低纺织服装流通成本，增强纺织服装的竞争力；三是可以促进纺织服装企业与纺织服装中间商建立直接、密切的关系。缺点是：不利于纺织服装企业大规模、大范围地进行纺织服装市场拓展和纺织服装销售。

纺织服装渠道的"长"、"短"是相对而言的，不能仅从形式不同而判断它们的优劣，关键是纺织服装企业在选择应用时，应权衡利弊，选择适合自身特点的渠道，提高经营效益。例如，纺织服装行业在发展的初级阶段，往往以单纯的外延扩张来取得规模提升，在渠道策略上表现为快速扩张和粗放管理。近年来，在人工及租金等成本持续上涨的压力下，优化渠道结构、提高单店销量、改善网络绩效以获取内涵性增长成为渠道管理的重要内容，因此，纺织服装企业不断加大在渠道上的投入。据纺织服装行业上市公司公开资料显示，2008年8月美邦服饰上市后募集13.4亿元，又于2009年增发融资10亿元；2010年9月，希努尔男装股份有限公司首次公开发行A股，募资13.3亿元；2011年3月浙江森马服饰股份有限公司首次公开发行A股，募资20.5亿元；2011年浙江步森服饰股份有限公司首次公开发行A股，募资2.29亿元；报喜鸟于2007年上市首发，以及2009年、2011年两度公开增发共募集近30亿元。据招股和增发说明书介绍，以上公司所募集的资金主要投入销售渠道建设和信息系统改进项目，包括购买、租赁终端店铺及公司渠道直营化改革。

（3）按同一层次中间商多少分

按纺织服装分销渠道同一层次中间商的多少，可以分为纺织服装宽渠道和窄渠道。

①纺织服装宽渠道。是指在纺织服装渠道的某个环节或层次中，使用同种类型的纺织服装中间商数目比较多的渠道。对于定位大众化、品牌经营不明显的纺织服装企业，比较适合采取宽渠道方式实施分销。纺织服装宽渠道的优点：一是通过分布广泛的多种类型的纺织服装分销商可以快速将纺织服装送达消费市场，便于消费者购买；二是促使纺织服装中间商开展竞争和学习，促进销售效率，提高消费者的满意度。缺点是：渠道成员的复杂增加了纺织服装企业的渠道管理难度，像窜货问题的出现；渠道成员类型多，可能导致纺织服装中间商与纺织服装企业的关系松散，相互之间的合作程度降低，不利于提高销售效率。

②纺织服装窄渠道。是指在纺织服装渠道的某个环节或层次中，使用同种类型的纺织服装中间商数目比较少的渠道。它适用于具有很高溢价能力的纺织服装品牌，例如，国内的纺织服装企业以前通过大代理方式进入纺织服装市场，后来改造成公司直营，再后来向联营方式发展都属于在某一时间段内采取了单一的方式的分销体系。纺织服装窄渠道的优点：一是纺织服装企业与纺织服装中间商的关系密切，相互之间忠诚度大大提高，有利于厂商团结一致开展业务；二是销售、运输和结算的手续大为简化，便于纺织服装新产品的上市、试销，迅速取得信息反馈。缺点是：纺织服装企业在销售上过于依赖纺织服装中间商，容易形成纺织服装中间商的独大而不利于控制；再就是由于纺织服装中间商数量少，也不利于纺织服装企业市场占有率的快速提升和消费者的方便购买。

目前，纺织服装企业纷纷对自己的渠道策略进行调整，重组新的纺织服装营销渠道，进行渠道变革。在传统的纺织服装销售渠道中，一级批发商、二级批发商、三级批发商、零售商层次分明，纺织服装在该渠道中有条不紊地流动。而现在的渠道变革则意味着纺织服装批发商衰落，销售渠道重组，销售渠道越来越短。有些纺织服装大制造商建立自己的销售公司，越过纺织服装批发商直接向纺织服装零售商进行批发销售；同时，纺织服装零售商规模越来越大，像纺织服装连锁店这样大规模的零售商越来越倾向于直接从纺织服装制造商进货。因为随着渠道越来越短，纺织服装生产企业距终端经销商和最终消费者越近，对纺织服装市场就越了解，纺织服装产品就越具有竞争力，就能为消费者提供更满意、更及时的服务。纺织服装渠道变革的实质是服务，在现代纺织服装市场营销中，服务越来越重要。

11.2 纺织服装渠道成员

纺织服装渠道成员，是指独立并且追求个体利益最大化的经济组织和个人。纺织服装企业的纺织服装产品，除了由纺织服装生产企业直接卖给消费者这一直接渠道外，绝大部分是通过纺织服装中间商转卖给消费者或用户的。纺织服装中间商，是指处于纺织服装生产者和消费者之间，参与纺织服装营销业务，促使买卖行为发生和实现的，具有法人资格的经济组织和个人。纺织服装中间商是分销渠道的重要成员，有两种基本形式：纺织服装批发商和纺织服装零售商。这是根据他们在纺织服装流通过程中地位和作用的不同而划分的。

11.2.1 纺织服装批发商

纺织服装批发商，是指通过大量采购纺织服装产品或服务用于转售，以从中获取差价利润的经济组织和个人。纺织服装批发商是服装销售渠道中的一个重要机构。其交易对象是次级纺织服装批发商或纺织服装零售商。纺织服装批发商有三种主要类型：纺织服装商业批发商、纺织服装代理商和纺织服装生产者自营营销组织。

（1）*纺织服装商业批发商*

纺织服装商业批发商，是指专门从事纺织服装批发经营活动的企业。他们批量买下纺织服装的所有权，然后再批量出售。他们是纺织服装批发商中最重要，也是最接近传统模式的一部分。

①种类。纺织服装商业批发商按其承担的职能不同分，有三种：一是完全职能的纺织服装批发商，即不仅从事纺织服装的购销服务，还提供储存、运输、送货、融资等服务；二是纺织服装承销批发商，即不是通常的先买后卖，而是先收到客户的订单，再与纺织服装厂家联系订货，然后根据约定的时间将订购的纺织服装直接从厂家那里运到客户要求的交货地点。可见，纺织服装承销批发商只承担销售和送货服务，不承担仓储职能；三是现购自运的纺织服装批发商，即纺织服装交易采用现金交易，批发商不负责送货，由买方自己提货，例如，纺织服装自由批发市场的纺织服装批发个体户就属于此类。

纺织服装商业批发商按其经营范围的大小分，有两种：一是纺织服装品牌专营批发商，即只经营某单一纺织服装品牌的批发业务；二是纺织服装综合批发商，是指经营两个以上纺织服装品牌的商业批发商。纺织服装商业批发商还可以根据供货的地理区域进行划分，例如，当地纺织服装批发商、区域纺织服装批发商、全国纺织服装批发商等。

②选择标准。因为不同的纺织服装商业批发商在经营纺织服装的种类、所处地理区域

及完成职能等方面有较大区别,所以纺织服装企业在选择批发商时,应根据自身纺织服装产品特点、市场分布范围及财务状况等条件,对纺织服装批发商制定如下选择标准:

一是看纺织服装批发商业务范围的地理分布区域,与纺织服装企业目标销售区域是否一致。如果纺织服装企业所推出的纺织服装产品的市场分布范围是有限的,或打算先在有限的纺织服装市场上销售成功,再扩大到更广的纺织服装市场范围,这时纺织服装企业就应选择区域纺织服装批发商,而不是全国纺织服装批发商。

二是看纺织服装批发商所经营纺织服装的范围及其顾客群,是否与本企业纺织服装产品的目标顾客群一致。例如,一家生产内衣的纺织服装企业,就应选择全国性的纺织服装批发商。因为内衣的顾客分布范围很广,属于日常必备衣物。

三是看纺织服装批发商的市场营销能力。纺织服装企业利用纺织服装批发商,主要看重其开拓纺织服装市场、扩散纺织服装产品的能力。纺织服装一旦由纺织服装批发商购进,纺织服装批发商市场营销能力就决定了纺织服装能在多大程度、多大范围实现其价值,从而制约着纺织服装企业的生产规模、生产速度,甚至决定新产品开发的成败。所以要选择那些业务联系广、人员素质高、促销能力强和经营规模大的纺织服装批发商。

四是看纺织服装批发商掌握和反馈纺织服装市场信息的能力。纺织服装企业通常不接触最终用户,但又十分需要来自最终用户的信息反馈,纺织服装批发商由于业务范围面广,一般对纺织服装市场的供求及竞争状况会有其独特的信息来源,所以选择纺织服装批发商时,要考察纺织服装批发商是否有较强的掌握和反馈纺织服装市场信息的能力。

五是看纺织服装批发商的合作精神及能力。纺织服装企业和纺织服装批发商作为交易中的买方和卖方,是一种合作关系,也必然会产生一些矛盾,若解决得不好,将影响双方的利益,因此,纺织服装企业应选择那些乐于并善于合作的纺织服装批发商作为营销网络系统成员。

(2)*纺织服装代理商*

纺织服装代理商,是指接受纺织服装生产企业委托从事销售业务,但不拥有纺织服装商品所有权的中间商。

①区别。纺织服装代理商与纺织服装批发商的本质区别:纺织服装批发商对纺织服装拥有所有权,而纺织服装代理商对纺织服装没有所有权,只是代表买方寻找卖方,或代表卖方寻找买方。纺织服装代理商是独立自主经营的企业,不是所代理企业的雇员,因为没有独立投资,所以在纺织服装分销过程中不承担风险。纺织服装代理商的报酬是佣金而非薪金,赚取的佣金大约占销售额的2%~6%,而非纺织服装批发商的经营利润。

②选择标准。选择纺织服装代理商的标准:一是充分认识纺织服装代理商的作用。因为选择一个合适的纺织服装代理商,比选择一个好的纺织服装市场更为重要。国外甚至认为,"选好纺织服装代理商,纺织服装厂家便可高枕无忧了",这些足以说明选择纺织服装代理商的重要性。二是要详细调查对方的背景。选择纺织服装代理商要慎重行事,不能急于求成,而要作详细的调查研究。调查了解情况的方式多种多样,例如,要求回答一些问题或填写一份表格,或者通过政府和民间的商业机构进行了解。

(3)*纺织服装生产者自营营销组织*

纺织服装生产者自营营销组织,是指纺织服装生产企业自主经营销售本企业纺织服装产品的组织。随着纺织服装生产企业规模的日趋集中、庞大和竞争的激烈,纺织服装生产者自营营销组织呈现上升的趋势,尤其体现在纺织服装批发领域,其优势和劣势如下。

①优势。纺织服装生产者自营营销组织的优势：一是有利于纺织服装企业制定灵活的销售策略。通过纺织服装生产自营销售组织，纺织服装企业可以向消费者传递纺织服装的信息以促成购买行为的发生，消费者也可以向纺织服装企业反馈产品信息。这样纺织服装企业就可以对纺织服装销售过程中的问题进行控制，制定灵活的销售策略。

二是进入纺织服装市场谈判成本低，速度更快。纺织服装企业如果借助纺织服装中间商销售纺织服装，必须在寻找中间商、甄选中间商等过程中花费不菲的费用。而且鉴于纺织服装的时尚性、季节性，在进行市场推广时，时间是保证纺织服装推广成功的重要因素。纺织服装生产者自营销售组织在进入市场成本和进入市场速度两方面无疑是具有一定优势的。

三是节省佣金支出。纺织服装企业使用纺织服装中间商（主要指代理商）必须花费一定的佣金，佣金的数额与纺织服装产品的性质、中间商的讨价还价能力等因素相关，一些大的纺织服装中间商在价格谈判上具有较强的能力。所以纺织服装生产企业自营销售组织可以节省佣金支出。

四是纺织服装自营销售组织对纺织服装企业的忠诚度高。由于纺织服装中间商销售企业的纺织服装，主要是从自身能否获利为出发点，而且纺织服装中间商往往同时销售几个品牌的纺织服装，这些纺织服装之间往往因为具有相互替代性而不免产生竞争，纺织服装中间商在推销某款纺织服装时，往往不会像纺织服装企业自营销售组织那样尽心尽力，因为后者与纺织服装企业有着紧密的利益关系，它是纺织服装企业的一个组成部分、一个销售部门。

五是纺织服装市场独立性强，不易受制于大的纺织服装中间商。纺织服装企业借助于少数大的纺织服装中间商销售纺织服装，会形成对这些纺织服装中间商的依赖，导致纺织服装企业的市场能力萎缩，纺织服装中间商在与纺织服装企业打交道的过程中，处于十分主动的地位，可以从各方面影响纺织服装企业，不知不觉中取得了对纺织服装企业的控制权，这是很危险的。

②劣势。纺织服装生产者自营营销组织的劣势：一是组建成本高。组建销售组织是一项复杂的工作，纺织服装企业要组建比纺织服装中间商分销效率高的销售组织，必然要花费很大的投入，而在纺织服装企业普遍重视现金流的今天，将大量的现金投入到销售组织的建设与运营中无疑是有风险的。二是对纺织服装企业的管理能力要求高。销售组织的管理是一项很专业化的工作，包括销售人员的管理、销售账款的管理等内容，纺织服装企业不能向引进生产设备一样引进完全适合自己的销售组织，必须结合纺织服装企业的实际情况制定适合的管理制度。三是容易产生销售中的惰性和纺织服装企业腐败。由于销售终端是纺织服装企业产生实际利润的唯一部门，也是最容易产生腐败的地方，这些腐败现象逐步侵蚀纺织服装企业的健康发展，导致纺织服装企业的衰败。另外，纺织服装生产者自营营销组织不易形成规模效益，信息反馈渠道也较为单一。

11.2.2 纺织服装零售商

纺织服装零售商，是指从事面向个人消费者的纺织服装销售活动的企业或个人。纺织服装零售是整个纺织服装营销网络系统的出口，是纺织服装流通的最后环节。它的基本任务是直接为个人消费者提供便利购买的服务，所以在开设地点、营业时间、服务项目、购物环境等方面的努力特别重要。纺织服装零售商面对的消费者十分分散，所以纺织服装零售商的数量众多，通常超过纺织服装生产企业和纺织服装批发企业之和。其经营形式（或称经营业态）也多种多样，下面介绍一些主要的纺织服装零售形式。

（1）纺织服装单体店零售

纺织服装单体店零售，主要有以下几种类型。

①百货商场纺织服装部。纺织服装通常是百货商场的经营大类之一，具有一定规模的百货商场都划分出专营纺织服装的楼层，并区分出男装、女装、儿童装、运动装、休闲装等专区。有一些分类更为细致的商场，针对卖点的主力军——女装，还按年龄进一步分为青春少女装、优雅淑女装、成熟职业装等专区。在各专区中再按纺织服装品牌进行划分，形成纺织服装品牌专营的店中店或专卖厅、专柜等等。

②超级市场纺织服装部。超级市场是大规模、低成本、低毛利，以消费者自我服务为主的零售形式。其经营目的是满足消费者日常生活的需要，商品的品质一定要有保障，但对档次没有较高要求。超市中的纺织服装部通常不是超市经营的主营项目，纺织服装品种较少，一般都放置在日用品专区的位置，主要销售日常的内衣、睡衣、袜子和基本不具有品牌效应的休闲装。在大型的超市，例如，家乐福、沃尔玛、百佳，也划分出一些纺织服装专卖店，但规模都很小，而且不是知名品牌。

③折扣纺织服装店。折扣纺织服装店，是一种专门以低于纺织服装标准价格，以折扣形式销售纺织服装类产品的纺织服装店。它与百货商场，纺织服装专卖店偶尔的、季节性的打折不同，这类纺织服装店常年以折扣价销售，例如，专业的反季节纺织服装折扣店，它夏天专卖皮草、羽绒等冬季纺织服装，冬天却专卖纱裙、T恤等夏季纺织服装，这些纺织服装不是次品，只是反季销售，以折扣价格吸引消费者。

④减价纺织服装店。由于这类纺织服装店的大多数纺织服装，是在季末从厂家或有多余存货的其他纺织服装零售商手中购进的。这些纺织服装有的是型号不全、有的是颜色和样式不受欢迎的，也可能有的是残次品、等外品，总之减价零售商能以原价1/5或1/4的价格低价购进，再向消费者低价抛售。近年来出现的单一价纺织服装店，例如，50元纺织服装店、100元纺织服装店等也属这一类型。

⑤纺织服装专业店和纺织服装专卖店。纺织服装专业店，是指专门经营纺织服装的商店。纺织服装专卖店，是纺织服装厂家自开的商店，主要销售自有品牌的纺织服装。纺织服装专业店与专卖店的不同点在于两者的所有权关系不同，销售的纺织服装品牌不同，所以纺织服装的齐全程度也有差异。两者的区别为：

一是纺织服装专业店归属于独立的商业经营单位，他们经营的唯一目的是获取利润。纺织服装专卖店常是由厂商或是与厂商有密切联系的公司创办并经营的，目的不仅是获取利润，而且还在于推广自己的纺织服装，所以在实际生活中存在着赔钱的纺织服装专卖店。

二是纺织服装专业店常常以纺织服装品类作为取舍对象，即只要是纺织服装品类，就采购进来，转而进行销售。纺织服装专卖店常常以纺织服装品牌作为取舍对象，即只要是本店所经营的纺织服装品牌，就纳入本店商品经营目录。

三是纺织服装专业店并不排斥纺织服装品牌，所以可以更为广泛地征集纺织服装，使某一类纺织服装的规格、花色与型号十分齐全，满足众多消费者的需求。而纺织服装专卖店因只卖自己品牌的纺织服装，因此，纺织服装的花色、品种、规格都是有限的，集客能力也弱于纺织服装专业商店。随着纺织服装分销市场的活跃化，分销渠道选择的机会越来越多，面对着大商场不断增加的场地租金和各种服务、促销、庆典费用，以及商家不可能照顾到成千上万商品的每一个厂家等诸多问题，越来越多的纺织服装企业正在筹划着开办自己的纺织服装专卖店。

（2）纺织服装连锁店零售

①特征。纺织服装连锁经营的特征：一是组织联合化，即纺织服装连锁店在组织形式上，不再采用传统的"单体店"形式，而通常是由一个总部（店）和十个以上门店（或分店）构成的"联合体"，就如同用一条链子将各个分散的经营分支"锁"在了一起。每一家连锁分店的经营业务都不同程度地受总店的控制。

二是经营统一化，即纺织服装连锁店在经营方式上，不再是传统的分店式经营，而是通过"克隆"的方式，实行经营统一化。包括经营理念统一化，即各连锁分支的市场定位、企业文化、信息传播、营销策划等的统一，例如，在店铺分布上，真维斯休闲服装店几乎分布于每个繁华商业街，而百花鞋店基本在不太繁华的商业区与居民区交界处；视觉识别系统统一化，即店名、标志、商标、店貌、装饰、陈列、商品及设备等的统一，例如，苹果纺织服装店都以苹果的图形，突出绿色和蓝色为标识，米奇纺织服装店都以米老鼠形象为标志；经营行为统一化，即经营方式、服务准则、行为规范、管理标准、岗位操作和营销策略等的统一。

三是作业专门化，即纺织服装连锁店在各个经营分支的作业安排上，不再是传统的职能混合式，而是实行了科学的专业化分工。总部负责全面的管理，并通过配送中心进行集中进货和配送，门店负责分散销售，实行购销分离。同时，总部的管理职能又进一步分解为经营规划与政策的制定、门店开发与设计、纺织服装商品配置与陈列、采购与配送、库存与保管、财务与会计、人事与培训、促销与广告等，由专业化职能管理部门统一操作，形成集中规划下的专业管理式经营组织网络。

四是管理规范化，即纺织服装连锁店在管理方式上，必须有一套规范化的管理制度和调控体系，以保证庞大而又分散的连锁经营体系内部的各类机构能协调、有效地运转，减少个体的经验因素对经营的影响。因此，现代化管理手段，诸如电脑管理系统、远程通讯网络及其他电子技术的广泛运用，对于连锁经营优势的发挥至关重要。

②可行性。通过上述特征我们可以看出，纺织服装连锁经营一方面具有明显的规模优势；另一方面管理、运作的整体优化，又带给消费者一致的服务和形象，易使消费者产生定向消费信任或依赖，具有纺织服装市场整合效应、资源共享效应和无形资产倍增效应，但这些效应的实现是要有一定条件的。纺织服装连锁经营的可行性表现在：一是纺织服装市场规模具有扩张的潜力。纺织服装连锁店铺规模的实现，并不一定与店铺数量成正比。只有在纺织服装市场规模（消费规模）具有扩张潜力的前提下，店铺数量的增加才有可能使经营规模扩大。

二是纺织服装企业自身要具备发展连锁经营的基本条件。首先，是否发展连锁，要对已建立的纺织服装单体店进行考核，如果纺织服装单体店失败了，指望通过纺织服装连锁来拯救它，是绝对不可能的。规模固然是影响纺织服装企业成败的重要因素，但对于一个店铺来说，失败会有许多复杂的原因，像商品不适销对路，管理不科学等，而这些靠连锁都无法解决。其次，是否发展纺织服装连锁，要看自己商品的普及性和档次的全面性。如果是超高档、超豪华的纺织服装，一个城市有一家就够了，不必发展连锁。例如，佐丹奴早年曾成为高档名牌，广告做得很出名，但不久之后生意一败涂地，后来将定位调整至数量较多的年轻人，才发展壮大起来，达到200多家店铺。再次，是否发展纺织服装连锁，要看自己的知名度、信誉度是否高。纺织服装连锁成功的标志决不在于开店数量的多少，而在于信誉与效益的高低。

三是成本效益指标要理想。纺织服装连锁发展的根本要求，还于成本效益指标理想。核心标准是当有利可图时，则考虑纺织服装连锁发展，否则，就放弃。

③方式。纺织服装连锁发展的一般运作方式是首先建立模范店或旗舰店，并根据市场情况进行调整，定型之后根据模范店或旗舰店的标准进行复制和扩展。扩展的方式有两个方面的考虑：一是考虑发展直营店，还是发展特许经营；二是考虑建立独立店铺，还是到百货商店租赁专柜。前者我们称为组织方式的选择，后者我们称为店铺形态的选择。前者是内在的，后者是外在的。纺织服装连锁经营的运作方式具体有以下几种。

一是按组织方式的选择。纺织服装连锁发展一般采取两种方式：一是自己投资建立纺织服装专卖店，二是采取特许经营的方式，二者的特征及运行规则都是不同的。纺织服装直营店，即经营归公司统一领导，其好处是通过一套严密的控制管理系统，保证整个组织体系的协调运转，缺点是花费资金较多，发展速度受限。例如，纺织服装专卖店，采取直营连锁的方式十分普遍。纺织服装是文化色彩较浓的产品，品牌形象较鲜明，建立直营店更容易贯彻自己的意图，并减少办店的盲目性。纺织服装特许经营，其核心是通过签订契约的方法，将总公司的商标、商品名称等足以代表公司营业象征的标志，供加盟者使用、销售，同时向总公司交纳一定的费用。特许经营发展的好处是可以通过他人资金扩大自己品牌的势力范围，繁衍速度快。缺点是管理容易失控，一个店铺的失败会使整个组织体系的声誉败坏。但是由于发展速度快，纺织服装企业又可以轻易地赚取特许加盟费，故受到不少公司的偏爱。由于以上原因，专家建议先发展纺织服装直营店，再发展纺织服装特许经营店。

二是按店铺形态的选择。发展纺织服装连锁店铺，并非仅有在城市中心商业区开设自己的店铺这一种形式，另外还有其他的选择，例如，在百货商店里设立纺织服装专柜或店铺，或是在购物中心里设立纺织服装分店。每个连锁公司必须根据自己的情况进行选择，多数公司是采取多种店铺形态。首先，在百货商店里设专柜或店铺，这是目前最为常见的一种方式。如果在多家百货商店里设立专柜或店铺，就实际上已是连锁的形式了。这种形式的好处是不必自己选址建店，也不必担心顾客稀少，还有利于形成扎堆效应，趁机突出自己的品牌效应。这种方式的缺点是不利于形成自己的独立形象，受百货商店的管理、制约较多，有时租金及其他促销费用也很昂贵。这是不少公司自设店铺的原因之一。其次，在商业街设立自己的店铺，由于厂家越来越不满意百货店里的人租条件，又急于打出自身的品牌或店牌，开始酝酿并筹划着在商业街上建立自己的店铺。开办纺织服装连锁店，就要建立若干个店铺，从选址到商谈，从基建、装潢到开张，过程十分复杂，不仅耗费人力，而且花费资金较大。但自办店铺，好处也是十分明显的。第一，店铺设计、标识展示完全可以按着自己的想法行事。选择欧式风格或哥特式建筑，自己说了算。货架摆设、商品陈列也不会受人摆布和干涉。第二，几个店铺立于街面，非常惹眼，很快就会在顾客心目中产生影响，扩大品牌知名度。第三，导购员培训与管理更容易进入规范化轨道。再次，在购物中心开办店铺。20世纪60~70年代以后，吃穿用玩为一体、购物娱乐集一身的巨型购物中心在各国发展起来。购物中心的经营方式是提供场地给商店经营者，提供物业服务、促销服务，并向店家收取场地租金。购物中心里除了一两家集客力非常强的百货商店或特级市场外，汇集着各类专业店和精品店，它们完全可以按照自己的风格进行店面与店堂设计。例如，在巴黎的每一家购物中心里，几乎都能见到C&A、NAF—NAF等纺织服装专卖连锁店的分店。

11.3 纺织服装渠道策略

11.3.1 影响纺织服装渠道选择因素

影响纺织服装渠道选择的因素有很多，主要有产品因素、市场因素、企业因素、中间商因素和环境因素等。纺织服装企业在选择分销渠道时，应对这些因素进行分析和研究。

（1）产品因素

纺织服装产品因素所涉及的内容，主要包括：纺织服装品牌定位及产品档次、纺织服装产品设计和款式、纺织服装产品组合、纺织服装销售服务等。

①定位及档次。是指纺织服装品牌定位和纺织服装产品的档次。作为纺织服装企业的重要组成部分，营销网络是纺织服装品牌进入消费市场的重要通道，纺织服装企业要根据品牌定位选择营销渠道、决定网络终端服务目标、有效维护纺织服装品牌形象。一般来说，纺织服装品牌的定位及产品档次越高，消费群体就越窄，销售渠道就越短；反之，档次越低，消费群体就越宽，销售渠道越长。例如，高级纺织服装通常在设计师自有的高级纺织服装品牌专卖店里销售，多选择短渠道以保证品牌形象溢价，而普通的大众纺织服装，则会经过较多的中间销售环节，选择长渠道销售。

②设计和款式。是指纺织服装产品的设计和款式。一般来说，纺织服装产品的流行性越强，设计风格越独特，款式越新潮，销售渠道就越短；反之，销售渠道就越长。例如，ZARA、H&M等新潮时尚品牌，在强调供应链快速反应的同时都大幅缩减渠道层级，甚至做到直营终端。

③产品组合。是指纺织服装企业的产品组合，它将影响纺织服装企业的渠道模式。纺织服装产品组合越广，纺织服装企业直接向消费者出售的能力就越大；纺织服装产品组合越深，采用独家经销或少量有选择的纺织服装中间商就越受益；纺织服装企业产品组合的关联性越强，所采用的纺织服装分销渠道也就越相似。

④销售服务。是指纺织服装销售服务要求。一般来说，纺织服装产品的销售服务要求越多，销售渠道就越短；反之，销售渠道越长。例如，高级纺织服装是为消费者立体裁剪、手工缝制、量身定做的，所以通常是在兼具设计、制作、销售等功能的高级纺织服装品牌专卖店里销售，在那里工作的人员要了解消费者的需要，包括款式、颜色、材料等，并为消费者测量尺寸，然后设计、制作并进行必要的修改。

（2）市场因素

纺织服装产品无论选择什么样的渠道销售，最终都会在纺织服装市场上实现产品的价值，即最终到达消费者手中。经过多年的发展，纺织服装行业已经成为市场化程度很高的行业，由于纺织服装市场是由纺织服装生产者、消费者、中间商和产品构成的，所以市场因素在纺织服装渠道选择中起到最为关键的作用。纺织服装市场因素主要包括：

①市场范围。纺织服装市场范围和消费者的数量，与集中程度密切相关。纺织服装市场范围大，则消费者多而分散，潜在消费者也较多，应广泛选用分销渠道，通过纺织服装中间商销售。纺织服装市场范围小，消费者集中，可采用纺织服装直接渠道销售。

②市场需求。如果纺织服装产品具有一般大众化特征，其销售的市场范围大，批量也大，则宜采取宽而长的分销渠道，例如，在全国范围内广泛销售，此时就需要更多的流通环节。如果消费者集中于某一区域，则可考虑采用较短的销售渠道，例如，设点直接销售。

③购买习惯。消费者购买习惯，包括消费者的价格偏好、品牌偏好、购买场所的偏好以及对服务的要求等。一般大众纺织服装选择长渠道和间接渠道，广泛销售；特殊、高档纺织服装则宜通过直接渠道和短渠道销售。随着零售业态的日益丰富，消费者在纺织服装购买上有了更多的选择空间，可以在传统实体店购买，可以通过邮寄目录方式购买，也可以通过电话订购，而网络销售也成为了一种越来越受欢迎的方式。

④市场竞争。市场竞争状况对销售渠道选择的影响也不可小视，纺织服装企业可以与竞争对手在相同的渠道上竞争，也可以另辟渠道，但开辟新的渠道，必须以充分掌握纺织服装目标消费者的购买习惯为前提，否则就可能失去应有的消费群体。例如，竞争性较强的纺织服装，可根据竞争对手的分销渠道和双方实力，灵活选择分销渠道，或针锋相对，或避开锋芒、扬长避短、发挥优势。

（3）企业因素

纺织服装企业自身条件不同，选择分销渠道也应有所区别，因此，纺织服装企业本身的因素也是影响渠道选择的一个重要方面。纺织服装企业自身的因素包括：

①企业财力。资金雄厚的纺织服装企业，认为与其支付给纺织服装中间商各种推销佣金、补贴和津贴，还不如雇佣推销员，组织销售业务，这样既可以与消费者加强联系，又可以听取消费者对纺织服装企业以及产品的意见，还可以多获得盈利。故此，财力比较雄厚的纺织服装企业，都希望分销渠道短些，而财力较弱的纺织服装企业，只能依靠纺织服装中间商，分销渠道就要长些。

②管理能力和经验。如果纺织服装企业的管理水平比较高，营销经验丰富，则不必依赖纺织服装中间商，或较少依赖纺织服装中间商销售；反之，就要物色可靠、有信誉和实力雄厚的纺织服装中间商。例如，由于目前国内大多纺织服装企业的市场运作经验比较欠缺，管理能力较低，通过直接渠道销售产品往往心有余而力不足，所以间接渠道目前被多数纺织服装企业所采用。

③信誉和服务能力。是指纺织服装企业的信誉和提供服务的能力。有声誉的纺织服装中间商，往往要挑选纺织服装制造商，所以纺织服装企业的信誉也是影响分销渠道选择的一个重要因素。如果纺织服装企业的信誉高、产品销路好，纺织服装中间商才愿意向厂家购货；如果纺织服装企业愿意多花费广告费用，提供各项促销服务，纺织服装中间商就乐于代销产品，乐于合作；纺织服装企业能经常提供各种售后服务和技术咨询工作，承担费用，也可以调动纺织服装中间商经销的积极性。

④信息收集能力。是指纺织服装企业市场信息收集能力。纺织服装企业往往要求能及时掌握纺织服装市场信息，如果纺织服装企业市场信息收集能力弱，缺乏对消费者的了解，就需要借助于纺织服装中间商来销售产品；反之，如果纺织服装企业市场信息收集能力强，就可以采用纺织服装直接渠道。

⑤控制能力。是指纺织服装企业的控制能力。力量强大的纺织服装制造商可以根据自身的实力，例如，品牌、知名度、信誉、财务状况、管理水平和经验，按照自己的意图布局分销网络，有战略性和前瞻性，对分销渠道的控制能力就强大；而力量单薄的纺织服装

制造商，更多地依赖纺织服装中间商和渠道成员，面对纺织服装大客户的谈判能力不强。

（4）中间商因素

中间商因其从事促销、谈判、储存、交际和信用诸方面的能力不同而有一定差异，纺织服装企业可从中间商的可得性、使用成本和服务质量三个方面进行考虑。

①可得性。是指在选定的纺织服装市场区域内能否选到有效的纺织服装中间商。在许多情况下，中间商可能由于事先前与纺织服装企业竞争对手的关系和契约，而不能经销纺织服装企业产品，这时纺织服装企业只能建立自己的分销机构，采用纺织服装直接渠道。

②使用成本。在实际的纺织服装渠道选择中，可能会碰到中间商会索取非常高佣金的情况。这时纺织服装企业会选择和比较两种纺织服装分销渠道的成本差异，以决定是否选择纺织服装中间商及中间商的层次。

③服务能力。纺织服装企业还需要评估纺织服装中间商，向消费者提供服务的能力。如果纺织服装中间商的实力不能提供有效的服务，纺织服装企业就要考虑，建立自己具有保障服务能力的纺织服装直接渠道。

（5）环境因素

国家的方针政策、法令法规都对纺织服装企业分销渠道的选择有重要影响。例如，反不正当竞争法、反垄断法、税法等，都会影响纺织服装分销渠道的选择。故此，纺织服装企业在选择分销渠道时，就要遵守国家方针政策、法令法规，使用合法的纺织服装中间商，采用合法的营销手段，而不能为了牟取暴利，坑害国家和消费者，违反国家的方针政策、法令法规。此外，经济形势的好坏也会影响分销渠道的选择。在经济繁荣时，纺织服装企业对分销渠道有较大的选择余地，当经济不景气时，纺织服装企业应尽量减少不必要的流通环节，以节约费用，所以应选择较短渠道。

11.3.2 纺织服装渠道模式

在各种纺织服装渠道因素的影响下，不同的纺织服装企业会采用不同的纺织服装渠道模式，常见的纺织服装渠道模式有以下几种。

（1）区域模式

区域模式，是指纺织服装企业实行的区域总经销模式，也就是说该纺织服装企业在某规定区域内只选择一家经销商销售本企业的纺织服装。纺织服装企业往往因其规模、定位、资金、管理等各方面的限制，常会选择"厂家—经销商—消费者"的渠道模式。例如，纺织服装企业采取区域总经销模式，往往将一个较大的市场范围像一个或几个省交由某个纺织服装经销商，整个区域的网络建设及市场管理全部由纺织服装经销商完成，纺织服装企业只是负责提供纺织服装产品。

①条件。这种情况下，纺织服装企业在与纺织服装经销商签订合同时必须包含以下条款：必须在划定的区域市场内进行销售纺织服装，不得跨区销售；必须按照规定的价格销售，不得低价倾销，也不得高价销售；在规定期限内要完成销售目标，并要符合纺织服装品种比例的要求；要按照合同规定进行回款，并采取规定的补款方式；要按照纺织服装企业规定开展有效的促销活动，避免擅自促销而造成的不良后果；要负责辖区内的政府、媒体的公关事宜，处理突发事件并维护纺织服装企业的利益；对于滞销纺织服装要在规定时间内申报调货处理；当经销商变更交货地点时，需要提前通知纺织服装企业，或者自行支付额外运费；要遵守并执行供销合同中的其他事项。

②优点。纺织服装企业采取区域总经销模式的优点是，它可以用较少的资金和人力投入，在较短的时间内换取较大的纺织服装市场空间，这一模式很适合中小型纺织服装企业。

③缺点。纺织服装企业采取区域总经销模式的缺点是，纺织服装企业对市场网络及终端难以掌控，纺织服装渠道较为松散，纺织服装经销商往往会形成对纺织服装企业的要挟和控制，这种方式也不利于纺织服装品牌的建立与提升。

（2）特许模式

特许模式，是指纺织服装企业实行的特许专卖经营模式，这种模式往往以市、县为市场单位，将全国分割为众多的纺织服装子市场，采取分开授权、单独经营的方式，由纺织服装企业直接控制每个特许专卖店铺。例如，从20世纪90年代中期开始，国内纺织服装企业尤其是浙江温州的纺织服装企业，引入特许方式开设纺织服装品牌专卖店，此后这种方式在为国内纺织服装业的发展中，立下汗马功劳，使纺织服装品牌迅速在全国铺开网络，打开知名度。

①条件。特许专卖经营模式中经销商的职责，与区域总经销模式中经销商应当履行的职责大部分是相同的，不同之处在于纺织服装企业与经销商签订合同时还必须注意以下问题：一是纺织服装企业应该具有相当成熟的纺织服装品牌、服务、技术等，能为纺织服装经销商提供各方面的支持；二是纺织服装经销商自身条件是否符合要求，是否与纺织服装企业吻合等。

②优点。纺织服装企业采取特许专卖经营模式的优点是，它可以充分利用社会资源开设纺织服装专卖店铺，纺织服装企业对市场的控制力较强，纺织服装品牌形象得以维护与提升。

③缺点。纺织服装企业采取特许专卖经营模式的缺点，在于众多纺织服装经销商是脱胎于传统的纺织服装批发业，受到其本身经验、理念的限制，纺织服装终端的管理能力各有不同，造成纺织服装企业终端力量参差不齐，管理难度较大。

（3）直营模式

直营模式，是指纺织服装企业在重点销售区域设立分公司或办事处，派驻营销人员直接开发最终用户，为用户提供直接的服务，对纺织服装产品的营销进行全程控制模式。这种模式由于需要付出较大的人力、物力等成本，适合于一些大型的纺织服装企业，通常多为大型纺织服装企业所采用。例如，雅戈尔在全国纺织服装市场的自营旗舰店，已经达到两百余家；班尼路旗下的几大纺织服装品牌，都在广州的北京路开有大型旗舰店。这些纺织服装旗舰店一般装修气派，货品齐全，服务规范，比较能体现纺织服装企业的实力和整体形象，其产生的广告效应甚至要高出经济效应。

（4）直复模式

直复模式，即直复营销模式，是指纺织服装企业利用互联网、DM广告等传播媒体进行纺织服装产品宣传，直接对最终客户的"采购中心"产生影响，促使其与纺织服装企业进行联系的模式。直复营销模式，减少了中间环节，实现了纺织服装企业与消费者的直接沟通，并且能够节约营销成本，有效地规避通路风险。纺织服装直复营销模式的基本条件有：产品容易标准化；产业供应链完善；信息技术较为成熟；互联网普及程度较高；物流基础完善；消费者购物习惯改变；相关立法如信息、金融等法规支持等。例如，曾经盛极一时的PPG，以及后起之秀VANCL都属于典型的纺织服装电子商务企业。

（5）共同体模式

共同体模式，即利益共同体模式，是指纺织服装企业与纺织服装区域经销商为寻求合作利益最大化，而合资组建纺织服装联合公司，以进行纺织服装渠道运作的模式。纺织服装企业采取利益共同体模式，不但可以减少纺织服装厂商之间营销资源重叠，以及纺织服装厂商间的争端，而且还可以促成纺织服装厂商，共同把纺织服装产品在特定区域做大做强。

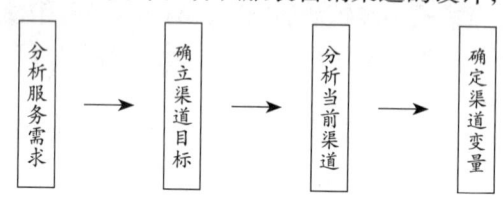

11.3.3 纺织服装渠道设计

纺织服装营销渠道的设计受纺织服装企业、产品、客户、环境、竞争者、中间商等因素影响，考虑到上述各项影响因素，纺织服装企业可规划一些可能的纺织服装营销渠道方案。在选择最佳纺织服装营销渠道时，纺织服装企业必须和既有的纺织服装营销渠道，及竞争者目前使用的营销渠道进行比较评价，评价时最好能拟订出评价目标，例如，纺织服装营销渠道的营运成本、纺织服装企业对营销渠道的控制能力、能获得多少竞争优势以及现有纺织服装营销渠道的整合程度等。纺织服装营销渠道的设计，如图11-3所示。

分析服务需求 → 确立渠道目标 → 分析当前渠道 → 确定渠道变量

图11-3　纺织服装营销渠道的设计

（1）分析服务需求

纺织服装企业首先必须了解消费者购买纺织服装产品的种类、购买时间、购买原因、购买时所期望的服务水平。例如，通常消费者希望购买等待的时间越短越好；在购买名牌纺织服装时更愿意去专卖店；对一般纺织服装用品像袜、鞋等，则习惯去百货店或超市购买。

（2）确立渠道目标

纺织服装渠道目标，即纺织服装营销渠道目标，或纺织服装分销渠道目标，它是纺织服装企业整体营销目标的组成部分，必须和纺织服装营销目标保持一致，为实现纺织服装企业战略目标服务。因此，纺织服装企业分销渠道设计的目标一般有以下几个。

①分销顺畅。是纺织服装企业分销渠道设计最基本的要求，为了达到这个目标，一般应该使用渠道扁平化、沟通便利化。

②流量最大化。是指纺织服装分销渠道的流量最大化。通过广布分销网点、提高铺货率最大化地增加流量。

③分销便利。是指为了使消费者感到便利，纺织服装企业应使纺织服装市场分散化，节约运输成本。同时，提供完备的售后服务，及时为消费者解决问题。

④拓展市场。一般情况下，在进行纺织服装市场开拓时，大部分纺织服装企业更侧重于依赖纺织服装中间商，借助纺织服装中间商的网络销售纺织服装，待拥有一定的市场份额和稳定的顾客群后，再建立自己的纺织服装分销网络。

⑤提高占有率。是指提高纺织服装市场占有率。在建立起合适的纺织服装分销渠道后，应特别注重纺织服装分销渠道的维护与保养，从而逐步扩大纺织服装市场份额。

⑥扩大知名度。是指扩大纺织服装品牌的知名度。在维护老客户对纺织服装品牌忠诚度的同时，还要积极地进一步争取新客户。

⑦成本最低化。是指纺织服装分销成本最低化。在设计与选择纺织服装分销渠道时，要考虑到纺织服装渠道的建设成本、维护成本、改进成本以及最终收益。

⑧提高覆盖。是指提高对纺织服装市场的覆盖面积和密度。纺织服装企业为了实现这一目标，大多采取多家分销和密集分销的形式。

⑨控制渠道。是指纺织服装企业通过提高自身的管理能力、融资能力，掌握一定的纺织服装销售经验，建立纺织服装品牌优势，以此来掌握纺织服装渠道主动权。

⑩服务创新。是指纺织服装渠道的服务创新。例如，延长纺织服装营业时间、提供主动上门的纺织服装服务、开展网上纺织服装分销等。

（3）分析当前渠道

①掌握常用渠道。是指掌握业界常常采用的一般纺织服装分销渠道。掌握业界常常采用的纺织服装分销渠道可从三方面进行分析：一是分销渠道方式，即业界要么采用纺织服装直营式营销，要么采用重点地区直营、其他地区经销，或纺织服装独家代理，或选择性纺织服装分销，或特殊的纺织服装分销渠道；二是评估地区的涵盖率，即评估业界在各地区的涵盖率；三是评估各分销渠道的实力，即包括各个纺织服装分销渠道网点中人员的数量与素质、坐落的地点、渠道忠诚度等。

②差异比较。是指纺织服装企业与竞争对手的纺织服装分销渠道差异比较。例如，纺织服装企业可以对主要竞争厂商的渠道选择进行差异分析，以了解本企业在业界中所处的地位；也可以从纺织服装分销渠道方式和数量、渠道的优劣势、推销员状况、产品状况、中间商状况以及推广状况等方面，从更多角度与主要竞争对手进行纺织服装销售竞争力的比较。

③当前问题。是指当前纺织服装企业分销渠道的问题。纺织服装企业分销渠道的形成是靠长期且互利的关系建立起来的，对一些多层级且数量众多的经销商、区域代理等中间商，纺织服装企业往往不易控制，可能会导致冲突与问题的产生。故此，明确当前纺织服装分销渠道的问题点，是拟订纺织服装分销渠道策略的一项重要内容。纺织服装分销渠道的问题点大致有以下两类：一是与经销商的冲突，即纺织服装企业与经销商间的冲突。例如，纺织服装生产商抱怨批发商销售太多的纺织服装品牌，无法做好纺织服装市场情报的回馈；而纺织服装经销商则抱怨利润低、价格混乱和生产商直接开设零售店等。二是经销商间的冲突，即纺织服装经销商与经销商之间的冲突。例如，纺织服装经销商之间争夺客户、破坏价格和跨区销售等，都是经常发生的情况。

（4）确定渠道变量

确定纺织服装渠道变量，包括确定纺织服装渠道的层次数目和同一层次中的环节数目，这是纺织服装分销渠道决策的重要内容。它主要有两个变量：纺织服装渠道长度和纺织服装渠道数目。

①确定渠道长度。即确定纺织服装渠道的长度。除了纺织服装直接渠道没有纺织服装中间商的介入，其他几种策略都包括不同类型的纺织服装中间商，这些中间商一方面可帮助纺织服装企业实现纺织服装从生产者到消费者的转移，另一方面也可减少纺织服装企业在流通领域的开支和风险，所以说纺织服装中间商在纺织服装的销售过程中发挥重要的功能。纺织服装企业可以根据实际情况，决定采用纺织服装直接渠道，还是采用纺织服装

间接渠道；是自设销售门市，还是利用纺织服装中间商。纺织服装企业选择的中间层次越多，则销售渠道就越长。但太长的销售渠道会使纺织服装价格成本上升，纺织服装企业对渠道的控制力减弱，这会影响纺织服装企业的营销效果。

②确定渠道数目。即确定纺织服装渠道数目，即是确定纺织服装中间商数目。纺织服装企业在明确了利用何种类型的纺织服装中间商后，接下来的工作是确定纺织服装中间商的数目，具体可以通过纺织服装渠道策略来确定，通常有三种渠道策略可供纺织服装企业选择。

11.3.4 纺织服装渠道策略

纺织服装企业为了开拓纺织服装市场，实现自己的营销目标，要选择和确定具体的纺织服装渠道策略。可供纺织服装企业选择的渠道策略主要有：广泛性分销渠道策略、独家分销渠道策略和选择性分销渠道策略。

（1）广泛性分销渠道策略

广泛性分销渠道策略，又称为密集分销渠道策略，是指纺织服装企业尽可能采用更多的纺织服装中间商，来销售本企业的纺织服装产品的策略。广泛性分销渠道策略，适用于没有明确市场定位和目标群体的大众纺织服装，消费者要求购买便利。例如，一些无品牌或非选购纺织服装，通常采用这种策略，而流行性和季节性强的纺织服装一般不会采用此种策略。

①优点。纺织服装企业采用广泛性分销渠道策略的优点：一是纺织服装市场覆盖面广，可使消费者及时、方便地购买纺织服装产品；二是由于采用尽可能多的纺织服装中间商，可以增加纺织服装产品销量，提高纺织服装市场占有率。

②缺点。纺织服装企业采用广泛性分销渠道策略的缺点是：纺织服装企业缺乏对纺织服装中间商的管理控制，纺织服装中间商也不愿意花费更多的精力分销某一种纺织服装产品，从而对纺织服装企业的产品不够重视。由于纺织服装中间商经营的积极性不高，责任心较差，与纺织服装企业的关系松散，所以极易在外部条件变化的情况下关系破裂。故此，纺织服装企业也要择优而行，对纺织服装中间商给予必要的监督，加强互相了解和沟通的力度，随时把握纺织服装市场的变化。

（2）独家分销渠道策略

独家分销渠道策略，是指纺织服装企业在一定地区、一定时期内，只选择一家纺织服装中间商销售其纺织服装产品的策略。纺织服装企业通过与纺织服装中间商协商，签订独家经销合同，规定纺织服装中间商的权利和义务，给予其对本企业的纺织服装产品的独家经销或独家代理权，专门销售本企业的纺织服装产品，并强调中间商不得经营竞争者的品牌等，它是一种最窄的纺织服装销售渠道。例如，一些知名度高、形象定位突出的纺织服装品牌，以及溢价能力强的纺织服装品牌，适用于独家分销渠道策略进行销售。

①优点。纺织服装企业采用独家分销渠道策略的优点：一是这种独家分销渠道策略，有助于提高纺织服装企业以及纺织服装品牌形象，并能增加利润。二是纺织服装企业还可以利用与纺织服装中间商的稳定关系，借助纺织服装中间商的声誉扩大市场，同时排斥竞争产品进入同一市场。

②缺点。纺织服装企业采用独家分销渠道策略的缺点是：由于纺织服装企业对纺织服

装中间商的依赖性太强，纺织服装市场覆盖面窄，一旦纺织服装中间商不再为纺织服装企业销售产品，纺织服装企业的销售链条将会中断，从而失去已占领的纺织服装市场。独家分销渠道的销售效果与品牌被认可的程度有关，如果纺织服装品牌知名度不高，纺织服装产品不被市场接受，将严重影响销售业绩。此外，从长远的观点来看，独家分销渠道缺乏竞争，不利于促进纺织服装中间商提高效率。

（3）选择性分销渠道策略

选择性分销渠道策略，是指纺织服装企业在某一地区仅通过少数几个经过精心挑选的、比较合适的纺织服装中间商，来推销其纺织服装产品的策略。选择性分销渠道策略，适用于一般性的纺织服装品牌，纺织服装定位不高，目标群体较为明确，消费者有一定的纺织服装品牌意识。例如，纺织服装产品中的大路货、中等档次的纺织服装产品，都可采用选择性分销渠道策略。

①优点。纺织服装企业采用选择性分销渠道策略的优点是：它比独家分销渠道策略涉及面宽，有利于扩大销路、开拓纺织服装市场、减小风险、展开竞争；同时又比密集分销渠道策略易于控制，节省费用。

②缺点。纺织服装企业采用选择性分销渠道策略的缺点是：纺织服装企业难以在营销环境宽松的条件下，实现纺织服装多种经营目标。

③注意。由于人们生活水平不断提高，消费者对纺织服装的要求越来越高，在穿着方面不断向个性化方面发展，这就要求纺织服装企业要适应消费者的要求，不断推出特色鲜明的纺织服装，这使纺织服装企业销售渠道的选择方面更积极、主动、目的性更强。因此，大多数的纺织服装企业都采用选择性分销渠道策略。在实际运用过程中，需要注意以下三个问题：一是必须对纺织服装中间商进行选择性分类。需要考虑的主要因素有：纺织服装企业的目标与中间商的顾客类型的一致性；中间商纺织服装销售的经验与能力等。二是为了尽可能避免纺织服装中间商之间的竞争，最好在一个区域只选择一家中间商或少数几家，这样更能激励中间商的销售工作。三是要想实现对纺织服装中间商的控制，必须在纺织服装陈列、销售方法和销售价格等方面都能有效控制。

总而言之，纺织服装企业选择分销渠道策略的重点，不在于渠道本身的优劣，而在于所选渠道是否与纺织服装企业自身以及纺织服装品牌相匹配。在选择纺织服装渠道策略时，纺织服装企业首先应考虑自身的人员实力和后勤保障能力，只有选择适合自己的纺织服装渠道策略，并加以合理管理，才能实现"渠道制胜"。

11.3.5 纺织服装渠道管理

对纺织服装渠道的管理，就是对纺织服装中间商的管理。纺织服装企业在确定了纺织服装中间商以后，应随时检查纺织服装中间商的经营状况，据此进行综合评价和考核，并积极协调产销之间的矛盾，调动纺织服装中间商的积极性，并根据主、客观环境的变化，对纺织服装渠道进行调整。对纺织服装中间商的管理主要包括：激励、扶持、评估、调整几方面的内容。

（1）纺织服装渠道的激励和扶持

纺织服装企业在确定纺织服装中间商以后，还要对其进行激励和扶持，使纺织服装中间商能与纺织服装企业更好地合作，实现纺织服装企业的经营目标。因此，经常采取以下几种措施进行激励和扶持：

①产品。即向纺织服装中间商提供物美价廉、适销对路的纺织服装产品，为纺织服装中间商的销售打下良好的基础。

②利润。即合理分配纺织服装利润。纺织服装中间商销售纺织服装的主要目的是取得商业利润，通过对纺织服装中间商的进货数量、信誉、财力、管理等方面的考察，根据不同情况给以适当的折扣与让利。

③关系。即协调好与纺织服装中间商的关系。从某种意义上来说，产销矛盾是不可避免的。纺织服装企业要和纺织服装中间商结成长期的合作伙伴，就要不断地协调二者之间的关系。一方面要弄清纺织服装中间商的需求，例如，对交货批量、批次、时间长短以及价格有什么要求，是否希望纺织服装企业为之代培推销员和进行市场调查。另一方面纺织服装企业要明确自己满足纺织服装中间商的需求程度。根据可能，将两方面需求结合起来，建立一个有计划的、内行管理的纵向联合销售系统，与纺织服装中间商共同规划销售目标、存货水平、培训人员以及广告宣传等内容。目的是让纺织服装中间商感到，作为一个强大的纵向联合销售系统的成员，可以从中获利，从而稳定纺织服装企业与纺织服装中间商的合作关系。

④扶持。对纺织服装中间商的扶持，主要表现在广告宣传、促销政策、营销培训等方面。例如，有条件地提供纺织服装广告津贴；采取多样化的纺织服装促销政策以刺激销售；提供足够的宣传品和礼品；提供专业的纺织服装营销培训，提升纺织服装渠道的综合能力；提供技术或全程服务支持等。

（2）*纺织服装渠道的评估和调整*

作为纺织服装企业，除了激励、扶持、帮助纺织服装中间商外，还应定期对他们的优劣进行评估，对那些没达到要求的纺织服装中间商进行适当的调整。

①评估。即对纺织服装中间商的评估。对纺织服装中间商评估主要从以下几方面入手：该纺织服装中间商经营时间的长短、偿还能力、信誉、销售密度、平均存货水平、顾客商品送达时间、损坏的处理、对纺织服装企业促销的合作、为顾客服务的范围等。从各方面进行评估以后，对达不到标准的，则应考虑造成的原因及补救方法，并限期达到标准，否则，就将其舍弃。

②调整。即对纺织服装分销渠道的调整。菲利普·科特勒曾经说过：精明的公司在产品周期过程中不断地变化它们的渠道。纺织服装市场在不断地变化之中，纺织服装分销渠道也应根据变化了的纺织服装市场环境，进行适当的调整。调整的方法主要有三种。

一是增减个别渠道成员，就是决定增加或减少纺织服装渠道中的个别纺织服装中间商。这需要考虑，增加或减少这个纺织服装中间商对纺织服装企业的盈利有何影响，这种调整是否会引起连锁反应，会不会引起其他纺织服装中间商的波动等。

二是增减某一分销渠道，就是综合考虑纺织服装市场情况和纺织服装企业发展情况后，决定增加或是减少某一纺织服装分销渠道。如果纺织服装企业的生产规模扩大，纺织服装产品迅速增加，纺织服装市场扩展，原有的纺织服装分销渠道难以完成分销任务，这时就应增加渠道；如果某一纺织服装分销渠道不畅，则应考虑淘汰；如果纺织服装企业的生产规模压缩，渠道过多，就应考虑减少渠道。

三是改进整个渠道，即改变原有的纺织服装分销渠道系统，创立一种全新的分销渠道。例如，纺织服装企业原来是通过纺织服装中间商，来销售纺织服装产品，后来改为纺织服装企业自己直接销售。这是纺织服装渠道调整策略中最困难的一种，纺织服装企业应慎重地考虑，并由最高决策层决定。纺织服装分销渠道改变以后，也要相应地修改纺织服装市场营销组合的诸因素，并制定相应的政策措施。

综上所述，纺织服装渠道管理是一项动态的持续工作。纺织服装企业在纺织服装渠道管理过程中，要对纺织服装渠道运行，以及纺织服装渠道绩效，进行监控和反馈，以便为纺织服装渠道管理提供决策依据。

核心概念

1. 纺织服装渠道：也称为纺织服装分销渠道，是指纺织服装产品由纺织服装生产者转移给消费者所经过的途径，是促使纺织服装产品顺利地被使用或消费的一整套相互依存、相互协调的有机系统。
2. 纺织服装中间商：是指处于纺织服装生产者和消费者之间，参与纺织服装营销业务，促使买卖行为发生和实现的，具有法人资格的经济组织和个人。
3. 纺织服装批发商：是指通过大量采购纺织服装产品或服务用于转售，以从中获取差价利润的经济组织和个人。
4. 纺织服装零售商：是指从事面向个人消费者的纺织服装销售活动的企业或个人。
5. 纺织服装代理商：是指接受纺织服装生产企业委托从事销售业务，但不拥有纺织服装商品所有权的中间商。

复习思考

1. 单项选择题
  （1）纺织服装销售不经过中间商，而直接向最终客户提供纺织服装产品的通道，即（　　）。
    A．纺织服装间接渠道　　　　B．纺织服装直接渠道
    C．纺织服装代理渠道　　　　D．纺织服装合作渠道
  （2）在纺织服装渠道的某个环节或层次中，使用同种类型的纺织服装中间商数目比较少的渠道是（　　）。
    A．纺织服装窄渠道　　　　　B．纺织服装宽渠道
    C．纺织服装长渠道　　　　　D．纺织服装短渠道
  （3）只接受纺织服装生产企业委托从事销售业务，但不拥有纺织服装商品所有权的中间商是（　　）。
    A．纺织服装批发商　　　　　B．纺织服装代理商
    C．纺织服装零售商　　　　　D．纺织服装经销商
  （4）纺织服装企业在重点销售区域设立分公司或办事处，派驻营销人员直接开发最终用户，为用户提供直接的服务，对纺织服装产品的营销进行全程控制的模式是（　　）。
    A．特许模式　　　　　　　　B．直复模式
    C．区域模式　　　　　　　　D．直营模式
  （5）（　　）是指纺织服装企业在某一地区仅通过少数几个经过精心挑选的、比较合

适的纺织服装中间商，来推销其纺织服装产品的策略。
　　A．广泛性分销渠道策略　　　　　B．独家分销渠道策略
　　C．选择性分销渠道策略　　　　　D．密集分销渠道策略

2. 多项选择题

（1）纺织服装批发商有（　　）。
　　A．纺织服装商业批发商　　　　　B．纺织服装代理商
　　C．纺织服装生产者自营营销组织　D．纺织服装经销商

（2）纺织服装单体店零售主要有百货商场纺织服装部、超级市场纺织服装部（　　）几种类型。
　　A．折扣纺织服装店　　　　　　　B．减价纺织服装店
　　C．纺织服装专业店　　　　　　　D．纺织服装专卖店

（3）影响纺织服装渠道选择的因素有很多，主要有（　　）和中间商因素等。
　　A．产品因素　　　　　　　　　　B．市场因素
　　C．企业因素　　　　　　　　　　D．环境因素

（4）常见的纺织服装渠道模式有（　　）和共同体模式。
　　A．区域模式　　　　　　　　　　B．特许模式
　　C．直营模式　　　　　　　　　　D．直复模式

（5）常见的纺织服装渠道策略有（　　）。
　　A．广泛性分销渠道策略　　　　　B．联合分销渠道策略
　　C．选择性分销渠道策略　　　　　D．独家分销渠道策略

3. 判断题（正确打"√"，错误打"×"）

（1）纺织服装渠道是由纺织服装生产商、中间商所构成的通道。（　　）
（2）按纺织服装分销渠道有无中间环节，可以分为纺织服装直接渠道和间接渠道。（　　）
（3）直营模式是指纺织服装企业利用互联网、DM广告等传播媒体进行纺织服装产品营销的模式。（　　）
（4）广泛性分销渠道策略，又称为密集分销渠道策略。（　　）
（5）对纺织服装渠道的管理，就是对纺织服装中间商的管理。（　　）

4. 简答题

（1）什么是纺织服装渠道？纺织服装渠道有哪些种类？
（2）有哪些因素影响纺织服装渠道选择？
（3）常见的纺织服装渠道模式有哪些？各有何特点？
（4）纺织服装企业分销渠道设计的目标有哪些？有何含义？
（5）对纺织服装分销渠道调整有哪些方法？

案例分析

Lands'end纺织服装店

美国的Lands'end公司是一家在纺织服装和箱包领先的老牌零售商，过去就开展目录

邮购业务，并且特别重视和顾客之间的交流，为此开通了800部免费电话供顾客咨询交流，并有专门的顾客购物咨询专家负责。公司在互联网上开展全天候的顾客交互式服务是一种很自然的选择。

该公司早在1995年就开展了互联网战略，当时有大约100种纺织服装商品，其后，该公司的网站上在时机成熟时，逐渐提供了下列服务：在购买公司所有的纺织服装商品时，提供实时的、个性化的交互式导购员，以及"大家一起购物"（能够使不同地点顾客在网上交谈）系统和购物广告。这些技术和服务，进一步扩展了目录购物方式给消费者带来的购物体验，这个网站上活跃的导购专家，可以通过网上聊天方式来帮助你找到自己想要的纺织服装商品。许多目录邮购商都把业务搬上了互联网，而Lands'end在这一方面无疑要领先一步。根据Jupiter公司的研究，超过90%的网上顾客喜欢通过某种交互方式购物，Lands'end的策略绝对正确。一年之内网上销售量暴涨300%，从180万美元增加到610万美元。公司电子商务部的总裁Brass说："互联网提供了公司的全球通道和交流范围。1999年，本公司已经向175个国家发货，通过我们分布广泛的基础配送结构，互联网降低了拓展全球业务的费用"。

先进的技术和服务功能提升了网站的流量。1999年，150万有购买力的顾客访问过该网站。2000年的前两个季度，已经有140万顾客访问该网站。该公司互联网战略的开展也非常讲究顺序。公司的网站一开始并没有用于购物，只是向顾客宣传网上购物。Brass说："联机商务必须和公司的完美形象匹配，必须持续提高技术给顾客最愉快的购物经历。随着顾客要求网上购物的热情高涨，我们才开展了一连串的工作让用户有最好的印象。幸运的是：互联网技术的发展，可以使我们站在顾客要求的前面。"该公司绝不是为技术而技术，而是以顾客为中心采用技术。比如，在它所采用的技术当中，最有名的莫过于3D模型，顾客可以通过3D模型设置自己的体型，将虚拟模特儿的外形改成与自己相似的模样，再将喜欢的衣服穿在模特儿身上，就可知该服装是否合适购买。

【问题分析】
1. Lands'end公司属于哪种类型的纺织服装经销商？采用什么销售方式？
2. 纺织服装渠道模式有哪几种？当前我国纺织服装企业可否采取直复营销模式？

实战演练

活动11-1
活动主题：认知体验纺织服装渠道策略
活动目的：增加感性认识，实地体验纺织服装渠道策略。
活动形式：
1. 人员：将全班分成若干小组，3~5人为一组，以小组为单位开展活动。
2. 时间：与教学时间同步。
3. 方式：就近实地参观一家大型纺织服装企业，获取相关资料。

活动内容和要求：
1. 活动之前要熟练纺织服装渠道的分类、纺织服装渠道成员、纺织服装渠道设计与管理、纺织服装渠道策略等知识点，做好相应的知识准备。
2. 能运用纺织服装渠道策略，进行纺织服装渠道的选择与评估。

3. 以小组为单位提交书面调查报告。
4. 调查报告撰写时间为2天。
5. 授课教师可根据每个小组提供的书面调查报告按质量评分,并计入学期总成绩。

任务12　如何实施纺织服装促销策略

知识目标： 1. 纺织服装促销组合策略；
2. 纺织服装广告策略；
3. 纺织服装营业推广策略；
4. 纺织服装公共关系策略；
5. 纺织服装人员推销策略。

能力目标： 1. 掌握纺织服装促销各种策略；
2. 能科学、合理地运用纺织服装促销策略，进行纺织服装促销组合。

任务导航

任务12　如何实施纺织服装促销策略
12.1　纺织服装促销组合策略
12.1.1　纺织服装促销与促销组合
12.1.2　纺织服装促销组合策略
12.2　纺织服装广告策略
12.2.1　纺织服装广告概述
12.2.2　纺织服装广告策略
12.3　纺织服装营业推广策略
12.3.1　纺织服装营业推广概述
12.2.2　纺织服装营业推广方式
12.2.3　纺织服装营业推广策略
12.4　纺织服装公共关系策略
12.4.1　纺织服装公共关系概述
12.4.2　纺织服装公共关系策略
12.5　纺织服装人员推销策略
12.5.1　纺织服装人员推销概述
12.5.2　纺织服装人员推销程序
12.5.3　纺织服装人员推销方案设计
12.5.4　纺织服装人员推销策略

情景导入

新世纪纺织服装商场的促销策略

国庆节期间，不管是纺织服装商家还是厂家，都纷纷推出各种纺织服装销售促进措施来吸引消费者，以期望增加销售。面对众多纺织服装商场推出的"买100返30礼券"、"买200返100购物券"等活动，新世纪纺织服装商场推出了更加诱人的优惠套餐，在全场打九折的基础上，购物满100元直接返还20元现金，满200元返50元现金，满500元返200元现金。这种销售促进活动促销力度很大，引起了许多消费者的注意，整整一周的时间，新世纪纺织服装商场天天都是全场爆满。

想一想

什么是纺织服装促销？新世纪纺织服装商场采取了哪些促销策略？还有哪些纺织服装促销策略？等等，下面我们将一一来探讨。

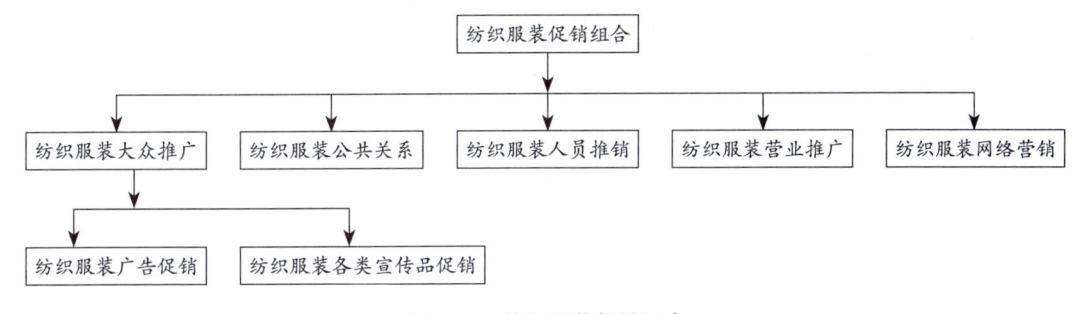

12.1 纺织服装促销组合策略

在纺织服装市场中，纺织服装营销的作用越来越重要，纺织服装促销作为纺织服装营销的一个组成部分，所包含的内容越来越多，分工越来越细。因此，各种纺织服装促销策略的使用，将直接影响纺织服装营销活动的效果。

12.1.1 纺织服装促销与促销组合

（1）纺织服装促销的含义

纺织服装促销，是纺织服装促进销售的简称，是指让纺织服装目标客户及时和尽可能多地了解纺织服装产品，以达到加快销售的目的。纺织服装促销的本质，实际上是纺织服装企业与纺织服装目标客户之间的一种沟通方式和互动机制。纺织服装促销具有以下几层含义。

①核心是沟通信息。纺织服装促销工作的核心，就是为了沟通信息。因为纺织服装企业与消费者之间达成交易的基本条件，它就是信息的沟通。

②目的是引发购买行为。纺织服装促销的目的，就是为了引发、刺激消费者产生购买纺织服装行为。纺织服装促销是通过各种传播方式，把纺织服装产品或劳务等有关信息传递给消费者，以激发其购买欲望，使其产生购买纺织服装的行为。

③促销的方式。纺织服装促销的方式有：人员促销和非人员促销两类。人员促销，也称直接促销或人员推销，是纺织服装企业用推销人员向消费者推销纺织服装产品或劳务的一种促销活动，它主要适用于消费者数量少、比较集中的情况下进行。非人员促销，又称间接促销，是纺织服装企业通过一定的媒体，传递纺织服装产品或劳务等有关信息，以促使消费者产生购买欲望、发生购买行为的一系列纺织服装促销活动，包括广告、公共关系和营业推广等，它适合于消费者数量多、比较分散的情况下进行。通常，纺织服装企业在促销活动中，常将人员促销和非人员促销结合运用。

（2）纺织服装促销组合

纺织服装促销的方式有直接促销和间接促销两种，又可分为：纺织服装大众推广、纺织服装公共关系、纺织服装人员推销、纺织服装营业推广和纺织服装网络营销五种。其中，纺织服装人员推销属于直接促销，其他属于间接促销。纺织服装大众推广又可细分为：纺织服装广告和纺织服装各类宣传品促销。由于各种促销方式都有其优点和缺点，在促销过程中，企业常常将多种促销方式同时并用。所谓纺织服装促销组合，是指纺织服装企业根据纺织服装产品的特点和营销目标，综合各种影响因素，对各种促销方式的选择、编配和运用，达到纺织服装营销之目的的技巧。纺织服装促销组合，如图12-1所示。

图12-1 纺织服装促销组合

纺织服装大众推广、纺织服装公共关系和纺织服装营业推广，又称作纺织服装非人员推销。纺织服装大众推广，主要是向大众传播信息，增强客源市场的公众对自己所提供的纺织服装产品的了解，提高自身的知名度；纺织服装广告促销，是大家最熟悉的一种促销方式，也是纺织服装企业使用最频繁的促销方式，例如，印刷品广告、电视广告、广播广告、户外广告、网络广告等；纺织服装营业推广，是纺织服装企业在某一时段内采取的各种刺激手段，例如，举办或参加纺织服装展览会，开展有奖推销，示范表演，放映介绍纺织服装产品的电影、录像、幻灯片等，以激励纺织服装目标客户的购买力度；纺织服装公共关系促销，是以不付费的方式，获得媒体传播的一种间接促销方式，也称软广告；纺织服装人员推销，是指纺织服装推销员与纺织服装目标客户直接交流，促成买卖交易的实现，例如，纺织服装营销人员直接进行的纺织服装推广活动；纺织服装网络营销，是指纺织服装企业以国际互联网络为基础，利用数字化的信息和网络媒体的交互性来辅助营销目标实现的一种新型的纺织服装营销方式。纺织服装促销一般都是几种方式组合使用，即所谓纺织服装促销组合。若单纯只使用一种纺织服装促销方式，其效果就会大打折扣。

12.1.2 纺织服装促销组合策略

纺织服装促销组合，是纺织服装促销策略的前提，在纺织服装促销组合的基础上，才能制定相应的纺织服装促销策略，所以纺织服装促销策略，也称为纺织服装促销组合策略。不同的纺织服装企业，对纺织服装促销方式的侧重点不同。不论将纺织服装促销方式如何组合，纺织服装企业首先要考虑它们的特性、成本和影响因素。

（1）**各种促销特性**

①纺织服装大众推广。具有高度公开性、普及性和引人注目的特点，它能为纺织服装企业树立一个长期的形象。例如，在北京举办的中国国际服装博览会（CHIC），通过电视节目的转播，给人们留下了深刻的印象。纺织服装广告促销还能加快销售速度，一个广告只要不停地在电视、报纸等媒介中出现，它就会给人们留下深刻的印象，并在今后的购物行动中产生影响。

②纺织服装营业推广。具有刺激性，能产生强烈迅速的反应，例如，赠送小礼品、价格优惠等。但它的效果只是短时期的，对建立长期的纺织服装品牌不甚有效。

③纺织服装公共关系。具有沟通性。它通过各种有效的社会手段，把社会公众所需了解的本纺织服装企业信息和社会公众及本纺织服装企业职工提出的要求与意见，进行双向传递和处理，进而增加本纺织服装企业产品和服务的品种和数量，改善并提高纺织服装商品和服务的质量，使之在各方面最大限度地与公众的利益要求取得一致，从根本上，树立本纺织服装企业的形象和声誉，扩大纺织服装企业在纺织服装市场的占有率，以获取理想的经济效益和社会效益。

④纺织服装人员推销。具有与纺织服装目标客户接触的直接性。它是建立在彼此的信任上的，一名好的纺织服装推销人员，能使纺织服装目标客户与纺织服装企业建立一种长期的关系。所以在现代纺织服装市场营销中，纺织服装人员推销正在受到越来越多的重视，但同时它的花费也是促销手段中最高的。

⑤纺织服装网络营销。具有虚拟性，影响越来越广，其信息沟通作用越来越强。

（2）**纺织服装促销组合策略**

纺织服装促销组合策略，主要有推式促销策略和拉式促销策略两类。

①推式促销策略。是指纺织服装企业运用人员推销的方式，把纺织服装产品推向纺织服装市场的策略，即从纺织服装生产企业推向纺织服装中间商，再由纺织服装中间商推给纺织服装消费者的策略，故也称纺织服装人员推销策略，如图12-2所示。推式促销策略适用于：单位价值较高的纺织服装产品；性能复杂、需要做示范的纺织服装产品；根据用户需求特点设计的纺织服装产品；流通环节较少、流通渠道较短的纺织服装产品；以及市场比较集中的纺织服装产品等。

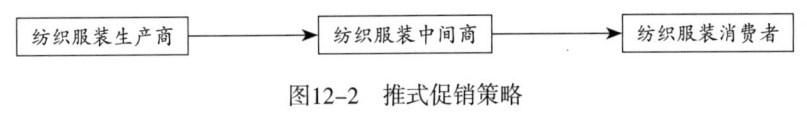

纺织服装生产商 → 纺织服装中间商 → 纺织服装消费者

图12-2　推式促销策略

②拉式促销策略。也称非人员推销策略，是指纺织服装企业运用广告和公共关系等非人员推销方式把纺织服装消费者拉过来，使其对本企业的纺织服装产品产生需求，以扩大销售的策略，即从纺织服装消费者推给纺织服装中间商，再由纺织服装中间商推给纺织服装生产商的策略，如图12-3所示。拉式促销策略适用于：单位价值较低的日常纺织服装用品；流通环节较多、流通渠道较长的纺织服装产品；市场范围较广、市场需求较大的纺织服装产品等。

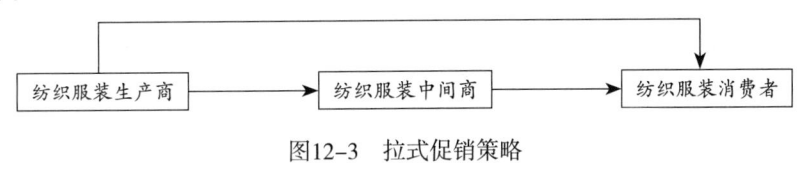

纺织服装生产商 → 纺织服装中间商 → 纺织服装消费者

图12-3　拉式促销策略

（3）影响因素

在制定纺织服装促销组合和促销策略时，主要应考虑以下几个因素。

①促销目标。是指纺织服装企业从事促销活动所要达到的目的。在纺织服装企业营销的不同阶段，为适应纺织服装市场营销活动的不断变化，要求有不同的纺织服装促销目标。所以制定促销组合和促销策略时，要根据不同的纺织服装促销目标，采用不同的纺织服装促销组合和促销策略。

②产品因素。主要包括：纺织服装产品的性质；纺织服装产品的市场生命周期。例如，在投入期，纺织服装促销目标主要是宣传介绍纺织服装产品，以使消费者了解、认识纺织服装产品，产生购买欲望。广告起到了向消费者、中间商宣传介绍纺织服装产品的功效，所以这一阶段以广告为主要的促销形式，以营业推广和人员推销为辅助形式。在成长期，由于纺织服装产品打开了销路，销量上升，同时也出现了竞争者，这时仍需加强广告宣传，但要注重宣传纺织服装企业产品特色，以增进消费者对本企业纺织服装产品的购买兴趣，若能辅之以公关手段，会收到相得益彰的佳效。在成熟期，竞争者增多，纺织服装促销活动以增进购买兴趣与偏爱为目标，广告的作用在于强调本纺织服装产品与其他同类产品的细微差别。同时，要配合运用适当的营业推广方式。在衰退期，由于纺织服装更新换代产品和新发明产品的出现，使原有纺织服装产品的销量大幅度下降。为减少损失，纺织服装促销费用不宜过大，纺织服装促销活动宜针对老顾客，采用提示性广告，并辅之适当的营业推广和公关手段。

③市场条件。从纺织服装市场地理范围看，若纺织服装促销对象是小规模的本地市

场，应以人员推销为主，而对广泛的全国甚至世界市场进行促销，则多采用广告形式。从纺织服装市场类型看，消费者市场因消费者多而分散，多数靠广告等非人员推销形式；而对用户较少、批量购买、成交额较大的生产者市场，则主要采用人员推销形式。另外，在有竞争者的纺织服装市场条件下，制定纺织服装促销组合和促销策略，还应考虑竞争者的促销形式和策略，要有针对性地不断变换自己的纺织服装促销组合及促销策略。

④促销预算。在满足纺织服装促销目标的前提下，要做到效果好而费用省。纺织服装企业确定的促销预算额，应该是纺织服装企业有能力负担的，并且是能够适应竞争需要的。为了避免盲目性，在确定纺织服装促销预算额时，除了考虑营业额的多少外，还应考虑到纺织服装促销目标的要求、纺织服装产品市场生命周期等其他影响纺织服装促销的因素。

总之，不管纺织服装企业采取的是推式促销策略还是拉式促销策略，纺织服装促销组合都要与之相适应，同时，还要考虑纺织服装企业本身的能力和纺织服装目标客户能否接受的心理。

12.2 纺织服装广告策略

在当前经济发展的条件下，人们可以选择的面很广，不管纺织服装设计师的构思有多么新颖，还是应季的纺织服装是否会畅销，如果没有消费者的注意，任何纺织服装产品都不会取得预期的销售效果，因此，纺织服装企业要想尽办法使用促销手段来调动消费者的注意力，刺激购买欲望，最终达成有效交易。这种能够起到广泛宣传、激励作用的促销手段，就是纺织服装广告。纺织服装广告的效力，就在于能迅速地将纺织服装信息传递给世界各地的目标消费者。

12.2.1 纺织服装广告概述

（1）纺织服装广告含义和特征

①含义。广告，包括商业广告和非商业广告，纺织服装广告是商业广告，即以赢利为目的的广告。纺织服装广告，是指纺织服装企业通过一定的媒体向目标消费者传递纺织服装产品和服务信息，从而扩大纺织服装销售的一种信息传播方式。

②特征。纺织服装广告，是纺织服装企业传递信息、宣传产品、开拓市场的手段，与其他传播方式相比，具有以下几个特征：一是因为纺织服装企业做广告的目的首先就是要让消费者了解纺织服装产品信息或企业信息，所以纺织服装广告要有可识别的广告主；二是纺织服装广告的传播要借助于大众化的传播媒介，因此，纺织服装企业要想通过广告进行促销，必须支付一定的费用；三是纺织服装广告的本质是一种信息传播活动，具有信息性，冲击力较强；四是纺织服装广告的传播对象是大众而非个体，是非人员的传播，它针对的可能是最终消费者，也可能是中间商；五是绝大多数纺织服装广告具有明显的销售倾向，即劝说目标消费者改用某一纺织服装产品或服务；六是纺织服装广告要想达到较好的信息传播效果，必须通过艺术加工。

（2）纺织服装广告类型

纺织服装广告具有多种多样的形式和内容，可以按照不同的标准划分种类，具体有以下几种分类方法。

①按内容和目的分。是指依据纺织服装广告的内容和目的来划分，具体有：一是纺

织服装产品广告。纺织服装产品广告的重点是传播纺织服装产品信息，例如，介绍纺织服装性能、特点、效用等，以提高消费者对纺织服装产品的认知程度；二是纺织服装品牌广告。这类广告的重点是传播纺织服装企业信息，使其品牌获得公众认同。例如，七匹狼、雅戈尔、阿迪达斯、李宁等所做的多为这类广告。这类广告的目的并不在于消费者是否立即购买、在哪儿购买，以及购买哪一种纺织服装，其真正目的在于让消费者了解纺织服装企业的品牌和产品的特点；三是纺织服装零售广告，即纺织服装零售商所做的广告。由于地理区域的限制，纺织服装零售商多选择在当地做广告，将其经营的纺织服装产品、促销手段等信息传递给消费者，鼓励消费者前来购买纺织服装，以达到增加销售的目的；四是公益广告。这类广告的目的是提升纺织服装企业形象，而不是具体纺织服装产品的促销，在增强人们对公益事业关注的同时，也把纺织服装企业关注社会、关心人类生存的良好形象根植于公众心中。

②按媒体分。是指依据纺织服装广告传播媒体来划分，具体有：一是纺织服装印刷广告。这类广告是将纺织服装广告信息，印刷成文字或图片等形式，传递给纺织服装消费者。例如，纺织服装报纸广告、纺织服装杂志广告、纺织服装产品说明书和纺织服装产品目录等；二是纺织服装视听广告。这类广告是将纺织服装广告信息制作成图像、声音和动画等形式，传递给纺织服装消费者。例如，纺织服装广播广告、纺织服装电视广告和纺织服装电影广告等；三是其他形式的广告，例如，纺织服装的邮寄广告、户外广告、橱窗广告、交通广告、包装广告、旗帜广告和互联网广告等。

③按诉求分。是指依据纺织服装广告的诉求方式来划分，具体有：一是纺织服装理性诉求广告。这类广告是直接向目标对象诉求某种行为的理性利益，例如，显示纺织服装产品良好的质量、合理的价格以及带给消费者的利益等；二是纺织服装感性诉求广告。这类广告是向目标对象传递某种肯定或否定的情感因素，例如，向消费者表达对某种纺织服装产品的喜爱、拥有这种纺织服装产品的自豪感等，以激起消费者对该纺织服装产品的兴趣和购买欲望。

④按范围分。是指依据纺织服装广告的传播范围来划分，具体有：纺织服装国际性广告、纺织服装全国性广告和纺织服装区域性广告。

⑤按生命周期分。是指依据纺织服装产品生命周期的不同阶段来划分，具体有：纺织服装告知性广告、纺织服装竞争性广告和纺织服装提醒性广告。

（3）**纺织服装广告作用**

纺织服装广告的基本职能是通过媒体向现实的和潜在的消费者传递纺织服装产品的信息，以促进纺织服装产品的销售或提升纺织服装企业形象。在现代社会中，纺织服装广告已成为人们日常生活中不可缺少的内容，在社会的各个方面都起到了相当重要的作用。纺织服装广告的作用，主要表现在以下几个方面。

①信息传播。是纺织服装广告最基本的功能。消费者通过纺织服装广告可以了解纺织服装产品的质量、特点、用途和价格，以及购买地点、方式和服务项目等信息，以便做出正确的决策。消费者获得信息的途径有：大众传播媒体，例如，电视、广播、杂志等；耳闻口传，例如，售货员或亲朋好友的介绍；消费者亲自接触纺织服装商品，例如，在纺织服装店或织服装博览会上直接接触到织服装商品信息。其中，纺织服装广告是消费者取得织服装产品信息的重要途径。

②促进消费。是指创造纺织服装需求，促进纺织服装销售，赢得纺织服装市场，这是

纺织服装广告的主要任务。纺织服装广告是说服的艺术，是一种促销手段。它能引起消费者的注意，使其对所宣传的纺织服装产品发生兴趣，从而激发消费者潜在的购买欲望，影响其购买行为。美国人路易斯在1898年，提出了"注意（Attention）、兴趣（Interest）、欲望（Desire）、行动（Action）"，即AIDA的广告效果模式。

③引领时尚。是指纺织服装广告能够起到引导消费时尚和消费行为的作用。纺织服装广告能使新面料、新款式迅速流行，形成新的消费意识和消费时尚；在购买前，消费者通过纺织服装广告信息，就可以在众多的纺织服装产品中进行比较和挑选，从而作出正确的选择；健康的纺织服装广告，还有利于培养积极、文明的消费习惯和消费观念。

④促进竞争。随着纺织服装企业竞争的加剧，纺织服装广告对企业而言不仅仅是一种促销手段，也是纺织服装企业在竞争中创立名牌、树立形象、争夺目标客户的重要手段。故此，纺织服装广告能够促进市场竞争，不断提高纺织服装企业的经济效益。

⑤美化生活。在纺织服装广告中，通常采用艺术的表现手法来传播纺织服装信息，艺术性与功利性是相辅相成的。缺乏艺术性的纺织服装广告，不能引起消费者的注意，自然就达不到广告宣传的目的。故此，纺织服装广告是一种艺术，它不仅向人们告知纺织服装信息，而且还美化了城市和人们的生活环境，给人以美的享受。当然，纺织服装广告对纺织服装信息传播事业的发展，也起到了重要的作用。

（4）纺织服装广告特点

我国纺织服装广告的主要特点：一是由于我国纺织服装企业的规模一般相对较小，所以纺织服装业广告支出相对于其他行业的广告支出来说也很少；二是纺织服装企业多采用小批量、多品种的生产方式，且纺织服装的流行周期短、变化快，所以不同的纺织服装产品，例如，运动服、西服、休闲服、鞋类等，其广告投入也是不一样的；三是纺织服装广告的宣传媒体多采用杂志，既可取得较好的印刷效果，又可保证有固定的读者群。采用电视等媒体能产生更大范围的影响，但一般费用较高，只有实力较强的纺织服装企业才考虑采用。

12.2.2 纺织服装广告策略

纺织服装广告策略，是在纺织服装企业营销战略的指导下，对纺织服装企业的广告活动进行的规划和控制。纺织服装企业的广告策略包括以下几个方面的内容，如图12-4所示。

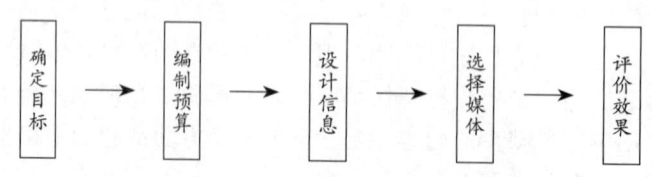

确定目标 → 编制预算 → 设计信息 → 选择媒体 → 评价效果

图12-4 纺织服装广告策略内容

（1）确定目标

确定目标，即确定纺织服装广告目标，这是制定纺织服装广告策略的首要步骤。纺织服装广告目标，就是纺织服装企业通过做广告所要达到的直接目的。纺织服装广告的最终目标是通过增加纺织服装的销售量，而实现纺织服装企业的目标利润。但纺织服装企业目标利润的实现，依赖于有效的纺织服装广告机会与有效的市场机会相联系，与纺织服装产品定位决策相匹配。故此，不能笼统地将增加销售量和利润作为广告目标，而应该由各阶段的整体营销策略决定。可供纺织服装企业选择的广告目标，可分为以下几种。

①知名度目标。是指以提高纺织服装产品的知名度为目标的纺织服装广告，即通过广告使消费者了解有关纺织服装企业与本品牌纺织服装的信息，也称为告知性广告或宣传性广告。这种广告，主要用于一种纺织服装产品生命周期的引入期，适用于以下情况：让消费者了解纺织服装新品牌或新款式已经投放市场；介绍纺织服装企业的价格调整情况；解释某类纺织服装的使用、保养方法；介绍本纺织服装企业能提供的服务项目；纠正消费者对本纺织服装企业的不正确印象；消除消费者后顾之忧；树立纺织服装企业的形象和提高企业的知名度。

②需求偏好目标。是指以建立纺织服装需求偏好为目标的纺织服装广告，这一广告目标旨在建立消费者的选择性需求，即对特定纺织服装品牌的需求，以此为目标的广告也称为说服性广告或竞争性广告。这种广告的重点是宣传纺织服装产品特色及优点，大多数广告目标都属于这一类型。纺织服装企业通过广告建立纺织服装品牌优势，劝导消费者购买本企业的纺织服装产品，并建立对纺织服装品牌的忠诚。例如，美国杜邦公司于1958年独家发明并生产的一种叫"莱卡"的人造弹性纤维，杜邦公司曾以3000万美金改变"莱卡"的广告形象，在终极消费者中建立"莱卡"品牌形象。曾有人对此表示质疑，因为"莱卡"只是纺织服装面料的一种辅料，和终极消费者的距离甚远。但事实上通过广告，"莱卡"在消费者中建立起了很高的声望，正像"莱卡"广为人知的广告语："舒适、舒逸、新体验"，"莱卡"已使弹性纺织服装成为席卷世界的潮流。说服性广告，主要用于纺织服装企业或产品的竞争阶段，适用以下情况：当竞争十分激烈时，纺织服装企业通过广告，使消费者认识到本企业纺织服装的特色，能为消费者带来较为满意的使用价值和感受价值，促使消费者购买本企业纺织服装；当市场上同类纺织服装很多时，促使消费者对本企业的纺织服装产品和品牌产生偏爱；鼓励竞争企业的消费者购买本企业的纺织服装产品；鼓励消费者在短期内购买纺织服装产品；转变消费者对某些纺织服装款式的感觉，使消费者真正了解纺织服装的价值等。

③促进购买目标。是指以促进消费者购买纺织服装以及增加纺织服装销售为目标的纺织服装广告，这种广告的目的是保持消费者对纺织服装产品的记忆，并让消费者意识到不久的将来将会用到此纺织服装产品，即通过广告提示、提醒消费者采取某种行为，也称为提示性广告或提醒性广告。这种广告除详细介绍纺织服装产品外，一般还附有图示、价格、购买地点等，以鼓励消费者购买。例如，"七匹狼"、"法涵诗"、"九牧王"等已建立了一定的知名度，纺织服装企业的购买力也较强，所以一年中只做一定数量的提示性广告。这种广告，主要用于纺织服装企业成熟期的产品，适用以下情况：当纺织服装产品进入成熟期时，纺织服装企业通过反复做广告，使消费者经常想到本企业的纺织服装产品；提醒消费者在不久的将来需要本企业的纺织服装产品，例如，在冬季来临时，提醒消费者购买保暖内衣等；提示消费者购买某种纺织服装产品的地点；在某种纺织服装的销售淡季时，使消费者不忘记该纺织服装产品。与这类广告目标相类似的还有一种加强性广告，这种广告使现有的购买者确信自己的购买决策是正确的，例如，一些纺织服装企业，通过描绘消费者使用某种纺织服装产品的满意程度，从而来实现这一广告目标。

（2）编制预算

编制预算，即编制纺织服装广告预算，这是纺织服装企业广告决策的一项重要内容。

在确定了纺织服装广告目标后，下一步就要编制纺织服装广告预算。纺织服装广告预算，是纺织服装企业为实现促销目标，而投入的纺织服装广告费用总额。纺织服装广告预算的大小，决定了纺织服装企业广告宣传的规模、种类和媒体的选择。

①编制方法。是指纺织服装广告预算的编制方法，主要有以下几种。

一是销售百分比法，即纺织服装企业按照纺织服装销售额的一定百分比，来确定纺织服装广告支出费用的数额的方法。纺织服装的销售额可以是上一年度的，也可以是本年度的预测值。例如，金豪纺织服装公司在2015年全年实现的销售额为6000万元，公司拟以2015年销售总额的3%计算2016年的广告预算，所以2016年的广告预算为180万元（即6000×3%）。这种方法最大的优点是简单易行，但也存在着一定的缺陷。不足之处是：由于根据可用资金的多少来决定纺织服装广告费用开支，可能会使纺织服装企业丧失有利的市场机会；纺织服装广告费用支出总额占纺织服装销售额比率的确定，带有一定的主观性；用这种方法确定的纺织服装广告预算总额，会随着每年纺织服装销售额的变化而不断变化，不利于纺织服装企业制定长期的市场营销计划；在制定纺织服装广告预算时，没有考虑不同纺织服装产品及其销售地区的特点，缺乏灵活性等。

二是竞争对等法，即纺织服装企业根据竞争者的纺织服装广告开支水平，来决定本企业的纺织服装广告预算的方法。采用这一方法的纺织服装企业，应密切注意竞争对手的纺织服装广告预算，或关注同行业的纺织服装广告预算水平，根据同行业的平均水平来制定本企业的纺织服装广告预算。例如，金豪纺织服装公司通过一定的渠道，了解到竞争对手2014年的广告预算为200万元，为了保持竞争上的优势，公司2016年的广告预算至少应确定为200万元。这种方法适用于自身条件与竞争对手大致相当的纺织服装企业。

三是目标任务法，即纺织服装企业首先明确广告特定的目标，然后对达到目标的各项活动的成本进行估计，最后确定纺织服装广告费用支出水平的方法。在不同的预算方法中，目标任务法是用得较多的一种方法。具体来说，其步骤为：首先，尽可能详细、最好以数字形式列示出纺织服装广告目标；其次，列示出为实现该目标所必须完成的工作任务；再次，估计完成这些任务所需要的费用。上述费用之和，就是纺织服装企业的全部广告预算。采用目标任务法，有利于促使纺织服装营销人员，充分考虑纺织服装广告费用开支与促销效果之间的关系。

②影响因素。纺织服装广告预算，是纺织服装企业进行广告活动的有关费用支出。纺织服装广告作为一种投资，与其他投资一样，投资多少应与所获得的经济效益进行比较。影响纺织服装广告预算，主要有以下几种因素。

一是纺织服装生命周期。在纺织服装新产品的引入期，通常需要投入大量的纺织服装广告费用，以建立纺织服装品牌的知名度。在纺织服装的成长期，消费者逐渐熟悉了该纺织服装产品，纺织服装广告活动频率放慢，纺织服装广告费用支出递减。在纺织服装的成熟期，由于竞争者的纷纷加入，纺织服装的价格开始下跌，为了增加纺织服装的竞争性，维持现有的市场地位，纺织服装企业仍有必要投入大笔广告费开展促销活动。当纺织服装处于衰退期时，应削减纺织服装广告支出。

二是纺织服装企业财力情况。纺织服装企业应根据其财力情况，来决定纺织服装广告的开支水平。一般来说，实力强的纺织服装企业，其广告支出也较多，但是纺织服装广告的最终目标，是为了促进纺织服装销售，如果纺织服装广告能够达到预期的效果，给纺织服装企业带来丰厚的利润，那么纺织服装企业也可突破自身财力的限制，制定量出为入的纺织服装广告预算方案。

三是广告媒体及广告频率。选择不同的广告媒体，其广告开支水平会有所不同。一般来说，电视广告媒体的费用较高，广播、报纸、杂志和户外广告的费用相对较低。还有纺织服装广告播出的频率越高，所需纺织服装广告投入也越多。

四是纺织服装竞争对手。在纺织服装目标市场上，如果存在着大量的纺织服装竞争对手，且竞争对手都投入了较高的纺织服装广告费用，纺织服装企业也必须投入大量的纺织服装广告费，才能在纷纭复杂的纺织服装广告中脱颖而出，取得竞争优势。

五是纺织服装市场占有率。在纺织服装市场规模不断扩大的情况下，纺织服装企业如果为了提高纺织服装市场占有率，就需要增加较多的纺织服装广告开支，以此来占领纺织服装市场。

（3）设计信息

确定了纺织服装广告目标后，纺织服装企业就要把经过精心创作的广告信息，通过合适的方式传递给消费者，以达到预期的目的，这就要求纺织服装企业制定科学的纺织服装广告信息决策。纺织服装广告信息的设计，必须以维护纺织服装企业的信誉为前提，坚持实事求是为原则。纺织服装广告信息设计，主要包括三方面的内容：即纺织服装广告信息的创作、评价和选择，以及表达方式。

①创作。是指纺织服装广告信息的创作。创作纺织服装广告信息，就是依据纺织服装广告目标构思出几种可选择的广告内容。对于任何一个纺织服装企业、任何一种纺织服装产品，广告都可以从不同的侧面进行宣传。但一则纺织服装广告内容要有足够的吸引力，往往只能强调其中的一个具体的方面，这就要求纺织服装企业必须掌握重点。具有创造性的广告创作人员，往往能运用多种方法产生广告内容，以实现广告目的。例如，许多创作人员与消费者、中间商、市场营销专家和竞争者交谈，以寻找广告内容，其中消费者是构思纺织服装广告内容的最重要来源，他们对纺织服装及企业的评价往往能为创作广告内容提供很好的线索。如果消费者对某个纺织服装有较好的评价，纺织服装企业就可以在广告内容上体现消费者的满意度，使更多的消费者偏爱本企业的纺织服装产品；如果消费者对纺织服装某一方面感到不满意，纺织服装企业就可以在改进纺织服装产品的基础上，以改进后的纺织服装特点作为广告内容，降低消费者的不满意度。显然，纺织服装广告信息可以从多个方面来形成，既可以从纺织服装本身的功能与效用出发，强调纺织服装的使用效果，也可以从纺织服装使用过程的角度来创作，强调纺织服装穿着时的特点，例如，一则女性牛仔裤的广告，其创作思想可以表达牛仔裤的轻柔、贴身、舒适，并充分体现女性的特点。

②评价和选择。是指纺织服装广告信息的评价和选择。这一工作要求纺织服装企业，首先对可供选择的纺织服装广告内容进行评价，在此基础上选择最佳广告内容。一般来说，评价纺织服装广告信息可用以下三项标准：首先是使人喜欢，即纺织服装广告内容要使广告受众有兴趣，才会使接触广告的消费者对广告内容产生较深的印象；其次是具有特色，即纺织服装广告内容要能具有区别于其他企业纺织服装的特色，从而使消费者偏爱、购买本企业纺织服装；再次是可信度高，即纺织服装广告内容能使消费者认为是真实的而不是虚假的。在评价纺织服装广告信息的基础上，纺织服装企业就可以选择一种最能达到广告目标的纺织服装广告内容。

③表达方式。是指纺织服装广告信息的表达方式。纺织服装广告的效果不仅取决于

它向消费者说了什么,而且还取决于纺织服装广告信息的表达方式,尤其是对于那些同质性较强的纺织服装类别(如内衣、衬衫、西服等),纺织服装广告信息的表达方式更是具有关键性的作用,纺织服装企业必须通过能赢得目标消费者注意和兴趣的方式把信息传递出去。纺织服装企业应谋求最佳的信息表达形式、语调、读音和格式来表达纺织服装广告信息,任何纺织服装信息都可采用不同表达形式,最常用的信息表达形式有以下几种:一是生活方式,即强调本企业的纺织服装产品非常符合人们的生活方式,例如,广告显示一位身着本企业品牌西服的中年成功男人,气度非凡地在豪华办公室里,正在与客户签订一份重要合同。二是生活片断,即以生活片断的形式显示人们正在使用本企业的纺织服装产品,例如,广告显示一位年轻姑娘特意挑选了本企业品牌的纺织服装,穿着打扮后,前去约会的甜蜜生活情景。三是技术专长,即表明本企业的生产设备和工艺技术所具有的特长和经验。例如,某纺织服装企业宣传其创始人,曾为几代国家领导人定制西服,而另一纺织服装企业,则强调自己技术先进的西服生产线。四是旁证材料,即通过显示纺织服装企业的纺织服装产品得到过某些奖励或权威人士对纺织服装产品的高度评价,来说明本企业纺织服装产品的优点,这是一种可信度较高的表达形式。五是科学证据,即通过提供调查结果或科学证据,说明本企业纺织服装产品符合科学原理,或者优于其他同类纺织服装产品。六是幻想,即根据气度非凡产品的特点和用途创造一种幻想境界,例如,广告显示一个穿着单薄的少女,正在积雪很厚的田野上行走,突然从天上掉下来下一件本企业品牌的羽绒大衣,顿时使她欣喜万分。七是人格化,即用拟人的手法,使纺织服装产品具有人的特征,进行自我宣传。八是音乐,即以音乐的形式表达纺织服装的性能、特色、信誉等内容。总之,只有将各种纺织服装信息表达要素相互协调,才能产生一种最佳的纺织服装广告信息表达效果。

(4)选择媒体

选择媒体,是指选择纺织服装广告媒体。纺织服装广告媒体,是携带纺织服装广告信息的载体。不同的广告媒体具有不同的特点,它限制着纺织服装广告意图的表达和目的的实现。不同的广告媒体,其传播范围、速度、表现形式,以及接受的对象都是不同的纺织服装广告媒体选择的核心用以寻求最佳的传递路线,使纺织服装广告在目标市场影响范围内,达到期望的展露数量,并拥有最佳的成本效益。

①确定送达率、频率和影响力。纺织服装广告媒体的送达率、频率和影响力,是决定纺织服装广告展露数量与功能的重要因素。所谓送达率,是指在某一特定时期内,接触媒体广告一次以上的人数。例如,企业的纺织服装广告在播出后的前两个月,覆盖了80%的纺织服装目标市场。所谓频率,是指在某一特定时期内,每一家庭或个人接触纺织服装信息的次数。所谓影响力,是指经由特定媒体的展露所产生的定性价值。一般来说,纺织服装广告的送达率越高,频率越高,影响力越大,广告费用也越高。纺织服装广告媒体主要有:报纸媒体、杂志媒体、广播媒体、电视媒体、网络媒体、户外广告媒体、邮寄广告媒体以及销售点广告媒体等。这些媒体在送达率、频率和影响力方面差异很大。例如,电视的送达率比杂志高;户外广告的频率比杂志高;而电视的影响力一般比杂志的影响力大。

②主要媒体比较。根据纺织服装行业的特点,纺织服装广告以视觉媒体为首选。显然,每一类媒体都有一定的优点和缺点,认识每一类媒体的特性,是合理选择纺织服装广告媒体的前提。纺织服装广告主要媒体比较,如表12-1所示。

表12-1　纺织服装主要广告媒体比较

媒体	优点	缺点
报纸广告	对本地市场覆盖率高，弹性大，及时，易被接受，信息容量大，可信度高，费用低	时效短、注目率低，保存性差，制作质量差，转阅读者少
杂志广告	制作质量好，针对性强，可信度高，转阅读者多，保存期长，读者稳定，精读率高	广告购买前置时间长，会产生无效广告，覆盖范围比较窄
广播广告	传播信息迅速、及时，覆盖面广泛，地理及人口选择性强，费用较低	仅有声音传播，信息展露转瞬即逝，听众分散，表现手法不如电视吸引人
电视广告	诉诸人的听觉和视觉，形象生动，易引起目标公众的注意力，覆盖率高，受众面广	干扰多，成本高，信息转瞬即逝，选择性和针对性较差
网络广告	声像俱全，速度快，针对性强，信息容量大，易保存，费用低，受众面广	传播范围有一定的局限性，干扰比较多，可信度差
户外广告	反复诉求效果好，对地区和消费者选择性强、传真度高，费用较低，竞争少，保留期长	覆盖范围比较窄，创造力受到一定限制，难以测评广告效果
邮寄广告	个性较强，针对性和选择性强，简单灵活，效果好，无同一媒体广告的竞争	费用高，广告形象差，覆盖范围小，有效接收率低
销售点广告	针对性强，促销效果显著	不同品牌产品的广告相互干扰

此外，纺织服装企业在选择纺织服装广告媒体时，还应考虑以下因素。

一是纺织服装广告媒体覆盖范围。在选择纺织服装广告媒体时，需要考虑所选媒体的覆盖范围，与纺织服装企业的目标市场是否一致。全国性的纺织服装品牌，适宜在全国发行的报纸杂志和中央电视台、中央广播电台以及网络上做广告，而某城市的纺织服装专卖店，则适合选择地方性报纸、电台等媒体。

二是纺织服装广告目标受众的行为。广告主应当依据纺织服装目标市场中现实的和潜在的消费者的行为特点，选择相应的广告媒体，以提高收视率和收听率。例如，耐克、阿迪达斯等世界著名的体育用品品牌，就经常采用赞助体育盛会、在比赛场馆设置广告牌和以运动员使用广告产品等形式，来发布纺织服装产品广告；而女装广告，则应选择时装杂志、妇女杂志等针对女性的媒体。

三是纺织服装广告诉求重点。如果纺织服装广告诉求重点，是详细的纺织服装商品信息，并且技术内容较多时，宜采用报纸、专业杂志和邮寄广告；如果是为了提升纺织服装企业形象，则应选择威信高的大众媒体；如果是为了宣布即将举行的一次销售活动，则适合选择报纸、广播、电视等传播比较及时的媒体。

四是纺织服装产品特性。不同纺织服装的性能、特点、使用价值存在差异，这对广告媒体的选择也有影响。一般来说，纺织服装需要展示，有款式和色彩需求，则适宜选择电视、网络和杂志，以增强感染力和吸引力。

五是纺织服装广告媒体成本。不同广告媒体的收费标准，也是选择纺织服装广告媒体的依据之一，要综合考虑纺织服装广告媒体的成本及广告效果，以选择最佳的广告媒体或其组合。例如，电视是最昂贵的广告媒体，而报纸的成本相对较低。但是，对纺织服装企业来说，最重要的不是广告成本的绝对数值，而是目标对象的人数构成与成本之间的相对关系，像每千人的广告成本，如果按每千人的广告成本计算，在电视上做纺织服装广告比在报纸上做广告更便宜。

（5）评价效果

评价效果，是指评价纺织服装广告效果。良好的纺织服装广告计划和控制，在很大程度上取决于对广告效果的测定。测定和评价纺织服装广告效果，是完整的广告活动过程中不可缺少的重要内容，是纺织服装企业上期广告活动结束和下期广告活动开始的标志。纺织服装广告效果是通过纺织服装广告媒体传播之后，所产生的影响。评价纺织服装广告效果可以从两个方面进行：

①评价沟通效果。是指评价纺织服装广告的沟通效果，即对纺织服装消费者的影响。研究纺织服装广告效果的目的，在于分析纺织服装广告活动，是否达到了预期的沟通效果。测定纺织服装广告沟通效果的方法，主要有广告事前测定与广告事后测定。广告事前测定，是在纺织服装广告作品尚未正式播放之前进行的各种测验，包括：邀请有关专家、消费者进行现场观摩并进行评估；在实验室采用专门仪器来测定人们的心理活动反应，从而对纺织服装广告可能获得的成效进行评价等。在纺织服装企业根据广告事前测定过程中，若出现的问题，就可以及时调整广告策略，改进纺织服装广告制作，提高广告的成功率。而广告的事后测定，主要是指测定纺织服装广告播出后所产生的实际效果。纺织服装广告播出后，通过问卷调查等形式，了解目标公众对纺织服装广告产品的知晓和偏好程度，以及对纺织服装广告的反映情况等。

②评价销售效果。是指评价纺织服装广告的销售效果，即对纺织服装企业经营的影响。纺织服装广告销售效果的测定，就是测定纺织服装广告传播后，纺织服装企业增加了多少销售额或利润额。纺织服装广告的销售效果，比纺织服装广告的沟通效果更难测定。因为除广告外，纺织服装的销售额还要受到其他许多因素的影响，例如，纺织服装形象、质量、价格、消费者收入以及竞争对手的营销策略等。纺织服装广告的销售效果，可通过以下两个方面来测定：一是线性相关分析法，即将过去若干期间的纺织服装广告费用，与销售额进行相关性分析，求出销售额对纺织服装广告费用的一元线性方程式，进而确定每增加一个单位的广告费用所增加的销售额和利润额。二是实验分析法，例如，把纺织服装企业的目标市场按地理区域分成几个小市场，然后对不同的市场投放不同强度的纺织服装广告，像甲地区的广告强度为60%，乙地区的广告强度为120%，丙地区的广告强度为180%，然后分析三个地区的销售记录，就可以看出纺织服装广告活动对不同地区销售额的影响程度。

12.3 纺织服装营业推广策略

纺织服装营业推广是一种成熟的营销工具，是开拓和占领纺织服装市场强有力的武器。近年来，纺织服装营业推广的费用，在全部销售费用中的比例越来越大，甚至比纺织服装广告费用还高出许多。当前，纺织服装企业越来越多地运用营业推广策略，来刺激纺织服装销售。

12.3.1 纺织服装营业推广概述

（1）纺织服装营业推广含义和特征

营业推广，也称销售促进，英文为Sales Promotion（简称SP）。纺织服装营业推广，是指纺织服装企业在特定的目标市场中，为迅速刺激需求和鼓励消费者积极购买企业的纺织服装产品或服务的促销措施。营业推广是通过推出"看得见"的利益，销售纺织服装产品或服务的促销活动。美国市场营销协会委员会将营业推广定义为"除了人员推销、广告、公共关系以外的、刺激消费者购买和经销商效益的各种市场营销活动。例如，陈列、演出、展示会、示范表演以及其他推销努力"。

纺织服装营业推广的特征在于，它是战术性的营销工具，而非战略性的措施。纺织服装营业推广的关键因素是短期激励、刺激性和见效快，并使它成为导致消费者购买纺织服装行为的直接诱因。

（2）纺织服装营业推广作用

纺织服装营业推广，是纺织服装企业开拓和占领纺织服装市场的一种强有力的武器，与其他促销手段相比，纺织服装营业推广有着不可替代的作用，主要表现在以下几个方面：

①手段灵活多样。是指纺织服装营业推广的手段灵活多样。消费者对某种措施的兴趣往往持续时间短暂，一旦兴趣劲儿过去了，该措施即失去效用。纺织服装企业可以不断地变换营业推广手段，做到花样不断翻新，以不断刺激消费者，促使其产生新的兴趣和需求。例如，采取销售奖励、赠券等手段，通常都是在附带价格上的让步，其直接受惠者大多是经常使用本纺织服装品牌的消费者，从而使他们更乐于购买和使用本企业的纺织服装产品。同时，这些纺织服装样品也可以发放给从未使用过该产品的消费者，由于价格上的优惠和从众心理的影响，也会刺激他们试用和购买。在纺织服装新产品上市的时候，纺织服装营业推广手段的应用更为重要。纺织服装营业推广通过奖励品牌忠诚者，既可以维持老顾客，也吸引纺织服装产品的新试用者。

②增大市场份额。是指有效的纺织服装营业推广能够迅速引起广大消费者的注意，具有较强的吸引力和诱惑力，在短期内增加纺织服装的销售量，增大纺织服装的市场份额。面向消费者推出的系列优惠活动，让消费者感受到纺织服装产品的实际效用，对产品的了解不断加深。当现实的纺织服装产品和实惠摆在消费者面前的时候，纺织服装广告的效力甚至可能消失，这时纺织服装企业如果能够运用适当的营业推广手段来告知、提醒、刺激潜在消费者，来促使他们立即购买。例如，金雁纺织服装集团于4月29日至5月1日期间在所有专卖店开展促销活动，其内容是为庆祝"五一"劳动节，凡编号尾数为"51"的人民币，均可按面值翻1倍在金雁专卖店使用。这个促销从4月29日到5月1日，短短3天时间，人们排起长队涌向商场进行购买，很快，金雁皮衣在全省范围内的销售额就达到3000万元左右，金雁的各个专卖店可以说卖得只剩下货架和营业员了，同行当时纷纷感叹：节日生意都让金雁抢去做了！

③抵制竞争对手。是指纺织服装营业推广是有效抵制和击败竞争对手的重要武器，能使纺织服装企业在竞争中处于有利地位。当竞争对手大规模地发起促销活动时，及时、有力的针锋相对或避其锋芒、另辟佳径的反击就很关键，如果纺织服装企业不及时采取有效措施，就可能丧失已有的纺织服装市场份额，在市场竞争中处于不利的地位，容易在激烈的竞争中被打败。故此，在纺织服装市场竞争中，织服装营业推广可以作为一种防御性的营销措施，以保持本企业的纺织服装市场占有率。

④加速市场进程。是指纺织服装营业推广可以加速纺织服装新产品的市场进程。在纺织服装新产品进入市场之初，消费者对其特点和功能还不十分了解，这时可采用有奖销售、赠送优惠券等营业推广方式，鼓励消费者购买，以加快纺织服装新产品进入市场的进程，使纺织服装产品在短期内就能被更多的消费者所了解并购买。

⑤协调中间商关系。是指纺织服装营业推广能够协调与纺织服装中间商的关系。纺织服装生产商可以运用多种营业推广手段，来影响纺织服装中间商，协调与纺织服装中间商的关系。例如，通过向纺织服装中间商提供购买馈赠、陈列馈赠来鼓励订货；通过向纺织服装零售商提供交易补贴，来弥补纺织服装零售商制作产品广告、张贴商业通知或布置产品陈列时所支出的费用等。这些措施能调节纺织服装中间商的交易行为，使纺织服装中间商作出有利于自身的经营决策。

12.3.2 纺织服装营业推广方式

纺织服装营业推广的方式，要远远多于其余的促销方式。为了刺激销售，纺织服装企业、消费者、集团、中间商之间都会采用相应手法。这些纺织服装营业推广方式概括起来有两大类：一类是直接针对消费者的购买，例如，样品、奖券、降价、赠品、现场表演等；另一类是针对经销商的购买刺激，例如，购买折扣、展销、提供津贴、销售竞赛等。具体来说，纺织服装营业推广的方式，如表12-2所示。

表12-2 纺织服装营业推广的方式

采用者 \ 对象	纺织服装消费者	纺织服装集团购买者	纺织服装批发商	纺织服装零售商
纺织服装生产者	现金回扣	赠送使用手册	购买折扣	购买折扣
	减价优惠券	技术指导	广告津贴	销售竞赛
	折扣优惠	赠送零配件	经销竞赛	合作广告
	环境销售	赠送	展销	陈列折扣
	赠品	展销	—	展销
	表演展销	—	—	购买点陈列
	有奖销售	—	—	—
纺织服装批发商	—	购买折扣	—	购买折扣
纺织服装零售商	减价优惠券	—	—	—
	有奖销售	—	—	—
	价格优待	—	—	—
	赠送	—	—	—

纺织服装营业推广方式很多，纺织服装企业应根据纺织服装营业推广的目标、市场类型、竞争状况和营业推广方式的费用和效果，选择最合适的方式，常见的几种纺织服装营业推广方式如下。

（1）对消费者的营业推广方式

对消费者的纺织服装营业推广方式，主要介绍以下几种。

①减价优惠券。是指向消费者赠送或散发减价优惠券，持券人可凭券享受价格优惠待遇。纺织服装企业通常规定减价优惠券的有效期、减价纺织服装的品种和购货地点等。发行减价优惠券，常常采用邮寄或附在广告上赠送等形式，也可随所售纺织服装一起赠送。前者主要是向潜在的消费者发送，鼓励消费者购买；后者是从数量上鼓励消费者多购买本企业的纺织服装产品。

②折扣优惠。又称特卖或打折，是指通过降低纺织服装产品零售价格，来吸引更多消费者的一种纺织服装营业推广手段。这种营业推广手段常常为纺织服装企业所采用。例

如，对于号码不全的纺织服装产品或每至换季时，纺织服装企业为了减少库存积压，常常打折销售。折扣优惠与其他纺织服装营业推广方式结合起来，将会取得更好的效果。

③赠品。即对购买本企业纺织服装产品的消费者免费赠送纪念品、附带产品等，以赢得更多的购买者。纪念品可以到居民区赠送，也可以在商店或闹市区散发，还可以随同广告一起赠送。这种纺织服装营业推广方式，有利于销售纺织服装新产品，为新产品打开销路，但此种方式费用较高。例如，凡购买FUN牌纺织服装达到200元以上者，均可获赠一个大礼包。礼包中有的装有围巾，有的装有糖果，供消费者选择。

④表演展销。即通过举办纺织服装展销会，进行现场纺织服装表演、集中销售，招徕消费者。表演展销有纺织服装企业举办的专场纺织服装表演；有知名织服装设计师的专场发布，并通过织服装表演推出各自的流行预测。具有一定规模的织服装商场或购物中心，也可利用织服装表演达到吸引消费者注意、促进销售增长的目的。这种方法在纺织服营销活动中极为普遍，它能方便消费者选择和购买，从而促进和扩大纺织服装销售。纺织服装企业若能围绕一定的纺织服装主题组织展销活动，并同时配以广告宣传，会取得更好的促销效果。

⑤有奖销售。是指纺织服装企业销售纺织服装产品时，规定购买数量，当消费者达到规定的购买数量时，即可获得一定数量的奖券，中奖者持券兑奖。这种营业推广方式，利用了消费者的侥幸、追求刺激、好胜的心理，目的是希望抓住消费者的心，有利于纺织服装企业在较大的范围内迅速促成购买行为，并强化纺织服装产品在消费者心目中的形象。例如，凡在"十一"国庆节期间，购买李宁牌T恤衫，均可获赠奖券一张。奖券即开即兑，中奖者可用奖券购买同值李宁牌产品一件等。

⑥环境销售。主要是指纺织服装销售场合的购物环境。大多数的纺织服装名牌专卖店或纺织服装展示厅，从店面设计到店牌都有一定的规范讲究。例如，店内色调应与纺织服装企业形象、纺织服装品牌的色系相吻合，至少要保证不冲突，店内的现场广告牌、样品、照片、标志应突出品牌或纺织服装的风格主题，灯光也必须根据品牌格调进行调节。例如，销售休闲装，其灯光色调相对比较活泼、轻松。在佐丹奴、美斯特邦威等品牌的专卖店中，经常以流行音乐来吸引年轻的消费者，营业人员多穿着本品牌的当季纺织服装，以增强消费者的实际视觉效果。有些纺织服装专卖店还不定期地在店内举行小规模的现场时装表演，烘托现场气氛，吸引消费者观看和选购。

（2）对经销商的营业推广方式

对纺织服装经销商的纺织服装营业推广方式，主要是鼓励纺织服装经销商更多进货、促使纺织服装经销商更快销货的刺激措施，主要介绍以下几种。

①购买折扣。是指在某一段时间内进货可以享受特定的折扣，它可能是季节性的减价，也可能是特定时间段，像特殊事件、庆祝活动、展销期间、业务会议期间等的减价，或者为了进入某个竞争激烈的纺织服装市场，而采取的鼓励纺织服装经销商进货的政策。这种方法多为那些纺织服装品牌知名度不高的纺织服装企业采用，目的是取得经销商的合作，例如，淡季进货、购买库存纺织服装等。再如，数量折扣，即纺织服装企业按经销商购买纺织服装产品的数量多少，而给予对方一定的折扣。购买的数量越多，折扣越大。其目的是鼓励经销商，大批量购买企业的纺织服装产品。

②广告津贴。是指鼓励纺织服装经销商为企业的纺织服装广告或品牌，做一定形式的销售性广告而给予对方的补偿。但这种广告必须符合纺织服装企业的促销原则，或完全按

纺织服装企业的规定进行宣传。有的纺织服装企业为纺织服装经销商提供某些广告宣传的范本，并给予一定的广告费支持或折扣优惠，帮助纺织服装经销商更好地达到销售目标。纺织服装广告津贴可以是现金支付，也可以在货款中予以扣除。

③订货会和展示会。是指纺织服装订货会和纺织服装展示会。纺织服装企业经常以参加纺织服装订货会和新款发布会、展示会的形式，促进纺织服装交易。例如，在北京、上海、广州等地举办的中国国际服装服饰博览会，上海国际服装服饰博览会，广州（国际）流花纺织服装节等。全球每年的纺织服装展览活动，不仅吸引了国内众多纺织服装企业，还吸引了许多外国知名纺织服装品牌的参与，对纺织服装业的发展都具有很大的促进作用。我国纺织服装企业常在参加各地纺织服装节的时候，进行纺织服装订货；在纺织服装展销会期间举行各种宣传活动，像纺织服装表演、赠送礼品等来扩大影响，并配合其他措施促进纺织服装的销售。

④经销竞赛。是指纺织服装企业确定有效的纺织服装销售奖励办法，鼓励纺织服装经销商努力推销本企业的纺织服装产品，对销售成绩优异的纺织服装经销商给予一定的奖励的营业推广方式。奖励既可以是现金奖励，也可以是实物奖励。当纺织服装产品在同一市场上通过多家纺织服装经销商来销售时，纺织服装企业就可以定期在纺织服装经销商中间开展经销竞赛。

（3）**营业推广中的出样陈列**

出样陈列也称陈列展示，是纺织服装销售企业按照一定的要求或标准，有条理地把各种款式的纺织服装进行陈列。它是一种很适合纺织服装企业的营业推广方式，在纺织服装业中得到了广泛应用。

①作用。作为一种以实物宣传的方式，出样陈列有一些特殊的意义和作用：一是促进扩大纺织服装销售。纺织服装产品的特点是必须通过展示才能表现，图片或电视展示可以提高消费者兴趣，而实物展示则可使消费者产生强烈的购买欲望。因此，纺织服装企业要使纺织服装销售量扩大，很重要的一条就是要使各种纺织服装以美观、醒目、丰满、整洁的面貌同消费者见面；二是提高接待效率，方便消费者挑选。在现实生活中，消费者在选购纺织服装时，普遍的心理特点是喜欢看一看、摸一摸，并试穿下，因为纺织服装作为人体的包装，是非常受消费者重视的。一件好看的纺织服装并不适合于所有人，纺织服装的效果也只有通过试穿才能表现出来。因此，消费者要经过反复比较，才会放心地买下款式满意的纺织服装。纺织服装企业应迎合消费者的这种心理，做好纺织服装的陈列工作，对各类纺织服装的布局、摆放要恰当，系统条理，标价齐全，并配有简要醒目的文字说明，使消费者一目了然；三是美化环境，宣传企业。纺织服装橱窗陈列不仅能宣传本企业特有的纺织服装新品种、新款式，还可以以纺织服装产品本身的绚丽多姿来点缀和美化环境。

②要求。纺织服装陈列展示的要求：一是重视全面陈列。纺织服装企业要尽可能把所生产的各种花色品种的纺织服装，展示在消费者面前，使消费者感到纺织服装企业生产的纺织服装款式多、品种规格全，从而认为能选购到自己称心如意的纺织服装。同时，纺织服装企业还应尽量把纺织服装的质量、特点等展示出来，使消费者全面了解；二是讲究连带陈列。在纺织服装陈列摆设上，要适合消费者选购的习惯，并引起他们的联想。要采取连带陈列，使消费者便于挑选，例如，上装与裤子应在接近的地方陈列，或者是配套陈列等；三是注意条理陈列。纺织服装企业要注意陈列中的条理性，使纺织服装以美观、整洁、清晰的面貌展现在消费者面前，使消费者对纺织服装产生新鲜的感觉。例如，色泽搭

配合理，规格归类恰当，层次安排丰满，从而激起消费者新的购买欲望；四是探求艺术陈列。纺织服装企业应按纺织服装造型设计的特点，有意识地展示纺织服装各种不同角度的造型，使整套纺织服装线条流畅、造型优美，并富有质感；五是体现企业特色。纺织服装陈列，还应体现出本企业的经营特色和设计风格。千篇一律的陈列方式和风格，必然不会引起消费者的注意，也达不到促销的目的。个性化、风格化的陈列，使消费者一眼就能找到符合自己需要的纺织服装，这也是现代纺织服装企业必须追求的。

③技巧。陈列技巧的好坏，关系到纺织服装优势能否完全体现，进而影响到纺织服装的销售。纺织服装陈列技巧有很多，主要有三种：一是根据视线安排。纺织服装的主要品种要陈列在比较理想的位置，即中心位置。一般是在人们的水平视线范围内，要防止所陈列的纺织服装过高或过低，避免消费者因在观看陈列纺织服装时抬头、仰视、蹲下、俯视而产生不舒服的感觉；二是形体搭配。陈列的纺织服装，在形体安排上要灵活多样，要考虑各种纺织服装的不同款、不同花型、不同色泽的合理搭配，并能反映出鲜明的立体感，使纺织服装陈列达到多而不乱、活泼多姿的艺术效果；三是层次处理。对橱窗陈列的纺织服装，要根据橱窗的大小、深度条件，来构成层次分明、穿插恰当、疏密相称、格调和谐的统一体。另外，在纺织服装陈列中，要充分重视色彩运用、道具使用，以及决定图案设计、广告编写及灯光照明等的作用，这些对增强纺织服装陈列的宣传效果都十分有意义。

12.3.3 纺织服装营业推广策略

纺织服装企业不仅要了解各种纺织服装营业推广方式，而且还要制定和实施一套完整的纺织服装营业推广方案。纺织服装企业制定纺织服装营业推广策略的步骤，如图12-5所示。

```
第一步：确立纺织服装营业推广目标
          ↓
第二步：选择纺织服装营业推广方式
          ↓
第三步：制定纺织服装营业推广方案
          ↓
第四步：实施和评价纺织服装营业推广方案
```

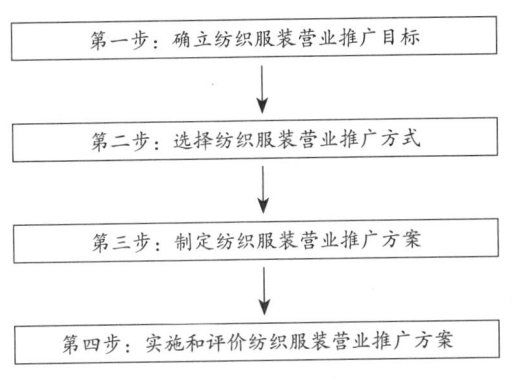

图12-5 制定纺织服装营业推广策略步骤

（1）确立纺织服装营业推广目标

纺织服装营业推广目标的确立，是制定纺织服装营业推广策略的前提，纺织服装企业应根据纺织服装目标市场的消费者和企业的销售总目标，以及竞争对手的营业推广策略等来确立。纺织服装营业推广目标可以有很多，沿用前面纺织服装营业推广方式的分类方法可以分为：消费促销目标和经销促销目标两类，前者是针对纺织服装消费者而建立的目标，而后者是针对纺织服装经销商而建立的目标。

①消费促销目标。主要目的是增加纺织服装企业的短期销售，进而有利于纺织服装企业扩大纺织服装市场份额。例如，提升纺织服装产品的知名度，促使犹豫不决的消费者下

定决心购买，鼓励消费者试用和重复地购买，改善纺织服装品牌形象，建立纺织服装品牌偏好等。

②经销促销目标。主要目的是让纺织服装经销商进行广告宣传，鼓励消费者购买，建立纺织服装品牌忠诚，以帮助纺织服装企业打开销路，销售更多的纺织服装产品。例如，帮助纺织服装经销商加快纺织服装产品流转速度，促使纺织服装经销商购买企业的纺织服装新产品，增加承销该产品的品种等。

（2）选择纺织服装营业推广方式

纺织服装营业推广的方式很多，但如果使用不当，则会适得其反。因此，选择合适的纺织服装营业推广方式，是取得营业推广效果的关键因素。在选择纺织服装营业推广方式时，纺织服装企业必须考虑纺织服装市场类型、消费者心理、促销目标、产品特点、竞争条件和环境、预算水平等因素，选择行之有效的纺织服装营业推广方式，并灵活多变地加以运用。纺织服装营业推广方式在前面已介绍过，此处不再重述。

（3）制定纺织服装营业推广方案

选择了具体的纺织服装营业推广方式之后，接下来就该制定具体的纺织服装营业推广方案了。纺织服装企业在制定纺织服装营业推广方案时，还应考虑许多因素，主要有以下几个方面的因素。

①刺激强度。是指纺织服装营业推广方式的刺激强度。纺织服装企业应选择费用有限、效率最高的刺激强度。纺织服装营业推广方式对消费者的刺激强度越大，纺织服装企业增加销售的可能性就越大。但是若刺激超过一定的限度后，就会造成纺织服装销售锐减。纺织服装企业应在总结以往经验的基础上，结合当时的纺织服装市场环境和预算开支，选择有效的纺织服装营业推广方式，选择适当的刺激强度。例如，一件高档纺织服装应季时售价为3000元，季末最有效的纺织服装营业推广方式就是降价处理，售价降为2000元。但是由此可能会造成部分消费者对本企业纺织服装产品不信任，怀疑纺织服装的质量和档次，从而不再购买本企业的纺织服装产品。

②对象。是指纺织服装营业推广的对象。纺织服装营业推广的对象可以是任何人，也可以是某一类群体。纺织服装营业推广对象选择的恰当与否，将直接影响促销的最终效果。例如，赠品是送给每一个人，还是仅给那些购买数量多的人；真维斯在一次促销活动中，为购买金额达到200元以上者，提供一顶真维斯休闲帽作为赠品；抽奖可能将纺织服装营业推广的对象限定在某一范围内，不允许纺织服装企业员工或某一特定年龄以下的人参加。通过确定纺织服装营业推广的对象，纺织服装企业可以集中精力实现纺织服装营业推广的目标。

③推广期限。是指纺织服装营业推广活动持续时间的长短。纺织服装企业何时开始这场促销活动，持续多长时间，这也是制订方案时必须考虑的因素。如果持续时间太短，纺织服装营业推广的信息就不能传达给更多的消费者；如果纺织服装营业推广的时间太长，则消费者可能认为这是长期降价，从而不会立即购买，同时消费者还会对纺织服装产品的质量产生怀疑。一般来说，每次纺织服装营业推广的期限，应以消费者的平均购买周期最为恰当。另外，纺织服装营业推广的频率也应有所限制，避免本企业的纺织服装产品在消费者心目中降低身价。

④推广途径。是指纺织服装营业推广媒体的推广途径。纺织服装企业选择了纺织服装营业推广方式后，还需进一步确定所选用纺织服装营业推广方式的推广途径。不同推广途

径消费者的接受程度是不一样的，而纺织服装企业为推广途径所做的预算也是不同的，纺织服装企业应选择最有效的推广途径。例如，为了促销男式西服而发放一张200元的减价优惠券，至少有以下几种发放途径：在零售店分发、邮寄、附在广告媒体上赠送、随其他纺织服装产品赠送。每一种途径的送达对象和费用都不相同：在零售店分发，是送达进店的每一个消费者；随其他纺织服装产品赠送，主要是送达本纺织服装品牌的经常使用者。而邮寄、附在广告媒体上赠送两种方式的费用可能较高。

⑤预算水平。是指纺织服装企业采用纺织服装营业推广方式的所有的费用支出总额，要考虑到纺织服装营业推广方式的使用范围、频率、纺织服装产品生命周期等因素。纺织服装营业推广总预算可以通过自下而上的方法确定，即纺织服装企业根据全年纺织服装营业推广活动的内容，所运用的纺织服装营业推广方式，以及相应的成本费用来确定纺织服装营业推广总预算。实际上，纺织服装营业推广总成本是由管理成本，例如，印刷费、邮寄费等，加诱因成本（像赠品、折扣等成本）乘以在纺织服装营业推广活动中售出的预期单位数量组成的。例如，南方纺织服装集团采取的纺织服装营业推广方式是随晚报向消费者分发减价优惠券，每张100元，预计纺织服装销售量为2万件。假定减价优惠券的印刷费为6000元，向报社支付一次性费用2000元，这项促销活动的预算为2008000元（100×20000+6000+2000=2008000）。

（4）**实施和评价纺织服装营业推广方案**

如果条件允许，纺织服装营业推广方案在正式实施之前，应经过必要的测试。测试可以通过询问消费者、发放问卷等方式进行。

①实施。是指实施纺织服装营业推广方案。在完成纺织服装营业推广方案的制订工作后，如果测试效果与预期接近，就可进入实施阶段了。纺织服装企业应选派合适的营销人员，按照纺织服装营业推广方案的进程安排，有条不紊地进行纺织服装营业推广活动。在实施过程中必须密切监测纺织服装市场反映，并及时进行必要的调整，以保证达到预期的促销效果。

②评价。是指评价纺织服装营业推广方案。当纺织服装营业推广活动完成后，纺织服装企业还应对其纺织服装营业推广方案的实施情况进行评价。这一环节常常不被纺织服装企业所重视，或者即使进行了评价，也很简单。对纺织服装营业推广方案的评价一般有以下几种方法：一是将纺织服装营业推广前、纺织服装营业推广期间和纺织服装营业推广后的经营状况进行对比分析。例如，金鸡毛巾在纺织服装营业推广前市场占有率为6%，纺织服装营业推广期间上升为10%，纺织服装营业推广后又降至5%，过一段时间又回升到7%。这些数据说明，企业的纺织服装营业推广方案在实施期间，吸引了一批新的顾客，并促使原来的顾客增加了购买量。纺织服装营业推广结束后马上降为5%，说明顾客尚未用完前一段多购的金鸡毛巾。回升到7%，说明纺织服装营业推广方案终于使一批新顾客成为老顾客。如果过一段时间市场占有率不是7%而仍旧是6%，那就说明这项纺织服装营业推广方案，只是暂时改变了需求的时间，并没有改变市场上对金鸡毛巾的总需求。二是对消费者进行调查，了解消费者对纺织服装营业推广活动的看法，以及后期的消费行为。同时，认真调查那些在纺织服装营业推广时期购买纺织服装产品、事后又转向其他纺织服装品牌的消费者，了解他们购买本企业纺织服装产品的诱因是什么，以及纺织服装营业推广活动如何影响了他们的购买行动。三是审查预算的执行情况，实际开支是否超出总预算水平，分析产生差异的原因，并制定修正措施；四是评价实施纺织服装营业推广活动过程

中，所把握的时机、失误，以及产生的作用和意义等。

12.4 纺织服装公共关系策略

纺织服装公共关系，是纺织服装促销组合中的又一重要手段。它不限于只是处理纺织服装企业与消费者之间的关系，更不限于简单的买卖关系，其目的是要搞好纺织服装企业与整个社会公众的关系，故此，它是一种着眼于纺织服装企业长期目标的间接的促销手段。

12.4.1 纺织服装公共关系概述

作为科学化、职业化的纺织服装公共关系活动是20世纪初才出现的，但很快便得到了广泛运用。纺织服装公共关系与纺织服装广告、纺织服装营业推广一样，也是一项非常重要的促销方式。纺织服装公共关系对于纺织服装企业争取广大消费者的理解、信任和支持，树立良好的纺织服装企业形象，具有重要的意义。

（1）纺织服装公共关系涵义

"公共关系"一词来自于英语Public Relations，简称PR，中文简称"公关"。任何一个社会组织在其运作发展过程中，都必然置身于一种多维关系网络中，像企业与其员工、股东、消费者、新闻媒介、社区、政府和竞争者等都会发生种种的社会关系。而构成这些社会关系的对象，就是该企业的公众。这里既有企业内部的各种关系，比如上下级关系、部门之间、个人之间的关系等，又有与企业外部门的各种关系，比如社区、政府、顾客、竞争者等关系。因此，纺织服装公共关系，是指纺织服装企业利用一切非商业方式，间接地向顾客、用户等公众介绍、宣传企业和产品的营销活动。纺织服装公共关系的任务，就是处理纺织服装企业与公众之间的沟通协调问题，使纺织服装企业在开展经营活动时，争取得到公众的理解和支持，从而优化纺织服装企业的生存发展环境。纺织服装企业开展公共关系活动，就是要达到"内求团结、外求发展"的目的。例如，上海工业缝纫机股份有限公司面对激烈的市场竞争，为了扩大销售，借公司股票上市之际，花了两个多月时间，全公司六千多名员工参与设计、讨论"上海工缝"的企业精神，员工们共提出了五百多条口号，最后评选出"上在效益，工在管理，精在品质，神在人和"的口号，大家为之振奋。与此同时，企业还利用三百多平方米的围墙，建成颇具创意的"上海工缝"员工之墙，让全公司从总经理到一般员工都用油漆将自己的名字签在"员工墙"上，形成六千员工共筑的"力量之墙"。此举起到了极大的凝聚效应和震撼效果，大大地促进了缝纫机的销售。一般来说，纺织服装信息传递，应包含四个要素：纺织服装信息发布者、所传播的纺织服装信息、纺织服装信息载体和纺织服装信息接收体，如图12-6所示。

纺织服装信息发布者 → 所传播的纺织服装信息 → 纺织服装信息载体 → 纺织服装信息接收体

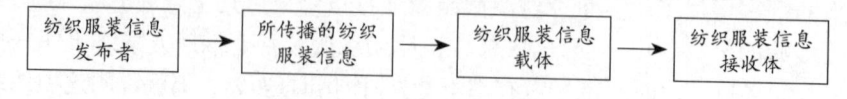

图12-6 纺织服装信息传递过程

（2）纺织服装公共关系特征

如图12-6所展示的纺织服装信息传递过程，是一个单向交流的过程。为了使纺织服装信息发布者能及时了解所发布的纺织服装信息是否传递出去，并被纺织服装信息接收体所正确理解，还需要纺织服装信息接收体做出信息反馈，这样才能构成完整的信息交流过程。因此，纺织服装公共关系有如下几方面特征。

①双向沟通是基础。在现代社会，社会组织与公众打交道，实际上是通过信息双向交流和沟通来实现的。正是通过这种双向交流和信息共享过程，才形成了组织与公众之间的共同利益和互动关系，这是公共关系区别于法律、道德和制度等意识形态的地方。在这里，纺织服装公共关系，是指纺织服装企业与消费者建立良好的关系，它一方面让消费者了解纺织服装企业，另一方面也使纺织服装企业了解消费者，实现纺织服装企业和消费者双方的交流和沟通，如图12-7所示。

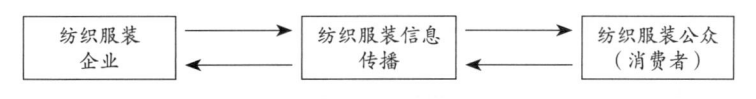

图12-7 纺织服装公共关系双向沟通示意图

②互惠互利是关键。许多纺织服装企业会把追求自身利益的最大化，作为经营的最终目标，但很多纺织服装企业在这一过程中却发生了迷失。有的为求得短时之利，最终却失去更多；有的甚至什么也没得到。造成这种现象的根本原因就在于：利益从来都是相互的，从来没有一厢情愿的利益。人际交往中人们常说，与人方便就是与己方便；而对纺织服装企业而言，只有在互惠互利的情况下，才能真正达到自身利益的最大化。纺织服装企业的公共关系活动之所以有成效、必要，恰恰在于它能协调双方的利益，通过纺织服装公共关系，可以实现双方利益的最大化，这也是具备公关意识的纺织服装企业和不具备公关意识的纺织服装企业的最大区别。

③树立形象是目标。在消费者中塑造、建立和维护纺织服装企业的良好形象，是纺织服装公共关系活动的根本目的，这就要求纺织服装企业必须有合理的经营决策机制，以及正确的经营理念和创新精神，并根据消费者、社会的需要及其变化，及时调整和修正自己的行为，不断地改进纺织服装产品和服务，以便在消费者面前树立良好的形象。纺织服装企业可以通过积极参与各种社会活动，来宣传纺织服装企业的经营宗旨和服务理念，并通过各种方式与消费者联络感情，从而加深社会各界对纺织服装企业的了解和信任，扩大纺织服装企业的知名度，最终达到扩大纺织服装企业销售的目的。

④长远观点是根本。纺织服装公共关系是通过协调沟通、树立纺织服装企业形象和产品形象、创造良好的社会环境，建立互惠互利关系的过程，这个过程既包括向消费者传递纺织服装信息的过程，也包括影响并改变消费者态度的过程，甚至还包括纺织服装企业转型，像改变现有形象、塑造新的形象的过程。所有这一切，都不是一朝一夕就能完成的，必须经过长期艰苦的努力。故此，在纺织服装公共关系工作中，公共关系组织和公关人员不应计较一城一池之得失，而要着眼于长远利益，只要持续不断地努力，付出总会有回报。

⑤真实真诚是准则。追求真实和真诚，是纺织服装公共关系工作的基本准则。自从"现代公关之父"美国人艾维·李（Lvy Lee）提出讲真话的准则以来，告诉消费者真相便一直是公关工作的信条。尤其是现代社会，纺织服装信息及传媒手段空前发达，这使得任何纺织服装企业都无法长期封锁、控制消息，以隐瞒真相，欺骗消费者。正如美国前总统林肯所说，你可以在某一时刻欺骗所有人，也可以在所有时刻欺骗某些人，但你绝对不能在所有时刻欺骗所有人，真相总会被人知道。故此，纺织服装公共关系强调真实、真诚准

则，这就要求公关人员实事求是地向消费者提供真实的纺织服装信息，以取得消费者的信任和理解。

(3) 纺织服装公共关系原则

①以满足需求为出发点原则。以满足需求为出发点原则，是指纺织服装公共关系要以满足消费者的需求作为出发点。纺织服装公共关系的客体是消费者，消费者的需求是多种多样的，既有物质需求，也有精神需求，并且消费者的需求会随着环境及自身情况的改变而改变，因此，纺织服装公共关系必须研究消费者的需求以及与此相关的态度、情感、认知等问题，以适应人们不断增长的物质需求和精神需求。

②以事实为基础原则。以事实为基础原则，是指纺织服装公共关系必须以事实作为基础。纺织服装公共关系作为一种传播活动和管理职能，必须尽可能全面、客观地掌握事实，并实事求是地传播信息。纺织服装公共关系包括对纺织服装企业产品的主要性能指标、纺织服装企业的特性和文化等方面信息的真实传播，这样才能使双方相互了解、相互信任，最终获得消费者的支持，进而提高纺织服装企业的经济效益。

③以社会效益为依据原则。以社会效益为依据原则，是指纺织服装公共关系必须以社会效益作为依据。社会效益，是纺织服装企业与消费者二者根本利益的结合点。只有以整个社会效益为依据，纺织服装企业才能获得客观而又明确的评判标准。故此，纺织服装公共关系既要对纺织服装企业本身负责，也要对消费者负责。

(4) 纺织服装公共关系类型

按照不同的划分依据，纺织服装公共关系的类型可分为：主体型、对象型、功能型三类。其中，纺织服装主体型公共关系可分为：工业企业公共关系、商业服务业企业公共关系、政府公共关系、事业团体公共关系四种；纺织服装对象型公共关系可分为：员工公共关系、消费者公共关系、政府公共关系、媒介公共关系、社区公共关系、竞争者公共关系、股东公共关系、国际公共公共关系八种；纺织服装功能型公共关系可分为：日常事务型公共关系、宣传型公共关系、征询型公共关系、危机型公共关系四种。

纺织服装功能型公共关系，是指按照纺织服装公共关系在纺织服装企业运行中所发挥的功用的不同而划分的公共关系。下面重点介绍纺织服装功能型公共关系。

①纺织服装日常事务型公共关系。是指在纺织服装企业的日常运行中，始终如一地贯彻公共关系工作的目标，在日常运行的各个环节、各个渠道都注意树立和维持纺织服装企业形象，把公共关系意识贯彻到每个成员的一言一行中的一种公共关系活动模式。例如，一家纺织服装企业，应该从纺织服装原材料采购，以及纺织服装设计、生产、销售等环节严格把关，并努力为消费者提供优质服务；同时在本企业职工的劳动保护、生活福利、医疗保险等方面也要倍加关怀。长此以往，通过一系列的日常事务，就会获得内、外顾客的满意，建立起纺织服装企业良好的声誉，进而赢得顾客的忠诚。

②纺织服装宣传型公共关系。是指运用各种传播媒介向社会各界公众有意识、有目的地传播有关纺织服装企业的信息，以影响和改变公众的态度、意见和行为，扩大纺织服装企业的社会影响，形成对纺织服装企业有利的舆论环境的一种公共关系活动模式。纺织服装宣传型公共关系的主要目的，是提高纺织服装企业的知名度和美誉度，因此，需要有效地利用各种传播媒介与公众进行沟通。例如，东山百货商店原来是一家业绩平平的区级百货商店，近年来却备受瞩目。如今，"东百"已跻身该市百货行业三强。它之所以能在竞争行业脱颖而出，原因是多方面的。而重视公共关系工作、塑造良好企业形象则是其中非

常重要的一条。像他们与新闻界等各方面人士保持着良好的关系，推出的各类公关广告宣传充满温馨感。另外，在公关活动策划组织上也很有创意，像声势浩大的"东百杯"粤港澳通俗歌手大奖赛这一公关活动，中秋节那天，粤港澳三地歌手同台演唱，十分轰动，大陆及港台的各新闻传媒也争相转播、报道，使"东百"的知名度大大提高。他们还先后组织了"特别的爱给特别的你"等外来工大型公关活动，并立足社区文化建设，倡导回报社会观念，得到了社会公众的广泛赞誉。

③纺织服装征询型公共关系。是指通过特定目的的公共关系调查活动，收集关于纺织服装市场、社会情况、公众意向等与纺织服装企业有关的信息，并进行整理、分析、研究，为纺织服装企业的经营管理提供科学依据，以促进纺织服装企业经营决策科学化、民主化的一种公共关系活动模式。纺织服装征询型公共关系的主要手段有：舆论调查、民意测验、市场综合分析等，此外，还有为消费者提供免费咨询服务，如有关纺织服装的挑选、穿用、洗涤、整理等知识的咨询。对纺织服装企业来说，纺织服装征询型公共关系既是获得信息的有效渠道，同时，也树立了纺织服装企业热心为消费者服务，对消费者负责，以及虚心接受批评建议的良好形象。例如，已经发展为内衣行业中知名品牌的"爱慕"，特别注重对消费者的培养，并为此做了大量的工作。如他们着手对处于发育期的少女，开办内衣方面的讲座，举办大学生联谊会，在最注重美的年龄传授给她们内衣的知识，使她们成为公司的消费者。在联谊会上邀请了喜爱"爱慕"内衣的消费者作为嘉宾，为大学生介绍内衣的流行趋势，还邀请专家向她们传授内衣知识，并成立"爱慕消费者俱乐部"等，真正体现了"爱慕"的"以人为本，共创美好生活"的企业宗旨。跨过传统的销售渠道和中间环节，与消费者直接沟通，既能经常地把"爱慕"新产品的信息传达给消费者，同时又可收集她们使用产品的意见，加快商业信息回馈的时效性，改善产品及服务品质，进而建立"爱慕"品牌相对固定的拥戴群体，这就是纺织服装征询型公共关系产生的效果。

④纺织服装危机型公共关系。是指当纺织服装企业形象受到损害时，立即采取一系列的有效措施，做好善后或修正工作，挽回声誉，重建纺织服装企业形象的一种公共关系活动模式，又称为纺织服装补救型公共关系或纺织服装矫正型公共关系。造成纺织服装企业形象受到损害，使纺织服装企业处于危机状态的因素有很多种，一般可归纳为两类：一种是由纺织服装企业自身原因引起的，例如，纺织服装产品质量问题，管理不善引起的重大事故，纺织服装企业的行为对社会及公众造成危害，纺织服装企业内部信息传播不畅等；另一种是由纺织服装企业外部因素引起的，如某些人或组织蓄意制造事端而引起的纺织服装企业形象受损，公众对纺织服装企业行为的误解，一些意外政策的制定和意外事件的发生等。防范危机首先要树立正确的危机意识，对可能面临的危机进行预测，及时做好预警工作，并拟定应急计划。其次一旦发生危机事件，公关工作人员要及时制定解决该事件的具体措施，以稳定事态，同时迅速进行现场调查。在处理危机事件时，要最大限度地平衡纺织服装企业与公众的利益，并及时准确地把有关信息公布于众，得到媒体的真实报道，掌握信息的控制权。最后要做好善后工作，努力沟通同主要公众的关系，得到社会广泛的谅解与支持，把危机的损失减少到最小，重塑纺织服装企业形象。

12.4.2 纺织服装公共关系策略

纺织服装公关策略既可以是针对一年或更长时间的长期计划，也可以是针对某一事件的短期计划。纺织服装企业制定纺织服装公共关系策略的步骤,如图12-8所示。

```
第一步:开展纺织服装公共关系调查
         ↓
第二步:制定纺织服装公共关系目标
         ↓
第三步:确定纺织服装公共关系对象
         ↓
第四步:选择纺织服装公共关系媒介
         ↓
第五步:实施纺织服装公共关系评估
```

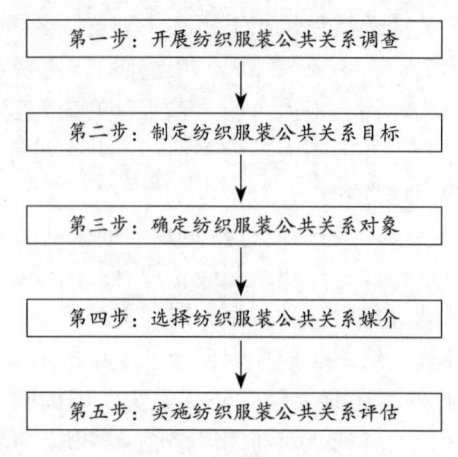

图12-8 制定纺织服装公共关系策略步骤

(1)开展纺织服装公共关系调查

开展任何有目的的纺织服装公共关系活动,都必须建立在充分掌握信息的基础上才能进行。故此,前期调查是纺织服装公关实务的第一个着眼点,是纺织服装企业开展公共关系的首要任务。纺织服装企业的调查既可以通过观察或对现有资料的统计分析来进行,也可直接深入公众搜集第一手资料。纺织服装公共关系调查一般包括以下几个方面的内容。

①关心度。是指消费者对纺织服装企业的关心程度。即消费者对纺织服装企业是漠不关心呢还是感兴趣,并设法使不关心纺织服装企业的消费者,努力转变为对纺织服装企业感兴趣的支持者。

②认知度。是指消费者对纺织服装企业的认知程度。也就是说,消费者对纺织服装企业的认知程度是一无所知,还是比较了解。因为在竞争激烈、产品差异并不十分显著的纺织服装市场上,纺织服装企业必须努力提高消费者对企业的认知程度,才有获胜的把握。

③态度。是指消费者对纺织服装企业的态度。即消费者对纺织服装企业是抱有好感,还是怀有敌意;是持有偏见,还是乐于接受。如果是怀有敌意或持有偏见,纺织服装企业就必须了解其原因,并设法去扭转这种不利的局面。

总之,在调查的基础上,就可以对纺织服装企业现状进行评价,内容涉及:产品性能、消费者的意见和看法、销售区实际销售报告、竞争状况、价格和价格变化的影响,以及各种宏观环境等。

(2)制定纺织服装公共关系目标

纺织服装公共关系目标,是纺织服装企业营销总目标的延伸和具体体现。纺织服装公共关系活动可能的目标很多,例如,改善纺织服装企业整体形象;加强纺织服装企业实力,防止被兼并;提高纺织服装品牌的知名度和美誉度;促进尽可能广泛的承销;改善纺织服装企业与社会团体的关系;支持赞助计划等。纺织服装公共关系目标不同,所采取的传播手段也就不同。故此,纺织服装企业在策划公共关系活动时,应首先制定活动的主要目标,在保证营销总目标的顺利实现的前提下,分清主次,选择其中一个或几个目标来完成。

（3）确定纺织服装公共关系对象

在选择传播手段之前，必须清楚地了解纺织服装企业公共关系的对象，即应与哪一类公众进行有效的沟通。纺织服装企业在进行信息传播活动时，纺织服装公共关系对象可能是多种多样的，主要有以下几个。

①消费者。为了建立与消费者间的良好关系，纺织服装企业应始终坚持为消费者提供满意服务的观念，与消费者进行有效的沟通，特别是注意处理与消费者的纠纷。

②经销商。纺织服装企业应及时迅速地给经销商提供品质优良、价格合理、设计新颖的适销对路商品，为经销商提供各种优惠、便利和服务。

③供应商。纺织服装企业与供应商保持良好的关系，以取得充足的原材料、零部件、工具、能源供应。

④社区。纺织服装企业应与所在地的工厂、机关、学校、医院、公益事业单位和居民，共建物质与精神文明，获取社区的谅解与支持。

⑤政府。纺织服装企业必须经常与政府有关部门进行沟通，及时了解有关的政策、法规和计划，创造纺织服装企业发展的良好政策环境。

⑥新闻媒体。是纺织服装公共关系的重要因素，它控制着最重要的公共沟通渠道，对纺织服装公共关系有着极其重要的作用。我们可以把新闻宣传比作一把双刃剑，既可以把你捧上天堂，也可以把你打入地狱。故此，纺织服装公共关系人员必须努力与新闻媒体建立良好的关系，保持与新闻界的联系。

除此之外，还应处理好与竞争对手的关系，在某些方面与竞争对手合作，解决共同关心的行业困难和问题，共同开拓纺织服装市场。因此，针对不同的纺织服装公共关系对象，应选择不同的传播手段，当然有时也能通过大众媒介如电视等，将几类纺织服装公共关系对象同时置于媒介覆盖范围之中。纺织服装企业在进行信息传播活动时，必须注意对症下药，这样才能取得事半功倍的效果。

（4）选择纺织服装公共关系媒介

纺织服装企业拥有的公共关系手段很多，形式也多种多样。纺织服装企业开展公共关系活动的主要的传播媒介大致可分为两类：一类是与广告相似的大众传播媒介，如报刊、杂志、电台、电视等；另一类是非媒体传播方式。归纳起来，主要有以下几种方式。

①借助。是指纺织服装公共关系要借助新闻媒体。纺织服装公共关系部门可以编写有关纺织服装企业产品和员工的新闻或举行活动，如纺织服装企业为希望工程举行赞助义演活动，或者参加全国性的大型活动等，创造机会，吸引新闻界和消费者的注意，扩大影响，提高知名度。例如，2008年四川汶川大地震发生以后，全社会怀着悲痛的心情开展灾后救援和重建工作，这时，中央电视台和香港等地多家新闻媒体、网络媒体都及时地举办赈灾文艺活动，许多纺织服装企业都踊跃出资、出物、出人力，捐助灾区，再次在消费者心中树立起良好的纺织服装企业形象，给消费者留下了深刻的印象，其效果远远大于广告的影响效应。

②赞助。是指纺织服装公共关系要参与和赞助各种社会公益事业。赞助有时是出于促销目的，有时是出于对公益事业的关心，如用于慈善事业、艺术、体育活动、大学奖学金等。但其中共同的公关因素，是在公众中树立纺织服装企业的良好形象。例如，国际F1摩托艇大赛在杭州西湖举行时，为避免在比赛中可能造成的西湖环境污染问题，杉杉纺织服装集团捐资50万元成立"西湖绿化环保基金"，号召全社会都来爱护美丽的西湖，美化我

们的生存环境。这一行动提高了杉杉集团的美誉度，赢得了良好的口碑。为了扶持高雅艺术的发展，同时提升杉杉品牌的艺术品位，杉杉集团还决定赞助中央音乐学院指挥系300万元，设立了"杉杉中国指挥育才基金"，这进一步树立了杉杉集团富有社会责任感和艺术品位的纺织服装企业形象，取得了极佳的效果。

③举办。是指纺织服装公共关系要举办或参与有影响力的活动。纺织服装企业举办或参与有影响的活动有很多，如演讲比赛、合办晚会、参与体育活动等。纺织服装公共关系要借助有影响力活动的覆盖面，引起消费者对纺织服装企业的关注，从而间接达到纺织服装公共关系的目的。例如，在每年3月举行的奥斯卡颁奖典礼上，都是奢侈品牌们的必争之地，因为那里聚集了一大群具有非凡号召力和巨大影响力的明星。当哈莉·贝瑞（Harry Berry）、妮可·基德曼（Nicole Kidman）这样的大明星,穿戴着由纺织服装奢侈品牌赞助的晚装、珠宝、皮鞋等，出现在全球观众瞩目的奥斯卡颁奖晚会上，出现在晚会结束之后，媒体铺天盖地的报道中时，纺织服装品牌信息早已悄无声息地进入到了观众们的脑海里，并与这些国际明星紧紧联系在了一起。这种活动要比单纯的投放明星代言的纺织服装广告、邀请明星出席纺织服装产品上市发布会等，更加能够吸引消费者的关注，在纺织服装品牌信息传递的手段上更加隐蔽，更容易被接受。

④展销会。是指纺织服装公共关系要举办或参与展览会或展销会。这是一种典型的综合运用多种传播的手段，主要通过实物、文字、图表来展现纺织服装企业的成效、风貌和特征。展览会和展销会是一种直观、形象和生动的传播方式，它综合了多种传播媒介的优点，能以讲解、交谈、宣传手册、介绍材料、照片、录像、幻灯、广播等不同形式吸引消费者，达到与消费者的双向沟通。

⑤特殊活动。是指纺织服装公共关系要举办或参与特殊纪念活动。每个纺织服装企业都有一些值得特殊纪念的活动，例如，纺织服装企业开业典礼、纺织服装企业周年纪念日、纺织服装产品获奖、纺织服装新产品试制成功等。利用特殊纪念日制造新闻，是影响消费者的极好机会。

⑥识别系统。是指纺织服装公共关系要建立纺织服装企业形象识别系统。一方面，建立纺织服装企业形象识别系统（CIS），如编制纺织服装企业年度报告、业务通讯、宣传手册、建设企业网站、光盘、视频材料等，内容可以包括：纺织服装企业历史、产品特色、营销策略、优秀职工等，这些材料在不同程度上可以影响纺织服装目标市场。另一方面，纺织服装企业为在消费者心目中，创造独特的企业形象和较高的认知率，可以通过周密的策划和设计，确定一个统一的标识体系，它包括以下三个方面：一是理念标志。理念标志，是指纺织服装企业的经营宗旨、经营方针、价值观念和行为准则。其语言要精练、富有哲理、易懂好记。例如，乔治·阿玛尼"不着痕迹的优雅"，CK服装"美感在简洁中产生"。二是行为标志。行为标志，是由纺织服装企业完善的组织结构、制度、管理、福利和员工行为准则构成，体现了纺织服装企业理念和独特的纺织服装企业文化。员工在这样一个纺织服装企业价值观环境中，能够很好地服从和服务于纺织服装企业的经营目标和要求。三是视觉标志。视觉标志，是由特定的字体、图案、造型和色彩组成的纺织服装企业名称的标准书法和企业标志等，常被印制在纺织服装企业产品包装、个人名片、信笺文具等办公用品，员工纺织服装、车辆、用具、厂房和办公楼的外装修上，以及指示牌和广告中。设计和实施统一识别系统，既是管理过程，也是一种纺织服装公共关系宣传手段，需要全面规划和长期大量持续的投入。现代著名的纺织服装企业都有各自独特的识

别系统，例如，杉杉的清新自然，美尔雅的典雅浪漫，好来西的飘逸洒脱，仕奇的稳重自信，均取得了较好的纺织服装企业形象和社会影响。

（5）**实施纺织服装公共关系评估**

在纺织服装公共关系活动之后，纺织服装企业还要对纺织服装公共关系效果，实施评估。对纺织服装公共关系活动的评估，主要根据以下标准。

①展露率。是指纺织服装企业或产品在不同媒体上出现的频率和次数。但展露并不一定有效果，所以展露率不能作为唯一标准。

②理解率。是指在纺织服装公共关系活动之后，考察消费者对纺织服装企业产品的知晓、理解、态度，比较开展纺织服装公共关系活动之前有何变化。

③销售增长率。是指考察、衡量在其他促销方式和营销手段、市场环境不变的前提下，开展纺织服装公共关系活动一段时间后，纺织服装产品销售的增长情况。

12.5 纺织服装人员推销策略

12.5.1 纺织服装人员推销概述

（1）**纺织服装人员推销含义**

纺织服装人员推销，是指纺织服装企业派出推销人员或委派专职推销机构，向纺织服装目标市场的消费者和用户推销产品或服务的经营活动。纺织服装人员推销的核心问题是说服，即说服纺织服装目标顾客，使其接受其推销的纺织服装产品或服务。纺织服装店铺的售货员、团体采购中的纺织服装推销人员，都是纺织服装人员推销的主体。纺织服装人员推销既是一种古老的促销方式，也是纺织服装现代产品销售的一种重要手段。

（2）**纺织服装人员推销特点**

纺织服装人员推销与纺织服装广告、纺织服装营业推广等非人员推销相比，具有无法比拟的优势，归纳起来，纺织服装人员推销有如下特点：

①双重性。是指纺织服装人员推销目的的双重性。在纺织服装人员推销活动中，纺织服装推销人员不仅通过交往、鼓励、讨价还价，将纺织服装商品卖出去，还要通过宣传、答疑、微笑、参谋、承诺来促使消费者愿意购买，并在购买中获得满意和满足。可见，纺织服装人员推销不是单纯意义的买卖关系，它一方面要推介纺织服装企业、推销纺织服装产品；另一方面要满足消费者需要，建立同消费者的情感友谊和良好关系，以利于开展"关系营销"。纺织服装人员推销的双重目的是相辅相成、相互联系的。

②双向性。是指纺织服装信息传递的双向性。双向的纺织服装信息沟通，是区别于其他纺织服装促销手段的重要标志。在纺织服装人员推销过程中，一方面，纺织服装推销人员与推销对象（消费者）直接对话，可以面对面地观察对方的态度，了解对方的需求，并及时采用适当的措施和语言来排除顾虑、解答疑难，达到促进纺织服装产品销售的目的；另一方面，纺织服装推销人员必须把从消费者那里了解到的有关纺织服装产品和企业的信息，例如，消费者对纺织服装产品的意见、要求，对纺织服装企业的态度、信誉、产品市场占有率等，反馈给纺织服装企业，以便更好地满足需求，扩大销售，取得良好的纺织服装营销效果。

③多样性。是指纺织服装人员推销能满足多样性的需求。消费者的需求是多种多样的，但是通过纺织服装推销人员有针对性的宣传、介绍，可以满足消费者对纺织服装商品

信息的需求；通过直接销售方式，可以满足消费者方便购买的需求；通过为消费者提供售前、售中、售后服务，可以满足消费者在技术服务方面的需求；通过纺织服装推销人员礼貌、真诚、热情的服务，可以满足消费者心理上的需求；最重要的还是通过纺织服装产品的使用效能，来满足消费者对纺织服装商品使用价值的需求。

④灵活性。是指纺织服装人员推销过程的灵活性。在纺织服装人员推销过程中，买卖双方直接联系、现场洽谈，互动灵活、反应迅速。纺织服装推销人员要根据消费者的态度和反应，把握其心理，从其感兴趣的角度介绍纺织服装商品，以吸引其注意，并及时发现问题，进行解释和协调，抓住有利时机促成消费者的购买行为。但必须注意，即使未能成交，纺织服装推销人员也应与消费者之间保持和建立起良好的人际关系。

纺织服装人员推销也有不足之处，主要表现在两个方面：一是费用支出较大。由于纺织服装人员推销直接接触消费者的有限，销售面窄，纺织服装人员推销的开支较多，增大了纺织服装产品销售成本。二是对纺织服装推销人员要求较高。纺织服装人员推销的成效，直接决定于纺织服装推销人员素质的高低。尤其随着科技的发展，纺织服装新产品层出不穷，对纺织服装推销人员的要求越来越高。

（3）纺织服装人员推销种类

纺织服装人员推销的种类，主要有以下几种类型。

①厂家推销。是指纺织服装生产厂家的人员推销，即纺织服装生产厂家雇用推销人员，向纺织服装中间商或其他厂家推销纺织服装产品。纺织服装日用消费品生产厂家的推销人员，往往将纺织服装中间商作为他们的推销对象；而纺织服装工业品生产厂家的推销人员，则把他们的纺织服装产品作为生产资料的其他生产厂家，作为推销对象。

②批发商推销。是指纺织服装批发商的人员推销。纺织服装批发商往往也雇用成百上千名推销人员，在指定区域向纺织服装零售商推销纺织服装产品。纺织服装零售商也常常依靠这些推销人员，来对纺织服装商店的货物需求、货源、进货量和库存量等进行评估。

③零售商推销。是指纺织服装零售商的人员推销。纺织服装零售商推销，往往是消费者上门，而不是纺织服装推销人员拜访消费者。

④直接推销。是指直接针对消费者的纺织服装人员推销。直接推销在纺织服装零售推销中所占比重不大，但却是纺织服装推销力量中的一个重要部分，有其特殊优点和作用。

（4）纺织服装人员推销形式

纺织服装人员推销的形式多种多样，各纺织服装企业实施的重点也各不相同，但基本形式一般包括上门推销、柜台推销和会议推销三种。

①上门推销。是指由纺织服装推销人员携带纺织服装样品、说明书和订单等走访消费者，推销纺织服装产品的形式。这是一种纺织服装推销人员向消费者靠拢的积极主动的"蜜蜂经营法"，这种推销形式可以针对消费者的需要提供有效的服务，方便消费者，所以被消费者广泛认可和接受。上门推销，它是最常见的纺织服装人员推销形式之一。

②柜台推销。又称门市，是指纺织服装企业在适当地点设置固定门市，由纺织服装营业员接待进入门市的消费者，推销纺织服装产品的形式。门市的营业员是广义的纺织服装推销人员，纺织服装零售和批发商店的营业员，实质上都是推销人员。他们在与消费者当面接触和交谈中介绍纺织服装商品、回答询问、促成生意。柜台推销与上门推销正好相反，它是一种"等客上门"式的推销方式。由于门市里的纺织服装产品种类齐全，能满足消费者多方面的购买要求，为消费者提供较多的购买方便，并且可以保证纺织服装产品完

好无损，因此，消费者比较乐于接受这种方式。

③会议推销。是指利用各种会议向与会人员宣传和介绍纺织服装产品，开展纺织服装推销活动的形式。例如，在订货会、交易会、博览会、展销会等会上推销纺织服装产品。这种推销形式具有群体推销、接触面广、推销集中、成交额大等特点，可以同时向多个推销对象推销纺织服装产品，只要纺织服装产品对路、价格合理，就容易达成大批量的交易，取得显著的推销效果。

12.5.2 纺织服装人员推销程序

纺织服装人员推销的程序，一般包括前后衔接的三个阶段，如图12-9所示。

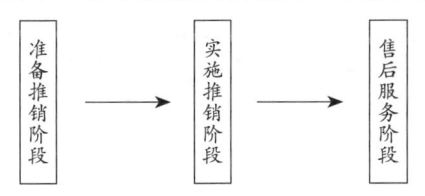

准备推销阶段 → 实施推销阶段 → 售后服务阶段

图12-9 纺织服装人员推销的程序

（1）准备推销阶段

准备推销阶段，是指为了保证纺织服装推销任务的顺利完成，纺织服装推销人员在开始工作之前，要进行纺织服装推销的准备工作。纺织服装推销准备，具体内容包括：掌握基本情况、设计推销路线、订立谈判原则、了解消费者特点、制定洽谈要点等。

（2）实施推销阶段

实施推销阶段，这是纺织服装推销人员的实质性工作阶段。纺织服装推销人员从事推销面谈时，往往要经过四个过程，相应地就有四种对策。

①吸引。是指吸引消费者的注意力。吸引消费者注意并使之产生良好的反应，是全部纺织服装推销活动顺利开展的前提。要引起注意，纺织服装推销人员要处理好四个问题：一是说好第一句话；二是要用肯定的语气说话；三是要抓住消费者关心的问题；四是要拿出新招。

②诱导。是指诱导消费者的购买兴趣。实践证明，诱导消费者兴趣的最好办法是做示范。纺织服装推销人员通过面对面的示范表演，让消费者耳闻目睹，或让消费者自己进行试验，直接体会纺织服装产品的性能、特点。如果纺织服装产品不便携带，可通过间接示范办法，如出示鉴定书等，以诱导其购买的兴趣。

③激发。是指激发消费者的购买欲望。消费者的购买兴趣，来自纺织服装企业的产品和对产品的宣传介绍。纺织服装推销人员如果能将纺织服装产品的介绍，与消费者的需要相联系，就会激发消费者的购买欲望，形成购买动机。

④促成。是指促成消费者的购买行为。纺织服装推销人员促成消费者购买行为的方法，主要有：一是优点汇集法，即纺织服装推销人员把消费者感兴趣的纺织服装商品优点，与从中可得到的利益汇集起来，在纺织服装推销结束前，将其集中再现，促成消费者的购买。二是假定法，即纺织服装推销人员假定消费者已经购买，然后询问其所关心的问题，或谈及其使用纺织服装商品的计划，以此促进消费者的购买。三是优惠法，即纺织服装推销人员利用消费者追求实惠的心理，通过提供优惠条件，促使消费者立即购买。四是保证法，即纺织服装推销人员通过纺织服装售后服务保证，如包修、包换、定期检查等，克服消费者购买纺织服装产品的心理障碍，促成消费者购买行为的实现。

（3）售后服务阶段

售后服务阶段，是指纺织服装推销人员为已购买纺织服装商品的消费者，提供各种售后跟踪服务的活动。售后服务阶段，是纺织服装人员推销的最后环节，也是新的纺织服装推销工作的起点。售后跟踪服务，能加深消费者对纺织服装企业和产品的信赖，促使消费者重复购买，同时还可获得各种反馈信息，为纺织服装企业决策提供依据。

12.5.3 纺织服装人员推销方案设计

纺织服装人员推销方案的设计，一般包括以下几方面内容。

（1）推销队伍的任务

纺织服装推销队伍的任务，主要有以下几项。

①挖掘和培养新顾客。纺织服装推销人员首要的任务，是不间断地寻找纺织服装企业的新顾客，包括：寻找潜在顾客和吸引竞争者的顾客，积聚更多的顾客资源，这是纺织服装企业市场开拓的基础。

②培育企业忠实顾客。纺织服装推销人员应该通过努力与老顾客建立莫逆之交的关系，使纺织服装企业始终保持一批忠实顾客，这是纺织服装企业市场稳定的基石。

③提供服务。纺织服装推销人员应该为消费者提供咨询、技术指导、迅速安全交货、售后回访、售后系列服务等服务，以服务来赢得消费者的信任。

④沟通信息。纺织服装推销人员应该熟练地传递纺织服装企业各种信息，说服、劝导消费者购买本企业纺织服装产品。在纺织服装信息传递的过程中，关注消费者对纺织服装企业产品的信息反馈，主动听取消费者对纺织服装产品、企业的意见和建议。

⑤产品销售。纺织服装推销人员努力的最终成果，应该是源源不断地给纺织服装企业带来订货单，把纺织服装企业产品销售出去，实现纺织服装企业的销售目标。

（2）推销队伍的结构

纺织服装推销队伍结构，主要有以下几种。

①按地区划分。是指按地区划分的结构，即按地理区域配备纺织服装推销人员，设置纺织服装销售机构，纺织服装推销人员在规定的区域，负责销售纺织服装企业的各种产品。其优点是：责任明确，有助于与消费者建立牢固的关系，可以节省纺织服装推销费用，这种结构适合纺织服装产品品种简单的纺织服装企业。

②按产品划分。是指按纺织服装产品划分的结构，即按纺织服装产品线配备推销人员，设置纺织服装销售机构，每组推销人员负责一条纺织服装产品线，在所有地区市场的销售。其条件是：纺织服装产品技术性强，品种多且其相关性不强。

③按顾客划分。是指按顾客类别划分的结构，即按某种标准（如纺织服装行业、客户规模）把顾客分类，再据此配备纺织服装推销人员，设置纺织服装销售结构。其优点是：能满足不同纺织服装用户需求，提高纺织服装推销成功率。缺点是：纺织服装推销费用增加，难以覆盖更广市场。

④复合式。是指复合式的结构，即将上述三种结构结合起来，或按区域—产品，或按区域—顾客，或按区域—产品—顾客，来组建纺织服装销售机构或分配纺织服装推销人员。一般来说，当纺织服装大企业拥有多种纺织服装产品，且销售区域相当广阔时，适宜采取这种结构。

（3）推销人员的角色

纺织服装推销人员的角色，主要有以下几种。

①热心服务者。纺织服装推销人员，是纺织服装目标顾客的服务人员。纺织服装推销人员帮助消费者排忧解难，解答咨询，提供纺织服装产品使用指导，其服务质量和热情，赢得了消费者的信任和偏爱。

②信息情报员。纺织服装推销人员，是纺织服装企业信息的重要反馈渠道，基于他们的工作特点，广泛接触社会各个方面，不仅可以收集目标顾客的需求信息，还能收集竞争者信息、宏观经济方面信息和科技发展状况信息，使纺织服装营销决策者能迅速把握外部环境的动态，及时作出反应。

③企业形象代表。纺织服装推销人员，是纺织服装企业派往目标市场的形象代表，他们主动热情的工作、积极的态度乃至一言一行，都代表了纺织服装企业形象，是纺织服装企业文化和经营理念的传播者。

④"客户经理"。当纺织服装推销人员面对一群消费者，做营销沟通工作时，他们所担任的就是"客户经理"角色，在纺织服装企业营销战略和政策指导下，行使一定的决策权，例如，纺织服装交易条款的磋商，交货时间的确认等。

（4）推销人员的激励和考核

①激励。纺织服装企业通常用于激励推销员的主要手段，主要有以下两种：一是销售定额。订立销售定额，是纺织服装企业的普遍做法。它规定纺织服装推销人员在一年中应销售多少数额，并按产品加以确定，然后把报酬与定额完成情况挂起钩来。每个地区的纺织服装销售经理将地区的年度定额，在各纺织服装推销人员中进行分配。二是佣金制度。纺织服装企业为了使预期的销售定额得以实现，还要采取相应的鼓励措施，例如，送礼、奖金、销售竞赛、旅游等，而其中最为常见的是佣金。佣金制度，是指纺织服装企业按销售额或利润额的大小，给予纺织服装推销人员固定的或根据情况可调整比率的报酬。佣金制度能鼓励纺织服装推销人员尽最大努力工作，并使纺织服装销售费用与现期收益紧密相连；同时，纺织服装企业还可根据不同纺织服装产品、工作性质，给予纺织服装推销人员不同的佣金。

②考核。对纺织服装推销人员的业绩考核是分配报酬的依据，而且是纺织服装企业调整市场营销战略，促使纺织服装推销人员更好地为企业服务的基础。故此，加强对纺织服装推销人员的业绩考核评估是十分必要的。业绩评估必须以准确的信息和翔实的数据为基础，所以管理部门应建立一套评估指标体系，随时注意搜集有关信息和资料、数据。纺织服装推销人员的考核：一是要明确考核途径，其途径主要有：纺织服装推销人员的记事卡、纺织服装推销人员的销售工作报告、消费者的评价、纺织服装企业内部员工的评价等。二是要明确考核标准，其标准主要有：纺织服装销售计划完成率、销售毛利率、销售费用率、货款回收率、客户访问率、访问成功率、消费者投诉次数、培育新客户数量等。

（5）推销人员的培训

纺织服装推销人员在正式开展业务以前，必须进行一定时间的培训，掌握纺织服装推销工作的知识和技巧。纺织服装推销员的培训内容，主要包括以下几点。

①企业情况介绍。主要是使纺织服装推销员了解纺织服装企业的经营方针、策略、未来的发展构想，纺织服装企业内部组织机构、人事管理和劳动报酬等。

②产品线的概念或季节主题。主要是使纺织服装推销员了解所推销纺织服装产品的性

能、特点以及竞争产品的情况。

③产品的展示技能。是指陈列中的纺织服装店铺规划（结构、布局、货架）等的陈列和纺织服装产品、色彩、饰品搭配陈列，以及纺织服装人员的陈列等。

④商品的知识。主要包括：面料成分、穿着搭配、商品的潜在价值等。

⑤市场介绍。主要是使纺织服装推销员，了解纺织服装企业的目标顾客的类型、地区分布、购买动机和潜在顾客等。

⑥推销技术介绍。主要是向纺织服装推销员介绍：纺织服装推销的方法、步骤、技巧，以及消费者心理等。

⑦工作规程介绍。主要是使纺织服装推销员，了解和熟悉纺织服装业务工作的规则和程序，例如，填写单据、发货和退货手续等。

纺织服装推销员的培训方法，可以采取讲课或示范教学、讨论等集体培训法，也可以采用模拟形式或请有经验的纺织服装推销人员，进行"传、帮、带"等个别训练。

12.5.4 纺织服装人员推销策略

（1）推销策略

纺织服装人员推销策略，一般常用的有以下几种。

①试探性策略。也称"刺激—反应"策略，是指纺织服装推销人员利用刺激性较强的方法引发消费者购买行为的一种推销策略。即在不了解消费者需要的情况下，纺织服装推销员事先准备好要说的话，通过声、色、动、静的刺激，对消费者进行试探，同时密切注意对方的反应，然后根据其反应采取具体的推销措施。这些措施包括：示范操作、商品出样、图片资料、展示赠送商品说明书等，以引发消费者的关注，并及时有效地处理消费者异议，排除成交障碍，促使消费者采取购买行为。消费者一般都会有某种需求，通过自己对这项纺织服装产品的功能进行评价，来判断这种产品是否合适。故此，纺织服装推销员要做的便是，努力发现消费者的需求，然后解说纺织服装产品如何正好能满足消费者这方面的需要。成功的纺织服装推销员会见什么人说什么话，例如，消费者开玩笑，推销员马上回以同等的幽默；消费者希望了解更多细节，推销员会立即提供；消费者最感兴趣的是纺织服装商品本身，推销员则把重点放在纺织服装商品上。有时候为了表现出与消费者有同样的感觉，纺织服装推销员甚至还可能采用与消费者相似的身体语言。纺织服装推销员就是通过这种和消费者的面对面的交流，运用自己的推销技巧，使消费者在非理性的心理机制的作用下产生购买行为。

②针对性策略。也称"配合—成交"策略，是指纺织服装推销人员利用针对性较强的说服方法，促使消费者发生购买行为的一种推销策略。纺织服装推销人员在已经基本了解消费者有关需求的前提下，事先设计好针对性强、投其所好的推销语言和措施，这些措施包括：有的放矢地宣传和介绍纺织服装商品的特点；说服消费者购买等。在运用这一策略时，要使消费者感到纺织服装推销人员的确是自己的好参谋，是真心为自己服务的，从而产生强烈的信任感，愉快地成交。这种策略的特点，是事先基本了解消费者的某些方面的需要，然后有针对性地进行"说服"，当讲到"点子"上引起消费者共鸣时，就有可能促成成交易。

③诱导性策略。也称"诱发—满足"策略，是指纺织服装推销人员运用诱导服务方法，使消费者发生购买行为的一种推销策略。这是一种创造性推销，这种策略要求纺织服

装推销人员首先设法唤起消费者的潜在需求，因此，纺织服装推销人员要先设计出"如果消费者购买该纺织服装商品将会带来什么利益"等建议，诱发消费者产生需求，并激起消费者迫切希望实现这种需求的强烈动机，其次充分抓住时机向消费者介绍纺织服装商品的效用，说明我所推销的这种纺织服装产品能较好地满足这种需求，真正起到诱导作用，在"不知不觉"中成交。诱导性策略，要求纺织服装推销人员有较高的推销技巧。

④公式性策略。也称"语言—公式"策略，是指纺织服装推销人员运用语言公式方法，使消费者发生购买行为的一种推销策略。即纺织服装推销人员根据对消费者心理的分析、纺织服装市场调查，设计纺织服装推销逻辑定式和语言要点，所形成的纺织服装推销员标准推销方式。

（2）推销技巧

在纺织服装人员推销策略的实施过程中，避免不了相应技巧的运用。

①上门推销技巧。主要包括：找好上门对象；做好上门推销前的准备工作；掌握"开门"的方法；把握适当的成交时机；学会推销的谈话艺术。因此，纺织服装推销人员要做到礼貌在先、活泼不轻浮、主动不呆板、谦逊不骄傲、敏捷不冒失、直率不鲁莽，要努力创建和谐的洽谈氛围。

②洽谈艺术技巧。即纺织服装推销人员首先要注意自己的仪表和服饰打扮，给消费者一个良好的印象；同时，言行举止要文明、懂礼貌、有修养。在开始洽谈时，纺织服装推销人员应巧妙地把谈话转入正题，做到自然、轻松、适时，并围绕主题目标进行交流，尽力实现阶段性或整体性目标。在与消费者语言交流时，可采取以关心、赞誉、请教、炫耀、探讨等方式入题，顺利地提出洽谈的内容，语言内容层次分明、循序渐进、步步为营，保持语言流畅，达到使消费者广泛注意、集中思想、饶有兴趣之目的。在洽谈过程中，纺织服装推销人员应谦虚谨言，注意让消费者多说话，认真倾听，表示关注与兴趣，并作出积极的反应。遇到障碍时，要细心分析，耐心说服，排除疑虑，争取推销成功。在交谈中，语言要客观、全面，既要说明优点所在，也要如实反映缺点。洽谈成功后，纺织服装推销人员应该用友好的态度和巧妙的方法，祝贺消费者做了笔好生意，并指导对方做好合约中的重要细节和其他一些注意事项。

③排除推销障碍技巧。纺织服装推销人员在推销活动中，经常会遇到推销阻力，排除推销障碍技巧，主要包括：一是排除消费者异议障碍。若发现消费者欲言又止，自方应主动少说话，直截了当地请对方充分发表意见，以自由问答的方式真诚地与消费者交换意见。对于一时难以纠正的偏见，可将话题转移。对恶意的反对意见，可以"装聋扮哑"。二是排除价格障碍。当消费者认为价格偏高时，应充分介绍和展示纺织服装产品、服务的特色和价值，使消费者感到质优价高"一分钱一分货"；对低价的看法，应介绍定价低的原因，让消费者感到物美价廉。三是排除习惯势力障碍。实事求是地介绍消费者不熟悉的纺织服装产品或服务，并将其与他们已熟悉的产品或服务相比较，让消费者乐于接受新的消费观念。

核心概念

1. 纺织服装促销：是纺织服装促进销售的简称，是指让纺织服装目标客户及时和尽可能多地了解纺织服装产品，以达到加快销售的目的。

2. 纺织服装促销组合：是指纺织服装企业根据纺织服装产品的特点和营销目标，综合各种影响因素，对各种促销方式的选择、编配和运用，达到纺织服装营销之目的的技巧。

3. 纺织服装广告：是指纺织服装企业通过一定的媒体向目标消费者传递纺织服装产品和服务信息，从而扩大纺织服装销售的一种信息传播方式。

4. 纺织服装营业推广：也称纺织服装销售促进，是指纺织服装企业在特定的目标市场中，为迅速刺激需求和鼓励消费者积极购买企业的纺织服装产品或服务的促销措施。

5. 纺织服装公共关系：是指纺织服装企业利用一切非商业方式，间接地向顾客、用户等公众介绍、宣传企业和产品的营销活动。

6. 纺织服装人员推销：是指纺织服装企业派出推销人员或委派专职推销机构，向纺织服装目标市场的消费者和用户推销产品或服务的经营活动。

复习思考

1. 单项选择题

（1）纺织服装大众推广、纺织服装公共关系和纺织服装营业推广，又称作（　　）。
　　A. 纺织服装人员推销　　　　　　B. 纺织服装广告促销
　　C. 纺织服装非人员推销　　　　　D. 纺织服装网络营销

（2）（　　）是指纺织服装企业运用人员推销的方式，把纺织服装产品推向纺织服装市场的策略。
　　A. 推式促销策略　　　　　　　　B. 拉式促销策略
　　C. 直接促销策略　　　　　　　　D. 间接促销策略

（3）纺织服装广告是（　　）。
　　A. 非商业广告　　　　　　　　　B. 商业广告
　　C. 非公益广告　　　　　　　　　D. 公益广告

（4）（　　）的关键因素是短期激励、刺激性和见效快，并使它成为导致消费者购买纺织服装行为的直接诱因。
　　A. 纺织服装广告　　　　　　　　B. 纺织服装公共关系
　　C. 纺织服装人员推销　　　　　　D. 纺织服装营业推广

（5）纺织服装企业利用一切非商业方式间接地向顾客、用户等公众介绍、宣传企业和产品的营销活动是（　　）。
　　A. 纺织服装广告　　　　　　　　B. 纺织服装公共关系
　　C. 纺织服装营业推广　　　　　　D. 纺织服装人员推销

（6）（　　）既是一种古老的促销方式，也是纺织服装现代产品销售的一种重要手段。
　　A. 纺织服装广告　　　　　　　　B. 纺织服装公共关系
　　C. 纺织服装人员推销　　　　　　D. 纺织服装营业推广

2. 多项选择题

（1）在制定纺织服装促销组合和促销策略时，主要应考虑（　　）因素。
　　A. 促销目标　　　　　　　　　　B. 产品因素
　　C. 市场条件　　　　　　　　　　D. 促销预算

（2）纺织服装广告的作用，主要表现在信息传播、（　　）方面。
　　A. 促进消费　　　　　　　　　B. 引领时尚
　　C. 促进竞争　　　　　　　　　D. 美化生活
（3）对消费者的纺织服装营业推广方式，主要有赠品、（　　）等。
　　A. 折扣优惠　　　　　　　　　B. 有奖销售
　　C. 环境销售　　　　　　　　　D. 广告津贴
（4）纺织服装公共关系原则有（　　）。
　　A. 以满足需求为出发点原则　　B. 以事实为基础原则
　　C. 以企业效益为依据原则　　　D. 以社会效益为依据原则
（5）纺织服装人员推销策略，一般常用的有（　　）。
　　A. 试探性策略　　　　　　　　B. 针对性策略
　　C. 诱导性策略　　　　　　　　D. 公式性策略

3. 判断题（正确打"√"，错误打"×"）
（1）拉式促销策略也称非人员推销策略。（　　）
（2）信息传播是纺织服装广告最基本的功能。（　　）
（3）纺织服装营业推广是战术性的措施而非战略性的营销工具。（　　）
（4）纺织服装企业开展公共关系活动，就是要达到"内求团结、外求发展"的目的。（　　）
（5）纺织服装人员推销的核心问题不是说服。（　　）
（6）试探性策略也称"配合——成交"策略。（　　）

4. 简答题
（1）什么是纺织服装促销和促销组合？纺织服装促销组合策略有哪些？
（2）纺织服装广告有哪些特征？
（3）举例说明纺织服装营业推广有何作用。
（4）纺织服装公共关系可分为哪些类型？
（5）纺织服装人员推销的程序如何？

案例分析

鸿星尔克的促销组合

经过不懈的努力，鸿星尔克研发中心终于研发出了代表国产运动鞋最新技术GDS减震系统。GDS减震系统融合了高密度耐磨独立抓地系统、超强避震系统、包覆式稳定科技、内部空气循环系统四大功能系统，在舒适性、耐磨性、透气排汗、减震等性能上达到了专业运动鞋的要求。鸿星尔克网球鞋在"网球风云榜"评选中，还与NIKE和ADIDAS同列三强。但是，GDS减震系统的科技对销售者来说是冷冰冰的形象，如何将产品获得这种高科技附加的价值告知消费者，从而在消费者心目中建立起与众不同的个性和获得独特的价值，还要进行大力的营销推广。鸿星尔克品牌管理中心提出了"科技营销，立体传播"的全新品牌营销管理理论，利用促销四式，不断保持市场沸度。

　　促销第一式：广告通关

鸿星尔克品牌管理中心认为，鸿星尔克的整个广告传播策略都应该围绕着执行公司品牌战略进行。GDS减震系统作为一项新技术，怎样才能让消费者在最短的时间内理解？怎样才能有效区别于传统的明星代言？怎样才能代表鸿星尔克GDS减震系统专业运动鞋品牌形象？经过无数次的争论，机械腿的形象越来越清晰的展现在品牌管理中心工作人员面前。第一，机械腿与跑鞋相结合本身就是顺理成章的事情，而且3D方式可以全方位的表现GDS减震系统这一新技术，这明显是明星代言难以诠释的。第二，不论是机械腿的广告创意还是科技创新、领跑未来的广告文案，都准确无误地表达了鸿星尔克集团"科技领跑未来"的品牌理念。于是，以科技创新、领跑未来为核心的机械腿功能诉求广告由此诞生。随后鸿星尔克换下了以前花重金聘请香港红星陈小春，以韩国歌后张娜拉作形象代言人的名人广告。事实证明，崭新的制作手法和创意风格，使人们记住了鸿星尔克GDS减震系统，更记住了鸿星尔克走科技创新之路的专业化运动鞋品牌形象。

促销第二式：公关助阵

GDS减震系统作为鸿星尔克科技领跑的有力佐证，虽说真金不怕火炼，但是在国产运动鞋无科技含量的舆论背景下，GDS会不会被有关媒体质疑炒作？鸿星尔克品牌管理中心在新技术出笼的喜悦中，预测了在推广过程中可能突发的问题，所以GDS减震系统必须在恰当的时机上市，鸿星尔克选择在第六届晋江国际鞋博会上推出自己的秘密武器。为了吸引众多的厂商及媒体对GDS减震系统的关注，鸿星尔克品牌管理中心在展台设计上颇费心机。在鞋博会上，鸿星尔克的主形象墙分子结构的领跑者形象，与科技领跑的会展主题交相辉映，其展示空间无论是设计元素还是ERKE特有的蓝色色调和银灰色的应用，均凸显了科技感。果不其然，鸿星尔克首款采用GDS减震系统跑鞋系列，在鞋博会上的强势亮相引起了媒体的广泛关注。因此，鸿星尔克高层敏锐地觉察到：现在正是借力打力的好时机，专门邀请了相关的媒体记者到厂参观，并安排技术人员对GDS减震技术进行详细讲解，同时介绍了鸿星尔克科技领跑的一贯主张，很快各大媒体对其进行了报道。

促销第三式：活动配合

鸿星尔克之所以能成功实施品牌突围，还有一个重要的原因，就是将诚信始终贯彻营销始末。由于单项广告宣传与消费者难以形成沟通，而且依据鸿星尔克与央视长期合作的经验和调查发现，运动鞋行业的广告互动活动几乎为零。因此，为了将GDS减震系统全面呈现给消费者，鸿星尔克特意组织策划了为期一个月的"看鸿星尔克电视广告，赢电脑大奖"活动。鸿星尔克对此次活动进行了周密安排。首先，整个活动都在公证处的监督下进行，而且电脑、MP3等所有奖项都是名优产品。其次，凡光临鸿星尔克专卖网点或登录鸿星尔克网站填写"鸿星尔克央视广告有奖收视调查表"者，就有机会参加抽奖活动。同时，为配合此次活动，在"五一"期间，还专门开展了"现刮现奖，当场兑奖"活动。第三，所有获奖名单都在相关媒体进行公布。凭借前期充分的准备和后期良好的执行力，本次活动鸿星尔克共收到了参与活动的回执单60万份，企业网站也收到近100万份电子回执单，远远超出了预期的10万份的目标。活动期间，从百度、谷歌、雅虎等著名搜索引擎的搜索栏上输入"鸿星尔克"，就可以获得百篇介绍鸿星尔克此次活动的相关文章，通过电视广告受众互动参与抽奖的方式，调动了消费者的参与热情，扩大了企业的知名度，鸿星尔克达到了二次宣传的效果。

促销第四式：发力终端

拥有一流的理念，一流的产品，但如果少了终端销售这一"短板"，投入越大，水平越高，危机反而越大。鸿星尔克GDS减震系统在终端卖场，广受消费者及经销商的好评，还得益于其活动、广告与终端的有效配合。新产品上市之前，鸿星尔克就以"诚信营销"为核心，对如何有效进入销售市场，如何增加及整合资源进行了深入的研究。为落实品牌突围战略，鸿星尔克在全年度的系列促销方案中，配合新的广告传播活动，将广告运动和销售运动进行完美结合，让广告传播的品牌精神在销售活动中与顾客互动。

实际上，把战略思考能力融入促销活动中，是鸿星尔克完成品牌突围的关键。在促销活动实施前，鸿星尔克就明确了自己的活动目标：一是深化品牌形象，透过渠道展示和销售活动展现专业化的品质追求，延续"科技创新"的影响力；二是将传统销售方式进行统一规划，烘托市场氛围，实现销售结果最大化。在具体执行上，为配合央视广告互动活动，平面杂志广告、店内POP、户外广告、车体广告及产品海报统一都以功能诉求为主，以"机械腿"为表现形式，各种宣传方式相互整合。为了使消费者充分了解GDS减震系统，鸿星尔克为该系列产品设计了专门的品牌，以便消费者能在终端卖场里一眼就能认出GDS来。同时，还为该系列产品专门设计了一本"GDS功能手册"，向经销商和消费者详细介绍GDS功能。并且对导购员培训和市场业务人员巡回宣传，使所有的导购人员均能进行GDS减震系统功能的详细宣传。整个传播系列交相辉映，使"机械腿"形象深入人心，同时鸿星尔克的专业运动鞋品牌形象也初步建立。（根据有关资料改写）

【问题分析】
1. 什么是纺织服装促销组合？
2. 鸿星尔克是如何突围成功的？
3. 鸿星尔克给我们带来了什么启示？

实战演练

活动12-1
活动主题：认知体验纺织服装促销
活动目的：增加感性认识，实地体验纺织服装促销。
活动形式：
1. 人员：将全班分成若干小组，3~5人为一组，以小组为单位开展活动。
2. 时间：与教学时间同步。
3. 方式：为某纺织服装企业或纺织服装产品，设计一份节日促销方案。

活动内容和要求：
1. 活动之前要熟练掌握纺织服装促销、纺织服装促销组合、纺织服装促销策略等知识点，做好相应的知识准备。
2. 能科学、合理地运用和设计纺织服装促销的策略组合。
3. 以小组为单位提交书面的方案。
4. 方案撰写时间为3~5天。
5. 授课教师可根据每个小组提供的书面方案按质量评分，并计入学期总成绩。

习题参考答案

项目一　认识纺织服装企业生产经营管理

任务1　关于纺织服装企业生产经营管理

1. 单项选择题
   （1）D　（2）A　（3）C　（4）B　（5）C
2. 多项选择题
   （1）AC　（2）ABCD　（3）ABCD　（4）ABCD　（5）BD
3. 判断题
   （1）×　（2）×　（3）×　（4）√　（5）×
4. 简答题

（1）现代化纺织服装企业生产经营管理的特征就是：科学化的管理方法、电子化的管理手段、高效化的管理组织、专业化的管理人员、数字化的管理技术和民主化的管理方式。

（2）在纺织服装生产企业中，纺织服装生产过程是由多方面因素构成，主要包括：资金、人员、加工技术、机器设备、材料和市场信息。以上因素表面都是相对独立的，但实质上它们都是相互作用的。

（3）纺织服装企业生产管理的指导原则是：
①坚持市场中心；
②注重经济效益；
③组织均衡生产；
④实行科学管理；
⑤实施可持续发展。

（4）我国现代纺织服装企业经营思想，应遵照有中国特色社会主义市场经济体制确定，具体是：
①市场观念；
②战略观念；
③客户观念；
④竞争观念；
⑤人才观念；
⑥信息观念；
⑦质量观念；
⑧开发观念；
⑨效益观念；
⑩创新观念。

（5）要想制定出合理、适宜的纺织服装企业经营目标，使之发挥应有的作用，必须遵循以下原则：

①现实性原则；

②关键性原则；

③激励性原则；

④一致性原则；

⑤灵活性原则；

⑥定量性原则。

【案例分析】

1．纺织服装企业生产经营管理学，是工业企业管理学的一个有机组成部分，是为适应纺织服装社会化大生产发展要求，从长期实践中产生，由现代系统管理的管理理论、原则、制度、技术、方法、手段所组成，用以指导人们科学合理地使用人力、物力、财力，并有效地组织管理纺织服装企业生产经营活动的一门科学。

2．略。

项目二　扫描纺织服装企业生产管理

任务2　如何实施纺织服装企业生产计划

1．单项选择题

（1）C　（2）D　（3）C　（4）B　（5）A

2．多项选择题

（1）ABCD　（2）ABCD　（3）BCD　（4）ABC　（5）ABCD

3．判断题

（1）×　（2）√　（3）√　（4）×　（5）√

4．简答题

（1）按纺织服装企业接受生产任务的方式，可以分为：订货型生产和预测型生产两种生产类型。

①订货型生产，这种纺织服装企业的生产特点是"以销定产"，不会出现产品过剩（产品库存），但工作量不稳定。其生产管理的重点是"抓交货期"，按"期"组织纺织服装生产过程各环节的衔接平衡，保证如期交货。此种生产类型的优点是：投资少、风险小、适应性强、占用场地少。其缺点是：利润低、竞争能力小、不能承接特殊加急订单。

②预测型生产，也称储备生产，这种生产类型的特点是"以产定销"，所以工作量稳定在一定的生产水准，但若预测失误，将会产生库存和资金积压。其生产管理的重点是抓"供、产、销"之间的衔接，按"量"组织纺织服装生产过程。

（2）纺织服装企业生产过程组织的基本内容，是空间组织和时间组织，任何生产过程必须占有一定空间，在空间上需要哪些生产环节，这些环节之间如何配合，才能实现纺织服装企业生产过程的目的，这就是生产过程的空间组织。同时，任何生产过程也必须占有一定时间，在时间上需要这些环节之间如何密切配合、相互衔接，才能尽快生产出纺织服装产品，这就是生产过程的时间组织。这两者是相互联系、相互作用的。

（3）纺织服装企业生产计划的主要指标有：

①产品质量指标；

②产品品种指标；

③产品产量指标；

④产值指标。

（4）纺织服装企业生产计划制订要做好如下工作：

①生产前准备；

②生产日程；

③安排方法；

④安排原则。

（5）纺织服装生产进度控制，是指对纺织服装原材料投入生产到成品入库为止的全过程的控制，是纺织服装生产控制的关键。具体做法如下：

①生产调度；

②生产记录；

③加班。

【案例分析】

1. 纺织服装企业生产计划，是指纺织服装企业在一定时期内（一般指年度、季度、月份），从市场需求出发，根据对纺织服装产品、产量、质量的要求，以及对应投入产出的时间、生产规模、水平、速度等事先的设想。

纺织服装企业生产控制，是指在纺织服装企业生产计划执行过程中，对有关纺织服装产品生产的数量、品质和进度的控制。

2. 纺织服装生产的QR模式特点：就是根据市场和消费者的变化、不同消费群体、不同消费层次的需求变化，及时、尽快地调整企业的纺织服装生产数量、花色品种、款式，是一种应对市场需求变化的"快速反应"生产模式。

纺织服装的QR生产制作模式，能够为纺织服装生产企业带来高收益，使库存量大幅下降，高附加值的订单量扩大。

任务3　如何进行纺织服装企业质量管理

1. 单项选择题

（1）B　（2）C　（3）A　（4）D　（5）A

2. 多项选择题

（1）ABCD　（2）ACD　（3）ABCD　（4）ABC　（5）ABCD

3. 判断题

（1）√　（2）×　（3）√　（4）×　（5）√

4. 简答题

（1）纺织服装企业全面质量管理的特点，可以概括为"三全一多"：即全面的管理、全过程的管理、全员参加和多种管理方法并用。

（2）纺织服装企业开展全面质量管理，必须做好一系列基础工作，其中关系最直接的包括：信息工作、计量工作、标准化工作、教育工作、质量小组工作及质量责任制工作等，这些工作以纺织服装产品质量为中心，互相联系、互相制约、互相促进，形成全面质量管理的基础工作体系。

（3）纺织服装企业质量检验的项目，可以概括为以下十一个方面：一是原辅材料入库前的质量检验；二是库存原材料保管状况的质量检验；三是领用原辅料的质量检验；四是设备采购保管、使用检查和检验；五是生产环境检查；六是裁剪过程的质量检验；七是缝制过程的质量检验；八是熨烫质量检验；九是外加工和联办企业的质量检验；十是成品检验；十一是出厂检验。

（4）造成纺织服装产品质量波动性的原因是：人（人的技术素质和思想素质）；机器（如平缝机及各种特种机械）；材料（包括材料成分，物理性能和化学性能等）；方法（如加工工艺、操作规程等）；测量（如测量设备、测试手段、测试方法等因素）；环境工作现场的温度、湿度、照明、噪音和清洁条件等，通常称为六大影响因素。

（5）纺织服装质量管理常用方法有：

①分类法，也称分层法或分组法，就是把收集来的原始质量数据，按照一定的目的和要求加以分类整理，以便分析质量问题及其影响因素的一种方法。

②帕罗托（Pareto）图法，也称排列图法或主次因素排列图，是用以找出影响纺织服装产品质量主要问题的一种有效方法。

③因果图法，也叫特性因素图法，又因其形状关系而称为树枝图法或鱼刺图法，是用于分析纺织服装质量问题产生原因的一种图表方法。

④检验明细表法，是指将索赔件数、疵点数等内容，按不同部门、不同车间及不同原因分类检验的表格方法。

⑤直方图法，就是指通过观察纺织服装质量数据波动的规律，来了解纺织服装产品总体质量波动情况的一种图表方法。

⑥控制图法，也称管理图法，是画有控制界限的一种图表方法。

⑦相关图法，也称相关分析图法或散布图法，是指收集有对应关系的两种变量数据，将两种数据分别按横坐标与纵坐标的对应关系标出，根据图表观察特性与要因之间是否存在相关关系的一种图表方法。

【案例分析】

1. 纺织服装产品质量，是指纺织服装产品满足规定需要或潜在需要的特征和特性的总和。

纺织服装质量管理，是指为确定和达到质量要求所必需的职能和活动的管理，是全部管理职能的一个方面，该管理职能负责质量方针的制定与实施。

2. 波司登股份有限公司多年来始终坚持推行卓越绩效管理模式，秉承"追求卓越、永不满足"的核心价值观，在企业经营、管理等方面取得了优异的成绩。波司登连续13年全国销量遥遥领先，在争创全国质量奖过程中，公司经历了一个从单纯的产品质量管理，到产品、服务、过程、资源、战略、企业文化及相关方面管理的重大转变。在质量管理方面，波司登始终坚持把质量看成是企业的立身之本，全面推行ISO 9001质量管理体系。公司还建立了羽绒服行业首家原辅料检测中心——波司登测试中心，并通过了国家实验室认可委员会的认可；在品牌建设方面，波司登坚持不懈创名牌，走出了一条民营企业实施名牌战略的成功之路。自从"波司登"羽绒服被国家工商总局认定为中国驰名商标后，又连续两次被国家质检总局认定为中国名牌产品、国家出口免验商品。现在公司拥有1个世界名牌产品，1个出口免验产品，4个中国名牌产品，5个中国驰名商标；在售后服务方面，"最大可能地满足消费者的需求"是波司登的服务宗旨，"宁可自己吃亏，也不让消费者受损"的服务理念，是波司登羽绒服"世界名牌"的信誉所在。

任务4　如何管理纺织服装企业供应链

1. 单项选择题
   （1）C　（2）B　（3）A　（4）C　（5）D
2. 多项选择题
   （1）ACD　（2）BCD　（3）ABCD　（4）ABCD　（5）ABCD
3. 判断题
   （1）√　（2）√　（3）×　（4）×　（5）√
4. 简答题

（1）由于供应链牵涉多方，所以对供应链的管理能力就可以构成纺织服装企业的核心竞争力。这便形成了纺织服装企业供应链管理的三个层次：即战略层、战术层、作业层。战略层，是指上、下游厂商的选择与谈判，工厂、仓库及销售中心的数量、布局和能力，供应链协同的管理；战术层，是指配额的分配，采购和生产决策、库存策略和运输策略；作业层，是指具体的生产计划、运输路线安排等。纺织服装企业要对供应链不同的层面，实施协调统一的策略，才能充分发挥供应链管理的作用。

（2）纺织服装物料，主要是指纺织服装企业生产经营活动中所消耗的各种生产资料。包括以下几个方面：

①主要原材料，是指经加工后构成纺织服装产品主要实体的材料。例如，服装生产企业的主要原材料有面料和里料。

②辅助材料，是指用于生产过程，有助于纺织服装产品的形成，但不构成产品主要实体的材料。例如，服装生产企业的辅助材料，主要包括：线、扣子、拉链以及各种衬布、装饰配件、花边等。

③间接材料或工具，是指纺织服装生产中消耗的，不在纺织服装产品中体现出来的材料。例如，服装生产企业的间接材料，像纸板、划粉等。

④在制品或半成品，是指未完成的纺织服装产品，需进行进一步的加工。例如，服装生产企业的在制品，像领、袖、前片等。

⑤成品，是指加工完成可以交付的纺织服装产品。例如，服装生产企业的成品，像衬衫、西裤等。

（3）在供应链中，纺织服装物料管理要实现的目标包括：

①低价格，即以低价格来采购物料，以降低纺织服装产品成本，提高利润。

②存货周转率，是指销货成本除以平均存货。存货周转率愈高，表示销售量愈大，而且存货愈少，因此，积压在存货上的资金就少，资金的使用率就高。

③低物料保管成本，即在物料验收、搬运及存储方面，能有效率的运作，以减低保管及取得成本。

（4）纺织服装库存，是指纺织服装企业用于今后销售或使用的储备物料（包括原材料、半成品、成品等不同形态）。例如，服装企业布仓里的布匹、辅料仓里的辅料、成品仓里的成衣都属于库存。

库存的作用主要在于：能防止短缺、有效地缓解供需矛盾，使生产尽可能均衡地进行；另一方面库存占用了大量的资金，发生库存成本，减少了纺织服装企业利润，甚至导致企业亏损。因此，一定量的库存有利于调节供需之间的不平衡，保证纺织服装企业按时、快速交货，可以尽快地满足顾客需求，缩短订货周期。

（5）根据管理的需要和物料的性质，清仓盘点通常采取定期检查、不定期检查和永续盘点三种方法。盘点主要包括：检查账面数与实存数是否相符；及时掌握库存的变动情况；检查各类货物有无超储、变质和损坏；检查库容是否整齐；检查仓库设备和安全设施有无损坏等。如果发现问题要查明原因和责任，对于超储积压的货物要做出处理。

5. 计算题

解：由京纶公司的情况，可知：纺织服装产品价格 $P = 10$ 元/件，需求量 $D = 8000$ 件/年，订货成本 $S = 30$ 元/次，订货提前期 $LT = 2$ 周。单位维持库存成本 $H = 10 \times 30\% = 3$ 元/（件·年）。

所以，经济订货批量为：

$$EOQ = \sqrt{\frac{2DS}{H}} = \sqrt{\frac{2 \times 8000 \times 30}{3}} = 400（件）$$

最低年总费用为：

$C = P \times D +（D/EOQ）\times S +（EOQ/2）\times H$
$= 8000 \times 10 +（8000/400）\times 30 +（400/2）\times 3 = 81200（元）$

年订购次数为：

$n = D/EOQ = 8000/400 = 20$

一年为52周，则订货点为：

$RP =（D/52）\times LT = 8000/52 \times 2 = 307.7（件）\approx 308（件）$

【案例分析】

1. 纺织服装企业供应链，是指围绕纺织服装企业，通过对物流、信息流、资金流的控制，从采购原材料（包括主、辅料）开始，制成中间产品以及最终产品，最后由销售网络把产品送到消费者手中的将供应商、制造商、分销商、零售商和最终客户连成一个整体的功能网链结构模式。

纺织服装企业供应链管理（SCM），是指对整个供应链系统进行计划、协调、操作、控制和优化的各种活动和过程，其目标是将客户所需的正确的产品（Right Product），能够在正确的时间（Right Time）按照正确的数量（Right Quantity）、正确的质量（Right Quality）和正确的状态（Right Status），送到正确的地点（Right Place），交给正确的客户（Right Customer），即"7R"，并使总成本最小。

2. 李宁公司的供应链管理的成功做法是：

①李宁公司是国内第一家采用SAP的R/3系统，并附加AFS服装与鞋业行业解决方案

企业。

②根据销售回款的历史记录，公司指定经销商信用级别，通过SAP系统对经销商进行严格的信用管理。

③建立的供应商评估制度。公司对技术、开发、材料、业务、QC（品质控制）、质量管理六个部门各建立了一个是表格进行打分，对供应商的良品率、返工率、成本结构等环节定期进行评估，供应商的表现有了量化的分析，业绩好坏一目了然，对方心里也有了谱，知道该从哪个环节进行改进。

④实施供应商的退出机制，以形成供应商系统的优胜劣汰和良性循环。退出机制仍是依据数据分析进行的，将交货率、良品率、品质稳定性、未来可发展性以及李宁在客户中的排名等各项指标的KPI都摆出来，与供应商进行协商对比，达成共识后就启动退出程序。

⑤公司还很看重合作伙伴对李宁公司及其产品的认识，以及将来的发展方向是否和公司一致。公司希望它的合作伙伴都能够把李宁公司排在前三位，最好是第一位。为了实现品牌专业化的发展目标，公司很重视供应商的研发方向是否和自己一致，公司会给供应商灌输专业的市场化需求趋势，以保证产品在研发和制造环节的专业化。因为只有这样，李宁公司才有可能在最短时间内整合整个行业最好的资源，同时通过资源整合发挥整条供应链的最大效率，最终打造世界顶级体育运动品牌形象。

任务5 如何控制纺织服装企业生产成本

1. 单项选择题

（1）D （2）C （3）B （4）A （5）D

2. 多项选择题

（1）ABC （2）BD （3）ABCD （4）ABCD （5）BCD

3. 判断题

（1）× （2）× （3）√ （4）√ （5）√

4. 简答题

（1）纺织服装企业生产特点与成本算法的关系，如下表所示。

纺织服装企业生产特点与成本算法关系

工艺技术	生产组织	成本算法	备注
简单生产	大量生产	品种法	—
复杂生产	大量生产	分步法	连续式
	成批生产	分步法	装配式，大批生产
		分批法	装配式，小批生产
	单件生产	分批法	装配式

（2）对纺织服装企业进行成本控制，有着其重要意义，具体如下：

①进行成本控制，是纺织服装企业发展的基础；

②进行成本控制，是纺织服装企业增加盈利的根本途径，并直接服务于企业的目的；

③进行成本控制，是纺织服装企业抵抗内外压力、求得生存的主要保障。

成本控制原则是：

①目标管理原则；

②例外管理原则；

③责、权、利相结合原则；

④全面性原则。

（3）按照控制时期的不同，通常纺织服装企业成本控制可分为：事前成本控制和日常成本控制，而事前成本控制，又可分为预防性成本控制和前馈性成本控制。

企业成本控制的方法有很多，主要有：标准成本控制、目标成本控制、质量成本控制、使用寿命周期成本控制等，一般来说，纺织服装企业常用的方法是标准成本控制和目标成本控制。

（4）纺织服装企业财务报表分析的根据，主要有：①资产负债表，它是反映纺织服装企业某一特定日期财务状况的会计报表，为财务报表分析提供基本财务数据。②利润表，它是反映纺织服装企业在一定期间生产经营成果的会计报表。③现金流量表，它是指反映纺织服装企业一定会计期间内有关现金和现金等价物的流入与流出的会计报表。④所有者权益变动表，它是对资产负债表中"所有者权益"项目的进一步说明，反映了构成所有者权益的各组成部分当期的增减变动数额以及原因。⑤财务报表附注，它是对资产负债表、利润表、现金流量表、所有者权益变动表等报表中所列是项目的进一步说明，是纺织服装企业财务报表不可或缺的重要组成部分。

纺织服装企业常用的财务报表分析法方法，主要有：综合评分法、指标分解法、比较分析法和趋势分析法等。

（5）根据纺织服装企业财务报表数据，通过对财务比率的分析，可以从多个方面量化反映纺织服装企业的财务与经营状况。具体做法如下：

①发展能力分析，它是指对纺织服装企业经营规模、资本增值、生产经营成果、财务成果的变动趋势进行分析，综合评价纺织服装企业未来的营运能力及获利能力。主要分析指标有：利润增长率、营运资金增长率、营业收入增长率、资本积累率、总资产增长率等。

②营运能力分析，营运能力，是指通过纺织服装企业生产经营资金周转速度的有关指标，反映出来的纺织服装企业资金利用的效率，表明纺织服装企业管理人员经营管理运用资金的能力。主要指标包括：固定资产周转率、流动资产周转率、营运资金周转率、应收账款周转率、存货周转率、总资产周转率等。

③获利能力分析，纺织服装企业获利能力的衡量指标，主要包括：成本费用利润率、净资产收益率、营业利润率、总资产报酬率等。

④偿债能力分析，偿债能力，是指纺织服装企业对所承担的债务的偿还能力。偿债能力分析，主要包括：短期偿债能力分析和长期偿债能力分析。

【案例分析】

1. 纺织服装企业生产成本控制，是指纺织服装企业运用以成本会计为主的各种方法，预定成本限额，按限额开支成本和费用，以实际成本和成本限额比较，衡量企业经营活动的成绩和效果，并以例外管理原则纠正不利差异，以提高工作效率。

纺织服装企业财务报表分析，是指对纺织服装企业财务报表的有关数据进行汇总、计算、对比，以综合的分析和评价纺织服装企业的财务状况和经营成果。

2．（略）

项目三　扫描纺织服装企业经营管理

任务6　纺织服装企业如何经营

1．单项选择

（1）D　（2）A　（3）D　（4）B　（5）C

2．多项选择

（1）ABCD　（2）ABCD　（3）ABD　（4）ABCD　（5）ABCD

3．判断题（正确打"√"，错误打"×"）

（1）√　（2）√　（3）×　（4）√　（5）×

4．简答题

（1）纺织服装企业经营计划的重要作用如下：

①规定目标，是指纺织服装企业经营计划规定了预期的纺织服装经营目标和需要解决的主要问题。

②明确策略和方案，是指纺织服装企业经营计划明确了为达到纺织服装经营目标，而采取的纺织服装经营策略和行动方案。

③有了依据，是指纺织服装企业经营计划是纺织服装经营组织实施、控制、监督的依据。

④降低费用，是指纺织服装企业经营计划使纺织服装企业的经营活动变得经济合理。

⑤减少风险，是指纺织服装企业经营计划可使纺织服装企业进一步明确纺织服装经营环境的影响，最大限度地减少风险。

（2）纺织服装企业经营计划的主要类型包括：

①按计划时期的长短，纺织服装企业经营计划可分为：纺织服装经营长期计划、纺织服装经营中期计划和纺织服装经营短期计划。纺织服装经营长期计划的期限一般为5年以上，有的长达20年甚至更长的时期。它是纺织服装企业对未来较长时期内的经营活动进行战略部署和安排的计划，是纺织服装企业编制中期计划的依据。纺织服装经营中期计划，介于长期计划和短期计划之间，期限为1～5年，它根据长期计划的任务要求，确定分年度的实施步骤及具体目标。纺织服装经营短期计划，期限通常为1年。

②按计划涉及的范围，纺织服装企业经营计划可分为：纺织服装总体经营计划和纺织服装专项经营计划。

③按计划的程度，纺织服装企业经营计划可分为：纺织服装经营战略计划、纺织服装经营策略计划和纺织服装经营作业计划。

④按计划的作用，纺织服装企业经营计划可分为：纺织服装经营进入计划、纺织服装经营撤退计划和纺织服装经营应急计划。

（3）职能型营销组织，是最常见的纺织服装营销组织形式，它强调的是纺织服装营销工作中各职能的重要性，通常是按照要完成的纺织服装营销职能来设立不同的部门，各部门由纺织服装营销专家担任经理，执行某一方面的营销职能，这些部门经理向纺织服装营销副总经理负责，营销副总经理发展协调各职能部门的关系，以及各项纺织服装营销活动。

①职能型营销组织的优点是：机构简单、分工明确、管理集权，便于发挥不同部门的专业知识与专门技能，有利于在人力使用上提高效率。同时，各专业职能部门的数量比较容易随纺织服装营销活动的需要，而增减变化，避免部门重叠。

②职能型营销组织的缺点是：缺乏按产品或市场制订的完整计划，分立门户过多，易使各单位只顾本身工作，并为了获得更多的预算和较其他部门更高的地位，而相互竞争，给经理的协调带来难度。如果是纺织服装产品种类增加、纺织服装市场扩大，这种组织很难发挥集体效应，协同开拓市场。

③职能型营销组织最适宜于纺织服装产品种类不多，市场规模较小，市场集中，对于有关纺织服装产品的专门知识要求不高，或纺织服装企业经营地区情况差别不大的一些纺织服装企业。

（4）纺织服装企业经营控制的必要性：

①环境变化的需要。纺织服装企业经营控制，总是针对动态过程而言的。从纺织服装经营管理者制定目标到目标的实现，通常需要一段时间，在这段时间里，纺织服装企业内外部的情况都可能会发生变化，尤其是面对复杂而动荡的纺织服装市场环境，各种变化都可能会影响到纺织服装企业已定的目标，甚至有可能需要重新修改或变动目标以符合新情况。高效的纺织服装经营控制系统，能帮助纺织服装经营管理者根据环境变化情况，及时对自己的目标和计划做出必要的修正。一般目标的时间跨度越大，控制就越重要。

②纠正偏差的需要。在纺织服装企业经营计划执行过程中，难免会出现一些小偏差，而且随着时间的推移，小错误如果没有得到及时纠正，就可能逐渐积累成严重的问题。纺织服装经营控制不仅是对纺织服装企业经营结果进行的控制，还必须对企业经营过程本身进行控制，而对过程本身的控制，更是对结果控制的重要保证。故此，纺织服装经营管理者必须依靠纺织服装经营控制系统，及时发现并纠正小的偏差，以免给纺织服装企业造成不可挽回的损失。控制与计划既有不同之处，又有密切的联系。一般来说，纺织服装经营管理程序中的第一步是制订计划，然后是组织实施和控制。而从另一个角度看，控制与计划又是紧密联系的。控制不仅要按原计划目标对执行情况进行监控，纠正偏差，在必要时还要对原计划目标进行检查，判断其是否合理，也就是说，要考虑及时修正战略计划，从而产生新的计划。

在执行纺织服装企业经营计划的过程中，可能会出现许多意外情况，纺织服装企业必须行使控制职能，以确保纺织服装经营目标的实现。即使没有意外情况，为了防患于未然，或为了改进现有的纺织服装企业经营计划，纺织服装企业也要在计划执行过程中加强控制。

（5）纺织服装营销审计，是常用的战略控制手段，是对一个纺织服装企业或一个业务单位的纺织服装营销环境、目标、战略和活动所做的全面的、系统的、独立的和定期的检查，其目的在于确定问题所在，发现机会，并提出行动计划，以便提高纺织服装企业的市场营销效率。

纺织服装营销审计的内容，主要包括：一是纺织服装市场营销环境审计。分析纺织服装宏观环境的主要因素和纺织服装企业微观环境的重要组成部分——市场、顾客、竞争对手、分销商、经销商、供应商以及辅助机构的变动趋势。二是纺织服装市场营销战略审计。对纺织服装企业的各种纺织服装营销目标和营销战略进行检查，评价它们与当前的和预测的纺织服装营销环境的适应程度。三是纺织服装市场营销组织审计。评价在对纺织服装预测的环境所必需的战略执行方面，纺织服装营销组织的能力如何。四是纺织服装市场营销制度审计。这是对纺织服装企业的分析、计划和控制制度的质量进行检查。五是纺织服装市场营销效率审计。检查不同纺织服装营销实体的赢利率和不同营销支出的成本效益。六是纺织服装市场营销功能审计。深入评价纺织服装营销组合的各主要组成部分：产品、价格、分销、推销队伍、广告、促销和公共关系。

【案例分析】

1．纺织服装企业经营计划，是指纺织服装企业为实现预定的纺织服装市场经营目标，为未来纺织服装市场经营活动进行规划和安排的详细说明。

纺织服装企业经营控制，指纺织服装企业的经营管理者对纺织服装经营计划的执行情况进行检查，对纺织服装经营工作的实际成果进行衡量与评估，对未按照纺织服装企业经营计划执行或未达到预定目标的情况，采取纠正措施以确保纺织服装经营目标完成的过程。

2．略。

任务7 分析纺织服装企业经营环境

1．单项选择题

（1）C　（2）C　（3）B　（4）A

2．多项选择题

（1）ABCD　（2）BC　（3）ABCD　（4）ABC　（5）ABCD

3．判断题

（1）×　（2）√　（3）√　（4）×　（5）√

4．简答题

（1）纺织服装市场营销环境，是指与纺织服装企业生产经营有关的、直接或间接影响纺织服装企业产品的供应与需求的各种外界条件和内部因素的综合。它可以分为外部环境与内部环境两部分。外部环境是由纺织服装市场营销宏观环境和纺织服装市场营销微观环境组成的。

纺织服装市场营销宏观环境，又称纺织服装市场营销间接环境，是指存在于纺织服装企业之外的并为其本身所不能控制的各种外部因素，主要有人口、经济、自然、政治法律、社会文化、科学技术等环境因素。

纺织服装市场营销微观环境，又称纺织服装市场营销直接环境，是指由纺织服装企业内部环境、供应商、营销中介、顾客、竞争者和公众等构成的各种因素。

（2）纺织服装市场营销环境，是纺织服装企业赖以生存和发展的空间，其对纺织服装企业营销活动产生的影响体现在以下方面：

①它给纺织服装市场营销带来机会；
②它给纺织服装市场营销带来威胁；
③它是纺织服装市场营销活动的资源基础；
④它是制定纺织服装市场营销战略与策略的依据。

（3）纺织服装行业有其自身独特的行业背景，所以纺织服装市场营销环境，既具有其他行业领域营销环境所共有的特征，又有其鲜明的个性特征，具体表现为以下几个方面：
①纺织服装市场营销环境的客观性；
②纺织服装市场营销环境的复杂性；
③纺织服装市场营销环境的差异性；
④纺织服装市场营销环境的相关性；
⑤纺织服装市场营销环境的动态性；
⑥纺织服装市场营销环境的影响性。

（4）纺织服装市场营销微观环境，又称纺织服装市场营销直接环境，是指由纺织服装企业内部环境、供应商、营销中介、顾客、竞争者和公众等构成的各种因素。它们与纺织服装市场营销活动紧密相关，并直接影响纺织服装市场营销的结果和效益。

（5）纺织服装SWOT分析法是运用系统分析的方法，将纺织服装企业内部的优势与劣势、外部环境所带来的机会与威胁相互匹配，并进行综合研究，在此基础上再制定相应的发展战略。

纺织服装SWOT分析法的核心思想，是指通过对纺织服装企业的外部环境和内部条件的分析，明确纺织服装企业可以利用的机会和可能面临的风险，并将这些机会和风险与企业的优势与劣势结合起来，形成纺织服装企业经营管理的不同战略措施。

【案例分析】

1. 目前纺织服装市场中"卖衣难，买衣更难"现象的症结，其实是纺织服装产品结构不良，是生产结构跟不上需求结构所致，而造成这种结果的根本原因，又在于纺织服装企业对市场环境缺乏科学的调查研究，对纺织服装产品和市场没有明确的定位，导致生产和销售的盲目性，从而表现为纺织服装企业竞争力较弱。

任何纺织服装企业都处在一个多维的空间之中，不同的方位、不同的侧面都有不同的市场需求。美国著名管理学家彼得·德鲁克曾提出："中小企业的成功依赖于它在一个小的生态领域中的优先地位。"不求规模最大，但求行业最佳，应是纺织服装中小企业的合理追求。以大路货去拼抢大市场，对很多纺织服装中小企业而言，没有绝对把握。但在细分市场里，拿出看家本领就可能创造相对优势。当许多规模较大的纺织服装企业，把人力、物力、财力集中在其他较为成熟的市场，并竞争得你死我活、无暇或不屑顾及老年服装市场时，纺织服装中小企业应拾遗补缺，抓住这个比较稳定且日趋成熟的特殊消费群体，进行纺织服装产品开发，充分利用自身组织形式简单、决策灵活、适应性强、效率高，可多品种、小批量生产等优势，通过优化纺织服装企业资源的组合，来满足和引导老年人的特定需求，以获取持久的竞争优势。

2. 略。

任务8 纺织服装企业如何开展市场调研

1. 单项选择
   （1）A　（2）D　（3）B　（4）C　（5）B　（6）C
2. 多项选择
   （1）ABCD　（2）BD　（3）ACD　（4）ABCD　（5）ABC　（6）ABCD
3. 判断题（正确打"√"，错误打"×"）
   （1）√　（2）√　（3）×　（4）×　（5）×　（6）√
4. 简答题

（1）纺织服装市场调查是纺织服装营销的起点，其作用表现在以下两个方面：一是有效的纺织服装市场调查能够及时、准确和充分地提供市场情报，有助于纺织服装企业分析和研究营销环境状况及其变化，从而有预见地安排纺织服装营销活动，减少决策风险；二是对纺织服装企业营销决策和计划的实施情况进行调查，可以对纺织服装营销决策的得失作出客观的评价并提出正确的建议。

（2）纺织服装市场调查的类型有：纺织服装探测性调查、纺织服装描述性调查、纺织服装因果性调查、纺织服装预测性调查。

上述四种调查类型是相互联系、逐步深入的。纺织服装探测性调查有助于识别问题和界定问题；纺织服装描述性调查有助于说明问题；纺织服装因果性调查有助于分析问题的原因；纺织服装预测性调查有助于估计问题的发展趋势，从而为会展企业经营决策提供服务。

（3）纺织服装市场调查的内容，主要有：纺织服装宏观环境调查、纺织服装动机和行为调查、纺织服装分析调查、纺织服装竞争情况调查和纺织服装营销因素调查几个方面。

纺织服装市场调查方法包括：纺织服装定性调查和定量调查两大类。纺织服装定性调查的目的在于发现问题以及寻找解决问题的方案，常见的方法有：纺织服装文案调查法、访谈法、观察法等；纺织服装定量调查是用来测试、衡量上述方法是否可行、有效，它最主要的方法是纺织服装问卷调查，不论是通过电话、信函、互联网还是面对面，都可以得到有价值的定量数据。

（4）纺织服装市场调查的程序，是指具有一定规模的一项正式调查，从调查准备到调查结束全过程工作的先后次序和具体步骤。

一项正式调查的全过程一般可分为：调查准备、调查实施以及分析和总结三个阶段。

（5）纺织服装市场调查问卷有如下作用：一是由于问卷中大多已给出备选答案，一般不需要被调查者再作文字方面的解答，节省了调查时间，效率高；二是问卷内容通俗易懂，表达上容易为被调查者接受，同时问卷也不要求调查者一定要具备很高的交流技巧，实施起来比较方面；三是适用范围对象广泛，不仅适用于较大的国际、国内、区域市场，而且可针对纺织服装产品市场以及售后服务市场等；四是便于统计处理和定量分析，可以避免主观偏见，减少人为的误差。

（6）纺织服装市场定量预测法，又称统计预测法，是指根据历史的数据，运用统计方法，对统计资料进行推算预测，对预测对象未来发展变化趋势进行量的分析和描述的方法。

纺织服装市场定量预测法，由于重视数据的作用，以数学模型作为分析手段，不易受到人为因素的影响，故精确度比较高，还能对预测目标的未来发展程度和过程，以及各目标之间的影响和制约关系做出定量的判断，为决策者提供更精确、更直接、更全面的信息资料，同时还可估算出预测误差和可信度，能使决策者知道使用预测结果的风险范围。其不足之处是：对预测人员的知识要求特别是数学知识的要求比较高；对数据资料的要求比较高；对时间的限制性比较强。因此，在纺织服装市场预测中，通常是把定性和定量预测结合起来，在定性分析的同时，辅之以定量的分析，以确保有比较高的预测准确性。

【案例分析】

1. 纺织服装市场调查，是指用科学的方法和客观的态度，以纺织服装市场和纺织服装市场营销中的各种问题为研究对象，有效地搜集、整理和分析各种有关的信息，从而掌握纺织服装市场的历史和现状，以便为纺织服装企业的预测和决策提供基础性的数据和资料。

纺织服装市场调查是纺织服装营销的起点，其作用表现在以下两个方面：一是有效的纺织服装市场调查能够及时、准确和充分地提供市场情报，有助于纺织服装企业分析和研究营销环境状况及其变化，从而有预见地安排纺织服装营销活动，减少决策风险；二是对纺织服装企业营销决策和计划的实施情况进行调查，可以对纺织服装营销决策的得失作出客观的评价并提出正确的建议。

纺织服装市场预测，是指在对影响纺织服装市场的诸因素进行系统调查的基础上，运用科学的方法和数学模型，对未来一定时期内的纺织服装市场供求变化规律以及发展趋势进行分析，进而作出合乎逻辑的判断、预测和测算。

纺织服装企业进行的纺织服装市场预测，通常是微观市场预测，其作用主要有以下几个方面：一是纺织服装市场预测是纺织服装企业选择目标市场、制定经营战略的基础；二是纺织服装市场预测能促进纺织服装企业提高市场适应能力和竞争能力；三是纺织服装市场预测是纺织服装企业产品进入国际市场，并取得成功的关键；四是纺织服装市场预测能促进纺织服装企业提高经济效益。

2. 略。

任务9 如何实施纺织服装产品策略

1. 单项选择
    （1）B　（2）C　（3）A　（4）D　（5）B
2. 多项选择
    （1）ABCD　（2）ABCD　（3）ABC　（4）AC　（5）BCD
3. 判断题（正确打"√"，错误打"×"）
    （1）√　（2）√　（3）×　（4）√　（5）×
4. 简答题
    （1）通常可供纺织服装企业选择的纺织服装产品组合策略有：
    ①纺织服装产品差别化策略。
    ②扩大纺织服装产品组合策略。

③缩减纺织服装产品组合策略。
④改进现有纺织服装产品策略。
⑤纺织服装产品线延伸策略。
⑥纺织服装产品线现代化策略。

（2）纺织服装产品依次经历引入期、成长期、成熟期与衰退期四个阶段。

引入期营销策略：
①快速撇脂策略。
②缓慢撇脂策略。
③快速渗透策略。
④缓慢渗透策略。

成长期营销策略：
①产品策略。
②价格策略。
③渠道策略。
④促销策略。

成熟期营销策略：
①市场改良策略。
②产品改良策略。
③营销组合改良策略。
④转移生产基地策略。

衰退期营销策略：
①继续策略。
②集中策略。
③收缩策略。
④放弃策略

（3）纺织服装品牌的内涵可从六个方面来理解：
①属性；
②利益；
③价值；
④文化；
⑤个性；
⑥角色。

（4）纺织服装新产品开发的步骤，概括为以下六个阶段：
①信息收集阶段；
②产品构思阶段；
③方案设计阶段；
④精心筛选阶段；
⑤样品研发阶段；
⑥市场开发阶段。

（5）常用的纺织服装产品包装策略有：

①适应产品的包装策略：类似包装策略、等级包装策略和配套包装策略。

②适应促销的包装策略：适度包装策略、方便包装策略、差别包装策略、再用包装策略、馈赠包装策略和绿色包装策略。

③适应地点的包装策略。

④适应价格的包装策略。

【案例分析】

1. 纺织服装产品，是指通过交换而满足人们穿着使用、审美欲望和需求的有形产品和无形服务的集合体，它包含纺织服装核心产品、纺织服装形式产品、纺织服装期望产品、纺织服装附加产品和纺织服装潜在产品五个层次。

纺织服装产品组合，是指纺织服装企业在某一时间所生产和销售的全部纺织服装产品的结构，实质上是一个纺织服装企业所经营的全部产品线和产品项目的有机组合方式。

2. "芭比"娃娃、"芭比"的新衣服、"芭比"的多重身份、"芭比"的男朋友及"芭比"的孩子等一系列产品构成了"芭比"成功的产品组合，供应商通过为顾客提供产品供应单使顾客继续购买其商品。"芭比"系列产品，即产品组合的宽度，又称产品组合的广度，是指产品组合中所拥有的产品线的数目。产品组合的宽度越大，纺织服装企业的产品线越多。

作为跨国的轻纺企业集团，面临本土化问题，"芭比"也开始改变自己的形象，根据不同国家、不同民族的生活习惯和地域文化进行不同的改变。"芭比"娃娃像获得"全球通行证"，从美国出发，走进150多个国家的数亿个家庭。如今，一个美国小姑娘平均有8个"芭比"娃娃，而意大利的小姑娘有7个，法国和德国为5个。收藏"芭比"娃娃最多的"超级粉丝"来自德国，一共收藏了6000多个。作为国际化品牌的"芭比"利用虚拟人物的优点，站到了国际责任的品格高度。"芭比"娃娃用公益活动与消费者沟通，将品牌的营销活动凭借公益事业的知名度和权威进行一系列的传播和扩散，在产生公益效益的同时，也使消费者对"芭比"的产品和服务产生偏好，在全球创造了数以亿计的忠实消费者。"芭比"娃娃的产品是多元化的，运用"线式策划"的原理与方法，"芭比"娃娃衍生出纺织服装、首饰、家具等众多"芭比"用品，同时还开发出"芭比"的爸爸"乔治"、"芭比"的妈妈"格丽特"、"芭比"的宠物等家族产品。随着后续产品和附加产品的不断推出，消费者便由一次顾客变为重复消费的忠诚崇拜者。

任务10　如何实施纺织服装价格策略

1. 单项选择

（1）C　（2）A　（3）B　（4）D　（5）B

2. 多项选择

（1）ABC　（2）ABCD　（3）ACD　（4）ABD　（5）ABCD

3. 判断题（正确打"√"，错误打"×"）

（1）√　（2）×　（3）√　（4）√　（5）×

4. 简答题

（1）一般来说，影响纺织服装定价的内部因素包括：纺织服装企业定价目标、纺织服装产品成本和纺织服装产品特征；外部因素包括：社会文化因素、经济因素、纺织服装产品需求特征、消费者心理价格界限、纺织服装竞争环境和国家政策法规因素。其中，纺织服装定价的内部因素，是纺织服装企业自己可以控制或者通过努力可以改变的因素，而外部因素对纺织服装价格制定造成的影响，纺织服装企业无法控制。

（2）纺织服装成本导向定价法，是以纺织服装单位成本为基本依据，再加上预期利润来确定价格的方法。纺织服装成本导向定价法又分为三种：纺织服装成本加成定价法、纺织服装目标收益定价法和纺织服装边际成本定价法。

（3）纺织服装差别定价策略，又称纺织服装价格歧视策略，是指纺织服装企业按照两种或两种以上与成本无关的差异价格来销售同一种纺织服装，以适应消费者的不同需要，从而扩大纺织服装销售，增加收益的策略。纺织服装企业惯用的差别定价策略，具体有以下四种：

①纺织服装顾客差别定价策略；
②纺织服装产品形式差别定价策略；
③纺织服装产品部位差别定价策略；
④纺织服装销售时间差别定价策略。

（4）纺织服装声望定价策略，是指纺织服装企业利用消费者仰慕名牌产品或名店声望的心理来制定纺织服装价格，故意把价格定高的策略。因为消费者有崇尚品牌的心理，往往以价格判断质量，认为高价高质。设计极品价格形象，主要应强调纺织服装产品品牌的著名、做工的精良、面料的考究、包装的精美与豪华以及能够给消费者带来精神上的高度满足。例如，提到纺织服装品牌，人们立刻会想到皮尔·卡丹、克里斯汀·迪奥、伊夫·圣·洛朗、暇步士、鳄鱼等，这些品牌既以质优高档而闻名于世，更以价格昂贵而引人注目。

（5）纺织服装价格的适当变化能够产生良好的效果，但是如果变化不当，则适得其反。因此，无论是升高价格还是降低价格，纺织服装企业都应注意消费者与竞争者对调价的反应。首先，衡量调价成功与否的重要标志是纺织服装企业所确定的价格能否被消费者所接受，并能促使其增强购买纺织服装的欲望。故此，纺织服装企业在调价前，要着重分析消费者可能出现的各种反应，一看消费者的购买量是否增加；二看消费者如何理解这次调价，以便采取相应措施，制定合理的价格。其次，纺织服装企业在调价时，除了要考虑消费者的反应，还要考虑竞争者对调价的反应，尤其当某一市场内纺织服装企业数量有限、提供的是相同面料、款式的纺织服装，且消费者颇具辨别能力、了解市场的情况下，竞争者的反应就愈显重要。纺织服装企业在实施调价行为前，必须分析竞争者的企业目标、财务状况、生产、销售，以及消费者的忠实程度等状况，以确保调价的有效性。

5. 计算题

（1）解：根据 $P=C\times(1+R)$ 得

$$P=1300\times(1+50\%)$$
$$=1950（元）$$

答：每件外套的售价为1950元。

（2）解：

休闲服单位保本价格=60000÷4000+320=335（元）

即如果每件休闲服定价为335元，该纺织服装商场就能做到收支相抵，不盈不亏。

若该纺织服装商场采取与竞争者同样的价格400元出售，则收支相抵，不盈不亏的销售量为：

休闲服保本销售量=60000÷（400－320）=750（套）

即如果每件休闲服售价400元，则只需出售750套就能保本。

【案例分析】

1．一般来说，影响纺织服装价格的内部因素包括：纺织服装企业定价目标、纺织服装产品成本和纺织服装产品特征；外部因素包括：社会文化因素、经济因素、纺织服装产品需求特征、消费者心理价格界限、纺织服装竞争环境和国家政策法规因素。

2．""巴厘克""是印尼久负盛名的传统纺织服装，在第二年利用日本妇女求名心理采取纺织服装声望定价策略，使日本妇女认为，""巴厘克""价格高，又久负盛名，一定货真价实，购买这种纺织服装穿在身上，可以显示自己的身份和地位。于是，积极购买，而被抢购一空取得成功。

任务11　如何实施纺织服装渠道策略

1．单项选择

（1）B　　（2）A　　（3）B　　（4）D　　（5）C

2．多项选择

（1）ABD　　（2）ABCD　　（3）ABCD　　（4）ABCD　　（5）ACD

3．判断题（正确打"√"，错误打"×"）

（1）×　　（2）√　　（3）×　　（4）√　　（5）√

4．简答题

（1）纺织服装渠道，也称为纺织服装分销渠道，是指纺织服装产品由纺织服装生产者转移给消费者所经过的途径，是促使纺织服装产品顺利地被使用或消费的一整套相互依存、相互协调的有机系统。

按纺织服装分销渠道有无中间环节，可以分为纺织服装直接渠道和间接渠道；按纺织服装分销渠道中间环节的多少划分，可以分为纺织服装长渠道和短渠道；按纺织服装分销渠道同一层次中间商的多少，可以分为纺织服装宽渠道和窄渠道。

（2）影响纺织服装渠道选择的因素有很多，主要有：产品因素、市场因素、企业因素、中间商因素和环境因素等。

（3）常见的纺织服装渠道模式有以下几种：

①区域模式，是指纺织服装企业实行的区域总经销模式，也就是说该纺织服装企业在某规定区域内只选择一家经销商销售本企业的纺织服装。优点是，它可以较少的资金和人力投入，在较短的时间内换取较大的纺织服装市场空间，这一模式很适合中小型纺织服装企业。缺点是纺织服装企业对市场网络及终端难以掌控，纺织服装渠道较为松散，纺织服装经销商往往会形成对纺织服装企业的要挟和控制，这种方式也不利于纺织服装品牌的建立与提升。

②特许模式，是指纺织服装企业实行的特许专卖经营模式，这种模式往往以市、县为市场单位，将全国分割为众多的纺织服装子市场，采取分开授权、单独经营的方式，由纺织服装企业直接控制每个特许专卖店铺。优点是它可以充分利用社会资源开设纺织服装专卖店铺，纺织服装企业对市场的控制力较强，纺织服装品牌形象得以维护与提升。缺点在于众多纺织服装经销商是脱胎于传统的纺织服装批发业，受到其本身经验、理念的限制，纺织服装终端的管理能力各有不同，造成纺织服装企业终端力量参差不齐，管理难度增大。

③直营模式，是指纺织服装企业在重点销售区域设立分公司或办事处，派驻营销人员直接开发最终用户，为用户提供直接的服务，对纺织服装产品的营销进行全程控制模式。这种模式由于需要付出较大的人力、物力等成本，适合于一些大型的纺织服装企业，通常多为大型纺织服装企业所采用。

④直复模式，即直复营销模式，是指纺织服装企业利用互联网、DM广告等传播媒体进行纺织服装产品宣传，直接对最终客户的"采购中心"产生影响，促使其与纺织服装企业进行联系的模式。直复营销模式，减少了中间环节，实现了纺织服装企业与消费者的直接沟通，并且能够节约营销成本，有效地规避通路风险。纺织服装直复营销模式的基本条件有：产品容易标准化；产业供应链完善；信息技术较为成熟；互联网普及程度较高；物流基础完善；消费者购物习惯改变；相关立法如信息、金融等法规支持等。

⑤共同体模式，即利益共同体模式，是指纺织服装企业与纺织服装区域经销商为寻求合作利益最大化，而合资组建纺织服装联合公司，以进行纺织服装渠道运作的模式。纺织服装企业采取利益共同体模式，不但可以减少纺织服装厂商之间营销资源重叠，以及纺织服装厂商间争端，而且还可以促成纺织服装厂商，共同把纺织服装产品在特定区域做大做强。

（4）纺织服装企业分销渠道设计的目标有以下几个：分销顺畅，是纺织服装企业分销渠道设计最基本的要求，为了达到这个目标，一般应该使用渠道扁平化、沟通便利化；流量最大化，是指纺织服装分销渠道的流量最大化；分销便利，是指为了使消费者感到便利，纺织服装企业应使纺织服装市场分散化，节约运输成本，同时，提供完备的售后服务，及时为消费者解决问题；拓展市场，是指一般情况下，在进行纺织服装市场开拓时，大部分纺织服装企业更侧重于依赖纺织服装中间商，借助纺织服装中间商的网络销售纺织服装，待拥有一定的市场份额和稳定的顾客群后，再建立自己的纺织服装分销网络；提高占有率，是指提高纺织服装市场占有率。在建立起合适的纺织服装分销渠道后，应特别注重纺织服装分销渠道的维护与保养，从而逐步扩大纺织服装市场份额；扩大知名度，是指扩大纺织服装品牌的知名度。在维护老客户对纺织服装品牌忠诚度的同时，还要积极地进一步争取新客户；成本最低化，是指纺织服装分销成本最低化。在设计与选择纺织服装分销渠道时，要考虑到纺织服装渠道的建设成本、维护成本、改进成本以及最终收益；提高覆盖，是指提高对纺织服装市场的覆盖面积和密度。纺织服装企业为了实现这一目标，大多采取多家分销和密集分销的形式；控制渠道，是指纺织服装企业通过提高自身的管理能力、融资能力，掌握一定的纺织服装销售经验，建立纺织服装品牌优势，来掌握纺织服装渠道主动权；服务创新，是指纺织服装渠道的服务创新。

（5）对纺织服装分销渠道调整的方法主要有：

①增减个别渠道成员，就是决定增加或减少纺织服装渠道中的个别纺织服装中间商。

这需要考虑，增加或减少这个纺织服装中间商对纺织服装企业的盈利有何影响，这种调整是否会引起连锁反应，会不会引起其他纺织服装中间商的波动等。

②增减某一分销渠道，就是综合考虑纺织服装市场情况和纺织服装企业发展情况后，决定增加或是减少某一纺织服装分销渠道。如果纺织服装企业的生产规模扩大，纺织服装产品迅速增加，纺织服装市场扩展，原有的纺织服装分销渠道难以完成分销任务，这时就应增加渠道；如果某一纺织服装分销渠道不畅，就应考虑淘汰；如果纺织服装企业的生产规模压缩，渠道过多，就应考虑减少渠道。

③改进整个渠道，即改变原有的纺织服装分销渠道系统，创立一种全新的分销渠道。例如，纺织服装企业原来是通过纺织服装中间商，来销售纺织服装产品，后来改为纺织服装企业自己直接销售。这是纺织服装渠道调整策略中最困难的一种，纺织服装企业应慎重地考虑，并由最高决策层决定。纺织服装分销渠道改变以后，也要相应地修改纺织服装市场营销组合的诸因素，并制定相应的政策措施。

【案例分析】

1. Lands'end公司属于纺织服装零售商，它采用网上销售方式。
2. 常见的纺织服装渠道模式有：区域模式、特许模式、直营模式、直复模式和共同体模式。

当前我国纺织服装企业采取直复营销模式的现实情况是，在很大程度上还受到制约。例如，我国网民数量仍相对较少，网民的商业价值较低，支付体系不够完善，物流体系不够畅通，而且消费者传统的纺织服装购买习惯也难以改变。纺织服装在某种程度上是一种文化产品，很难将款式、颜色、质感、设计灵感等通过数据进行传输。因而很难将纺织服装的整体信息完整地传递给消费者。虽然当前有许多的CAD系统以及三维扫描技术的改进，使上述问题在一定程度上得以解决，但面临的困难还是很大的。但是从Lands'end纺织服装成功的网上营销看得出，随着社会的发展和进步，直复营销模式将成为未来纺织服装渠道的重要构成部分，而且随着人们生活节奏的日益加快、服务水准的不断提高，纺织服装的网上销售也具有一定的可行性。

任务12　如何实施纺织服装促销策略

1. 单项选择

　　（1）C　（2）A　（3）B　（4）D　（5）B　（6）C
2. 多项选择

　　（1）ABCD　（2）ABCD　（3）ABC　（4）ABD　（5）ABCD
3. 判断题（正确打"√"，错误打"×"）

　　（1）√　（2）√　（3）×　（4）√　（5）×　（6）×
4. 简答题

（1）纺织服装促销，是纺织服装促进销售的简称，是指让纺织服装目标客户及时和尽可能多地了解纺织服装产品，以达到加快销售的目的。

纺织服装促销组合，是指纺织服装企业根据纺织服装产品的特点和营销目标，综合各种影响因素，对各种促销方式的选择、编配和运用，达到纺织服装营销之目的的技巧。

纺织服装促销组合策略，主要有：推式促销策略和拉式促销策略两类。

（2）纺织服装广告，是纺织服装企业传递信息、宣传产品、开拓市场的手段，与其他传播方式相比，具有以下几个特征：一是因为纺织服装企业做广告的目的首先就是要让消费者了解纺织服装产品信息或企业信息，所以纺织服装广告要有可识别的广告主；二是纺织服装广告的传播要借助于大众化的传播媒介，因此，纺织服装企业要想通过广告进行促销，必须支付一定的费用；三是纺织服装广告的本质是一种信息传播活动，具有信息性，冲击力较强；四是纺织服装广告的传播对象是大众而非个体，是非人员的传播，它针对的可能是最终消费者，也可能是中间商；五是绝大多数纺织服装广告具有明显的销售倾向，即劝说目标消费者改用某一纺织服装产品或服务；六是纺织服装广告要想达到较好的信息传播效果，必须通过艺术加工。

（3）纺织服装营业推广，是纺织服装企业开拓和占领纺织服装市场的一种强有力的武器，与其他促销手段相比，纺织服装营业推广有着不可替代的作用，主要表现在以下几个方面：

一是手段灵活多样。例如，采取销售奖励、赠券等手段，通常都是在附带价格上的让步，其直接受惠者大多是经常使用本纺织服装品牌的消费者，从而使他们更乐于购买和使用本企业的纺织服装产品。同时，这些纺织服装样品也可以发放给从未使用过该产品的消费者，由于价格上的优惠和从众心理的影响，也会刺激他们试用和购买。在纺织服装新产品上市的时候，纺织服装营业推广手段的应用更为重要。纺织服装营业推广通过奖励品牌忠诚者，既可以维持老顾客，也吸引纺织服装产品的新试用者。

二是增大市场份额。当现实的纺织服装产品和实惠摆在消费者面前的时候，纺织服装广告的效力甚至可能消失，这时纺织服装企业如果能够运用适当的营业推广手段来告知、提醒、刺激潜在消费者，来促使他们立即购买。例如，金雁纺织服装集团于4月29日至5月1日期间在所有专卖店开展促销活动，其内容是为庆祝"五一"劳动节，凡编号尾数为"51"的人民币面值，均可按面值翻1倍在金雁专卖店使用。这个促销从4月29日到5月1日，短短3天时间人们排起长队涌向商场进行购买，很快，金雁皮衣在全省范围内的销售额就达到3000万元左右，金雁的各个专卖店可以说卖得只剩下货架和营业员了，同行当时纷纷感叹：节日生意都让金雁抢去做了！

三是抵制竞争对手。当竞争对手大规模地发起促销活动时，及时、有力的针锋相对或避其锋芒、另辟佳径的反击就很关键，如果纺织服装企业不及时采取有效措施，就可能丧失已有的纺织服装市场份额，在市场竞争中处于不利的地位，容易在激烈的竞争中被打败。故此，在纺织服装市场竞争中，纺织服装营业推广可以作为一种防御性的营销措施，以保持本企业的纺织服装市场占有率。

四是加速市场进程。在纺织服装新产品进入市场之初，消费者对其特点和功能还不十分了解，这时可采用有奖销售、赠送优惠券等营业推广方式，鼓励消费者购买，以加快纺织服装新产品进入市场的进程，使纺织服装产品在短期内就能被更多的消费者所了解并购买。

五是协调中间商关系。纺织服装生产商可以运用多种营业推广手段，来影响纺织服装中间商，协调与纺织服装中间商的关系。例如，通过向纺织服装中间商提供购买馈赠、陈列馈赠来鼓励订货；通过向纺织服装零售商提供交易补贴，来弥补纺织服装零售商制作产品广告、张贴商业通知或布置产品陈列时所支出的费用等。这些措施能调节纺织服装中间商的交易行为，使纺织服装中间商作出有利于自身的经营决策。

（4）按照不同的划分依据，纺织服装公共关系的类型可分为：主体型、对象型、功能型三类。其中，纺织服装主体型公共关系可分为：工业企业公共关系、商业服务业企业公共关系、政府公共关系、事业团体公共关系四种；纺织服装对象型公共关系可分为：员工公共关系、消费者公共关系、政府公共关系、媒介公共关系、社区公共关系、竞争者公共关系、股东公共关系、国际公共公共关系八种；纺织服装功能型公共关系可分为：日常事务型公共关系、宣传型公共关系、征询型公共关系、危机型公共关系四种。

（5）纺织服装人员推销的程序，一般包括前后衔接的三个阶段：一是准备推销阶段，具体内容包括：掌握基本情况、设计推销路线、订立谈判原则、了解消费者特点、制定洽谈要点等。

二是实施推销阶段，这是纺织服装推销人员的实质性工作阶段。纺织服装推销人员从事推销面谈时，往往要经过四个过程，相应地就有四种对策，即

①吸引消费者的注意力。要引起注意，纺织服装推销人员要处理好四个问题：第一是说好第一句话；第二是要用肯定的语气说话；第三是要抓住消费者关心的问题；第四是要拿出新招。

②诱导消费者的购买兴趣。实践证明，诱导消费者兴趣的最好办法是做示范。纺织服装推销人员通过面对面的示范表演，让消费者耳闻目睹，或让消费者自己进行试验，直接体会纺织服装产品的性能、特点。如果纺织服装产品不便携带，可通过间接示范办法，像出示鉴定书等，以诱导其购买兴趣。

③激发消费者的购买欲望。消费者的购买兴趣，来自纺织服装企业的产品和对产品的宣传介绍。纺织服装推销人员如果能将纺织服装产品的介绍，与消费者的需要相联系，就会激发消费者的购买欲望，形成购买动机。

④促成消费者的购买行为。纺织服装推销人员促成消费者购买行为的方法，主要有：第一是优点汇集法；第二是假定法；第三是优惠法；第四是保证法。

三是售后服务阶段，这是纺织服装人员推销的最后环节，也是新的纺织服装推销工作的起点。售后跟踪服务，能加深消费者对纺织服装企业和产品的信赖，促使消费者重复购买，同时还可获得各种反馈信息，为纺织服装企业决策提供依据。

【案例分析】

1. 纺织服装促销组合，是指纺织服装企业根据纺织服装产品的特点和营销目标，综合各种影响因素，对各种促销方式的选择、编配和运用，达到纺织服装营销之目的的技巧。

2. 鸿星尔克的突围成功：一是鸿星尔克的整个广告传播策略，都围绕着执行公司品牌战略进行。二是鸿星尔克首款采用GDS减震系统跑鞋系列，在鞋博会上的强势亮相引起了媒体的广泛关注，所以鸿星尔克高层敏锐地觉察到：现在正是借力打力的好时机，专门邀请了相关的媒体记者到厂参观，并安排技术人员对GDS减震技术进行详细讲解，同时介绍了鸿星尔克科技领跑的一贯主张，很快各大媒体对其进行了报道。三是鸿星尔克之所以能成功实施品牌突围，还有一个重要的原因，就是将诚信始终贯彻营销始末。四是鸿星尔克GDS减震系统在终端卖场，广受消费者及经销商的好评，还得益于其活动、广告与终端的有效配合。五是把战略思考能力融入促销活动中，是鸿星尔克完成品牌突围的关键。

3. 略。

参考文献

[1] 菲利普·科特勒. 营销管理[M]. 北京：中国人民大学出版社，2001.
[2] 杨以雄. 服装市场营销[M]. 上海：东华大学出版社，2010.
[3] 方勇. 纺织服装市场调查与预测[M]. 北京：中国纺织出版社，2009.
[4] 纪宝成. 市场营销学教程[M]. 北京：中国人民大学出版社，2002.
[5] 赵平. 服装营销学[M]. 北京：中国纺织出版社，2005.
[6] 张福良. 服装市场营销[M]. 北京：高等教育出版社，2009.
[7] 宁俊. 服装营销[M]. 北京：中国纺织出版社，2006.
[8] 尹庆民. 服装市场营销[M]. 北京：高等教育出版社，2003.
[9] 方勇. 会展营销[M]. 北京：中国纺织出版社，2013.
[10] 潘力. 服装市场营销管理[M]. 沈阳：辽宁科学技术出版社，2005.
[11] 易淼清. 服装营销[M]. 北京：北京大学出版社，2013.
[12] 宁俊，李晓慧. 服装营销实务与案例分析[M]. 北京：中国纺织出版社，2000.
[13] 方勇. 纺织服装市场营销[M]. 北京：化学工业出版社，2014.
[14] 蒋晓文. 服装生产流程与管理技术[M]. 上海：东华大学出版社，2013.
[15] 杨以雄. 服装生产管理[M]. 上海：上海科学技术出版社，2005.
[16] 宁俊. 服装生产经营管理[M]. 北京：中国纺织出版社，2010.
[17] 潘艾华. 企业生产管理实务[M]. 北京：北京师范大学出版社，2011.
[18] 马旖旎. 服装生产管理[M]. 上海：东华大学出版社，2013.
[19] 万志琴，宋惠景. 服装生产管理[M]. 北京：中国纺织出版社，2008.
[20] 冯旭敏、温平则. 服装工程学——服装商品企划、生产、管理与营销[M]. 北京：中国轻工业出版社，2006.
[21] 马克·M.戴维斯. 运营管理基础[M]. 北京：机械工业出版社，2004.
[22] 诺曼·盖泽等. 运营管理[M]. 北京：人民邮电出版社，2005.
[23] 威廉·J.史蒂文森. 生产与运作管理[M]. 北京：机械工业出版社，2000.
[24] 崔斌. 生产运作管理[M]. 北京：中国人民大学出版社，2009.
[25] 赵洪珊. 现代服装产业运营[M]. 北京：中国纺织出版社，2007.
[26] 吴登成. 服装生产、筹划、组织、讲义[M]. 香港：香港理工大学制衣与纺织学院印制，2001.